本书得到全国哲学社会科学规划办公室"国家社科基金决策点"和华中师范大学农村改革发展协同创新中心项目资助。

智库书系

专题研究之三

土地股份合作与
集体经济有效实现形式

徐 勇 主编

邓大才 等著

中国社会科学出版社

图书在版编目（CIP）数据

土地股份合作与集体经济有效实现形式／徐勇主编；邓大才等著．
—北京：中国社会科学出版社，2015.3
ISBN 978-7-5161-5734-3

Ⅰ.①土…　Ⅱ.①徐…②邓…　Ⅲ.①农村经济—集体经济—
土地制度—研究—中国　Ⅳ.①F321.1

中国版本图书馆 CIP 数据核字（2015）第 053064 号

出 版 人	赵剑英
责任编辑	冯春凤
责任校对	张爱华
责任印制	张雪娇

出　　版	中国社会科学出版社
社　　址	北京鼓楼西大街甲 158 号
邮　　编	100720
网　　址	http：//www.csspw.cn
发 行 部	010-84083685
门 市 部	010-84029450
经　　销	新华书店及其他书店

印　　刷	北京君升印刷有限公司
装　　订	廊坊市广阳区广增装订厂
版　　次	2015 年 3 月第 1 版
印　　次	2015 年 3 月第 1 次印刷

开　　本	710×1000　1/16
印　　张	24.5
插　　页	2
字　　数	414 千字
定　　价	78.00 元

凡购买中国社会科学出版社图书，如有质量问题请与本社联系调换
电话：010-84083683

《智库丛书》编辑委员会成员

主　　编：徐　勇

执行主编：邓大才

编　　委：（按姓氏笔画排序）

丁　文　邓大才　王金红　石　挺

卢福营　刘义强　刘金海　刘筱红

李海金　任　路　汤晋苏　何包钢

吴晓燕　陆汉文　陈军亚　杨　嬛

张晶晶　张向东　贺东航　郝亚光

徐　勇　徐　剑　徐小青　徐增阳

董江爱　黄振华　詹成付　熊彩云

《智库书系·专题研究》

总　序

　　学术研究是学者的天职，但学术研究的路向却有所不同。有的着重于学术内在的自洽，而无论现实如何，属于纯学理研究；有的着重于针对现实问题提出解决思路，属于对策研究。本院的学者一开始就有自己的定位，即理论与实践的结合，以现实问题为导向，在此基础上进行学术研究。因而其成果既有很强的现实性，同时也不是简单的策论，而具有相当的学术含量，为解决问题提供学术理论支持。为此，我们华中师范大学中国农村研究院每年都要举办专门的学术研讨会，并推出相应的学术成果。

　　2015 年，为了进一步加强智库建设，我院成为完全独立建制机构，"顶天立地"的宗旨更加明确，团队集聚发展的思路更加强化。为此，我们对原有的研究和成果形式进行了整合，形成专门的中国农村研究"智库书系"，目的是为决策者和领导者提供参考。"专题研究"是"智库书系"中的一种，其特点是专题性强，围绕一个专题，学者从不同的角度进行深入的专门研究，以产生出集聚效应。

"智库书系"编委会

2015 年 7 月 15 日

目　录

第四部分　集体经济有效实现形式的理论探索

第五部分　集体经济有效实现形式的地方个案

第一部分　农村发展与集体经济有效实现形式

创新集体:对集体经济有效实现形式的探索[*]

徐　勇

近些年,学术界对集体经济的研究进展不大。一则在于改革开放以来,我国重新恢复了家户个体经营。二则在于学界更多的是从价值方面讨论集体经济,主要限于集体经济的历史得失。这种讨论犹如两条平行的铁轨,永远无法达成学术共识。说好者好,说不好者不好,各执一端。[①] 三则在于理论上将以往出现过的集体经济组织视之为集体经济的唯一形式,将集体经济的发展封闭在一个狭隘的领域。在当今中国,集体经济是一个无法回避的领域。这在于中国的土地仍然为集体所有,作为具有农村集体成员权的农民,其生产生活一体化,如何在集体成员共有的土地上实现农村社会的共同发展,成为一个仍然值得探索的问题。中共十七大报告明确提出"探索集体经济有效实现形式"。近几年,包括山东东平县土地股份合作在内的集体经济有效实现形式在实践中迅速兴起,不断创新着集体经济。这说明,在我国,集体经济并不是走投无路,更不是毫无价值,关键在于要有有效的实现形式。由此需要我们从学理上对集体经济有效实现形式进行深入的探讨。

一　集体经济的内在价值及其实现形式

在人类社会,个体与集体作为组织概念,是一对相互依存的基本命

---

　　[*] 作者:徐勇,华中师范大学中国农村研究院教授。
　　① 谭贵华:《农村集体经济组织的研究回顾与前瞻》,《重庆大学学报》(社会科学版),2013 年第 1 期。

题。个体，一般指一个人或是一个群体中的特定主体。集体则是若干个体因利益、信念、目的结合而成的群体组织。个体是集体的基础，没有个体，集体无法存在。反之，通过集体，个体有可能得到更好的存在和发展，这就是利用群体力量和集体行动弥补个体力量的不足。

集体经济是集体成员在集体共有资源基础上实现共同发展的经济形式。有学者认为："集体经济至少经历了 100 多万年的历史，它大大早于个体、私有经济的历史。"[①] 这里所说的集体经济是广义而言的，泛指一切以集体形式从事经济活动的经济形式。这种经济形式有个体被迫的选择，也有个体自愿的选择。一般而言，愈是人类早期社会，其被迫性愈强。如马克思在评论原始形态共产制组织时所说："这种原始类型的合作生产或集体生产显然是单个人的力量太小的结果，而不是生产资料公有化的结果。"[②]

而我们现在所说的集体经济，恰恰是生产资料公有化的结果，是相对于历史上生产资料私有及其相应的个体经济而言的。集体经济是个体经济充分发展且难以更好实现人类社会目标的产物。相对于个体经济，集体经济有双重价值：其一是个体能够获得更好发展，能够获得个体发展无法比拟的条件和基础，其标志就是收益；其二是集体成员能够共同发展，在互利共生中获得个体发展，其标志是共同。这一价值属性对于以土地等自然资源为生存条件的农业及其农民特别重要。因为在农民看来，土地等自然资源是自然赋予的，且经历了世代的经营，理应每个人所享有，而不是某个人或者某些人所独占。正因为如此，可以说，农民是天然的社会主义者。以土地为生的农民，其生产资料和生活资料都具有很强的不动性，个体发展与共同发展的关系特别紧密，共同体状况直接关系到个体状况。

集体经济所具有的双重价值，使其从理论上讲高于个体经济。生产资料私有制基础上的个体经济可能使少数人获得发展，但会伴随着社会分化。而生产资料公有制基础上的集体经济有可能实现集体成员的共同发展。这正是马克思主义及其实践者主张农村集体化的重要依据。

---

① 王景新：《村域集体经济：历史变迁与现实发展》，中国社会出版社 2013 年版，第 47—48 页。

② 《马克思恩格斯全集》第 19 卷，人民出版社 1963 年版，第 434 页。

　　但是，集体经济的内在价值及其优越性并不是与生俱来的，更不是永恒存在的。

　　首先，集体经济并不排斥个体发展，恰恰相反，它的发展基础是能够带来比个体经济更大的好处。否则，集体经济就缺乏吸引力，甚至成为个体发展的对立物。马克思在论及集体时曾经使用过"虚幻的共同体"和"真实的共同体"的概念，他认为："在真正的共同体的条件下，个人在自己的联合中并通过这种联合获得自己的自由。"① 原始的集体经济之所以为私有制基础上的个体经济所替代，正在于后者更有效率，也更能够给个体发展提供条件，尽管这种发展是缺失共同性的发展的，但没有这一个体性发展，共同性发展也缺失基础。

　　其次，由个体经济向集体经济的发展是一个历史过程，它需要一系列客观条件和动力基础。集体是个体的自愿结合，愈是自愿结合的集体，集体存在的基础愈牢固；反之亦然。正因为如此，马克思、恩格斯一方面从否定私有制的角度指出了集体所有制方向；另一方面他们又非常谨慎地指出农民劳动者的结合是一个长期的历史过程，主张"让农民自己通过经济的道路来实现"土地私有制向集体所有制的过渡。② "要使集体劳动在农业本身中能够代替小土地劳动这个私人占有的根源，必须具备两样东西：在经济上有这种改造的需要；在物质上有实现这种改造的条件。"③ 正因为如此，马克思、恩格斯主张合作经济，前提是作为农业生产主体的农民有合作的意愿和条件。而其意愿和条件又与上述的能否通过集体获得个体更多发展相关。一般来看，经济形式愈高级，所要求的条件就愈高。从理论上看，集体经济高于个体经济，那么，它所要求的条件就愈高。如果实践中忽视条件，甚至不顾条件，集体经济的内在价值就难以体现出来。

　　再次，在不同历史阶段，由于不同的条件，集体经济的内在价值需要有相应的形式加以有效实现。有效是一种符合预期目的的成效或者效果。集体经济有高于个体经济的双重价值。但是，如果不能根据不同主客观条件，寻找相应的实现形式，人们在集体经济活动中难以，甚至长时间也难

---

① 《马克思恩格斯选集》第1卷，人民出版社1995年版，第119页。
② 《马克思恩格斯全集》第18卷，人民出版社1964年版，第695页。
③ 《马克思恩格斯全集》第19卷，人民出版社1963年版，第438页。

以看到成效，其集体活动的动力基础就会衰退，即便有外部性力量干预也难以改变总体趋势，集体经济也有可能为其他经济形式所替代。

最后，集体经济发展受制于主客体条件，其内在价值的有效实现形式必然是多样化和发展变化的。如果人为地设定一种形式，甚至将其固化，提升到"道路"、"方向"的层面，就有可能将其内在价值抽象化或者"虚幻化"。从理论上看，集体经济更强调集体共同发展，不容易承认个体发展，甚至排斥个体发展，因此更容易造成思维的固化和形式的僵化。这正是集体经济发展步履艰难的重要原因之一。

所以，集体经济的内在价值，或者说其优越性需要通过一定形式加以有效实现。王景新从现实的角度对于集体经济有效实现形式作了如下概括："农村集体经济发展的有效实现形式，是指能够有效调动农村集体经济组织成员积极性、有效保护集体经济组织成员合法权益、有效增加集体经济发展能力和市场竞争能力、有效提升集体经济成员收入水平的一系列制度安排。"① 这一表述有重要参考价值，只是集体经济的有效实现形式不会自然生成，需要在实践中加以不断探索。

二　集体经济实现形式的三个阶段及其特点

与长期自然形成的个体经济不同，集体经济是人类历史上出现的一种新的经济形式，既是经济发展的自然要求，也具有很强的人为探索性。在我国，集体经济的实现形式经历了三个阶段，并具有其阶段性特点。

（一）统一劳动经营和政社合一的集体经济

以生产资料私有制为基础的个体经济在我国经历了一个漫长的历史时期，曾经创造了世界上灿烂的农业文明。伴随新民主主义革命，缺地和少地的农民通过土地改革获得了土地。但一部分农民还缺乏必要的生产工具，或者家庭劳动力不足以从事完整的生产。于是，这部分农民在自愿的基础上进行各种类型的互助，由此产生了互助组。这种基于自愿的互助合

---

① 王景新：《村域集体经济：历史变迁与现实发展》，中国社会出版社 2013 年版，第 36 页。

作在中国有着很久远的传统，是家户个体经济的必要补充。[1]

随着新中国的成立，实行农业的社会主义改造，开启了农村集体化运动。其目的一则在于提高生产效率，二则在于共同发展，避免生产资料私有制基础上的两极分化。集体化的核心是生产资料集体所有和集体成员共同劳动。其进程是由初级合作社到高级合作社，再发展到人民公社，由此形成集体经济。

我国集体经济的原型是集体化过程中产生的人民公社，其特点是生产资料为人民公社、生产大队和生产队三级所有，农村社会成员均为公社社员，并在三级组织领导下统一劳动，按人口和劳动分配生活资料，获得集体福利；人民公社既是集体经济组织，又是基层社会生活单位，还是基层政权组织，实行经济、社会和政治三位一体的统一管理。

集体化奠定了我国集体经济的基础，人民公社是集体经济的实现形式。这一形式的主要特点在于"统"，即统一劳动、统一经营、统一管理，千百年来的个体劳动为集体劳动所替代。这种前所未有的集体劳动在举办公共工程，强化国家与农民的联系方面确比个体经济更强。农村社会成员统一为一样的社员，在获得农村社会的共同性方面也大大优于个体经济。

但是，人民公社这一形式在实现集体经济两大内在价值方面有着内在的缺陷。其一，集体经济是建立在个体充分发展基础上，是个体自愿选择的结果。但在我国集体化进程中，伴随生产资料集体所有，是个体愈来愈失去自愿选择或者自主性的过程。互助组是农民自愿的选择，因此出现了多种样式的互助合作。初级合作社具有一定的自愿成分，农民有选择参加或者退出合作社的自主性。农民作为地域性的村民与作为集体经济组织的合作社员尚未同一化。随着高级合作社的建立，一村一社，农民作为地域性的村民与作为集体经济组织的合作社社员同一化。由高级合作社很快进入人民公社后，公社更是将地域组织、集体经济组织与政权组织三位一体，加上严格的农业户口和非农业户口管理的国家户籍制，农民不再有自主选择的可能。即便是不具有公社社员资格的"地主、富农、反革命和坏分子"也只能在人民公社的属地内就地劳动改造。集体经济要实现共

---

[1]　徐勇：《中国家户制传统与农村发展道路》，《中国社会科学》，2013 年第 8 期。

同发展，所需要的合力要大，即每个集体成员积极的共同创造。而积极性和创造性是以主体的自主性和由此产生的能动性为前提的。正因为缺乏充分而持续的内在能动性，国家更多依靠外部性力量保持人民公社的延续，如与人民公社相伴随的社会主义教育。

其二，集体经济要创造更多财富，实现共同发展，所需要的各种条件更高。人民公社实行集体成员共同劳动，必须解决共同劳动所需要解决的管理问题。这一问题在家户个体劳动时不存在。而农业生产是一种高度依赖自然的生产，其管理的不可控性高于工厂化生产。特别是人民公社的政社合一体制，为政权组织直接干预生产提供了体制上的便利，而这种直接干预往往是无效的，甚至失败的，如"农业学大寨"运动中的"一刀切"。集中统一的管理模式使得集体成员也缺失对集体的控制，新产生的集体干部并不能保证都是为了集体。因此而不断发动整肃干部为目的的政治运动，以维护集体经济。

显然，人民公社作为集体经济的初始形式并没有充分有效实现集体经济的内在价值。与人民公社集体劳动付出的代价相比，集体成员所获得的收益远远不成比例。这也预示着这一形式要为其他形式所替代。

（二）家庭经营基础上统分结合的集体经济

事实上，自集体经济形成之际，生产力发展就开始寻求其出路，这就是在集体经济组织内部实行生产责任制，其重要形式就是包工包产到户，即以家户为生产和分配单位。但这种方式被认为是"一小二私"，与"一大二公"的公社体制相背离，只要一冒头就在政治上受到压制。直到"文化大革命"结束后，随着政策的松动，由包产到户而形成家庭承包制，[①] 并最终替代人民公社体制。

家庭承包制是以家庭为生产经营单位的一种经济体制，从形式上看与传统家户个体生产经营相类似。正因为如此，20 世纪 80 年代初有人认为实行包产到户是"辛辛苦苦三十年，一夜回到解放前"。但是，80 年代以后的家庭经营与传统家庭经营有本质区别，这就是它建立在生产资料集体所有制基础上，家庭只拥有承包经营权和相应的收益权。从所有权的角度

---

① 徐勇：《包产到户沉浮录》，珠海出版社 1998 年版。

看，家庭承包经营仍然是集体经济的一种实现形式。

家庭承包经营作为集体经济的有效实现形式，其主要特点是"分"。一是实行分户经营，以各个农户为生产经营单位。二是政权组织与经济组织分离，政权组织没有直接干预经济的体制性通道。这种以"分"为主要特点的经济形式是在改革统得过死的公社体制弊端基础上发生和发展的。首先，分户经营赋予农民以生产经营自主性，从而极大地调动了农民的积极性，农民有了更多的自主选择。其次是政社分开，使得农业生产经营不再需要繁杂且听命于行政的管理，与农村生产特性相适应。正因为如此，伴随家庭承包制的实行，大大提高了生产力水平，农民个体发展有了较为充足的基础。

农村改革中产生的农村经济制度的完整表述是生产资料集体所有制条件下，以家庭承包经营为基础，统分结合的双层经营体制。但是在由以"统"为特点的集体经济原型向家庭承包经营转型之时，"分"的方面更为彻底，"统"的方面却缺乏必要的经济条件。尽管80年代开始的工业化，使得一些农村仍然保留了集体统一经营组织，并获得了相当大的成功。但这种村庄毕竟是少数。绝大多数农业型农村的农业发展和农村治理受到相当的制约。一则农业生产并不是孤立的农户能够完全自我进行的。特别是随着生产的市场化、社会化，农户对统一提供社会化服务的需求愈来愈高，以统一的集体行动适应外部市场的需求愈来愈大。二则农民的社会化服务需要和集体行动需求难以自发满足，党组织和村民委员会组织即使有满足这种需求的愿望，也缺乏必要的经济能力，大量村庄成为没有集体经济收入基础的"空壳村"。这种情况在废除农业税之后更为突出。三是分户经营导致农民更关心自我发展，村集体的共同性相对缺失，甚至出现乡村衰败现象。这种现象也不利于村民的全面发展。如农民尽管收入提高，但生产生活环境却不理想。

以"分"为主的家庭经营体制在实现集体经济内在价值方面还有相当限度，也需要继续探索集体经济的有效实现形式。

（三）以家庭承包权为基础的合作经营的集体经济

为克服家庭经营的局限性，伴随经济发展，农村出现了农民合作的经营形式。这种合作有多种类型，并是渐次发展的。

　　农村改革开放以来出现较多的是专业合作，即根据专业领域进行生产、流通、服务等类型的农民合作。这种合作以农民的劳动合作为主。2006年国家颁布了《中华人民共和国农民专业合作社法》。随着市场经济发展和扩大再生产的需要，农村出现了股份合作。这种合作是劳动合作与资本合作，按劳分配与按资分配的结合。

　　从集体成员共同发展的角度看，专业合作和股份合作都有一定限度。首先是合作成员有一定限度。只有那些有专业能力和资本的人才能实现联合。其次，合作所产生的收益在合作社组织内部分配。合作社所依赖的村庄地域环境和公共服务没有足够的经济能力加以改善。正是在此背景下，一种新的合作形式——土地股份合作在山东东平等地迅速崛起，并显示出勃勃生机和特有优势。

　　土地股份合作是农户以"农村土地承包经营权"入股合作社，把土地承包经营权变成股权，农民将土地交由合作社统一经营，除劳动收益外，还可享受股权带来的分红。这种合作有以下特点和优势。首先，合作成员的范围尽可能扩大。农村土地为集体成员所共有。农民可能没有特殊的专业能力和现金资本，但都有属于自己承包的土地，也就有参加合作的基础。从理论上看，土地股份合作意味着农村集体成员都可以参加合作。其次，农民将分户经营的土地，交由合作社统一经营，可以扩大经营规模，特别是适应市场经济发展，有可能产生更大的土地收益。土地由资产变为一种能够不断增值的资本。农民也可借此获得更多收益。最后，土地股份合作可以将土地集体所有权与家庭承包经营权联结起来，让虚化的土地集体所有权通过合作社的方式具体体现出来，并增强其村庄共同性。行使村土地集体所有权的村组织也有一定的经济能力为村民共同发展提供更好的公共服务。山东东平土地股份合作崛起的背景之一就是为改变"空壳村"造成的乡村治理困难及其乡村衰败的问题。

　　由此可见，近些年中国农村出现的各种形式的合作经营也是对集体经济有效实现形式的积极探索，这种探索以"合"为主。这种"合"是克服分户经营之不足产生的，不是对分户经营的简单替代。它以充分承认和肯定土地家庭承包经营权为基础。特别是土地股份合作进一步将农民的土地承包经营权以"股份"方式具体化、明晰化和刚性化，解决了以往土地产权模糊化的问题，农民自愿合作的产权基础更牢实。农民合作是为了获得更多收益，这种合作有持续的动力。特别是土地股份合作，让尽可能多的农民都有可能和条件参加合作，能够较好实现资源集体共有基础上的集体共同收益和共同发展，因此是集体经济得以有效实现的重要形式。

三　集体经济有效实现形式的条件与基础

从山东东平等地的土地股份合作发展的经验看，在我国，集体经济并不是走投无路，更不是毫无价值，关键在于要有有效的实现形式。当然，集体经济作为一种其成员交互作用、组织规模较大的经济类型，远比个体经济更为复杂，价值承载也更大，其有效实现形式所需要的相关性条件与基础更高，而且这些条件和基础在不断发生变化。如果缺失相应的条件和基础，集体经济的内在价值就难以实现，甚至还不如个体经济。1992 年邓小平在审阅中共十四大报告时表示："关于农业问题，现在还是实行家庭联产承包为主的责任制。我以前提出过，在一定条件下，走集体化集约化的道路是必要的。但是不要勉强，不要一股风。如果农民现在没有提出这个问题，就不要着急。条件成熟了，农民自愿，也不要去阻碍。"① 在邓小平看来，采用什么样的经济形式，必须注重条件和条件的变化。从我国集体经济发展的历程看，集体经济有效实现形式所需要的相关性条件和基础有以下几个方面。

1. *产权相叠*

产权是经济发展的基础。集体经济是以集体产权为基础的经济。集体产权是集体成员共有的产权。共有产权需要相应的形式加以体现。集体化过程中产生的人民公社时期，注重的是集体所有权，实行公社、大队和生产队三级所有。作为集体成员的农民在所有权方面处于虚置状态。家庭承包制的重要进步是由所有权分离出来承包经营权，将集体所有权落实为本集体成员的承包经营权，由此极大调动了作为生产者的农民的积极性。但是，随着家庭承包经营权的延续并长久不变，集体所有权却处于虚置状态，没有具体的组织加以体现。土地股份合作则使集体所有权有了组织载体，形成了一个产权叠加的产权共同体。在这个共同体内，农民作为集体

---

① 《邓小平年谱（1975—1997）》（下），中央文献出版社 2004 年版，第 1349 页。

的成员享有承包经营权,通过土地股份合作社享有集体所有权,同时由于这两权而享有相应的收益权。由所有权、承包权、经营权和收益权相叠加形成的产权共同体,是集体经济得以有效实现的重要产权基础。

2. 利益相关

利益是经济发展的动力。集体经济由集体成员的相关利益而产生,也由于相关利益而维持,是一个利益相关者互利合作的利益共同体。个体因为联合更有利而形成集体,集体联合因为能够给个体带来更多利益而持续。人民公社不是因为利益相关者自愿联合而形成的集体经济组织,且农民作为生产者与公社组织的利益相关性不紧密和不直接,因此缺乏相应的生产积极性。家庭承包制使农民获得承包经营权,将集体共同利益直接体现到具体的农户,由此调动了农民的生产积极性。随着开放的市场经济发展,家庭生产经营的限度日益明显,由若干类似的农户,即利益相关者自愿联合,形成互利合作的经济组织。这种经济联合不仅能够使农户个体获得比过去更多的利益,而且能够带来个体农户经营不可能带来的公共利益,因此是集体经济更有效的实现形式。

3. 要素相加

生产要素决定生产收益。生产组织形式是否有效,与其所具有的生产要素相关。集体经济是生产要素相加的产物,本质上是要素共同体。但要素有量和质的区别。由互助、合作而形成的人民公社,主要是劳动要素的相加,属于劳动合作。这种相加的要素属于均质要素,是机械的简单的量的相加,因此不能带来更多的经济收益,反而会增大管理成本。在农村生产只有土地和劳动要素的前提下,家庭经营极其简单的互助是更好的生产经营形式,因为它不需要相应的管理成本。这正是家庭承包制替代人民公社制的重要原因。而在家庭承包经营基础上形成的各种合作经济,之所以能够产生且持续发展,就在于有新的要素的进入,是不同质的要素相加的结果。如山东东平土地股份合作将农业生产过程中最缺乏的资本、技术、市场、管理等要素引入进来,能够获得比家庭经营更多的收益,成为集体经济更有效的实现形式。

4. 收益相享

人们从事经济活动是为了获得相应的报酬收益。集体经济的吸引力在于人们可以从中获得比个体经济更多的收益,同时作为一种互动性的经济形式，人们的报酬收益需要一种公平性，即所有必有所得，所劳必有所得。人民公社是一种由众多人构成的集体经济形式，劳动与收益关系格外复杂，内在的主要困难是所劳并不能够所得。其外部分配序列是先国家，后集体，再个人，且缺乏明晰的合约。其内部分配也因为劳动过程的复杂性很难实现有劳有得。而家庭承包制恰恰克服了这一困难。一是外部分配建立在合约基础上，农民有稳定的预期收益；二是劳动与报酬直接相联系。但家庭承包制也有不足。人们的收益不仅仅来源于自己的劳动，还取决于外部性环境。而外部性环境与集体所有密切相关。在现有的家庭承包制下，特别是"村提留"这一体现集体所有权的收益伴随农业税的取消而取消之后，所有必有所得难以体现，也无法利用集体所有的收益改善外部性环境，个体发展也受到限制。土地股份合作的兴起则弥补了所有必有所得的不足，将所有必有所得与所劳必有所得结合起来。

5. 治理相适

任何有组织有目的的经济活动都需要有与其相适应的治理；反之，没有相适应的治理体系和治理能力，经济形式也无法实现其目的。集体经济作为多个成员共同结合而成的经济共同体，本应是集体成员的共同治理，或者民主治理。人民公社实行集体所有和共同劳动，作为集体所有权代表的干部是主要的治理主体，而作为集体成员的生产者未能体现出集体成员的主权地位，难以参与集体经济活动的治理，并保证集体收益能够集体共享。因此，人民公社时期主要是依靠外部性的政治运动来约制干部化公为私的行为，如若干年一次的社会主义教育运动。家庭承包制之下的家庭既是经济共同体，也是情感共同体和命运共同体，人员和组织规模不大，治理结构相对简单，且有成效。合作经营是比家庭经营更复杂的经营方式，需要与其相适应的治理形式来维持。许多合作经营之所以难以持续就是缺乏相适应的治理体系和治理能力。

6. 主体相信

任何经济活动都是在一定的社会关系下运行的。人与人进行经济交往，并从中获得收益，基于对对方的相信，产生相互信任，并愿意与对方发生交往。集体经济是众多主体共同参与和互动的经济形式，也是一种信任共同体。这种信任一是对集体经济组织的信任，从而自愿加入；二是对集体成员的信任，从而愿意合作。长期历史上存在的互助合作就是基于相互间的信任，如集体化初期存在各种形式的互助组。人民公社得以产生，在一定程度上也是基于人们对这一组织的信任，相信可以给自己带来更多好处。但人民公社组织在解决主体信任问题上却有内在的困难，包括个人对组织和个体之间的相互信任。家庭是人们与生俱来并长期生活在其中的组织，家庭成员之间的相互信任较容易。这正是家庭承包制得以替代人民公社制的重要原因。合作经营是不同主体之间的合作，特别是非熟人也参与合作，主体的相信问题更为重要。许多地方的合作经营难以产生或者难以持久，重要原因就在于相信机制的欠缺。正是因为如此，一旦集体成员对统一经营的组织不再信任，应该允许并可以退出统一经营组织。

7. 政府相持

任何经济活动都是在特定的政治环境和政治关系下运行的。经济活动需要政府的相应支持。集体经济作为人类初生和新型的经济形式，作为产权制度变革的产物，更需要政府的支持。但政府毕竟是政治组织，它的支持应该是与集体经济发展相适应的支持，而不是简单的替代、包办，甚至强制。恩格斯在谈到改造传统小农经济时说："我们对于小农的任务，首先是把他们的私人生产和私人占有变为合作社的生产和占有，不是采用暴力，而是通过示范和为此提供社会帮助。"① 人民公社体制的失效，其重要原因是"政社合一"在体制上给政府直接干预经济提供了方便，造成政府对经济组织的替代和包办，经济组织和生产者缺失自主性。家庭承包制将"政社合一"压制下的活力释放出来。政府的支持更多的是外部性的支持和引导，而不是直接干预。而在个体经营走向合作经营的过程中，对政府相应的支持要求更高。既要从政策、资金等诸方面支持合作经营的发展，同时又要避免直接干预。在什么条件下、什么时间里给予什么支持，都是集体经济有效实现形式的重要基础。

8. 头人相带

任何经济组织活动都需要相应的领头人发起和带动。领头人的状况直接关系经济组织的发展。集体经济是由各个利益主体共同参与的经济形式，它更需要领头人相应的带动，对领头人的要求也更高。一是要求领头人的能力强，能够带领集体成员共同发展；二是要求领头人有责任心和公

---

① 《马克思恩格斯选集》第4卷，人民出版社1995年版，第498页。

益心，甚至自我牺牲精神，能够获得集体成员的共同认可。人民公社产生了众多的领头人，但不能保证每个组织的每个领头人都能达到集体经济发展所需要的品性，而家庭承包制下的家庭比较好地解决了头人相带的问题。一是家长具有天生的权威性，一般具有较强的能力；二是家长作为当家人，具有天生的责任感。尽管随着时代变化，"家长"并不仅仅是父亲，但无论谁是家长，其内生的权威性都较强。家庭承包制基础上形成的合作经营是利益主体意识更强，外部环境开放的经营，对领头人的要求更高。领头人不仅需要企业家一样的创新精神，而且需要强大的道德感召力。以当下中国，无论是保留的原有集体统一经营形式，还是新产生的合作经营，都与一个强有力的领头人相应的带动密切相关。

四　探索集体经济有效实现形式的理论与实践价值

无论从理论价值，还是从事实经验看，集体经济是一种值得发展，同时也对条件要求更高的经济形式。对于集体经济，不能因为有难度而放弃追求，也不能因为有价值而不顾条件。因此，"探索集体经济有效实现形式"这一命题具有特殊的理论与实践价值。

首先在于将思想从僵化思维中解放出来，创新集体，赋予集体经济以新的内容。

以往对集体的理解，是在集体化过程中产生的，特别是这种集体化是在强大的外力推动下进行的，因而过于强调集体的整体性，而忽视了集体的个体性。应该看到，集体是各个个体相互作用的产物。集体经济是各个所有者共同联合的产物。集体所有是基础，共同发展是目的。共同发展就包括每个个体的发展。因此，集体经济是个体和集体共同发展的有机结合。根据这一认识，可以得出以下结论：

一是集体经济并不直接等同于集体共有经济，它还包括集体所有权基础上的集体成员的个体经济。集体共有经济是集体所有权基础上集体成员共同享有的经济，而由集体所有权派生和延伸出来的承包经营权所产生的个体经济也属于集体经济的范畴，前者是狭义的集体经济，后者是广义的集体经济。从个体与集体相互作用的角度看，使用广义的集体经济更有利于探索多样化的集体经济有效实现形式。《中华人民共和国宪法》第8条就明确规定："农村集体经济组织实行家庭承包经营为基础、统分结合的双层经营体制。"个体家庭承包经营也属于集体经济的内容，但这一集体经济显然不同于原来只有集体统一经营的集体经济形式。

二是集体经济并不直接等同于共同产权、共同劳动和共同收益三位一体的集体经济组织。我国的集体化过程中形成的集体经济组织是集体经济发展的原型，因此人们很容易将这一原型视之为标准的集体经济，否则就是非集体经济。这正是长期历史上将"包产到户"简单等同于传统个体经济并视之为洪水猛兽的重要原因。应该看到，集体经济组织方式不是固定不变的，也不只是一个模式。统一劳动经营属于集体经济，分户劳动经营也属于集体经济，家庭承包基础上的合作经营更是集体经济，且是一种新的更高层次的集体经济。刘荣荣认为集体的转变有两个环节："一是个体从传统集体中分解出来变成权利主体；二是分解出来的权利主体按照新的交往方式和行为法则重新组合起来。这两个环节构成一个完整的进程。如果看不到这一点，势必会消极看待旧集体的分解过程，以为其终点必然是社会的原子化和沙漠化。"[①] 这一观点正是我国农村集体经济变迁转型的写照，也表明了集体经济也是一个不断创新的过程。

三是集体经济组织并不等同于共同劳动。我国集体化过程中形成的集体经济组织主要是劳动与劳动的联合。而随着生产发展，除了劳动联合以外，资本与劳动的联合愈来愈多。特别是土地股份合作制，使集体成员既是劳动者，也是资本所有者。有集体成员即使不参与集体经济组织的统一劳动，也不排除他是集体经济组织的成员之一。

四是集体经济组织并不等于仅仅只有集体成员参与的经济。我国的集体化是在地域性村庄和经济型组织同一的基础上产生的，集体所有权及其相应的集体经济具有相对封闭性。应该看到，随着生产方式的日益社会化，集体经济的地域封闭性也会打破，并呈开放状态。原属于本集体成员共有的集体资产有可能融合在更大的经济体内，成为混合经济体中的一部分，如江苏华西村股份企业经济的产权和受益者并不只是属于原华西村成员。原归属于本集体成员的集体经济也会有外来成员的参加，如集体企业中的外来人口和外来资本。

---

① 刘荣荣：《集体与集体主义辨析》，《中共中央党校学报》，2008 年第 2 期。

其次在于实践上改变对集体经济的固化模式，积极探索多层次、多形式、多类型的集体经济。

集体经济是一种相对传统个体经济更为复杂的经济形式，是参与其中的人们相互作用的结果；它有可能产生比个体经济更大的收益，但所要求的条件相应更高。长期以来，集体经济被固化为一种模式，从而束缚了生产力的发展。"探索集体经济有效实现形式"这一命题的实践价值就在于重视实践，根据不同情况和条件，积极探索集体经济的有效实现形式。无论是什么形式，关键在于有效。邓小平对待包产到户的态度就反映了尊重实践、尊重创造、重视有效的标准。1962 年 7 月 7 日，邓小平在共青团三届七中全会上，就主张使包产到户合法化："生产关系究竟以什么形式为最好，恐怕要采取这样一种态度，就是哪种形式在哪个地方能够比较容易、比较快地恢复和发展农业生产，就采取哪种形式；群众愿意采取哪种形式，就应该采取哪种形式，不合法的使它合法起来。……刘伯承同志经常讲一句四川话，'黄猫、黑猫，只要捉住老鼠就是好猫。'"①

中国是一个情况十分复杂的大国，集体经济的有效实现形式将是一个多层次、多形式、多类型的体系。

一是多层次。集体经济是一种比个体经济需要更多条件的经济形式，要随着条件的完善而不断发展，因此集体经济发展是一个长期的过程。早在 20 世纪 80 年代初，邓小平针对包产到户的争议指出："我们总的方向是发展集体经济……只要生产发展了，农村的社会分工和商品经济发展了，低水平的集体化就会发展到高水平的集体化，集体经济不巩固的也会巩固起来。"② 后来他谈到农村经济发展时使用了"两个飞跃"的提法。他提出："中国社会主义农业的改革和发展，从长远的观点看，要有两个飞跃。第一个飞跃，是废除人民公社，实行家庭联产承包为主的责任制。这是一个很大的前进，要长期坚持不变。第二个飞跃，是适应科学种田和生产社会化的需要，发展适度规模经营，发展集体经济。这是又一个很大的前进，当然这是很长的过程。"③ 这一提法既肯定了集体经济的发展趋

① 《邓小平文选》第 1 卷，人民出版社 1994 年版，第 323 页。
② 《邓小平文选》第 2 卷，人民出版社 1994 年版，第 315 页。
③ 《邓小平文选》第 3 卷，人民出版社 1993 年版，第 355 页。

向和内在价值，又注意到集体经济发展的不同阶段和层次。单纯从生产组织形式看，人民公社的规模更大，效益应该更好，但由于缺乏必要的条件支撑，对于集体成员而言，其收益甚至不如个体经济，集体经济组织形式因此转型为家庭承包，随后又在家庭承包制基础上向合作经营扩展。因此，集体经济的有效实现形式应该是多层次的。什么层次最合适，取决于相应的条件，而不仅仅是个人的主观愿望。

二是多形式。集体经济需要相应的条件。中国是一个地域辽阔的大国，各地情况不一样。特别是农业生产对自然条件要求更高，不同的情况和条件，需要不同的形式来有效发展集体经济。人民公社时期集体经济发展受到限制，重要原因就是形式过于单一化，且模式化和政治化。因此，集体经济的有效实现形式应是多样化的。邓小平认为："在生产关系上不能完全采取一种固定不变的形式，看用哪种形式能够调动群众的积极性就采用哪种形式。""要承认多种多样的形式。"① 从总体上看，集体经济比较强调统一。这种统一性在一定条件下是必要的，但统一的形式却是多样的，关键在于有效。如山东省曾经实行过"两田制"，将土地分为主要由家庭控制的"口粮田"和主要由村组织控制的"责任田"。但由于村组织控制的土地并不能有效实现预期目的，使这一形式未能延续。② 由此有了土地股份合作制下对土地的统一经营。这也是集体经济的实现形式之一，它能否延续，还取决于相应条件及其有效性。

三是多类型。集体经济作为一种经济形式，有一个不断探索、发展和丰富的过程。有些形式经过实践检验证明确有成效，便被制度化、规范化，可以说是法定类型。有些形式还处于探索之中，成效还有待实践检验和证明，也应该是允许的，前提是集体成员的自主意愿。我国农村改革之初在人民公社体制为法律规定的情况下，对待兴起的承包经营的态度是"可以，可以，也可以"，就反映了鼓励探索的精神。因此，集体经济有效实现形式是多类型的、动态的。

---

① 《邓小平文选》第 1 卷，人民出版社 1994 年版，第 323—324 页。

② 彭超：《"两田制"兴衰及其原因分析——以山东省平度市为例》，《山东省农业管理干部学院学报》，2006 年第 3 期。

参考文献

1. 刘荣荣：《集体与集体主义辨析》，《中共中央党校学报》，2008 年第 2 期。

2. 何干强：《农民实现共同富裕的必经之路——邓小平农业集体经济"两个飞跃"思想研究》，《毛泽东邓小平理论研究》，2014 年第 5 期。

3. 赵宇霞、褚尔康：《对我国农村集体经济法律规范的思考》，《毛泽东邓小平理论研究》，2014 年第 5 期。

4. 方志权：《农村集体经济组织产权制度改革若干问题》，《中国农村经济》，2014 年第 7 期。

5. 谭贵华：《农村集体经济组织的研究回顾与前瞻》，《重庆大学学报》（社会科学版），2013 年第 1 期。

6. 王景新：《村域集体经济：历史变迁与现实发展》，中国社会出版社 2013 年版，第 47—48 页。

7. 徐勇：《中国家户制传统与农村发展道路》，《中国社会科学》，2013 年第 8 期。

农村改革的聚焦点与土地制度创新[*]

盖国强

2013 年以来，我们围绕贯彻落实中央十八届三中全会和一号文件精神，就深化农村改革中的土地制度和基本经营制度创新问题，在山东省各地进行了深入调研，结合多年农村工作的实践和对农村问题的思考，形成了几点认识和看法。

一　着眼制度创新,实现我国农业
由政策农业向制度农业转变

从中国国情出发，对农业形势的分析，时时刻刻要有忧患意识，事事处处要坚持实事求是。十一届三中全会以来，农村"大包干"的改革不仅促进了农村经济的快速发展，也为全国的改革开放和现代化建设作出了贡献。2013 年全国农业总产值接近 5 万亿元，粮食总产值超过 1.2 万亿元，农民人均收入达到 8 千元。但是，经历了三十多年，改革红利消失渐尽，深层次的矛盾和问题不断显现，长期困扰我国经济社会全面、协调、可持续发展的"三农"问题日益突出。制约"四化"同步的短板是农业，影响城乡一体化的主要矛盾在农村，最大的民生难题仍然是弱势的农民。

当前，农业发展中既存在许多显现的问题，更存在一些潜在的矛盾，如耕地数量减少、质量下降和环境污染的问题；草原退化、沙化，山区水土流失的问题；化肥、农药施用量逐年增多，有机肥、农家肥逐年减少，甚至连年出现焚烧秸秆屡禁不止的问题；粮食安全、食品安全和生态安全

---

* 作者：盖国强，山东省政府参事室参事。

问题；尤其不容忽视的是，农业内生动力、农村内在活力长期不足的问题，农民种地积极性不高和农业、农村对农民没有吸引力的问题。因此，如何进一步解放发展农村生产力，提高农村劳动生产率和土地产出率；如何建立完善农村市场经济体制，发挥市场机制配置资源的决定性作用；如何打破长期限制农民、制约农业、束缚农村的城乡二元结构，实现"四化"同步和城乡一体化发展；如何实施更加有效的土地管治和耕地保护；如何创新农村基本经营制度，加强和改善农村社会治理，实现农村社会的长久稳定，等等。这些矛盾和问题的根本解决不能再单纯依靠头疼医头、脚疼医脚的碎片化政策调整，而必须着眼深化改革的制度创新，真正实现农业发展由靠政策调整向靠制度创新的转变，实质就是由政府农业向市场农业转变。制度创新的重点是农村土地制度和基本经营制度的创新，核心是土地制度的创新，土地制度决定基本经营制度。

二 农村土地制度创新是我国农村历史和现实的必然选择

（一）农村土地制度创新是我国农村历史的必然选择

回顾中国四千年的农耕文明史，生产力的发展和生产关系的变革无一不是和土地制度的演变联系在一起。近现代以来，辛亥革命推翻帝制的经济承诺是"平均地权"，中国共产党领导新民主主义革命走的道路是农村包围城市，提出的口号是"斗地主分田地，打土豪还田地"，激发了亿万农民的革命热情，最终通过土地改革实现了"耕者有其田"。

新中国成立后，在经历了非常短暂的恢复和发展，很快靠政治运动对土地实行了"一大二公"的人民公社化。尽管经历了轰轰烈烈的"大跃进"和"农业学大寨"，最终还是未能解决吃饭问题。根本原因是把农民和土地又分开了。十一届三中全会后实行了家庭联产承包责任制，再次调动了亿万农民的生产积极性，不仅很快解决了温饱问题，而且推动了农村社会向小康的迈进。但是，大包干的改革只解决了农民和土地承包经营环节的结合，还没有解决深层次的土地产权问题。真正意义上的农村第二步改革是农村产权制度的改革，改革的目的是建立完善中国特色社会主义的现代农村土地制度。

（二）农村土地制度创新是我国农村现实的必然选择

梳理农村当前存在的诸多矛盾和问题，可以发现：

第一，农村土地制度创新是进一步解放发展农村生产力的需要。只有农村土地制度创新，才能从制度上解决自人民公社化以来农民对土地长达五十多年的短期行为，增强农民扩大再生产的愿望和能力，自发地加大人力、物力和财力的投入，加快产业结构的调整，提高科学种田的水平，实现农业的机械化、集约化，最大限度地提高农村劳动生产率和土地产出率。

第二，农村土地制度创新是建立完善农村市场经济体制的需要。只有农村土地制度创新才能真正培育农村市场主体，完善农村商品市场体系和要素市场体系，充分发挥市场机制调剂生产和配置资源的决定性作用。

第三，农村土地制度创新是实现"四化"同步和城乡一体化发展的需要。只有农村土地制度创新才能真正打破人和土地的城乡二元结构，构建城乡统一的要素市场体系；才能真正赋予农民更多的财产权益，增加农民财产性收入，让农民平等参与改革开放的过程和公平享受改革开放的成果。农村土地制度创新不仅有利于加快农民向市民的转变，更有利于农民的职业化，真正让农民成为体面的职业。

第四，农村土地制度创新是强化和完善土地管理制度的需要。只有明晰土地产权，才能把18亿亩耕地的数量和质量的红线落到实处，才能真正强化城乡土地规划和用途管制，才能真正把土地资源、草原资源、山林资源和水资源的环境保护落到实处。

第五，农村土地制度创新是实现农村基本经营制度创新，改善农村社会管理，实现农村社会稳定的需要。农村目前三分之二的矛盾和纠纷是由土地权属不清引发的。农村土地制度创新必然要求农村基本经营制度的变革，实现县乡政府职能的转变和农村社区管理服务功能的强化；才能从制度上解决长期影响农村稳定和干群关系的土地矛盾；才能达到土地稳定、社会稳定、人心稳定的长治久安。

同时，农村土地制度创新也是土地的功能和属性决定的。土地不仅是资源而且是资产，是最大的资产。不仅要发挥土地的社会保障功能，也要发挥土地的资产运营功能。不仅要把土地作为资源加强管理，更要把土地作为资产搞好经营。近几年，城市房地产之所以成为最大的产业，最大的财政来源，拉动经济增长的最大内需就是因为经营了城区的土地。2013年全国300个城市土地出让金超过了3万亿元，城市房地产占全国GDP的比重达12.41%。将来，农村土地、山林、草原等资源的开发和产权的交易，农村（田）基础设施的建设和产权的交易，新农村的开发和房屋的产权交易，不仅是最大的投资，也是最大的内需。借鉴经营城市的经验，搞好农村土地制度创新，不仅会促进农业发展，加快新农村建设，也必将对国民经济的全面协调、可持续发展产生不可估量的效果。我们不但要学会经营城市，也要学会经营农村，关键是学会经营"土地"。

因此，我们不仅要懂"民以食为天"，还要懂"农以地为本"；更要懂得要把饭碗端在自己手上，就必须让农民把土地放在心上。农村土地制度创新是不依人的意志为转移的，是自然规律和经济规律决定的，是民心民意决定的，是历史和现实的必然选择。

三 我国农村土地制度创新的方向、基本思路和原则

土地制度包括土地产权制度、土地经营制度和土地管理制度，产权制度是经营制度和管理制度的基础和前提。因此，在深化农村改革中，不仅要关注土地流转，关注新型经济组织的培育，关注农村金融，关注被征地农民的合法权益，更要关注土地产权制度的改革。这是纲和目的关系，只有纲举才能目张。因此，当前深化农村改革的聚焦点是农村土地制度创新。

（一）土地制度创新的方向

土地制度创新必须坚持中国特色社会主义道路的方向，是中国特色社会主义基本制度的自我完善，必须以中国特色社会主义理论为指导。既不能走僵化的、传统的"公有制"老路，也不能走"私有化"的邪路，而是积极探讨农村公有制的实现形式，建立符合中国国情的现代土地制度。因此，要进一步解放思想，冲破私有化（包括想搞私有化和担心私有化）的束缚，冲破传统的"发展壮大集体经济"口号的束缚，真正从思想上、理论上彻底摒弃长期困扰农村改革与发展的"一大二公"的思维定式。

真正让农业成为我国最大规模的民营经济和合作经济，而不是"集体经济"。

（二）土地制度创新的思路

土地产权制度创新的基本思路是：在稳定现有家庭联产承包责任制的基础上，不仅要赋予农民长久不变的土地经营使用权、受益权、抵押权，而且要在国家对农地终极所有的前提下，赋予农民对土地的法人财产权、继承权和处置权。土地制度创新不论顶层如何设计，不论法律法规如何表述，不论专家学者如何解读，必须让农民把土地当成自己的，真正实现"耕者有其田"的梦想，让农民成为农村土地的主人。

土地基本经营制度创新的思路是：适应土地制度创新的需求，确立农户（家庭农场）的经营主体地位，在群众自愿的基础上逐步地发展多种形式的合作社、行业协会、农业企业等新型经济组织。随着新型经济组织的产生和发展，传统的"集体经济"逐步地淡化和淡出。

（三）土地制度创新的原则

一是坚持生产力标准的原则。改革开放至今，中国具有重大意义的思想解放有三次：一是1978年"真理标准"讨论，冲破了"两个凡是"的禁锢；二是1987年初级阶段理论的提出，解决了"姓资姓社"的疑虑；三是1992年邓小平南方讲话"计划与市场是经济手段"的提出，解决了计划与市场的争论。三次思想解放坚持了一个标准，即生产力标准，而不是生产关系标准。实践证明，建立现代土地制度也必须坚持生产力标准，而不是"一大二公"的生产关系标准。

二是尊重农民权益的原则。多年来，工业化、城镇化快速发展的因素是多方面的，但很重要的一条是依靠了农业、农村和农民为工业化、城镇化提供了廉价的土地、廉价的农产品、廉价的劳动力和广阔的消费市场。尽管近年来出台了一系列的惠农惠民政策，政府财政从各种渠道投入的总量和增长速度很可观，但总的来讲，我们对"三农"仍是欠账的。现在到了真正实现"以工补农、以城带乡"的时候了。因此，研究制定农村土地制度改革，要真正把农业发展、农民利益、农村问题摆在第一位。农村土地制度创新中必须尊重农民的土地权益，在保障农民土地权益的前提下，正确处理国家、地方政府、集体和农民的利益关系。

三是坚持效率优先、兼顾公平的原则。我国农村经济改革之初在农地配置上是按公平第一，兼顾效率的原则进行的，这在农民还未解决温饱问题的情况下是正确的，此后再有一个稳定的发展时期也是必需的。然而，目前我国农业和农村经济的改革与发展已进入一个新的历史阶段，我们必须改变沿袭多年的"不患寡而患不均"的思维定式，坚决从公平优先转为效率优先。

效率优先主要体现在明晰土地产权的基础上加快土地流转，发挥市场机制配置资源的决定性作用。明晰产权靠公平，土地流转靠效率。

四是坚持因地制宜、循序渐进、逐渐统一、逐步放开的原则。我国地域辽阔，农地类型多样，各地自然条件、经济条件、文化习俗等差异很大。新中国成立以来，我国农村土地历史遗留问题太多，矛盾错综复杂；改革开放以来，各地的农村土地承包方式存在不同；现阶段，各地土地制度的创新实践做法又不尽一致，所以，土地制度创新要坚持因地制宜、循序渐进、逐渐统一原则。

同时，既可以由点到面逐步推开，也可以先放开集体建设用地市场，允许集体建设用地先入市，再放开其他土地，最终建设城乡统一、相互开放的土地市场。

五是坚持土地制度改革同完善法律法规同步的原则。土地产权制度、管理制度、经营制度是一个有机的整体。土地产权制度改革是土地管理制度、经营制度创新的前提和基础，而土地管理制度、经营制度创新又是土地产权制度改革与完善的制度保障。因此，坚持土地产权制度、管理制度、经营制度同步改革是农村土地制度改革的内在要求，也是同步推进完善土地法律法规的必然要求。

总之，深化农村改革，搞好农村土地创新，最根本的是坚持辩证唯物主义和历史唯物主义的立场、观点和方法。坚持辩证唯物主义就是坚持实事求是的思想路线，做到一切从自己的实际出发，不唯书、不唯上、只唯实；坚持历史唯物主义就是坚持相信、依靠人民的群众路线，做到尊重农民、相信农民和依靠农民。实践证明，深化农村改革不仅要靠领导和专家的大手笔、大思路，更要靠基层的实践和农民的创造。

四　结　语

深化农村土地产权制度改革，创新农村土地制度已经整整晚了20年，丧失了20年前邓小平南方谈话，农村土地第二轮延包和国企改制的历史机遇。当时农村第二步改革的讨论非常热烈，有社会化服务说、完善双层经营制说、产业化说等，但真正的第二步改革是在大包干基础上积极推进土地产权制度的改革。尽管这些年农业有了长足的进步和发展，但主要是依靠行政手段的强力推动，产业结构调整的强力拉动，科技进步、良种、机械的推广应用，但真正缺乏的是农业内生的动力、农村内在的活力和农民种地的积极性。

当前各地积极倡导和强力推动了土地流转，培植农业大户，发展家庭农场，大力兴办各种类型的农业合作社，千方百计破解农村金融难题。据有关数字反映，全国土地流转已超过20%，合作社和家庭农场也都超过了百万，这一切都有力地推动了农业的发展。但又出现了忽视和冲淡农村土地产权制度改革的倾向。实践证明，只要抓住了农村土地产权制度改革的"牛鼻子"，土地流转、家庭农场、合作社、农村金融等问题，才能取得事半功倍的效果。

因此，我们要增强历史使命感和政治责任感，增强捅破"窗户纸"的勇气，最复杂的问题往往用最简单的办法解决。抓住十八届三中全会新的历史机遇，按照全会指明的方向，坚定不移地推进农村土地产权制度改革，及时修订完善相关法律法规，尽快建立完善现代农村土地制度。我们相信，土地制度创新必将调动比当年"土改"更高的积极性，必将激发比当年"大包干"更大的改革红利，必将带来难以想象的效果和变化。

农村集体产权制度改革碰到的
深层次问题及思考[*]

——以河南省济源市为例

徐小青

　　河南省济源市地处豫西北，是历史上"愚公移山"故事的发祥地。全市面积 1931 平方公里，辖 2 个省级产业集聚区、1 个省级高新技术开发区，16 个镇（街道），507 个行政村，51 个居委会，常住人口 70 万人。济源市于 1988 年撤县建市，1997 年成为河南省最年轻的省辖市，2003 年被列入"中原城市群" 9 个中心城市之一，2005 年被列为河南省城乡一体化试点城市。2012 年国务院批复的《中原经济区规划》，将济源定位为"新兴的地区性中心城市"。济源市工业化和城镇化水平在河南全省一直处于比较靠前的位置。2012 年，济源市人均生产总值 64810 元，是全国人均水平的 1.7 倍，是河南省人均水平的 2 倍；第一产业产值比重为 4.4%，比全国平均水平低 5.7 个百分点，比河南省平均水平低 8.3 个百分点。2012 年济源市城镇化率达到 53.4%，比全国平均水平高出 0.8 个百分点，比河南省平均水平高出 11 个百分点。

一　济源市农村集体产权制度改革的必然性

　　济源市农村集体产权制度改革始于 2007 年，改革先从集体林权入手，后推广到小型农田水利设施产权改革，最终演变为农村集体产权制度综合

＊ 作者：徐小青，国务院发展研究中心农村经济研究部研究员。

改革。济源市农村集体产权制度改革必然性体现在以下四个方面。

第一，城乡一体化发展需要农村集体产权制度改革。根据济源市"六个城乡一体化"发展目标①和《城乡总体规划》（2012—2030），济源将全市 1931 平方公里国土面积全部纳入规划。逐步构建包括中心城区、复合组团（类似于开发区）、中心镇和新型农村社区等四个层级的新型城乡体系，预计到 2030 年，中心城区居住人口达到 66 万人，建设用地 6930 公顷；3 个复合组团居住人口 12.7 万人，建设用地 3397 公顷；3 个中心镇居住人口 4.8 万人，建设用地 630 公顷；29 个新型农村社区居住人口 14.7 万人，建设用地 1733 公顷。

要实现规划所定目标，现有城乡空间布局和人口分布将发生重大改变。一是城镇建设用地增加，农村建设用地减少；二是城镇常住人口增加，农村常住人口减少；三是农村集中居住人口增加，分散居住人口减少。上述 3 个"一增一减"会改变现有城乡土地所有权与使用权结构，改变现有农村集体经济组织形态与规模，改变农民与农村集体经济组织的关系。传统农村集体产权制度无法支撑和适应上述三个改变。

第二，城镇建设需要农村集体产权制度改革。根据规划，2012—2030年济源市城市建设用地总面积将由 12625 公顷增加到 24573 公顷，增加 94.6%，年均增加 664 公顷。未来 18 年济源市城镇扩张速度将远快于过去 30 多年的速度，如此大规模推动城镇建设，继续完全依赖政府垄断供地显然行不通，因为农民已充分认识到土地的增值潜力，他们也希望用非农集体土地搞经营性开发。

第三，新型农村社区建设需要农村集体产权制度改革。根据规划，到 2030 年，济源市现有 501 个行政村将撤并成 29 个新型农村社区，现有农村分散居住人口将集中到新型农村社区居住，这必将对农民的生产、生活方式和集体经济组织形态产生巨大影响。很多农民将搬到离其承包地更远的地方居住，其承包地如何处置，是转让、转包、出租还是由自己继续耕种？原来分散在各个村庄的集体企业、农民自办小微企业和规模养殖业如何处置，是开辟新场所继续经营，还是自生自灭？若选择开辟新营业场

---

① 即城乡规划布局、基础设施建设、产业发展、公共服务、生态环境建设和生产要素配置一体化。

所，建设用地如何解决？行政村撤并成新型农村居住社区后腾退的集体建设用地如何处置，是征为国有还是继续留给农民集体使用？新型农村社区建设是建在集体土地上还是国有土地上？要妥善解决这些问题，需要对传统农村集体产权制度进行改革。

第四，农民市民化需要农村产权制度改革。目前，济源市已有农民不愿意变成市民的现象，农民担心转为市民后会丧失其作为农村集体经济组织成员享有的土地承包经营权、宅基地使用权、农村集体经济收益分配权和其他针对农民的优惠政策（比如三农补贴、计生政策等）。不仅农民不愿意转市民，济源市公安局资料显示，近几年来该市还出现了大量城区人口向原籍居委会、行政村要求回迁户口现象，使城区户籍登记人口呈现下降态势。要让农民放心离开农村、安心常住城镇，需要改革传统农村集体产权制度。

二　济源市农村集体产权制度改革的主要做法与进展

（一）主要做法

济源市农村集体产权制度改革的主要做法可用一句话概括：即在全面开展农村"七权"确权登记颁证基础上，推行"两股"、"两改"和"两建"。所谓"七权"，是指农村集体土地所有权、土地承包经营权、林地使用权、集体建设用地使用权、宅基地使用权、房屋所有权和小型农田水利所有权。所谓"两股"，是指推行农村集体资产股份化改革和农村土地股份化经营。所谓"两改"，是指改革村级治理体制和城乡建设用地制度。所谓"两建"，是指建立新型农村经营主体和农村产权交易平台。

（二）改革进展

1. "七权"确权登记颁证进展

（1）土地承包经营权确权登记颁证进展。2012 年，济源市先后选择两批试点村进行试点。目前，已有 4 个村完成了土地承包经营权确权登记颁证工作，有 1 个村正在进行表证填写，有 2 个村进入公示阶段。初步估计，到 2015 年全市基本完成土地承包经营权确权登记颁证，比全国早两年完成。

（2）集体林地使用权确权登记颁证进展。济源市集体林权制度改革始于2007年，历时4年，2011年10月通过省级验收。全市135.4万亩集体林地中，实行家庭承包经营面积74.7万亩，占55.2%；实行联户承包面积43.7万亩，占32.3%；实行大户承包面积8.4万亩，占6.2%；期权分山面积1.5万亩，占1.1%；集体经营7万亩，占5.2%。

（3）集体土地所有权、集体建设用地使用权和宅基地使用权确权登记颁证进展。到2013年年底，济源市已完成12个镇（街道）办及11个居委会的农村集体土地外业勘界和内业资料整理工作，累计调查村民小组1717个，符合登记发证条件宗地6598宗，存在争议或其他原因暂时不能发证宗地384宗。2013年6月，济源市启动集体建设用地使用权和宅基地使用权确权登记颁证试点，预计到2014年年底，集体建设用地使用权和宅基地使用权确权登记发证工作全部完成。

（4）农民房屋所有权确权登记颁证进展。2012年济源市启动集体土地上农民房屋所有权确权登记颁证工作，当年为五屋镇五里桥村发放房产证49本，克井镇寨河苑社区发放房产证12本。2013年登记发放房屋所有权证7本，完成了王屋镇五里桥村84户、思礼镇涧南庄村137户的房屋面积测绘工作。此外，梨林镇北端村295户的房屋面积测绘正在进行。

（5）小型农田水利设施确权登记颁证进展。2011年，水利局通过实地走访和勘察，摸清了全市小型农田水利设施家底。2012年，济源市颁发小型农田水利设施产权证书5000多处，占小型农田工程总数的50%左右。预计到2013年年底，95%以上的小型农田水利工程将发证到位。

2. "两股"改革进展

关于农村集体资产股份化改革。2013年，济源市选择部分城中村和城郊村开展集体经济组织股份合作制改革试点，其中北海东关和沁园东马蓬村基本完成人口界定和清产核资工作；玉泉南堰头和天坛贾庄已经完成清产核资工作，人口界定工作正在进行；济水东园正在进行清产核资和人口界定；承留镇大峪新村和周庄2个村目前已经完成人口界定工作，清产核资工作正在进行。

关于农村土地股份化经营。济源市以土地入股、产业推动等方式，引导农地向龙头企业、农民合作社、种植大户和家庭农场等规模经营组织流转。到 2013 年年底，全市共流转耕地 32 万亩，流转率在 70% 以上。

3. "两改"改革进展

关于城乡建设用地制度改革。自 2004 年至今，济源市共办理城镇规划区外集体建设用地使用权流转 340 宗，流转面积 402 亩，流转收益 1994 万元。为规范农村集体建设用地使用权流转，济源市 2012 年出台了《集体建设用地使用权流转管理试行办法》，并于 2013 年制定了《集体建设用地使用权交易规则》。2013 年济源市委、市政府《关于开展农村产权制度改革的指导意见》提出，农村集体建设用地使用权可以通过出让、转让、出租、作价（出资）入股、联营、抵押等形式进行有偿、有限期流转，按照规定用于商业、旅游业、服务业、租赁房屋等经营性用途建设；自然人、法人或其他组织可通过招标、拍卖、挂牌或协议等方式取得集体建设用地使用权，但流转年限应与同用途的国有土地一致。

4. "两建"改革进展

关于建立新型农村经营主体。新型农村经营主体包括新型农村合作经济组织和新型农业经营主体。据统计，到 2013 年年底，全市农村已经建立农民专业合作社 713 个，家庭农场 52 个；从经营规模看，全市农业规模经营大户有 2800 多户，其中 30—100 亩的大户 2600 户，100—1000 亩的大户 184 户，1000 亩以上的大户 50 户。

关于建立农村产权交易平台。济源市在市、镇两级建立农村产权交易平台。农村产权交易平台主要职能包括提政策咨询、信息发布、项目包装、组织交易、交易鉴证、价格结算、业务培训、价格分析、资产评估、抵押融资和招投标等。

三　济源市农村集体产权制度改革面临的 深层次问题及相关思考

（一）济源农村集体产权制度改革面临的三个深层次问题

济源市农村集体产权制度改革虽尚处于探索试点阶段，却已触及农村集体产权的深层问题和矛盾，集中表现在如下三个方面。

1. 集体经济组织成员资格与成员权界定

农村集体经济组织成员资格与成员权界定，事关农村土地确权和集体资产量化，事关农村集体产权制度改革成果的巩固与长期维持。由于当地平均主义思想比较严重，济源市在界定集体经济组织成员资格与成员权时面临诸多矛盾，如出嫁女、改嫁妇、离异女、外出求学学生、收养子女、新生儿、新婚人口等都强烈要求分享集体资产及其收益。近几年，农村集体资产改制已经成为济源市一个最为主要的信访源，因农村集体资产改制引发的群体性上访事件时有发生。

2. 新型经济组织形式及其管理运营方式

农村集体产权制度改革后，原农村集体经济组织改制为新型经济组织，新型经济组织如何定位，面临两难选择。

若新型经济组织注册为股份合作社，只能参照《农民专业合作社法》注册，注册后的经营范围也限制在某一农产品内，这与现实中那些实力较雄厚的农村集体经济组织主要参与物业运营的事实严重不符，必将影响改制后新型经济组织的发展。

若按《公司法》注册为有限责任公司，一是改制后的新型经济组织不符合《公司法》有关股东数量和出资的规定，工商部门不让其登记注册为公司。比如，新型经济组织股东数量众多，远多于《公司法》有关有限责任公司由50个以下股东出资设立的规定；集体经济组织成员股份为无偿分配，而非个人认缴。二是村委会担心注册为公司后要按《公司法》照章纳税，这会加重农民税费负担，影响村民分红。

此外，新成立的农村集体经济组织如何管理运营也面临问题，比如，其负责人如何产生，是执行"一人一票"还是"一股一票"，等等。

3. 村级自治组织与新型经济组织的关系

农村集体产权制度改革如何处理村委会与新型经济组织的关系，济源市同样面临两难选择。如果村干部不兼任集体经济组织董事长和总经理等职务，掌控集体资产经营权，村委会就有面临被架空的危险。如果村干部兼任集体经济组织负责人，则不符合《公司法》等法人实体管理规定，也不符合市场经济要求。

（二）相关思考

1. 关于集体经济组织成员资格与成员权界定

改变过去依据"户口"界定集体经济组织成员资格的做法，界定集体经济组织成员资格要遵循权利与义务对等原则，要与个人对集体经济组织的贡献挂钩。凡是对本集体经济组织做出过劳动或出资贡献的，都可视为集体经济组织成员。集体经济组织成员权的多少即股份的多少，主要由其个人对集体经济组织的贡献决定。新增人口可通过有偿出资或购买他人股份获得集体经济组织成员资格。

2. 关于新型经济组织的形式及其管理运营方式

改制后是成立股份经济合作社，还是成立有限责任公司，应因地制宜，由村民依据适用原则自行选择。股份经济合作社以一人一票为宜，有限责任公司应当实行一股一票。需要特别指出的是，对集体经济薄弱的村，其集体经济收入不多，改制没有实际意义，没必要"一刀切"地进行改制。

至于改制成公司照章纳税加重农民负担问题，可通过税费减免方式解决。长期来看，改制成公司就应当依法纳税，纳税是每个公民和法人的基本义务，农民也不应当例外。

3. 关于村级自治组织与新型经济组织的关系

村委会与集体经济组织是两个性质完全不同的组织，其职能和运作模式差异很大。村委会是群众性自治组织，主要负责公共管理和社会服务职能。村集体经济组织主要负责集体资产管理、利用与保护，确保集体资产保值、增值。实际工作中，之所以出现两个组织关系不好处理，村委会并不想放权。因此，必须实行"政社"分开，村级自治组织与新型经济组织应当明确分工，各司其职。

集体经营、家庭经营与合作经营[*]
——中国农村经营制度的选择

左停 李婵娟

一 引 言

中国的宪法和法律规定，农村土地等生产资料为集体所有，农村集体经济成为我国社会主义经济的重要象征。改革开放以后，又逐步形成了统分结合的双层经营，即在集体所有制基础上的家庭承包责任制。随着农村税费改革和农业补贴的加强，"承包责任"实际上名存实亡，造就了以自由小农为基础的农村经营体制，创造出了小农户积极性发挥的空间，村集体经济的力量逐渐被削弱和淡化，大部分农村集体经济组织也随着解体了，行政性的村组织都不再参与农业经济活动，此时只有那些有条件发展农村工业的地区，农村集体经济还扮演者重要角色。[①] 随着市场经济对农村经济的冲击、小农经营的不经济等问题开始被逐渐认识到，农村出现了不同程度的分化，在政策刺激下，农民合作经济组织在进入 21 世纪以来呈现出快速发展的趋势，农民合作社数量在 2013 年 12 月底达到了 98.24万家，同比增长 42.6%，入社农户占农户总数的 28.5%。[②] 面对各种制度在农村社区内的"嵌入"的现实，个体和群体农民是如何应对的？他们是保持"合作"、是坚持"家庭"，还是维持"集体"？究竟个体、群体和集体应

* 作者：左停，中国农业大学人文与发展学院教授；李婵娟，中国农业大学人文与发展学院博士研究生。

① 参见宋洪远《中国农村改革三十年》，中国农业出版社 2008 年版。

② 数据来源于全国农民合作社发展部际联席会议第二次全体会议，促进农民合作社健康快速发展，中国农民合作社，2014，（03）：43。

该以何种形态存在和互动，才能产生更好的有利于村庄发展，不同制度主体各自的生存空间是如何建构出来的，产生的机理是什么？本文试图讨论家庭、群体和集体以及合作经营的形成机理以及他们在农村社区内的重要性。

改革开放以前，关于农村经营制度的主流话语是合作、互助、集体经济以及具体化的人民公社。1979 年以来随着改革开放的深入，伴随社会政策的变化，专家学者关于农村基本经营制度中所涉及的经营主体出现多样化的形态。

表 1　　　　中国知网数据库农村经营类关键词搜索结果

关键词	时间段（年）				
	1979—1989	1990—1995	1996—2000	2001—2006	2007 年至今
合作社	517	667	1152	3773	11897
农民合作组织	2	19	55	538	2089
农民合作经济组织	1	17	68	600	1140
农民协会	155	75	26	358	873
集体组织	30	43	55	258	884
集体经济	1617	2558	2966	2218	5287
龙头企业	6	550	6523	21474	75060
农业企业	309	439	633	2225	6262
家庭经营	631	645	730	822	1607
家庭农场	901	427	616	649	4432
专业户	4157	1819	1458	600	1140

上述表格数据表明，在 1979—1989 年之间，文章比例比较大的应该是家庭经营类的话语，尤其是专业户是该时期的重点话语；而在 1990—2000 年之间，学者话语开始偏向了集体经营类的集体经济，该时期正是乡镇企业为代表的集体经济快速发展时期；在 2001—2006 年的文章数量分析中，可以发现，该时期家庭经营类关键词数量的增幅减少，尤其是专业户作为关键词的数量则急剧减少，而同时占据了关键词数量首位的仍然是龙头企业，另外一个现象就是合作经济类的关键词数量稳中有升；在 2007 年至今，关键词数量增长较快是合作经营类的合作社，但该词汇的绝对量仍然不是所有关键词中的第一位，占据首位的依然是龙头企业，而

改革开放初期至 1995 年讨论较多的集体经济则丧失了其关注度，并在 21 世纪初的几年内处于冰点的水平，在 2007 年之后虽然又开始逐渐走进了人们的视野，但并不是农村经营制度主体中的热点词汇。同时与合作经营类、集体经营类词汇相比，代表着家庭经营类的关键词则增加幅度较小，仅有家庭农场的话语比重增加较快，而专业户则失去了其原有的话语热点地位，受到的关注度较低。

二   我国农村基本经营制度变迁的历史沿革回顾

伴随着中国经济的不断深入发展，我国农村基本经营制度经历了新中国成立之前的租佃制，随后的土地革命确立了以家庭土地私有权为基础的家庭经营制，随着 1953 年开始的合作化运动的开展，我国最终确立了农村的农业生产合作社经营制度。直至改革开放后，1982 年《宪法》中明确规定：我国农村的基本经营制度是"以家庭承包经营为基础、统分结合的双层经营体制"，这是党在农村的一项基本政策，必须坚持长期稳定。改革开放之后的农村基本经营制度也在不断变迁中。目前，我国农村地区除了个别村庄还保留着集体统一经营方式以外，全国大多数地区均确立了以家庭联产承包责任制为基础的统分结合的双层经营体制。邓小平有关农村经济的"两个飞跃"构想表明，这项农村基本经营制度的完善过程包含了两个阶段，第一个阶段以重塑家庭经营自主性为重点；第二个阶段则以重新确立集体统一经营为主。1998 年前后的二轮土地承包"增人不增地、减人不减地"和之后多次一号文件强调的长期不变，实际上形成了事实上的"永佃制"。

表 2   **主要农村经营制度与方式变迁**

1949 年之前：租佃制下衍生出来的多种农地经营方式
- 合作化人民公社化时期："三社一体"的农村经营框架
- 改革开放初期：重塑家庭经营的自主权、积极发展乡镇企业、实行村民自治
- 改革开放中期：新合作社运动、二轮承包、发展社会化服务，农村人口大量外流、村庄空心化与合并
- 全面深化改革时期：职业农民与家庭农场的提出、资本下乡的问题、新型城镇化与农村老龄化问题的出现

我国农村基本经营制度的发展史是一部家庭分散经营与集体统一经营的矛盾斗争史,这种不断变迁的农村现实反映出我国农村经营制度改革中的一个根本性问题:如果农村经济以家庭经济为主的个体经营方式为主,虽然能够有效解决农业生产领域的内部激励问题,但农业生产就会与大市场经济所要求的专业化、规模化和标准化相悖,阻碍农村现代化进程。如果农村经营过于偏向集体统一经营,则"合作过度"则容易出现集体利益对个人利益的侵蚀,导致农业生产中出现激励不足的现象,导致农业生产领域内效率不足,从而造成集体统一经营制度的解体或者名存实亡。农村经营体制中个体与集体经营的良好互动"最优状态"就如同行走于"刀锋"之上,在实践中极其容易偏离最初的目标设定。

虽然这项基本经营制度在理论层面并未产生多少疑问,也被国外和很多西方国家的经验证明了其正确性,但是在实际操作中这个描述就显得操作性不强,其模糊性和地区性的特点导致了实践中的不同模式共存的现状。新型合作社和断断续续倡导的社会化服务实际上也是在集体统一经营和家庭承包经营之间寻求一个折中妥协或者临时性的方案。

我国农村基本经营制度受苏联体制影响,具有独特性,其优劣势都很明显,对新中国前30年工业化现代化建设发挥巨大作用,但时至今日出现的难题也很多,所谓"成也萧何,败也萧何"。存在诸多困境,归纳如下:

1. "承包权"流转与"经营权"流转

承包本是合同的意思,土地承包法就翻译为 Land Contract Law,是一种关系。近期争议的焦点是:"承包经营权"可以流转,但是"承包权"不可以流转。实际上承包权的流转意味着农户可以退出集体,即直接将土地的承包权转让给其他人,而不是由隶属于村集体的农户将土地承包之后,再将其"经营权"转让给其他经营主体。实际上承包权与经营权转让是不一样的,承包权的转让意味着成员身份;而经营权的转让仅仅是土地上从事生产经营的权利,并不附带其他的权利和身份信息。现实中,"二代农民工",甚至"三代农民工"的出现和户籍制度的限制对村集体的成员界定提出了挑战。已经长期离乡、离土的二代农民工及其子女是否依然享有农村的土地承包权,是否可以直接将成员身份连同"承包权"一起进行转让都是制度的困境。

2. 集体经济的悖论

集体经济的概念本身是存在一个悖论的。即集体经济资产的处置问题。集体所有制实际上并不完全拥有对集体资产的处置权，比如，土地问题。假如一个村庄成员全部移居国外，其土地是否可以在集体全员表决通过的前提下将土地有偿转让给其他人？结论是集体没有这个权利。而国家要利用集体土地进行开发的时候，集体是否可以全员表决通过不予通过该项土地开发的决议？结论也是不可以。因此，中国农村的土地拥有者实际上有三个，一个是国家、一个是集体、一个是农户。而在所有的土地拥有者当中，农户的话语权是最弱的。另外一个问题就是集体成员的界定。谁是集体成员的问题，是村庄的常住户，还是按照户籍来界定村集体成员，都没有明确答案。农村土地的二轮承包已经快到期了，中央已经做出了延期的决策。但是农民的下一代是否仍然享有土地的承包权，已经选择离开村落的农户是否仍然享有土地的承包权，也是没有明确答案的问题。最后，关于集体经济的代理人。一部分村庄会选择成立公司对村庄资产进行经营，以公司法人代表村庄集体进行贷款、经营等一系列活动。但是这种方式也存在危险，即很难解决"破产"的问题。公司解体后究竟由谁来负责的问题。近来出现的集体经济向合作经济的转变，也是"解套"集体经济问题的一种方式，即使用合作社法人来代表村庄集体进行贷款等活动，虽然具备了市场"法人"地位，但其同样不能解决"破产"的问题。因此，中国的合作社本身也没有能够解决"破产"的问题。

3. 合作经营的复杂性困境

合作社是一个历史的产物，历史发展塑造了其复杂的概念和多样化的组织形式，同时也让合作经营模式在中国发生了一系列适应性"变异"。在现实中，合作社的制度和本质性也发生了，为了追求更高的效率和发展所需的资源，其农民性、合作性、组织性都需要经受考验。[1] 另外，合作社制度本身较为复杂，农民掌握和操作起来有难度，真正理解和掌握这项制度并使其为农业生产生活服务是一项复杂的系统工程，需要集教育、培训、实践为一体，且需要不断地在实践中摸索和总结经验，才能够找到适合当地情况的合作制度安排。在这个过程中，不少合作经营类组织都抵抗

---

[1]　黄祖辉、邵科：《合作社的本质规定性及其漂移》，浙江大学学报（人文社会科学版）。

不了复杂和严峻的外部环境，缺乏生存所必需的资源和条件，处于瘫痪或空壳化的境地。其次，合作经营内容丰富，种类繁多，其中既包含了从传统集体经济转变过来的社区型合作经济组织，也包含了以《合作社法》为依据所成立的新型专业合作社，而合作经营的内容也更加宽泛，涉及产前、产中、产后的各个环节。因此，要成立一个具备较好的环境适应性特征的合作经营组织十分不易，其组织制度需要在发展中不断地自我调适，才能逐步发展起来。这对农民来说，也是一个挑战，每一次的制度调整都需要付出一定的组织成本和交易成本。总的来说，合作经营符合现实要求，但却难以被该制度的主要掌舵人：农民群体所掌握和运用，这是合作经营的一个最大困境所在。

4. 农民的身份问题

随着户籍改革的深化，谁是农民的问题已经被提出来，特别是二轮承包以后出生的农村子弟，能否就自然而然地认为是农民？今后如果农民身份去社会化、去政治化，而职业化，形成最直接的挑战就是集体经济组织成员与村民自治意义下的村民的分离。具有工商业法人地位的家庭农场的出现实际上也会挑战家庭成员之间的土地财产关系和经营管理关系。

三　集体、家庭和合作经营的生存空间的形塑

1. 集体与集体经济组织

集体的内涵较为广泛，且受到传统文化、社会主义文化和市场经济下自由主义文化的影响，人们对其的认识更加多样化。从词汇基本含义来看，所谓集体，就是个体的联合体，从一个学生班、一个单位到一个国家都可以用集体的概念来描述。但集体的概念并不单单是一个词汇，它具有多面性。

当集体以政治词汇呈现出来的时候，其所代表的更多是"集体经济"或"社会主义集体"的内涵，其所代表的内容是以生产队、自然村、行政村或乡镇为集体的全部成员；而集体以法律词汇的姿态出现的时候，其所代表的就是一种"虚化的集体"，我国的法律中曾经出现过"农业集体

组织"、"农民集体组织"和"农村集体组织"三个概念。①（最先出现农业集体经济组织和农民集体经济组织概念是在《民法通则》的第七十四条第 2 款；之后 1999 年《宪法》则使用了农村集体经济组织的概念）到现在为止，农村集体组织仍然是农村集体资产的管理者。但是法律上对于集体所有权的规定却是模糊的，集体与国家之间的界限也是模糊的。比如，当规定土地所有权的时候，1982 年《宪法》第十条规定和 1987 年实行的《民法通则》第七十四条的规定，以及 2007 年实施的《中华人民共和国物权法》第五十八条规定都定了农村土地的集体所有权，但是究竟是哪一级集体却并没有做出明确的规定。正如于建嵘（2009）所提到的："农民集体"作为土地所有权主体的构成要素和运行原则法律上并没有规定，没有明确产权代表和执行主体的界限和地位，没有解决农民集体与农民个人的利益关系。因此这种概念下的集体仍旧是一种"虚化集体"。② 当集体以经济词汇出现的时候，就意味着其是一种经营实体，它有名称、办公地点、有固定的工作人员等。而理论界对于农民集体经济组织的含义有两种观点，其一是从广义上理解农村集体经济组织，如我国的集体经济组织包括生产性的集体经济组织（农民合作）、流通性和指导性相结合的集体经济组织，和近年来新发展起来的金融性集体经济组织；③ 其二是从狭义上来理解农村经济组织，如法律所说的农村集体经济组织，由新中国成立后的农村互助组、初级社、高级社发展演变而来，即包括乡、村、村民小组和部分农民共同所有的农村劳动群众集体所有制性质的经济组织。④

"集体"的内涵丰富，其现实性实现主体也更加的多样化，而集体统一经营方式也并非是单一制的。在传统集体内涵下的农村集体主要体现为：在家庭为单位的土地私有制基础上，依靠家族内部血缘关系和家族内部所形成的契约精神为主而形成的经营方式，这是一种以契约或股份为主

---

① 李永安：《农村集体经济组织的历史变迁和立法前瞻》，《公民与法》，2009 年第 7 期，第 22—25 页。

② 于建嵘：《农村集体土地所有权虚置的制度分析》，《论中国土地制度改革》，中国财政经济出版社 2009 年版。

③ 黄灿明：《关于加快农村集体经济组织立法的思考》，《现代商业》，2003 年第 3 期，第 92—93 页。

④ 罗猛：《村民委员会与集体经济组织制度的性质定位与职能重构》，《学术交流》，2005 年第 5 期，第 51—55 页。

家族合作制度。如今则主要以血缘和地缘关系所形成的社会关系纽带对经济产生正向的促进作用，该类"集体"也并没有固定的组织边界和组织形式；人民公社时期的"集体"是对集体边界的一种强制性划分，因此造成了实践中以"虚化集体"的概念为主，以村集体概念为主的经营方式占据了主导地位，但对农民真实的家庭利益的实现并不重视；而现在所提出农村集体经济及其组织则更多是以农业生产要素的流动和商品化为特征的一种经营体制，这时期的农民合作也更多体现为一种利益基础上的联合。在西方经典经济理论的影响下，集体在现代企业制度下建立起来，并以组织的形式呈现出来。同时，"集体"建构的方式也发生了变化，从传统的道德关系基础上的集体建构，和国家强制力量下的集体建构，转变为市场发展规律作用下的集体组织建构。同时，集体统一经营方式也更加的多样化，包括"农民合作社、专业服务公司、专业技术协会、农民用水合作组织、农民经纪人、涉农企业等为农业生产经营提供低成本、便利化、全方位的服务"。这些市场主体成为集体统一经营模式的新载体，这是以市场机制为基础的集体单位在农村地区的建构模式。

多样性和复杂性并存的"集体"内涵促使新时期的农村集体组织从"虚化的集体"转变为"真实的集体"，同时也表现为超越农业生产领域向非农领域延伸的趋势，同时也在不断超越社会主义集体概念下所构建的集体边界，逐渐朝着市场机制和契约机制所构建出来的集体性组织形式转变。最为重要的一点是，集体统一经营实现了从公有制产权向家庭经营权为基础的私有制产权的回归，且不断向投资报酬率高的领域发展，体现出明显的市场经济特征。然而，其他类型的"集体"内涵也并未退出历史舞台，"宗族集体"目前主要以社会资本的方式为现代经济服务，有助于缓解由于市场经济过于注重效率所导致的公平欠缺的现实情况。而"社会主义集体"则以道德规范的形式在现代经济中发挥作用，在今天仍旧会对市场经济体制下的集体统一经营方式所导致的贫富分布不均的现状产生一定缓解作用，这也意味着集体统一经营以市场经济手段为主的形式进入农村社区的时候，也需要针对村庄的文化意识形态和现实情况对经营方式做出一定的适应性调整，以便更加适应村庄的结构和外界环境。

历史发展进程塑造了"集体"日益丰富的内涵，这就不可避免导致人们会对集体合作经营的农村经营制度的政策提法产生不同程度的认识偏差。因此，要实现农村基本经营制度中的合作经营功能的发挥，必须要避免几个认识性误区：（1）警惕使用社会主义集体的概念替代市场经济下的集体概念；（2）警惕对集体概念认知的单一化；（3）警惕对家庭利益的制度化侵蚀；（4）避免形成"集体统一经营是解决小农与市场矛盾的唯一路径"的认知。①

2. 家庭经营

在农村地区，家庭既是最基本的农业生产单位，也是日常生活的基本单位。家庭经营在近六十年中经历了曲折起伏的发展历程。在新中国成立初期，家庭既是日常生活的基本单位，也是农业生产的基本单位。但是到了人民公社时期，家庭作为农业生产的基本单位就被废除了，取而代之的是以农业工人为特征的工分制度，农业生产的基本单位由家庭上升到了生产队或者生产小组。在改革开放之后，家庭作为农业经营的主体地位才重新被确立。但是从日常生活角度来看，中国农村家庭一直是最基本的单位，是社会的细胞。当农业生产脱嵌于农民的日常生活，那么随之出现的就是缺乏激励、效率低下等问题，而当农业生产与日常生活实现了嵌入的时候，两者就会衍生出强大的生命力。

现在市场经济作用下，农业生产和农业经营都出现了新的特征，规模化、标准化和品牌化等现代市场要素对农业的家庭经营提出了挑战。家庭农业生产和基本生活进行的过程中，由熟人社会所衍生出来的社会关系为纽带的状态，正在向市场机制下的各种规则演化，各种家庭生产要素不可避免地被纳入到了现代化大生产过程中，且被这种共同的趋势所影响。在三代亲缘关系以内，社会关系仍然是家庭经营过程中起主要作用的机制，但以血缘和地缘关系为基础的家庭外部要素则更多地以市场机制为主要作用机制。家庭经营已经成为日常生活不可分割的一部分，且已经开始主导了日常生活。由此而导致的现实就是在风险要素分析时，农户所面临的市场风险加大，而自然风险则由于各类要素利用率的提高而降低。当家庭开始通过优化要素组合以追求整体收入最大化的时候，农户家庭已经不是一个完全意义上的以"生存伦理"和"安全第一"为信条的主体了，反而

---

① 李婵娟、左停：《集体文化嬗变对农村基本经营制度的影响》，《人民论坛》，2014 年第 5 期，第 160—162 页。

在以市场的方式思考和对经营活动进行调整和管理。可见，虽然家庭经营决策的起点是为了满足家庭成员的日常生活需求，但是随着家庭对各种要素利用效率日益提高，家庭开始逐渐具备了家庭农场的特征，而相应的农民也开始显现出了现代企业家精神的萌芽。

表3　　　　　　　　　　　　　　家庭生产要素的变化

	家庭内部	家庭外部
资金	支持城市工作的儿女 家庭外部资金开始支持农业	更多资金投资农业，由于比较优势或者交易成本节约的作用产生一定的累积作用
劳动力	向投资报酬率高的领域，人力资本和社会资本有一定累积和提高	效率提高 不少已经移居城市劳动力回村
土地	出现集中的趋势	利用率提高
技术信息	现代更替传统，更加专业	更加专业，先进
制度	属于外生变量	更易于制度创新
社会网络	仍然以血缘、地缘和业缘关系为主要社会联系	基于市场机制的社会网络比重增加
风险和机遇	降低了家庭的生存风险，可相互调节、互补	获得了更高的利润，积累了财富，则家庭风险降低；但同时市场风险加大

从家庭内部来说，在市场、环境、政策的不断影响下，小农经济正在通过个体的学习、观摩、尝试，不断地探索适合家庭生存和发展之路，且由于每个家庭成员自身资源条件和策略选择的不同，家庭进行着分化的过程。但体现在农业生产要素方面，则体现为一种促进作用。小农经济逐渐成长为带有明显的市场特征的经营主体，且在市场上占据着特殊的地位，其特性也发生了根本性的变化。另外，家庭经济的不断分化（兼业化或不同领域内的专业化）是在群体性整合的基础，如果家庭经营的分化是处于第一层次的演化过程，那么村集体层次的同质性的出现和发展则属于第二层次的演化过程。通过这种不断的选择和发展，村落逐渐成长为具备

某几种产业优势的共同体，在市场上逐渐建构出自己的生存空间，并通过不断地演化发展保持这种优势。村落的演化过程中，家庭是基础，集体组织或制度是保障家庭经营的共同体，这种基本认知也是从演化过程的分析中被确认的。

从农户家庭经营的外部支持主体可以看出，农户家庭经营的发展离不开其生存的外部环境，家庭内部通过经营活动能够累积的要素仅仅是一小部分。而这种适宜于家庭经营进一步发展的社会环境的缔造则需要众多要素供给主体的共同服务。从上述表格也可以看出，家庭经营的空间其实有进一步拓展的空间，家庭经营的最大制约因素是资金和人才，而这些限制条件的消除就需要家庭成员和外部资源主体共同合作才能完成。这当中最重要的就是家庭主要成员的个人能力培养和社会网络建设，只有从最基础的家庭成员自身经营能力的提高方面出发，才能更好地拓展家庭承包经营的生存空间。

当我们以农村社区内农民的日常生活为最基本的核心进行分析的时候，就会发现，无论是市场的力量、行政的力量，还是外部其他机构的力量，甚至是社区内自发形成的组织或者机构都不可能脱嵌于农民的日常生活而独立存在。在农村地区，我们可以将农民的日常生活作为核心和基本出发点。无论是农民家庭策略的选择还是家庭策略的演变除了受到外界大环境变化的影响外，最基本还是以满足家庭日常生活为出发点的。比如，农民对于种植蔬菜大棚的选择、对于外出打工的选择，或者对于养殖业的选择，或者参与不参与合作的选择等，都是基于家庭的基本生活而做出的决策。而在决策演变的过程中，外界干预会暂时性的改变农户的策略，但是农户的这一策略能够真正成为家庭的主要生计策略，还需要在家庭不断地尝试和试错的过程中逐渐完善和更改，当某一经营内容被村落大多数家庭所采用时，才会出现群落的整体性特征并衍生出同质性。

家庭经营的发展权益和生存空间的建构不仅依赖于农户个体主动性的发挥，更重要的是要依赖于外界其他资源主体的共同努力。同时，政策环境也至关重要，需要提供一个制度性的保障。农户虽然可以通过家庭各种经营策略的采用和实施才保证家庭基本生产和生活，且也在不断努力的过程中，但是外界资源主体始终是占据着主导地位。在政策层面，家庭经营被强调得少，在现代农业中地位受到了威胁。在支持力度方面，针对农户家庭的政策由于农户数量的庞大而导致每个农户所获取的数量较小，因此，农户家庭经营更加需要被强调和保护。本文需要强调家庭经营作为一种经营方式的重要性与可行性。因此，家庭经营权是否应该被重构，应该提上议事日程。

3. 合作经营

合作经营方式在实践中较为多元化，随着市场经济的发展出现了新的经营方式，比如，股份合作经济、互助资金合作社、公司加农户的产业化经营模式等。这些新出现的经营主体都可以看作是合作经营的载体。

合作经营是农民农业经营和家庭生活的一部分，是嵌入到农村生活中的一小部分，不是农民生活的全部，也不是农村社会的中心，但却是农业经营的重点。目前的合作社不能解决家庭经营方式的全部缺陷，同时也不能解决全部的农业问题、农村问题和农民问题，合作社发生作用的范围仅在于农业产前和产后等领域。在生产领域内，其不能替代家庭经营，在其他领域内可以发挥出积极作用。集体组织、合作组织与其他市场主体既是竞争关系，也是共生关系。这是因为集体组织与合作组织的农村社会嵌入成功的前提。在农民眼中，无论哪一种统一经营方式都不是唯一的选择，也不是重要选择，因为还有其他方式可供选择，在选择的时候也会受到本村村情和历史发展轨迹的影响，在不同的地区两者的生存空间也是不同的，但是都可以通过组织主动性的发挥拓展并建构出适宜组织发展的空间。

正是由于实践中合作经营的多样性和复杂性，导致人们对于合作经营的认知存在不少的误区，也出现了很多损害农民利益的现象。比如，合作社的异化现象、集体经济退化为"部分干部经济"，合作社"挂羊头卖狗肉"，等等，这些都是现实存在的。[①] 从政策层面看，应该要避免简单化和单一化，不能期望任何一个简单的政策能够解决中国的农村问题，也不能期望农村经营方式中哪一个占据主流，他们是相伴而生的。从前期的家庭经营，到后来的合作社，总是被学者们赞扬或者诟病，但他们都不是解

---

① 熊万胜：《合作社：作为制度化进程的意外后果》，《社会学研究》，2009 年第 5 期，第 83—109 页。

决农村经济问题的唯一路径，但却是具备发展可能性的路径。因此，要给所有的经营主体提供相对公平的环境和宽松的生存空间，这就要求政策不能偏好某个特殊的经营形式，而忽略和抑制了其他经营形式在农村发展空间。另外，不管任何一种农村政策，都以较长的篇幅在叙述农村相关的问题，即使仅仅是几个词语，如果深入理解起来所涵盖的内容也较为庞杂，那么，目前的农村政策中的重点发展对象，以点带面的发展是否公平？

4. 小结

家庭承包经营及其所适应的社会服务体系建设可以看作是一种自发形成的"购物中心"（Shopping mall）形式，大家都在"摆摊"，虽然规模化程度并不那么高，但是外部规模化的效应缺失是存在的。而合作社和其他集体统一经营方式则体现为一种"百货公司"（Department store）的形式，有一个统一的管理主体和一个统一的管理方式，体现为其中的单个主体对自由权利的放弃而换取对生存风险的降低和生存安全的保障。其他集体统一经营更多体现为市场经济对农村社会和人民生活的嵌入，而这些主体当中已经完全形成了一个脱嵌于农村社会的市场经济内核。而合作社和家庭经营则次之，合作社的经营性内核还在建设过程当中，而家庭经营则并不存在这样一个内核，完全是以社会和人民生活的姿态呈现出来的。整个过程体现出了一个农村经济从人民生活和社会中脱嵌，又重新返回农村社会和人民生活的一个曲折发展路径。

从政策分析的角度可以看出，政府正在试图建立一个较为全面的、立体式的为农村建设服务体系。与农村发展和农民增收相关的制度主体，包括：农业企业、农民专业合作社、农民协会、农村资金互助组织、家庭农场、家庭分散经营等，均能够从政策中见到表示支持其发展和存在的证据。从政策受益者分析中，也可以发现，政策的实施也是针对与不同的制度主体而分别设定和瞄准的。但作为农村发展的最大资源拥有者——政府，而其他制度主体要获取资源，其必然会存在一定的竞争关系，同时由于土地等农业生产要素掌握在以家庭经营为基础的农户手中，因此，其他制度主体与农户之间也必然会存在合作的关系。其他制度主体之间的关系也是如此：合作与非合作并存的一个复杂态势。

四　关于集体、家庭和合作经营的选择

1. 关于集体、家庭和合作经营

集体、家庭和合作经营是三种相互纠葛的经营方式，当然其背后也存在一定的价值理性的冲突。其实三种方式在不同的境遇下会有不同的优劣。

首先，农民家庭的日常生活是农村社区最基本的核心内容。无论是市场的力量、行政的力量，还是外部资源主体，甚至是社区内自发形成的组织或机构（包括集体经济和合作经济）在进入社区时都不可能脱嵌于农民的日常生活。随着市场化的不断深入，农民家庭经营类内容逐渐被建构出来，部分专业化农户有形成家庭经营性内核的倾向。但从整体上看，"三心二意"的兼业化经营是当地农户经营的主要特点。① 这种农户经营特点也并不意味着合作经营在此基础上没有诞生的土壤：在成员异质性基础上，家庭通过不断地逐渐完善自身经营策略，当某一经营内容成为村落大多数家庭的主营业务时，才会出现群落的整体性特征并衍生出同质性。合作需求就诞生于社区同质性利益诉求的出现，培育并发展这类诉求是合作经营的重点。家庭加入农民合作组织并成为其会员实际上可以看作是一种家庭外部发展策略的选择，农户选择的基础仍然是家庭经营活动是否需要和是否能够降低交易成本等。农户通过主动性选择对农民合作经营类组织的服务和经营的效果进行投票，并通过"退出"或者"不合作"等行为实现选择权。

当合作被附加上了很多其他目的的时候，我们也应该清醒地认识到合作是自由基础上的合作，合作也不应该是"唯一"的选择，而应该成为一种备选。农户"家庭经营"状态对于其家庭经营选择权的实现至关重要，同时也是农户家庭生活的一种重要状态，是其选择域中一个重要的选择项，不应被忽视或轻视。合作更不应该是目的，而仅是手段。农民合作的目的只能是农民的成长、自我意识的表达，以及农民企业家精神的培养

---

① 高强、赵贞：《我国农户兼业化八大特征》，《调研世界》，2000 年第 4 期，第 29—31 页。

和发展，只有在农户不断地选择权基础上，通过不断地复制、转播、保存好的经营策略，并成功实现家庭转型，农户的企业家精神和经营能力才能够得到锻炼和发展。

因此，农民应该得到的是一段可以自由发展的空间。集体与合作都不是普适价值，也不能是功利性的，更不能成为政治术语，这三种认知都会导致农民自主选择权在某种程度上的丧失。重要的是，集体、家庭、合作，不管什么方式，应该是农民的选择，而且在这三种形式之外存在并衍生出许多种可能更具适应性的过渡形式。

2. 关于内部规模和外部规模

规模化其实并不完全体现为合作，个体状态下也会有规模化的产生。比如，家庭养殖和种植规模的不断扩大，也会使单个家庭产生规模化的收益，在市场竞争方面堪比合作社。规模化的产生既可以是"点"，也可以是"面"。规模化可以产生于某个"点"，即意味着这是一种专业性质的合作状态。比如，可以仅仅是农资购买方面的合作，还可以仅仅是种猪调运方面的合作，还可以仅仅是资金的合作。这是一种较为专业化的合作，这种合作所产生的规模化是一种较为实质的专业化。"面"则意味着合作的状态已经蔓延到了某些领域的多个"点"上。比如，在养猪领域里，既有猪饲料的统购，也有成品猪的统销；既有种猪的调运，也有资金的借贷，这是一种较为全面的合作。可以为该领域内的农户提供较多和较全面的服务。但是对于农户来说，可以产生规模化收益的可能却被限制在了村落的范围内。

规模化最基本的可以有两种方式，一种是"百货商场"（Department store）（内部规模化），这种方式意味着有一个单位主体在控制和协调着整个运作过程。这种规模化的方式可以说较为正式和规范，而处于其中的个体则相对的缺乏自由，必须受到整体单位的控制和支配，其供应的商品可以更为多样和复杂。而另外一种则是"购物中心"（Shopping mall）（外部规模化），类似较多的经营者共同组成的一个规模化的购物中心，其中的每个个体拥有的自由度更高，整体上只是一种较为松散的管理，这种规模化的方式则要求更强的专业化，即商品程度的一致性。对农户来说，就像是处于这两种规模化状态下的商户，无论是哪一种，只要是能够产生规模化收益，对农户来说，都是较为合适的选择。

3. 合作与不合作：谁的选择

合作是一种状态，在这种状态下，合作可以为参与其中的主体，即农户带来收益；而不合作也是一种状态，在这种状态下，不合作可以为农户带来更多的收益。这两种状态在一个领域内，比如畜牧业，或者种植业，都是可以同时并存的。一个领域内可以衍生出一个或者多个可以产生规模化收益的"点"，而这些点的培育则是合作可以进行的地方。而对于那些不合作的"点"，则是属于农户自家经营的范畴，是农户拥有自我决策和自主权的领域，这部分则体现为农户作为合作参与主体的自由度。

而在可以合作的"点"，农户作为参与其中的主体，仍然有权利进行选择，可以选择合作以获得规模化收益，可以选择不合作，通过自身实现规模化收益。同时，农户也可以选择其中的一个"点"，或者多个"点"，这些决策都是根据自家经营状况所做出的经营决策。这些都应该是属于农户可以自由选择的领域。

因此，无论是合作状态，还是不合作状态，都需要建立在农户自由选择权确立的基础之上，只有这样，农户才能获得更多的选择空间，以做出那个最有利于自己经营的决策，获得最大化的收益。每个农户自身的能力是不同的，有些农户需要某些领域内的合作行为以弥补自身的不足，而有些农户则更加适合于"单打独斗"，他们更加适合于在市场上拥有更多的"领域"和"活动空间"，他们可以同那些其他市场主体进行竞争，占有那部分原本有"合作社"拿走的利润。而那些需要购买合作社服务的农民，则拥有较小的"领域"和"活动空间"，他们则必须通过合作社来实现自身的最大利益，如果由他们自身拓展市场的话，则会浪费更多的资源和损害自身利益。这两种性质不同的农民特性也导致了他们会面临着不同的选择，而给予他们选择"合作"与"不合作"的自由则是尊重他们自身，并实现他们利益最大化的根本。

4. "削足适履"与"量体裁衣"

这个问题是从政策支持角度出发需要讨论的。从合作社制度方面出发就是在现有制度安排下，如何调整自己以获取更好的竞争力。很多以建设合作社为目的的项目，都产生了意料之外的效果，结果却并不体现为合作社的发展壮大，而是某些农户个体的发展壮大。

合作组织自身功能性建构过程中，可以通过网络嵌入增加获得生存资源的概率。但多样性与复杂性并存的外部制度环境，造成了网络嵌入效果中对原有路径的过多依赖，合作组织自身功能和体系性建构实力不足。合作经营的经济功能难以发挥，服务性功能也更多依赖于外部资源嵌入，同时也依赖于经由社会网络所获得的那些市场资源和金融资源。农民兼业化的现实情况会导致合作组织采取差别化对待的策略解决合作社的组织特征，但也导致了合作组织在发展过程中出现边界被限制在农村社区内部的情况。

从宏观环境所体现出"制度的模糊性"，包括制度本身的模糊性和制度在执行中的宽容性，都为合作组织的发展缔造出更广阔的生存空间和更多的可能性。也为合作社制度在中国的发展缔造了一个有弹性的外部环境和制度环境。同时，这种环境也是合作社制度"本土化特征"发育的基础。虽然有时候也出现制度难以解释的困境，但在实践中这种困境却恰恰给予了农民创新和尝试的机会。因此，如果政策偏向于"削足适履"则会限制农民家庭和合作组织本土性特征的发育空间，即使"量体裁衣"式的政策也需要在充分调研的基础上制定，尊重不同组织的个性特征。

政府资源的流向问题也是一个需要讨论的问题。毫无疑问，大量的外部资源激活和丰富了农村的各种资源要素，并且资源主体也在资源嵌入过程中成功实现了对农村的干预和塑造，但同时也导致了一些原本与政府目标不一致的后果。而这些后果不能说是其项目目标的失败，只能说是当政府政策与农村各种资源相融合的时候彼此所进行的一些让步与妥协，是彼此"嵌入"的一种后果。这种"嵌入"过程中所产生的各种利益主体遭遇地不断妥协和退让，则会导致那些意料之外的后果出现。

因此，从政策角度出发，无论是项目的设计，还是政策的制定，都需要"量体裁衣"，而不是"削足适履"。有些政策在执行过程中对于农户生计的些许让步，或者农户对政府目标所采取的一种"欺瞒"，反而说明农民能力的提升和企业家精神正在成功培育。

股份合作:农村集体经济的有效实现形式[*]

卢水生

我国是世界上少数几个实行集体所有制的国家之一。这种制度安排的好处是,集体经济组织成员平均占有生产资料,搞得好有利于实现共同富裕;但是,也有许多致命的缺陷,比如:产权虚置、权责不对等、平均主义"大锅饭",内部人控制等。因此,必须进行改革。

那么,怎样改革呢?这些年来,各地不约而同地采用了股份合作的方式。实践证明,股份合作社是农村集体经济新的有效实现形式,它不仅可用于存量改革,而且可用于增量发展;它不仅可以整合资源、资产、资金,而且可以整合人力、人才、人心;它不仅是农村集体经济产权制度改革的必然选择,而且是增加农民财产性收入的重要途径。

一 什么是股份合作社

我国农村目前主要有两类不同的合作经济组织。一类是农民专业合作社,这是农民在农产品生产过程的某一个或几个环节上的合作;另一类是股份合作社,包括:(1)存量改革型的社区股份合作社(将农村集体资产量化给集体经济组织成员后组建而成),(2)增量发展型的土地股份合作社、置业股份合作社、劳务股份合作社等(这是分别将土地、资金、劳力等生产力要素整合而成的新型股份合作经济组织形式)。

专业合作社与股份合作社的区别详见下表:

---

* 作者:卢水生,苏州市委农村工作办公室副调研员。

表1　　　　　　　　　　农民专业合作社与股份合作社的区别

类型	分类	经营方式	组织方式	分配方式
专业合作社	种植业、养殖业 水产业、服务业	分散经营	入社自愿 退社自由	按交易量 或交易额
股份合作社	资产、土地、置业、 劳务股份合作	统一经营	入股自愿、不得退股、 股权可以继承成或转让	按股分红

《中华人民共和国农民专业合作社法》明确规定：农民专业合作社是在农村家庭承包经营基础上，同类农产品的生产经营者或者同类农业生产经营服务的提供者、利用者，自愿联合、民主管理的互助性经济组织。

对于什么是股份合作社，我国至今还没有明确的定义。我们认为，所谓股份合作社是指将集体资产量化给农民，或由农民以土地、资金、劳力等生产要素入股联合经营，平均或基本平均持有股份，实行利益共享、风险共担、民主管理的农村新型合作经济组织。

股份合作社并不是简单地将股份制与合作制混合而成，而是以合作制为本，以股份制为用。它在组织方式上借用股份制的做法，采用现代企业管理制度，坚持入股自愿，不得退股，股权可以继承、转让；而在办社宗旨上坚持合作制原则，坚持以人为本，走共同富裕之路，股东们必须平均或基本平均持股，不允许持大股，更不允许个人控股。只有这样，才能确保全体成员实现共同富裕。

股份制、合作制、股份合作制的区别详见下表：

表2　　　　　　　　　股份制、合作制、股份合作制的区别

类型	宗旨	持股比例	组织方式	分配方式
股份制	以资为本 盈利为目的	没有限制	入股自愿 不得退股	按股分红
合作制	以人为本 共同富裕	平均拥有 集体资产	入社自愿 退社自由	按交易量 或交易额
股份 合作制	以人为本 共同富裕	平均或基本 平均持股	入股自愿 不得退股	按股分红

目前，苏州农村主要有以下几种股份合作社：

（一）社区股份合作社

这是将村级集体资产折股量化给本集体经济组织成员，并参照股份制的治理结构成立股份合作组织，保持统一经营，实行民主管理，按股分红，股东以股本金为限承担有限责任的新型合作经济组织。至2013年年底，苏州全市已成立社区股份合作社1270家，占行政村总数97.2%；农户114.3万户，成员371.5万人，占农户总数96%；村级集体总资产635亿元，净资产405亿元。2013年，全市社区股份合作社分红总额12.07亿元，涌现出一大批户均分红突破2000元的社区股份合作社和乡镇（街道）。

社区股份合作社是农村第三次改革产物

①土地承包；②乡镇企业改制；③集体经济组织自身改革

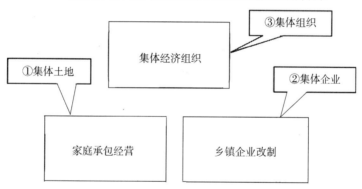

图1　社区股份合作社改革的背景及意义

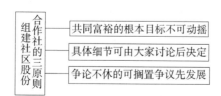

图2　组建社区股份合作社的三条基本原则

（二）土地股份合作社

这是在稳定家庭承包经营的基础上，动员农民以土地经营权入股，通常一亩作一股，以承包证换股权证，然后由合作社平整土地、建设现代农业园区，然后将土地出租给农业企业、种田大户、家庭农场发展现代农业，取得收入实行按股分红的新型合作经济组织。至 2013 年年底，苏州全市已成立土地股份合作社 740 家，入社农户 47.2 万户，入股土地面积 135.9 万亩，占全市农地总面积的 57% 以上，当年分红达到 10.4 亿元。

（三）置业股份合作社

又称"富民合作社"。这是苏州昆山农民的一大创造，是指利用农村集体建设用地或国有建设用地，由本集体经济组织成员以闲散资金自愿入股，平均或基本平均持股，通过建设标准厂房、商业用房、集体宿舍楼等取得出租收入，实行风险共担、利益均沾、民主管理、承担有限责任的股份合作经济组织。到 2013 年年底，苏州已成立置业股份合作社 370 家，入股资金 54.3 亿元，入股农户占农户总数 10.7%，年分红超过 4.7 亿元。

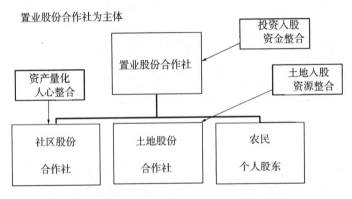

图 3　置业股份合作社与其他股份合作社的关系

（四）劳务股份合作社

这是由农民或社会团体作为发起人，吸收有劳动能力但难以寻找到合适就业岗位的农村闲置劳动力参加，自愿联合，对外提供劳务，承接绿化、道路养护、社区物业管理、农业生产技术服务等，对内实行民主管理、自我服务、利益共享、风险共担的一种农村新型合作经济组织。至 2013 年年底，全市已成立劳务合作社 239 家，入社农民超过 1.7 万个成员，当年收益达到 2.03 亿元。

此外，还有农民专业合作社 1547 家，入社农户 20 万户。

各地通过整合土地、资金、劳力三大生产力要素，分别组建土地、置业、劳务股份合作社，实行"三社联动"。

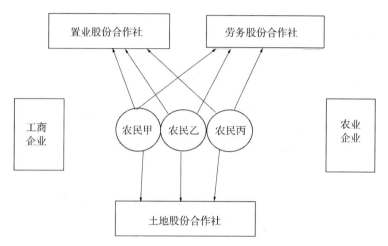

整合三要素：土地入股地生钱，资金入股钱生钱，劳力入社力生钱
家家有资本，户户成股东，人人有股份，个个有就业，年年有分红

图 4　"三社联动"示意图

二　为什么发展股份合作社

（一）发展股份合作社是动员农民参与现代化进程、分享现代化成果的需要

党的十八大和十八届三中全会决定明确提出："让广大农民平等参与现代化进程，共同分享现代化成果。"我们认为，股份合作社是把中央这一设想落到实处的有效方法。其中，"自愿入股"就是让广大农民平等参与现代化进程；"按股分红"就是根据农民的股份多少（参与投入的要素多少）来合理分配合作社的收益，共同分享现代化成果。实践证明，股份合作是把农民组织起来、把农村资源整合起来的有效途径。经过努力，至 2013 年年底苏州全市 1240 个村，累计组建各类合作社 4168 家，持股农民比例达到 96% 以上。2013 年全市村均可支配收入 650 万元，分红总额 33.9 亿元。

（二）发展股份合作社是增加农民财产投资性收入的必然选择

十八届三中全会决定指出："赋予农民更多财产权利。保障农民集体经济组织成员权利，积极发展农民股份合作。""探索农民增加财产性收入渠道。"苏州的实践证明，股份合作社是实现资源资产化、资产资本化、资本股份化的重要途径。苏州农民收入已经从过去主要靠农业增收、务工增收，转变为主要靠股份分红增收，财产性收入占农民收入的比例逐年提高。2013年全市农民人均纯收入达到21578元，比上年增长11.2%，已连续11年保持两位数增长速度。其中增幅最高的是工资性收入和财产投资性收入，两者分别占农民人均纯收入总额的40.1%和38.2%，投资性、财产性收入已成为苏州农民增收的主要渠道之一。

表3　　　　　　　　　　　　农民收入结构及对比情况

项　　目	2013年（元、%）		2009年（元、%）		年均增幅（%）
	水平	占比	水平	占比	
人均纯收入合计	21578	100.00	12969	100.00	13.57
1. 家庭经营性纯收入	2696	12.49	2096	16.16	6.50
其中第一产业	1750	8.11	1410	10.87	5.55
2. 工资性纯收入	8849	41.01	5509	42.48	12.58
3. 财产投资性收入	8307	38.50	4306	33.20	17.85
（1）投资性纯收入	6495	30.10	3179	24.51	19.56
（2）财产性纯收入	1124	5.21	772	5.95	9.85
（3）集体经济再分配收入	688	3.19	355	2.74	17.99
其中社区股份分红	405	1.88	133	1.03	32.10
4. 政策转移性	1726	8.00	1058	8.16	13.02

（三）发展股份合作社是开展"三集中"、"三置换"，实现城乡发展一体化的重要基础

为了节约、集约利用土地，苏州从90年代末就开始推进"三集中"（农业用地向规模经营集中、工业企业向园区集中、农民居住向城镇集中）。在此过程中，如何保护农民利益、并让农民分享发展成果呢？苏州采取了"三置换"的方式，即：将农民的集体资产所有权分配权置换成社区股份合作社股权，将土地承包权经营权置换成土地股份合作社股权（征地则置换成社会保障），将宅基地使用权置换成城镇商品房。让农民持股进城、带保进城、换房进城。这三个置换都与股份合作社密切相关。至 2013 年年底，苏州农户集中居住率达到 52.2%，比上年增加 4.2 个百分点；镇村企业向工业园区、农田向规模经营集中度分别提高到了 92% 和 91%，继续保持全省领先。苏州已成为全省乃至全国城乡一体化发展水平最高的地区之一。

（四）发展股份合作社是健全乡村治理结构的需要

随着城镇化率的提升，大多数农民进城进镇集中居住后，原有的乡村治理结构被打破了，过去同一个村的村民现在分别安置到了不同的社区，有的甚至同一家人也分别搬迁到了不同的社区。原来的村党组织、共青团组织、妇女组织、集体经济组织都打乱了。针对这种情况，苏州各地纷纷创新乡村治理结构，开展"政经分开、村社分账、村级预决算"，并创建"零上访村社"。首先，明确村级三个领导班子的职责：党组织是领导核心，村（居）委会负责行政事务，村（社）集体经济组织（社区股份合作社）负责发展经济。在此基础上进行村社分账：社区股份合作社设立经济核算账、村（居）委会设立行政收支账。每年年初由村（居）委会提出预算，报党组织批准后由社区股份合作社逐月拨款，年底进行决算。2014 年 4 月，国务院发展研究中心以《"政经分开"是农村集体产权制度改革的重要方向》为题，刊发了枫桥街道基层自治组织与集体经济组织职能分开改革探索的调研报告。报告认为，枫桥街道"政经分开"实践，对各地深入开展农村集体产权制度改革具有借鉴意义。该报告获得张高丽副总理、汪洋副总理的批示肯定。

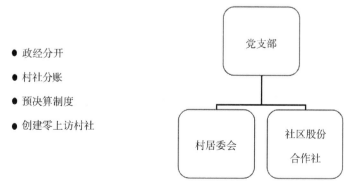

- 政经分开
- 村社分账
- 预决算制度
- 创建零上访村社

图 5　政经分开示意图

同时，对撤村建居的地方，根据居住地设置党组织、居委会，根据集体经济组织成员的身份设置社区股份合作社，根据投资设立置业股份合作社，建立健全了新型治理结构。

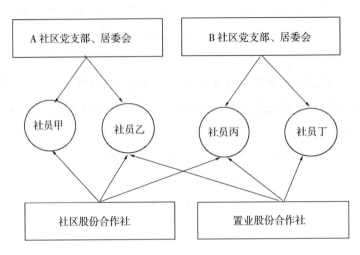

图6　党组织、居委会和股份合作社设置示意图

三　怎么样发展股份合作社

（一）开展镇村规划

实行"四规合一"（即把产业布局规划、城镇体系规划、土地利用总体规划、生态保护规划整合在一起通盘考虑），把苏州农村分为三个发展方向、五种发展类型，进行地区产业分工，实行跨村跨镇异地发展和县镇村户抱团发展。其中：1. 地处工业规划区、城镇规划区的村要征地拆迁、撤村建居融入城镇化，并且明确规定在撤村建居前必须进行股份合作制改革，建立社区股份合作社；2. 地处工业规划区以外的工业经济强村要就地城镇化，推进社区股份合作社建设，并动员农民现金入股组建置业股份合作社；3. 农业村主要推进农业和农村现代化，其中又分为三类：一是有生态资源的发展生态旅游业；二是有人文资源的开展古村旅游，三是只有大片农田的发展现代农业和休闲农业。明确规定农业村的重点是要搞好土地股份合作社，平整土地后将整出的非农建设用地指标用于新型工业化、新型城镇化，与上述地区的村社合作，开展异地发展、抱团发展，取得收入，按股分红。这样做，既可以解决工业规划区、城镇规划区缺地的问题，又能解决农业村缺钱的问题，实行合作双赢、合作多赢。

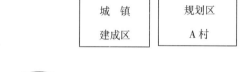

镇村规划——三个方向、五种类型

实行地区产业分工、实现跨村跨镇发展

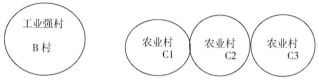

土地指标双向异地置换：工业规划区、城镇规划区的基本农田置换到农区，农区的建设用地置换到工业规划区城镇规划区

图 7　镇村规划：地区产业分工，跨镇跨村发展

（二）进行改革试点

早在 2001 年，苏州就在吴中区木渎镇金星村进行农村集体经济组织产权制度改革试点，成立了江苏省第一家社区股份合作社。之后该村虽然已经撤村建居，改为香溪社区，但农村集体经济组织成员的身份没有变，始终留住了集体经济这个"根"。2005 年由社区股份合作社发起，由全村 500 名农民入股，组建了置业股份合作社。去年，该社区的集体收入达到 2500 万元，农民户均分红 4 万多元。2001 年，苏州市还在吴中区胥口镇开展土地股份合作社改革试点，在该镇组建了江苏省第一家土地股份合作社，入股土地面积 15368 亩，涉及农户 4951 户，农民收入逐年递增。与此同时，昆山市陆家镇神童泾村的干部群众自发创建了全国第一家富民合作社（后改名为置业股份合作社），动员农民以闲散资金自愿入股，由合作社投资建房出租，取得收入后按股分红。实践证明，群众中隐藏着极大的创造性，关键要提供一个平台，让广大基层干部和农民群众充分发挥自己的聪明才智。试点则是一个好方法。

（三）加强政策扶持

从 2001 年以来，苏州市出台了一系列扶持政策，大力扶持和不断引导股份合作社健康发展。特别是从 2008 年以来，趁着苏州被省委、省政府批准为江苏省第一家城乡一体化综合配套改革试点城市的东风，将股份合作社融入城乡一体化发展中来，进一步提升了股份合作社的发展速度和发展水平。目前，对社区、土地、置业、劳务、专业等五种类型的合作经济组织都有了相应的专项意见。据统计，目前，全市已制定出台了税收优惠、规费减免、生态补偿、资源配置、集体留用地、项目扶持以及金融支持服务等 90 多个政策文件，有效促进了股份合作经济持续较快健康发展。从 2004 年开始，苏州市级财政和各市、区每年都安排财政专项资金，扶持农民合作社的发展。2005 年，苏州市委、市政府《关于促进农民持续增收的意见》明确要求，对新型股份合作经济组织，在财政资金、土地使用、税收优惠等方面给予政策扶持。凡是农民持股达到 80% 以上的新型股份合作经济组织，减免相关规费，缴纳的地方税收地方留成部分、新增增值税地方留成部分，五年内由财政给予等额奖励，用于发展和建设。

近几年来，苏州股份合作社正在从过去以村为主，逐步向以乡镇、街道组建股份合作联社（总社、集团公司）为主的方向跨越式发展。至 2013 年年底，全市已建各种联合体 108 家，股金总额 69 亿元，参股合作社 973 家，涉及农户 56.3 万户，约占全市合作社总数和社员总数的三分之一。

目前，苏州农村正在加快改革步伐，提升六大发展水平：一是提升组织创新水平。从过去以村级抱团发展为主，转变为以镇级乃至县（市、区级）抱团发展为主，进一步提升联合发展、异地发展的规模与水平，实现资源共享、优势互补，形成集聚效应。二是提升资源配置水平。科学配置城乡资源，盘活存量建设用地，优先把最好的地块、最有价值的资源配置给股份合作经济组织，为发展壮大股份合作制经济提供发展空间和有效载体。探索建立城乡统一的建设用地市场，于更高层面上加快推动农村产权交易公开、公正、规范发展，从"资源资产化、资产资本化、资本股份化"，走向"股份市场化"。三是提升改革创新水平。积极探索政经分开、政社分设改革，开展基层自治组织与集体经济组织职能分开试点，加快建立农村公共服务财政合理承担机制，让股份合作经济组织独立运作，走向市场，为股东增加更多收入。通过固化股权，组建股权交易所，开展股权交易，从"资源资产化、资产资本化、资本股份化"，走向"股份市场化"。四是提升产业发展水平。鼓励和支持股份合作经济以市场为导向，在符合城市总体规划的前提下，做优一产、做强二产、做大三产，对现有产业形态进行优化整合，促进农村产业结构更趋优化合理。五是提升分红分配水平。完善收益分配机制，加快股份合作经济股权固化改革，按照"入股自愿、实名投资、平均持股、保底分红"的原则，鼓励农民现金参股，实现增量扩股，努力提高股份分红水平。六是提升民主管理水平。规范"三会"运行制度，加强"五好"示范社创建，推进和完善民主管理制度，不断提升股份合作经济组织管理水平。积极引入经济责任制、成本核算制以及职业经理人制度，实现从粗放的传统管理向规范的现代企业管理转变。从过去着力增加村级集体收入，转变为着力提高农民分红水平，让农民的钱袋子鼓得更足、鼓得更满，尽快实现共同富裕！

第二部分　集体经济有效实现形式的基本趋向

东平县农地股份合作的实质和意义[*]

李　周

一般来说，集体经营有合力而缺乏活力，农户经营有活力但缺乏合力，不过集体经营的合力和农户经营的活力毕竟不是鱼和熊掌不可兼得的问题。就此而言，东平试图把农户经营的活力和集体经营的合力有机地结合起来的探索，既很有意义，也很值得关注。

一　为什么东平的土地股份合作会被农民认同

30多年前的分田到户对解决农民温饱问题具有显著效果。20世纪末温饱问题基本解决以后，过小的农业经营规模对新技术、新要素应用的制约，以及农户对过小的农业经营的关注度随着其务工收入的提高而下降，又成为需要关注的新问题。当今中国农业最主要的任务是推进规模经营、发育核心农民和发展现代农业。从确权确股入手成立土地股份合作社，是把推进土地规模经营，发育新型农业经营主体，促进农业生产专业化、集约化、现代化等工作落到实处的举措之一。这或许是土地股份合作会被农民认同的一个原因。

土地入股、农户入社，有利于开展土地整理，解决因土地碎片化而无法使用大型农业机械的问题，有利于实现特定作物的集中连片配置，有利于解决“小生产”与“大市场”的矛盾。这或许是土地股份合作会被农民认同的另一个原因。

以土地股份合作社为依托，发展高效农业，集聚规模效应，可以显著

---

* 作者：李周，中国社会科学院农村发展研究所研究员。

地提高农业产值和土地收益，有效地解决农业增收难的问题。东平提供的有关数据表明，入社土地的亩产值由每年 1500 元增至 11000 元，增加了近 6 倍。土地收益的提高调动了农民从事农业生产的积极性，职业农民的形成为家庭农场的发展奠定了基础，农村社区公益事业的兴办提升了农民的集体意识，农村人口的稳定转移则为统筹城乡发展创造了条件。这或许是土地股份合作会被农民认同的最主要的原因。

此外，在这个过程中，村干部由村民的管理者、村集体收入的消费者转变为村民的服务者和村集体收入的创造者，也是土地股份合作会被农民认同的一个原因。

二　为什么东平的土地股份合作能够获得成功

从材料上看，东平的土地股份合作具有的本土化、规范化和市场化特征，是其能够获得成功的关键所在。

（一）本土化

所谓本土化有两层含义：一是借助"达则兼济天下"的传统文化，使乡土能人的引领作用得到发挥；二是不受任何理论的束缚，实事求是地采取因地制宜、因事制宜和因时制宜的策略。

1. 因地制宜的策略

东平县至今已经成立了 45 家土地股份合作社，入社农户 6880 户，入股土地 36863 亩。从材料上看，每个土地股份合作社的制度设计、治理结构和项目安排都有独特的个性，在策略上具有很强的因地制宜的性质；它们在发展过程中逐步完善，具有很强的成长性。宝泉土地股份合作社，就是诠释因地制宜策略的一个案例（参见专栏 1）。

专栏 1：宝泉土地股份合作社案例

西沟流村土地贫瘠，水资源匮乏，农作物产量低且农民收入低。随着大量劳动力进城打工，种地变得越来越随意。为了扭转这个局面，该村以请回乡土企业家和建立宝泉土地股份合作社为两个切入点，找到了解决问

题的途径。具体的做法是:

为了消除农民对粮食种不了,补偿金发不了和地力下降等担心,合作社作出了土地补偿金提前一年全额发放、工资日结或月结、不施化肥不打农药的承诺。为了满足投资方的土地必须集中连片的要求,积极参与土地入股的社员与不愿意将土地入股的农民按1亩水浇地置换1亩旱地的标准进行土地置换,使北山脚下824亩土地全部入社。

合作社与农户签订土地使用权转让合同,并向入股农民颁发股权证书。合同规定:土地转让期内股权可依法继承、馈赠,但不得抵押;股东享有平等权利,入社自愿,退股自由;股民每年从合作社里领取每亩700元的保底收益,并享有分红权。社员退股退社,以一级地置换山坡地的方式退还农民土地。

铺设公路60公里为发展生态农业、观光农业打下基础。改装电路确保农药喷洒机、大型抽水机等机器正常作业。修建大型储水池2座,蓄水池5个,铺设输水管道3万米。樱桃、石榴浇灌全部采用滴灌技术。购置链轨拖拉机2台,胶轮拖拉机8台,大型喷药机3台,以及翻、铲、蹚、收等配套机械。栽植樱桃2.6万株,石榴2.8万余株。修建可养殖5000多只柴鸡的鸡场和可存栏600只羊的羊场,既增加了收入来源,又为绿色林果生产基地提供有机肥料。聘请县农业技术推广中心的3位专家,平均一个月来合作社指导一次。依托灵泉古寺规划游客采摘园300亩,修建有12个标准间和可容纳8个家庭的家庭宾馆一座;修建灵泉宝塔一座、凉亭两座和游客休憩长廊一条。

合作社实行"合作社、公司、农户"三位一体的运行机制。合作社负责各项事务的管理,公司常驻合作社代表和社员共同负责监督,生产活动主要由社员承担,合作社远景规划与投资决策由合作社与公司共同商定。由于社员的收益显著增加,未入社的农民希望合作社尽快发展到自己地界,使自己有机会入社。其他种植大户有了联合起来兴办合作社的意向。

近5年,泉灵公司向合作社累计投资近2000万元。这5年是果树成长期,尚未产生经济效益。2015年樱桃大面积结果后,可产樱桃26万斤,按市场价50元1斤计算,毛收入1300万,净收入800万。这意味着泉灵公司仅靠樱桃就能在 5 年内收回全部投资。

2. 因事制宜的策略

东平的土地股份合作社大多针对不同的项目采取不同的策略。炬祥土地股份专业合作社采用不同方式发展四个产业，就是诠释因事制宜策略的一个案例。（1）产业经营。合作社规划了粉皮加工小区，以免收土地租金的办法把村内 12 家粉皮加工户迁入小区。以产品实行配料、生产、包装、销售四统一，注册和共用"安大"商标，申请 QS 认证等措施，使产品附加值提高 30%，进而使该村成为粉皮加工户 80 家，产值千万元级的粉皮加工专业村。（2）租赁经营。合作社修建了年出栏育肥猪 3 万头的养殖场。为减少投资，规避风险，采取合作社出租养殖场、正邦集团负责经营管理的运作模式。合作社与公司共享经营收益。（3）合作经营。合作社用 648 亩土地与麦锐可农业种植有限公司合作，种植丹参等用工量大的中草药，使村妇能边照顾家庭边在地里打工，实现充分就业。（4）混合经营。合作社建设有机蔬菜基地，由寿光三元朱村派遣技术员驻村进行技术指导。社员可向有机蔬菜基地投资，建好的大棚返租给社员经营管理。每个大棚年收入 8 万元以上。

3. 因时制宜的策略

东平的合作社并不拘泥于所谓政经必须分开的原则，而是政经相互配合，先把合作社办起来。待合作社走上正轨后，再按《章程》召开社员大会，重新选举理事会和监事会，实现政经分离。这就是因时制宜的做法。瑰青土地股份合作社，无论是成立农民专业合作社还是土地股份合作社，都是在解决具体问题的过程中作出的选择，而不是先验性的安排，由此成为诠释因时制宜策略的典型案例（参见专栏 2）。

专栏 2：瑰青土地股份合作社案例

王瑞青种玫瑰最初并不被村民看好，他们有的担心销售面窄，收益难以实现，有的担心玫瑰不易管理，成活率低；有的不愿放弃种地瓜、棉花的经验去尝试种玫瑰。然而王瑞青坚信，玫瑰种植产生效益后大家就会跟进，这种执着的信念激励他一路前行。2001 年，王瑞青承包村里的 167

亩山地，筹集了 30 万资金购买玫瑰苗，开始种植玫瑰。通过两年的摸索逐渐掌握了玫瑰种植技术。100 多亩玫瑰都成活后，村民打消了顾虑，开始跟着王瑞青种玫瑰。到 2006 年，形成了以周林村为中心，辐射周边 7 个村，共 540 多亩的玫瑰种植区。

种植规模扩大后，种植户希望通过要素的统一购买得到公司（或厂家）的价格优惠和送货服务，以降低玫瑰种植成本；通过产品的统一收购、销售，扭转利润空间被玫瑰经销商压缩的局面。于是王瑞青等人牵头成立了玫瑰种植专业合作社。通过与社员签订玫瑰收购合同，界定了合作社与社员的权利和义务；通过购买农机服务公司的服务，实现了玫瑰园的统一机械作业；通过购买经理人的服务，实现了玫瑰产品的商标注册，统一包装和统一品牌，为玫瑰深加工夯实基础。面对玫瑰种植遇到的新问题，他们又在专业合作社的基础上成立了土地股份合作社。这些新问题是：

（1）棉花与玫瑰混种的冲突。棉花特别容易生虫，棉花与玫瑰混种在一起，蚜虫会爬到玫瑰花上；治棉虫的药被风吹到玫瑰地里，玫瑰田就会被污染。要解决这类纠纷就必须集中连片种植，于是成立了土地股份合作社。棉花种植户的土地入股合作社，每年每亩领取 1000 元租金，通过打工还能得到 3000 多元的工资。由于收益显著高于种棉花，很快就实现了玫瑰的集中连片种植。

（2）玫瑰的市场风险和自然风险。玫瑰价格波动很大，为了降低市场风险造成社员收入的显著波动，合作社采取了提取风险金的办法。为了降低自然风险，合作社打了井，以消除干旱年份玫瑰绝收的问题。

（3）村集体无力提供公共服务。农民专业合作社能增加农户收入，但增加不了村集体收入。土地股份合作社成立后，村委会通过集体土地入股得到每年 2 万元的资源性收入；通过出租村集体资产得到每年 5 万元的资产性收入，通过为合作社提供加工服务得到每年 10 万元的服务性收入，由此找到了集体经济的有效实现形式。

2003 年以前，周林村每亩土地的收益不到 1000 元，2014 年每亩土地的收益超过 10000 元。先前村里劳动力纷纷外出务工，如今越来越多的人返乡种植玫瑰。

（二）规范化

东平县的土地股份合作社有章程，有理事会、监事会和社员大会，有工商注册，有独立法人应有的各种证件，有专门的银行账户。

合作社的社员有自愿入社和自由退社权，选举与被选举权、股份受益权、就业优先权、工资分配权、剩余索取权，以及发展规划、财务决算、资产经营管理方案的知情权、评议权。

决策民主化。虽然实行的是一股一票，但社员的股权相近，与一人一票很类似。

土地产权的界定清晰，受到法律的严格保护。

（三）市场化

1. 寓市场化于合作化之中的原则

社员优先就业的原则实际上也是就近雇佣劳动力的原则，该原则一方面提高了社员的工资性收入；另一方面也降低了合作社的雇工成本。社员拥有的闲散资金可以入股的原则，一方面提高了社员的资金收益率；另一方面也拓宽了合作社所需资金的来源。

2. 权利与义务对称的原则

市场经济是契约经济，契约的基本规则是权利与义务相对称。为了保障合作社成员的权利与义务的对称性，土地股份合作社作出了相应的制度安排：对于合作社的领头人或主要出资者，既考虑农民对他们的需求，同时也考虑他们所需的发展空间。对于理事会成员，既有超额利润以累进方式向他们倾斜的规则，又有工作得不到半数以上社员满意将被罢免的规则。对于社员，既赋予了一系列权利，也界定了一系列责任。特别是只有参与者才能分享的制度安排，提高了社员的参与意识和参与能力，也重塑了农民对集体的认同感和归属感。

3. 优化资源配置的原则

虽然土地股份合作社非常重视公平，但仍把效率优先放在突出位置上。具体的做法有：以延伸产业链为手段，增加产品附加值，为农民和村集体增收创造条件。例如既出售玫瑰花，又制作玫瑰酱、提取玫瑰油、生产玫瑰酒；既生产农产品，又发展观光、采摘农业；等等。

三 东平发展土地股份合作社的启示

（一）基本做法

1. 选准领头人

能带领农民致富的领头人除了见多识广、思虑周全、规划细密外，还要有乐于服务、奉献和分享的意识；勇于探索、担当的意识和重民生、重民主的意识，由此在村民中形成强烈的认同感、信任感和追随感。

2. 确立目标导向

一是集体化导向，包括集体发起、集体合作、集体协商、集体参与、集体管理、集体监督和集体收益。二是公司化导向，即遵循市场规则，谋求利润最大化。三是互利共赢导向。就是以经济利益为纽带，包括农民与合作社的利益纽带，农民与企业的利益纽带，企业与村集体的利益纽带、企业与合作社的利益纽带，实现合作社、社员和公司互助共生，互利共赢。

（二）主要经验

1. 确权确股不确地

土地确权既可以从实物形态上确定地块的四至和面积，也可以从价值形态上确定地块的收益（平均产量）。从收益角度确权的实质是将农民的承包地由实物资产转为股权资本，从而促进土地整理，并使退社可以采取土地异地置换的方式。

2. 内生、共生、竞生有机统一

东平的土地股份合作社同时追求公平性、有效性和持续性三个目标，并围绕这三个目标设计了经济激励机制、行为约束机制和风险防范机制。其中，激励手段包括目标激励、超额激励、分段激励、阶梯激励等；行为约束手段包括监事会、社员大会和罢免制度；市场和自然风险防范手段包括从盈利中提取 20%—40% 的风险金和打井、改电、修路等。通过这些措施，妥善处理了资源赋和内生需求、互助共生和合作共赢、市场导向和效率优先三个层面上的关系，从而把内生性、共生性和竞生性三者有机地统一起来了。

3. 找到国家资金具有造血和循环功能的途径

以合作社为载体，以农业产业化为依托，以政府资金为杠杆，使国家资金具有造血和循环功能，解决了国家惠农资金分散使用效率低、辐射面窄、效能难持久的问题。具体的做法是：找到适宜的投资项目，推动土地有效流转，整合移民扶持资金（参见专栏3）。

专栏3：孟庄村案例

孟庄村针对村民乐意土地被征用和所在镇有48个移民村的实际，从引导土地流转和整合移民资金入手发展现代农业，走出农业增效、集体增收、农民致富之路。主要活动是：在镇政府的协调下整合周边11个移民村的移民扶持资金440万元，建了320亩蔬菜大棚。大棚以每年每亩1300元的租金出租给种植大户。参与村的农户每亩地每年有1100元的租金和100—300元的分红。

（三）有待改进之处

1. 拓宽寻找乡村能人的视野

东平的经验表明，乡村能人对促进乡村发展具有重要作用。然而只在本村找能人的做法有局限性。其实，乡村能人是不是本村的并不重要，重要的是他的能力和为村民服务的精神。寻找范围拓宽了，所需的乡村能人就不会成为制约因素。

2. 完善股权结构

土地股份合作社的股权结构有三个问题，一是股权结构较为简单，只有土地股和资金股，至少可以增加技术股和财产股。二是股权折算未遵循相同的规则，其中土地股权与资本收益量对应，资金股权与资本量对应，存在高估资金股，低估土地股的问题。三是两种股权的受益优先序有差异。这种把土地股持有者视为弱者，把资金股持有者视为强者的做法不符合市场经济的规则。

3. 消除村社不分的隐患

村两委是村庄治理组织，土地股份合作社是经济合作组织，两者的属性、职能和责任都不相同。对现实中村社不分的隐患，应有相关的制度加以规制。

中国农村集体经济的有效实现形式[*]

——基于农村产权制度改革与城镇化发展的思考

黄祖辉

一 中国农村集体经济制度改革与发展背景

我国正处在改革攻坚期。改革已进入深水区。城乡一体化发展是中国现代化和城镇化发展新阶段的要求。

城乡一体化发展的前提是破除城乡二元结构。破除城乡二元结构必须实施城乡联动的改革。

我国农村集体经济制度的改革不仅是现代农业发展、农民权益实现的需要，而且也是新型城镇发展和有序推进农业转移人口市民化的需要。

二 中国农村集体经济制度的本质特性

我国的农村集体经济组织，与其说是个经济组织，不如说是个集政治、社会、经济功能于一体、封闭性的农村社区基层组织，是一套班子三块牌子中的一块牌子。

我国的农村集体经济组织的产权是"共有"而不是"公有"。一字之差，差别却很大。这意味着，我国农民对农村集体资产不仅拥有使用权或者经营权，而且拥有一定的所有权。农民土地承包权就有这样的性质。

工业化和城镇化的过程，伴随着的是农村人口和土地的非农化，这种

---

* 作者：黄祖辉，浙江大学中国农村发展研究院教授。

变迁对我国农村的村集体经济已产生深刻影响，村集体经济的分化已成为现实，村庄类型趋于多样，城（镇）中村、城郊村、园区村、兼并村、传统村相互并存；有形村与无形村并存；有人村和无人村并存。

值得关注与研究的是：我国村集体经济究竟何去何从？难点是村民对村集体经济权益的成员依附性、封闭性、难流动性和工业化、城镇化对村民及其土地等要素的流动性、开放性要求的矛盾。

三　十八届三中全会相关精神与启示

提出要"赋予农民更多财产权利。指出要依法维护农民土地承包经营权，保障农民集体经济组织成员权利，保障农户宅基地用益物权，慎重稳妥推进农民住房财产权抵押、担保、转让试点"。对于类型如此多样，数量如此之多、发展水平如此悬殊的中国村集体经济组织，如何赋予他们财产权利？保障他们的集体经济组织成员权利？

提出要"积极发展混合所有制经济，强调国有资本、集体资本、非公有资本等交叉持股、相互融合的混合所有制经济，是基本经济制度的重要实现形式，有利于国有资本放大功能、保值增值、提高竞争力。这是新形势下坚持公有制主体地位，增强国有经济活力、控制力、影响力的一个有效途径和必然选择"。混合所有制是否是我国村集体经济及其产权的有效实现形式？

四　国务院关于进一步推进户籍制改革的意见与启示

完善农村产权制度。土地承包经营权和宅基地使用权是法律赋予农户的用益物权，集体收益分配权是农民作为集体经济组织成员应当享有的合法财产权利。加快推进农村土地确权、登记、颁证，依法保障农民的土地承包经营权、宅基地使用权。

推进农村集体经济组织产权制度改革，探索集体经济组织成员资格认定办法和集体经济有效实现形式，保护成员的集体财产权和收益分配权。

建立农村产权流转交易市场，推动农村产权流转交易公开、公正、规范运行。坚持依法、自愿、有偿的原则，引导农业转移人口有序流转土地承包经营权。

进城落户农民是否有偿退出"三权",应根据党的十八届三中全会精神,在尊重农民意愿前提下开展试点。现阶段,不得以退出土地承包经营权、宅基地使用权、集体收益分配权作为农民进城落户的条件。

五 城镇化背景下农村产权制度与农村集体制度的改革

我国农村土地的社区集体所有性质是农村土地交易市场形成的一个主要瓶颈。也就是说,农民的封闭性社区成员身份制度会限制农民土地权益的市场化交易。

在现行制度下,非农村社区成员通过交易至多只能获得该村社区土地的经营权或使用权,不可能获得该社区土地的长久承包权和所有权,而仅有本村社区成员的土地权益交易,其市场肯定是不充分的。

如何实现农民权益从成员身份依附到非身份依附的转换,关键要将农村集体产权(承包地、集体建设用地、宅基地、其他集体经济资产)制度改革与农村社区集体经济制度改革结合起来,主要的思路是在产权分离与确权颁证基础上,对农村集体经济进行股份化改革,同时突破社区成员身份限制,在土地用途管控的同时,逐步放开市场交易。

六 农村集体经济制度改革与实现路径

从政社经不分到政社经分离;从单一所有制到混合所有制;从使用权、经营权到财产权;从实物性占有到资本化占有;从成员身份依附到契约依附;从封闭性运行到开放性运行;要因村制宜、分类指导、村民自主、多种模式、稳步推进。

在希望的田野上[*]

——陕西杨凌现代农业示范园调研

赵宇霞

　　受历史和现实的双重因素影响，"三农"问题成为我国工业化、城市化、现代化进程中必须面对的一个严峻课题。现阶段，它制约着我国城乡一体化进程的协调推进，迟滞着我国建成小康社会和现代化目标的根本实现。关注并求解"三农"难题，是政府也是学界义不容辞的责任。陕西杨凌现代农业示范园区的探索，使我们看到了农村未来发展的方向，看到了农民的出路和希望。

一　杨凌现代农业示范区建设情况

　　杨凌位于陕西关中平原中部，东距西安市 82 公里，西距宝鸡 86 公里，面积 135 平方公里，下辖县级杨陵区，有 4 乡 1 镇 1 个街道办事处，87 个行政村，总人口 20 万，其中城市人口 8 万。杨凌是中华民族农耕文明的发祥地，四千多年前，"后稷"在这里"教民稼穑，树艺五谷"，开创了中国农耕文明的先河。正是基于杨凌农业发展的悠久历史，1997 年 7 月 29 日国务院批准正式成立杨凌农业高新技术产业示范区，纳入国家高新区管理，成为我国三大农业示范区之一（杨凌农业高新技术产业示范区、北京现代农业科技城、黄河三角洲国家现代农业科技示范区），规划面积 22.12 平方公里。至此，杨凌步入了现代化发展的快车道，目前城市

---

　　* 作者：赵宇霞，山西大学马克思主义研究所教授。

建成区约 16 平方公里。

为贯彻胡锦涛总书记 2004 年 4 月视察杨凌时提出的"杨凌要充分发挥农科教基地优势和农业科技示范区的作用,为推进我国农业高新技术产业化作出贡献"的指示精神,落实 2007 年陕西省委、省政府《关于进一步加快杨凌农业高新技术产业示范区发展的决定》,在杨凌示范区实施"二次创业"的大背景下,陕西省杨凌区规划建设现代农业示范园区。2008 年以来,杨凌示范区党工委、管委会和杨陵区委、区政府认真贯彻国务院《批复》和省委、省政府《意见》精神,依托杨凌农业科技优势,规划建设了占地面积 100 平方公里的杨凌现代农业示范园区。园区位于杨凌示范区西北部,主要包括五泉镇、大寨乡、揉谷乡及杨村乡的一部分,按照"现代农业看杨凌"的定位和"高产、优质、高效、生态、安全"的要求,以集聚创新国内外农业新品种、新技术,探索现代农业新模式、新机制为重点,突出"科学化、商品化、集约化、产业化"的现代农业特征,规划布局创新园、国际科技合作园、农业企业孵化园、种苗产业园、标准化生产示范园、科技探索园、农产品加工园和物流园等 8 个功能园区。

目前,现代农业创新园、国际合作园以及现代农业企业孵化园基本建成,标准化生产示范园、种苗产业园区逐步壮大,设施农业、小麦良种、精品苗木、经济林果、花卉、食用菌、生猪及奶肉牛繁育等八类产业已发展到 8 万余亩,其中设施农业 2.5 万亩(建成大棚 1 万亩 5000 座,中棚 1.2 万亩),种苗 1.1 万亩,经济林果 3 万多亩,小麦良种 3000 亩,引进了万头生猪繁育基地和万头奶肉牛养殖繁育基地、本香集团、秦宝牧业、森淼公司、今日花卉、省果树中心、康农菌业、新华府等 32 家涉农龙头企业入园发展,累计完成投资 11 亿多元。园区经济社会效益初步显现,形成了从技术研发、集聚创新、标准化生产示范、产品加工、物流储运到市场对接的现代农业产业链条。

在杨凌实地考察调研的行程中,我们置身于杨凌以现代农业科技武装起来的广阔田野,领略了杨凌现代农业示范园的基本风貌,形成了杨凌现代农业的初步印象,也进行了杨凌现代农业园区的初次体验。

(1)杨凌沃邦生态农业股份有限公司创立于 2009 年 4 月,是入驻杨凌国家级农业高新技术产业园的第一家民营股份制企业,注册资金 1000

万元。公司旗下设有尚特梅斯庄园和澳源牧场两个主项目，占地 1000 余亩，团队致力于打造一个以"农业观光—餐饮休闲—农产体验—低碳生活体验—奶牛养殖—鲜奶制品、名优果蔬、彩色苗木销售—沼气工程—生物酵素肥生产"为主线，集示范性、科普性、效益性、规模性、循环性和生态性于一体的农业产业链项目。

尚特梅斯庄园是一座风情万种的欧式农庄，坐落于农业硅谷中国杨凌，由杨凌沃邦生态农业股份有限公司倾力打造，占地 1300 亩，其中南区为休闲体验区占地 600 亩，北区为澳源牧场区占地 400 亩，玫瑰园区占地 300 亩。园区设有乡村俱乐部、木屋农场、风车西餐厅、露营烧烤区、激情酒吧、地下酒窖、特色手工作坊等，这里有中国唯一的荷兰原型大风车作为园区的标志性建筑，它面前的大面积草地可举办大型草地庆典活动，园内有众多的体验和观赏项目，如林溪涧垂钓园、香草园、都市农夫自留地、名贵花卉观赏区、绿色蔬菜种植区、优雅水果采摘区等，是集欧风、玫瑰、音乐、美景、美食、美酒于一体的种植体验休闲度假区。澳源牧场坐落于园区的北边，拥有近千头澳洲纯种荷斯坦奶牛，草坪式放养，运用欧洲现代化养殖管理系统，主要面向高端农业体验和消费群体，为热爱健康的消费者提供零添加原乳。

（2）美庭快乐农场是一个致力于推动有机农业发展，提倡自然健康的家庭生活，关注环境保护的新型品牌。它是由台湾美庭集团出资建立的，是西北第一家获得有机蔬果认证，并在西安开设第一家有机蔬果直营店的台资企业。以"有机生产暨培训示范、设施农业技术研发和农业能源的应用"为定位，现有 3400 平方米工厂化育苗馆 1 座、球形未来农业生活馆 1 座、有机种植生产基地 180 亩、日光温室大棚 23 座和春秋棚 4 座。由台湾大学生物资源暨农学院和西北农林科技大学作为田间技术指导，拥有三个专业种植基地，即杨凌海峡两岸农业合作试验区、西安市阎良区育苗种植基地、西安市长安区祥峪口休闲农场与种植基地。美庭严格规范种植管理，坚持纯有机种植，拒绝施用化肥、农药和激素，以提供"天然、新鲜、健康、安全"的有机食品为宗旨，让更多人畅享全方位高品质的健康生活。

（3）杨凌现代农业示范园区创新园，内设八大主题展馆，近 1300 亩功能展示区，园内建有工厂化育苗馆、梦幻花卉馆、无土栽培馆、现代农业创意馆、西部特色馆、超级菜园、南方果树馆等八个现代农业技术展馆和花卉林木种子资源圃、水生植物展示区（人工湖）、创新中心等现代农业展示区。集结了国际国内农业高新科技成果，以现代、科技、创意、生态、未来为理念，通过数字化农业技术、LED 人工光源、太阳能光伏发电、植物工厂、甘薯空中连续结薯等农业高新技术集成创新，示范现代农业新品种、新技术、新模式，全力打造满足现代消费者特别是中高端消费者"吃"、"住"、"行"、"品"、"游"等多方面健康生活需求的集休闲、娱乐、餐饮、科普为一体的新型农业观光旅游示范基地。

（4）杨凌绿香安果蔬专业合作社于 2010 年 6 月成立，注册资金 120 万元，发展社员 68 个，内设办公室、财务部、技术服务部、农资统供部、市场销售部等部门。合作社基地位于杨扶路西小寨段，总占地面积 532.62 亩，建成日光温室大棚 176 座，塑料大棚 70 多亩。合作社以番茄、黄瓜、西甜瓜、草莓等多种经济作物的新品种引进、示范、推广及规模化生产为主要内容，引进新品种 18 个，辐射带动 5000 余亩。合作社基地和主要产品已通过无公害认证，产品使用"杨凌安全农产品溯源标识"，实现农产品质量安全可追溯。产品主要销往西安、宝鸡、兰州等地，年销售农产品 3000 吨以上。

合作社成立以来，在杨凌区政府及示范区质监局、气象局、西北农林科技大学专家的大力支持下，始终遵循"标准化生产、信息化管理、品牌化营销"的经营管理理念，不断引进现代农业新技术、新品种，积极探索农民专业合作社经营管理的新模式。

杨凌绿香安果蔬专业合作社经营模式

	统一农业投入品、产地环境的检测和控制
组织管理	统一制（修）定（订）生产技术规程
	统一农产品标准和生产技术规程宣传贯彻培训
	统一指导示范户，做好生产技术规程的操作示范
	统一生产过程管理
技术指导	统一组织农业技术专家、农民技术人员做好生产指导
	统一病虫害防治、畜禽防疫的农（兽）药使用管控
	统一生产过程关键控制点记录，建立生产信息数据库

续表

综合服务	统一申请"三品一标"认证，形成自有特色品牌
	统一产品上市前的检测检验，为市场准入奠定基础
	统一实施农产品质量追溯管理
	统一产品的分级、包装并加贴溯源标识销售

按照"核心示范、周边带动"的思路，在组织管理、技术指导和综合服务方面，积极推行"12个统一"（参见上表），在生产经营上与周边农民专业合作社初步形成了农民专业合作社运营联合体。通过实施标准化过程管理、产品检测检验和质量安全追溯，保障了农产品质量安全。通过品牌经营，提高了农产品附加值。

二　杨凌现代农业示范区建设成效

杨凌现代农业示范区自成立以来，依托固有的地域发展特色和资源优势，突出经营理念和管理体制创新，注重探索现代农业产业发展新模式，在基础设施建设、产业发展、科教体制改革、推广示范、服务环境建设等方面取得了重要进展。

（一）农业产业结构调整步伐不断加快

杨凌农业由长期以来的小麦、玉米等传统作物一统天下的局面，迅速向种养结合、农工并举、高产优质的现代农业方向转变，设施农业、小麦良种、精品苗木、经济林果、花卉、食用菌、生猪及奶肉牛繁育等八大类产业正在以区域化、板块化、专业化和产业化的方式快速发展，促进了农业产业结构的根本性调整。截至目前，八类产业已发展到8万余亩，其中：设施农业2.5万亩5000余座，小麦良种3000亩；精品苗木1.1万亩，猕猴桃等经济林果3万多亩；秦宝牧业、秦川牛业、澳源牧业、20万头生猪基地、生猪养殖实训基地等一批畜牧重点项目陆续投入使用；花卉基地以今日花卉公司为龙头，已经建成8栋2万平方米智能连栋温室以及3000平方米的组配楼和科研中心，新品种蝴蝶兰已经上市；食用菌基地依托新华府、金麒麟和康农菌业公司发展杏鲍菇等食用菌种植，分别建有年产 3000 吨、2000 吨、1000 吨的食用菌工厂化生产车间,带动农户发展食用菌产业。园区累计引进涉农企业和项目 32 个,合同引资 10.5 亿多元,完成投资 10.8 亿多元。推进农业产业结构战略性调整是发展现代农业的基本保障,发展现代农业并不是对传统农业的否定摒弃,而是对传统农业的继承和发扬,这是一个转型发展的过程,而这种转型发展必须以科学的论证、完整的规划、可操作性的实施为根基。

(二) 现代农业发展模式与经营机制的初步探索

(1)引进龙头企业,推行全产业链发展模式。积极招引涉农龙头企业,制定《杨凌示范区鼓励企业科教人员农村经济组织等进入现代农业示范园区实施办法》,出台了园区用地、资金扶持、自主创业、公共服务等优惠政策,吸引了秦宝牧业、秦川牛业、今日景艺等一大批科技含量高、展示性强、带动能力大的龙头企业入园建设,初步形成了科研、新品种新技术引进与示范推广、农产品深加工、物流以及现代农业旅游为一体的全产业链发展模式。

(2)园区八类产业均采取"公司(专业合作社)+ 基地 + 农户"的模式,以企业为龙头,建基地、带农户、拓市场、促销售,基本形成了从技术、生产、加工到物流的产业链条,促进了现代农业产业化发展。如陕西秦川牛业有限公司万头秦川牛种牛养殖和育肥基地项目采取"公司 + 小区 + 基地 + 专业户"的模式,推行"核心区 + 辐射区 + 带动区"的连接机制,实行 100 头秦川牛进入核心区、10 头以上进入小区、3—9 头进入专业村的递进养殖方式,辐射带动杨凌及周边农民发展秦川牛养殖小区 10 个,基地 22 处,养殖户 1300 多户,总产值 9800 万元,带动农民增收 500 多万元。

(3)探索土地流转新模式。坚持"依法、自愿、有偿"的原则,组建"土地银行",推动土地向种养大户、龙头企业、合作社组织有序流转,实现土地规模化经营。成立土地流转服务中心、土地流转仲裁委员会和乡镇土地流转办,区财政给每个"土地银行"每年补助运行经费 1 万元。四年多来,共组建"土地银行"36 家,推行合并调整、反租倒包、企业租赁、自愿互转、入股合作等土地流转模式,会员达到 9471 户,委托流转面积 4.48 万亩,占全区农用地总面积的 52% 以上。流转土地按流出对象划分：流转给入园企业 1.55 万亩、合作社 1.83 万亩、专业大户 6800 亩、散户 4200 亩。以标准化、专业化、整装化、板块化为特征的现代农业示范园区规划面积达到 100 平方公里，设施农业、精品苗木、经济林果、名优花卉、生猪养殖、奶肉牛、食用菌和小麦良种等八类产业得到快速发展。其中：设施蔬菜瓜果 16770 亩，畜牧养殖 7100 亩，苗木繁育 9260 亩，花卉 1950 亩，食用菌 840 亩，小麦良种 1500 亩，猕猴桃 2500 亩，葡萄 2100 亩，油桃、樱桃等其他杂果 950 亩，基础设施 1830 亩。

（三）农业科技创新和标准化生产能力不断增强

（1）科技创新的开发引进，为现代农业发展注入活力。杨凌现代农业示范区的建立，由园区建设专家指导委员会直接指导，西北农大和国内其他院校的一批专家全程参与园区的规划设计和建设，并有一批专家在园区建立了研究实验和项目示范基地。现代农业创新园和国际科技合作园为积聚展示国际国内农业新品种、新技术提供平台，省果树中心、省油菜研究中心、宁夏林业研究所、台湾美庭公司、台湾今日花卉集团、秦宝牧业、赛德公司、靖杨果蔬批发市场等国内外 30 多家科研机构和知名企业入园发展，展示智能温室、节水灌溉、气象监测、精准农业等当前最先进的农业设施和技术，推广各类作物新品种 17 类 1200 多个。

（2）标准化生产的推行，提升现代农业发展水平。按照生产规范化、产品安全化、营销品牌化、管理信息化和服务专业化的要求，建立健全园区农业标准体系，制定了 12 项蔬菜生产技术规程，完善了小麦、玉米、良种猪繁育、苗木花卉等标准综合体，设立标准化研究推广服务中心和监测检验中心，建成以现代农业标准化网站为基础的公共服务与信息化管理平台，探索形成了"三型"（基地示范型、企业带动型、种养大户带动型）"五化"（生产规范化、产品安全化、营销品牌化、管理信息化、服务专业化）的标准化推广模式。

（四）组织农民拓宽增收渠道，促进农村发展

自杨凌现代农业示范区成立以来，指导成立农民专业合作社 200 多个，入社社员 2000 多户，其中设施蔬菜类专业合作社 121 个，明确了合作社土地流转、大棚建设、农资供应、技术服务和市场销售五大职能，覆盖园区

所有设施农业大棚户。创建天和园、新华府、锦田等6个示范专业合作社，两个省级百强示范合作社。合作社将个体农民的劣势转变为集体闯市场的联合优势，使个体农民不再"单打独斗，孤军奋战"，显示出较强的组织性。现代农业示范园区的快速发展，在提高农民组织化程度的同时，还有力促进了农民持续增收。通过土地流转，实现"一份土地，两份收入"，拓宽了农民增收渠道。园区涉农企业的入驻为农户提供了大量岗位，流出土地的农户如果愿意继续从事农业生产的可以由企业提供工作岗位，不愿意从事农业生产的可以选择外出务工。对于转入土地的农民，扩大了土地的经营规模，降低了生产成本，实现了规模效益；对于转出土地的农民，除了有土地租金作为保底收入外，还可到专业合作社、农业企业等打工获得收入，或外出打工，比自己种地收入高得多。这样，土地转出和转入的农民经济收入都有所提高，提升了整个农村经济。2009年、2010年、2011年、2012年全区农民年人均纯收入分别达到5744元、7128元、9110元、10841元，分别较上年增长21.3%、24.1%、27.8%、19%，增幅连续四年位居全省前列，其中家庭生产经营收入占到60%以上，农民收入结构不断优化，设施农业、经济林果等产业已成为农民增收的主要推动力。

（五）示范带动效应日益增强

随着建设规模的不断扩大和发展水平的逐步提升，杨凌现代农业示范园区的知名度和影响力日益增强。截至目前，园区累计接待全国30个省、市、自治区、直辖市1000多批次、5万多人次的党政领导干部和农民群众来园区参观学习，接待中央电视台、新华社、人民日报、经济日报、光明日报，香港、台湾主流媒体采访团和跨越关中—天水经济区专题采访团等新闻媒体200多批次，杨凌与以色列、澳大利亚等国家，山东寿光、甘肃清水、甘肃武山以及省内吴起、千阳、武功、周至等市、县（区）签订了友好协议，重点在现代农业发展方面开展交流合作，杨凌现代农业发展的新机制、新模式得到各方面的积极评价。

三 杨凌现代农业示范区建设经验

作为国家级的农业开发区，杨凌示范区自成立以来，一直肩负着重要的历史使命，即成为我国干旱半干旱地区农业科技创新中心，农业科技创业和推广服务的重要载体和农业产业化示范重要基地和农业科技国际合作的重要平台。为此，陕西杨凌现代农业示范园区积极利用其品牌优势、技术优势和政策优势，抓住当前农业发展的大好时机，采取政府组织、政策引导、科技支撑、企业带动、农民参与的办法，充分运用市场机制，调动各方面积极性，并以良种、奶畜、林果、蔬菜、花卉、农产品加工和观光旅游等特色产业为先导，为把杨凌打造成为全国规模更大、水平更高、效益更好的现代农业示范高地而不断努力。现代农业看杨凌，要破解中国的农业危机，杨凌现代农业示范园有很多经验值得借鉴。

（一）探索土地流转新途径，为现代农业发展提供坚实基础

2008 年以来，为了适应现代农业发展对土地经营的新要求，加快现代农业示范园区建设，杨凌现代农业示范区积极探索农村土地流转新途径，在坚持家庭联产承包责任制的前提下，遵循"依法、自愿、有偿"原则，通过组建"土地银行"，把农户分散的土地承包经营权集中起来，推动土地经营权向种养大户、龙头企业、农民专业合作组织等有序流转，实现了土地的集约化利用和产业的规模化发展，为农业园区建设和现代农业发展提供了坚实基础。

1. 三级土地流转机构组建及职能定位

杨凌示范区成立现代农业园区土地流转服务中心和土地银行总行，加强土地流转工作的管理与服务。土地流转服务中心主要承担园区土地流转工作的业务指导、服务管理和监督检查等职责，负责农用土地挂牌流转、土地流转纠纷调解和仲裁、土地有机质检测和肥力等级评定等工作。土地银行总行主要负责村级土地银行的规范管理、农用地储备、土地整理和土地流转价格的确定等工作。区级土地流转服务中心及土地银行设在区农业园区办，实行两个机构、一套人马，主要负责人由农业园区办主任兼任。

各镇成立土地流转办公室，具体组织、督促、开展土地流转工作，指导村土地银行的业务工作。各镇土地流转办设在镇农经站，由主管农业的副镇长担任土地流转办主任，并落实 2 名工作人员具体负责土地流转工作。

各村成立村级土地银行，由村两委会推荐威信高、能力强的人并经农户民主选举产生土地银行理事会、监事会及理事长、监事长，报所在镇政府审批。各村土地银行须制定工作章程，明确土地银行人员岗位职责。农户与土地银行签订《农村土地承包经营权委托流转协议书》，将土地交给土地银行，成为土地银行会员。村土地银行由村两委会监管，负责地租收缴与发放，协调处理土地银行与农民专业合作社、入园企业以及农户的矛盾纠纷。

三级管理体系纵贯村、镇、区三级，横跨三个镇 36 个行政村，实现了对土地流转的多层次、全方位服务与管理。

2. 土地银行运行程序

土地银行运行主要分为三个步骤进行：一是土地银行和农户签订《农村土地承包经营权委托流转协议书》，把农户分散的土地承包经营权集中到土地银行，即"存地"；二是土地银行和农民专业合作社、入园企业等签订《农村土地承包经营权租赁合同》，将土地对外转包和租赁，即"贷地"；三是土地银行按照合同约定收取农民专业合作社、入园企业等地租并负责兑现到户。

（二）探索多元化融资机制，破解现代农业发展资金瓶颈

在深入调研的基础上，杨凌把开展农村产权抵押贷款作为破解农业资金难题的一种有益尝试，在积极稳妥推进农村土地流转改革的同时，扩大农村信贷有效担保物范围。

杨凌示范区管委会一连出台了《杨凌示范区管委会关于开展农村产权抵押贷款试点工作的意见》《杨凌示范区农村土地经营权抵押融资管理办法（试行）》《杨凌示范区农村房屋抵押融资管理办法（试行）》《杨凌示范区生物资产抵押融资管理办法（试行）》《杨凌示范区农业生产设施抵押融资管理办法（试行）》等多个办法，明确了农村产权抵押工作的流程，按照"政府引导、市场运作、保费共担、协同推进"的原则，将保费补贴政策与农业信贷、其他强农惠农政策有机结合，协力推进农业保险试点工作。农村土地经营权、农村房屋、农业生产设施、猪牛羊等活体动物及果树等生物资产都可以抵押。只要产权明晰、可评估定价的农业生产资料都可根据《杨凌示范区管委会关于开展农村产权抵押贷款试点工作的意见》进行抵押融资，最大范围盘活农业生产资料及资产。杨凌启动农村产权抵押试点，通过扩大农村资产抵押物范围，设立农村产权抵押融资风险补偿资金、建立农村产权交易中心等方式，解决农户和涉农企业融资难题，不断满足多层次、多元化的"三农"金融服务需求，促进现代农业发展。

与此同时，2009年杨凌转变农业投资方式，园区积极构建政府引导、企业出资、农户自筹、银行贷款的多元化投入机制，在不改变资金用途的前提下，累计捆绑使用涉农项目资金2亿元，集中用于大棚设施、信息化、通水、通路，建设农业基础设施，这也节约了土地经营者的成本。一方面，加大了财政资金支持力度，出台了农户建棚贷款贴息、农村土地经营权和大棚等农业生产设施抵押贷款等政策，共发放设施农业贴息贷款3500万元，支持1198户农户建设蔬菜大棚3058座；另一方面，加大招商引资工作力度，共吸引32个涉农企业和项目入园投资，其中投资过亿元的项目4个。秦宝牧业、秦川牛业、生猪实训基地、省果树中心种苗基地、靖杨果蔬交易市场等一批涉农龙头企业建成投用，累计完成投资10.8亿元。截至2013年年底，园区投资累计达23亿元，其中：政府投资5亿元，撬动企业、农户投资18亿元，占园区建设总投资的81.8%，较好地解决了建设资金不足的难题。

（三）健全各项服务体系，为现代农业发展提供全面保障

一是技术服务体系。成立设施农业建设专家委员会，并聘请66名农民技术员，常年深入基层一线，指导农民开展设施农业建设生产。成立农民职业教育培训中心，实施农民技能及创业培训工程，培养造就了一大批科技务农的"明白人"。在设施农业建设中实行统一规划布局、设计监管、施工指导、技术服务和农资供应，在经济林果基地建设中实行统一品种、杆架、管理和技术培训，收效良好。二是信息服务体系。建成园区视频展示中心，使各园区之间通过信息网络互联互通，做到病虫害监测预警、视频监控、现代农业数据收集等一体化。建成杨凌蔬菜网，及时发布蔬菜价格和供求信息。大寨乡西小寨村实现了手机、数字电视、宽带网络的农业信息化三网融合。建立村级、专业合作社信息站106个。争取科技部农村信息化工程项目投资500万元，正在建立杨凌农业科技信息网。三是市场营销体系。引进靖杨公司基本建成果蔬交易市场,在设施农业基地建成 13 个产地市场,形成农产品市场网络体系。扶持奥达、创利和好运来三家合作社(公司),以及龙头企业开展以外销为主的深加工、精包装业务,努力打造"农科城"蔬菜品牌。启动杨凌蔬菜进万家大型活动,与上海联华、西安华润万家等多家大型超市建立了蔬菜供销关系。靖杨果蔬交易大市场投资 1.2 亿元建成了 4.5 万吨大型智能气调冷库、年产 2.5 万吨现代化果蔬包装加工生产线、4 万平方米的标准化批发交易大市场,形成了辐射周边县区的标准化果蔬包装、储运、批发集散中心、价格形成中心和信息交流中心。

(四) 体制创新和科技创新,为现代农业发展插上两翼

杨凌现代农业示范区依托本地科技和资源优势,因势利导调整农业结构,通过体制创新和科技创新,把科技优势迅速转化为产业优势,依靠科技示范和产业化带动,大力发展现代农业,实现了农业增效和农民增收,推动了农业和农村经济的持续快速健康发展。

杨凌的农业文明历史悠久,是我国很重要的农科教基地。据统计,有 50 多家省部级实验室和工程研究中心和检验监测平台,聚集五千多名农林水方面的人才,雄厚的科教力量是其他地区所无法比拟的。近几年,杨凌现代农业示范区为了在市场竞争中立于不败之地,在发展中注重走创新之路。首先,在园区内部建立以技术为核心的创新机制。瞄准现代农业的前沿领域,进行种苗繁育、无土栽培、高效节水、生物工程技术等项目的开发研究,同时与高等院校、科研院所紧密合作,把国际上本学科的前沿问题甚至国际上尚未提及的课题超前进行研究,创造出了具有自主知识产权的农产品。其次,强化体制创新,抓住管理体制和机制创新的"牛鼻子",建立了一套真正让投资者、经营者、所有者和社会各得其所、利益共享的长效管理机制。杨凌科技园区在发展蔬菜产业上,紧紧围绕资源优势和发展方向,以市场为导向,逐步形成"园区 + 基地 + 农户"的经营模式,形成了以公司为龙头,以发展订单农业为保证,上连科学家,下连农户的产业发展模式,农户按照公司制定的统一标准分散管理,公司统一回收产品、统一包装、统一销售,实现蔬菜生产的区域化布局、规模化生产、产业化经营和标准化管理。这种经营管理模式成为农业产业化、龙头企业的孵化器，成为良种、技术、信息的集散地，为科技人员、企业、市场和农民搭建了一个互联互动的平台，从而达到园区增效、农民增收的目的。最后，建立与现代企业相适应的创新观念，有效促进园区经济产业化。杨凌一贯重视农业技术人员先进观念和创新意识的教育培养，让他们直接参与整个产业化过程，以项目带学习，通过学习实践，使他们在科研、管理、公关等方面的整体素质得到全面提高。

四 杨凌现代农业示范区建设启示

杨凌现代农业示范园区集展示性、效益性、循环性、生态性为一体，充分体现规模化、标准化、设施化、产业化等现代农业特征，通过土地流转，实现农业生产规模化目标，引进、集聚干旱半干旱地区推广应用的新品种、新技术，探索现代农业发展的新机制、新模式，并进行展示、转化、示范和推广，通过园区和基地建设，使杨凌成为现代农业示范的核心区域。此次学习考察，引起我们很多思考，也给了我们发展现代农业许多有益的启示。

（一）对现代农业的发展定位要准确，要因地制宜地集聚各地的资源优势，凸显各地的发展特色，形成自己的品牌效应，做好转型发展的长期准备，避免盲目性和理想化

杨凌现代农业示范园区因其承担的特殊的历史使命而决定了"现代农业"在杨凌是一盘恢宏的、全局的、复杂的、长远的、牵动多方利益主体的"大棋"，这是其他任何地区都无法比拟的优势。"杨凌只有通过不断地自我变革才可能实现国家交付的使命，也必须通过经验创造、体制创新和改革尝试，才能为中国农业现代化打造一个可复制的样板。"因此，"杨凌模式"在某种意义上是国家宏观发展战略的一部分，特别是如何布局、走好农业现代化这盘棋的关键一环，这种示范集聚了大规模、高科技、高效益于一体，汇集了政策优势、融资优势、地缘优势、资源优势于一身，这种"天时、地利、人和"的发展态势，远非一般的村庄和地区可以企及。"现代农业一定是以企业为主体的产业链，它必然对农民提出职业化的要求，即用工业化的方式进行农业生产，告别传统单家独户的生产模式和随意自在的工作方式，取而代之的是明确分工、执行标准化和严格规章制度的农业生产。"因此，各地在学习杨凌的经验时，必须厘清现代农业发展的基本思路。第一，务必立足当地农业发展现状，从当地制约"三农"发展的因素出发，特别是从自身实际出发寻找农业转型跨越发展的方向和目标，对现代农业的发展定位要准确，前提是要有深入的调研、充分的论证、科学的规划、完整的思路、可操作性的实施，继而在此过程中不断地完善政策、提供支持，切忌"邯郸学步"，既没能完全跳出中国传统农业生产规模小而分散的怪圈，也未能触及现代农业发展的内涵与边缘，从而陷入难以自拔的发展困境。第二，农业产业结构的调整和转变是现代农业发展的关键，要打破传统农业发展的窠臼，形成具有增值潜力的发展前景。调整产业结构的核心是效益问题，目的就是要实现效益最大化，传统产业只有不断加以提升，其比较优势才能充分发挥出来。提升调整层次、凸显质量效益、培育龙头企业、拉长产业链是调整农业结构的关键。要适应市场经济发展的新形势、新要求，积极推进农业结构的战略性调整，改变大而全的传统农业生产方式，大力发展独具特色的品牌农业，实现农业专业化生产，特色化经营。农业产业结构的调整是一个非常复杂的过程，需要基于实践基础之上的广泛论证和有效实施。第三，科技和人才是现代农业发展的助推器。现代农业的典型特点就是将实实在在的科学技术引入农业领域，实现对传统农业的变革和提升，在此过程中，现代科技的引领在农业增产、增质、增效，科技人才的示范在农民科学种田提质、提量、提效等方面，具有不可估量的价值和意义。

（二）对土地流转模式要进行深入的挖掘和有益的探索，保证土地流转自愿规范有序进行，切忌片面追求流转规模和流转比例，加剧土地"非农化""非粮化"，损害农民利益

家庭联产承包责任制曾极大地调动了农民的生产积极性，也为中国农业和农民贡献了丰硕成果和巨大实惠，然而，要想规模化发展现代设施农业，靠一家一户分散的土地则根本无法实现。对人均只有半亩多地的杨凌来说，更是如此。"以前农民和土地是分散的，这种体制下，国家虽然投入农业的资金很多，但是效果却不佳，集约化、规模化的服务设施就无从谈起，现代农业就没有出路。"2008年伊始，杨凌开始探索在保持农村基本经营制度不变的前提下发展现代农业的体制机制，成立土地银行，推行合并调整、反租倒包、企业租赁、自愿互换、入股合作等五种土地流转模式，在政府主导下实现土地有序流转，形成了"杨凌"特色，例如先规划后流转，减少了无序性；成立仲裁委员会，出现纠纷能得到及时处理；充分考虑"失地"农民利益等，均受到了农民的欢迎和肯定，使土地流转和农业产业化效益最大化地得以体现。土地流转的大胆尝试，解放了农业生产力，让农民摆脱了传统小农经济的枷锁，释放了土地的能量，注入了市场活力，也为农业现代化奠定了基础。

　　杨凌的发展实践证明，现代农业需要通过加快土地流转发展规模经营，农村土地流转是继1978年土地承包制度改革后的又一创新。当前，农村集体经济有效实现形式的核心是土地，土地承包经营权流转是农民享有土地承包经营权、完善土地承包经营权的重要体现，是发展多种形式适度规模经营的主要途径。因此，必须坚持以下原则：第一，坚持"四个不能"，即土地制度改革怎么改都不能把农村集体经济组织给改垮了，不能把耕地给改少了，不能把粮食给改滑坡了，不能把农民的利益损害了。进行土地制度改革，这四条是原则，或者叫底线，要继续维持农村的集体经济组织制度，要保证现有的耕地基本上保持稳定、保持粮食能够继续稳定发展、保障农民的财产权利。第二，坚持确保所有权、稳定承包权、放活经营权，通过探索和发掘适合当地的不同形式的土地流转模式，促进农用地流转，发展适度规模经营。第三，坚持耕地用途管制，规范企业租赁农户土地行为。对此，农业部有明确的政策规定，耕地不管流转到哪个主体都不能"非农化"，即土地流转无论是流向工商企业，还是流向大户、合作社，法律禁止耕地的"非农化"，也要注意遏制"非粮化"问题。第四，坚持维护农民利益。农业属于高风险行业，由于极端自然天气以及技术、市场等因素，少数企业、合作社经营失败，会产生债务纠纷，造成部分土地、设施闲置，地租不能及时到位，或者个别企业合作社效益不佳出现土地二次流转的问题，对流转土地农户利益都会带来损害。对于这种情况，必须在土地流转前予以明确，由政府或企业按每亩进行相应的补贴，建立土地流转风险基金，对因自然灾害或其他原因造成损失不能支付地租的农户、专业合作社或企业，从风险基金中支付租金保障群众利益。第五，坚持为农民找到出路。一方面，加强技能培训，通过人社局、科技局、农林局、妇联、残联等部门联合，开展失地农民劳动技能培训和再就业培训，使一部分农村富余劳动力就地转化为产业工人，一部分劳动力就近向第二、第三产业转移，还有一大批农民，在土地和资本激活后，通过市场规律改变着"农业不致富"的铁律。"与传统农民相比，职业化的农民更像是产业工人或者产业经营者，善于利用先进技术，充分地进入市场，反过来更能适应和推动农业产业化和标准化发展。"另一方面，做好"失地"农民保障。对此，杨凌现代农业示范园区涉农企业的入驻为农户提供了大量岗位，流出土地的农户如果愿意继续从事农业生产的可以由企业提供工作岗位，不愿意从事农业生产的可以选择外出务工。园区先后出台了促进标准化生产园设施农业发展办法、园区土地流转有关问题的规定等政策性文件，对土地被全部租用，且不能从事生产的农户，享受政府按照人均耕地 0.3 亩的最低生活保障标准，每年补贴农户每分地 40 公斤小麦、40 公斤玉米；男年满 60 岁、女年满 55 岁的农民，每人每月发放生活补贴 60 元；由政府代交新型农村合作医疗个人自筹部分；其子女考上大专（包括职业技术院校）一次性补助 2000 元，大学本科一次性补助 3000 元；免费提供技术和技能培训，提高农民综合素质等 5 项生活保障措施，避免了农户因土地流转而带来一系列基本生存问题的产生。

（三）农村集体经济有效实现形式具有多元化和多样化的特征，支持有条件的地方发展各种形式的规模经营主体，鼓励农业产业化龙头企业投资开发农业，切忌盲目创新农业经营主体，误入现代农业发展的"死胡同"

不管何种形式的农村集体经济的实现形式，都具有专业化、产业化和规模化的特征。在推进农业现代化的进程中，我们必须结合农村改革调整生产关系，各种类型的规模经营主体如专业大户、家庭农场、农民专业合作社、农业园区、农业企业等都是引领产业结构调整，发展现代农业的有效载体。但是，究竟应采取何种形式实现规模化、产业化经营，则必须从我国农业的国情和当地实际出发。2013年中央"一号文件"出台之后，家庭农场成为社会关注的一个焦点。在考察杨凌现代农业示范园区时，家庭农场这种新型农业经营形式第一次进入我们的视野，也是我们初次感受和体验。第一，"家庭农场究竟该是什么样的？"家庭农场是指以农户家庭为生产经营单位，以家庭成员为主要劳动力，从事农业规模化、集约化、商品化生产经营，并以农业收入为家庭主要收入来源的新型农业经营主体。在杨凌我们看到的实际上是一种在家庭农场基础上发展而来的现代农业联合体，即龙头企业、农民合作社、家庭农场按照市场规则联合在一起，建立紧密型利益联结机制。龙头企业低价提供农资、高价回收农产品；家庭农场按标准生产，定向提供；合作社提供技术信息服务。不同经营主体之间实现利益共享，风险共担。而在我国各地出现的家庭农场试点一般是由农业种养大户转变而成的家庭农场主，以正规企业的职业化身份面向市场。如安徽省登记家庭农场的条件是流转面积在300亩以上、流转期限在5年以上、经营者有技术懂管理讲诚信。现实中的家庭农场主更像是种养大户的升级版，除了经营的土地面积大点，看起来并没有其他区别，"感觉像是在摸着石头过河"。第二，"家庭农场面临怎样的困境？"各地在推进家庭农场试点工作、培育新型农业经营主体时，主要面临政策不清晰、后续支持不完善、资金缺乏等阻碍土地规模化经营的难题。因此，多数地方经营主体之间主要还是买卖关系，是松散的"结合"而非深度的"融合"，真正的利益联结机制还没有建立起来。各地在快速推进家庭农场建设、创新经营主体的同时，应探索经营主体联合机制，通过搭建平台等方式，将不同主体进行利益捆绑，实现效益最大化，风险共担，为土地规模化经营创造有利条件。第三，"家庭农场的未来发展方向如何？"中共中央于2013年年初提出要发展"家庭农场"，主流意见特别强调推进家庭农场的规模化，提倡土地的大量流转，以为借此可以同时提高劳动和土地生产率。目前许多地方在发展家庭农场方面还是言词多于行动。基层农业干部和种养大户们普遍认为，创新农业经营主体、推广家庭农场经营模式是个好政策，代表了未来土地集约化、规模化经营的趋势，但如果没有及时明晰相关政策，提供后续服务支持，工作的推广及效果将会受到影响。也有学者认为，在中国"家庭农场"的发展应该持审慎的态度，"家庭农场"是来自美国的修辞，背后是对美国农业的想象。而在目前的现实国情下，中国应该走"小而精"的"绿色农业"的道路，提供充分就业机会的"劳动与资本双密集化"的农业，更是可以赖以重建中国农村社区的道路。这是一条与美国模式的工业化农业、全盘资本主义化以及威胁到全世界食品安全的农业截然不同的道路。中国近三十年来已经相当广泛兴起的适度规模的、"小而精"的真正家庭农场才是中国农业正确的发展道路。因此，与农民专业合作社相比，"家庭农场"的出现和发展是更为新鲜的事物，它是否能够引领中国农业现代化的未来，怎样引领中国现代农业的发展，都需要通过实践和时间来检验。

（四）各级政府在推进农业产业化和现代农业发展方面应大有作为，必须强化政府的服务职能，营造产业化发展的良好环境

陕西杨凌的经验表明，政府在推进农业产业化方面的主要职能是鼓励工商企业投资农业，发展农产品加工、运输、销售、储藏、保鲜等产业，引导龙头企业主要抓好产前和产后服务，把一般的种养环节让给农民，使农民在产业化过程中真正得到实惠。在现代农业发展中，政府的作用主要是帮助农民在发展生产方面提供多方位的服务，包括政策指导、投资支持、技术培训、信息服务、创造生产经营环境、正当权益的保障等。这种产业化的经营模式，以家庭经营为基础，同时又带动家庭经营，既尊重农户市场主体地位不动摇，又为农户市场主体地位的更大发展开拓了空间，为农村劳动力怎么转移的问题找到了一条现实的出路。第一，成立专门组织机构，加强现代农业发展步伐。各地应成立专门的工作领导机构，统筹领导现代农业建设管理工作，研究审定推进现代农业园区建设的政策意见和总体规划，加强现代农业的建设管理和资金管理，协调解决现代农业发展中的重大问题。第二，加大投入力度。在现行体制下，要按照农业现代化的要求，制定具体的建设标准，必须走以政府投资为主的发展模式，或通过各种途径，筹措建设资金，先行试点，重点突破，以点带面，示范带动，全面推进。第三，完善扶持政策。在现代农业建设方面，应形成完善配套的吸引企业和社会资金进入现代农业建设领域的政策措施，形成各部门支持现代农业建设的合力，加大扶持力度，发挥激励作用，拓宽服务领域和服务范围，抓农业经济发展的同时搞好服务工作，让民间资本在本地区内对发展现代农业更有信心，有更多的资金投入到现代农业建设中。第四，加大科技创新的投入和科技人才的引进。亟须出台一些扶持优惠政策，对新技术、新品种引进，风险性科技创新项目给予一定的资金扶持。应当在建立健全科技服务体系方面，制定一系列能够促进科研单位、推广单位和生产单位结成利益共同体，调动科研单位、推广单位和生产单位积极性的政策。

（五）"杨凌模式"是中国"三农"问题解决的示范基地，但是中国农业的发展，不能只有一个杨凌，需要有更多的"杨凌"才能破解中国农业发展的危机，中国的农民才有未来和希望

自 2010 年以来，课题组先后赴山西省昔阳县大寨村、江苏省江阴市华西村、安徽省凤阳县小岗村、河南省临颍县南街村等知名村庄进行实地走访调研，以期为我国农村的分化、农业的低效和农民的发展寻求解决之道，为"三农"问题的破解提供新的思路。然而，理想与现实的差距竟如此之大，在对众多优先发展的村庄进行走访调研后，我们陷入了深深的忧虑和沉思。因为这些村庄由于受历史积淀、政治影响、文化特色、区位优势、资源禀赋、能人带动等不同因素的影响，积累而成的发展经验、发展道路、甚至是发展模式，都带有典型的地域特色和村庄特色，或者说这些发展道路只适用于这个村庄，这样的发展经验只因这个村庄而存在，离开了这个村庄，发展道路难以走通，发展经验难以推广。

有"天下第一村"美誉的华西村致富的途径是熔集体主义与现代的公司管理于一炉，实行家族式的强有力的领导，村民以牺牲部分的自由与自主换来"共同富裕"，华西的成功在某种程度上可以说是一种"吴仁宝现象"，是沿着他的 20 世纪 50 年代"听"、60 年代"顶"、70 年代"拼"、80 年代"醒"的治村战略而迈向更高层次的；在"坚持外圆闯商海，严守内方治南街"的理念下，南街村坚持用"毛泽东思想统帅一切"，用"傻子精神创造世界"，在班长王宏斌的带领下，"以精神促物质"，坚持以公有制为主体，走集体化的道路，巩固和发展集体经济，不断扩大公共积累；有"中国改革第一村"美称的小岗村"一朝跨过温饱线，廿年没进富裕门"，今日之小岗是一个从贫困走向温饱的先进典型，而不是从温饱走向富裕的先进典型。小岗只是靠美丽光环支撑而存在，除此以外别无其他，因为，我们真实地感受到了农民在分田单干后的落寞和无助；大寨村曾以其"自力更生、艰苦奋斗"的精神，被毛泽东主席亲手树为全国农业战线的一面旗帜。今日之大寨完成了由计划经济向市场经济的转型，逐步形成了农、工、商、贸、旅游为一体的新型产业结构，但政治符号和历史光环仍是支撑大寨发展的重要因素，随着历史的演进，大寨的可持续发展能力令人担忧……说实话，这些名村的发家致富之道各具特色，也颇存争议，在经验上难以复制，或者无法变成可复制的样本。

然而，一次短暂而印象深刻的杨凌之行，开阔了我们的视野和思路。在一片生机勃勃的试验田里，大棚设施中农作物长势喜人，高科技引领下的农民从容笃定。在未来农业生活馆的体验中，我们看到了现代农业的未来、中国农村发展的方向和农民的出路。当然，"能不能提供先进的农业技术和理念，创造一个可以复制的模式，是检验杨凌示范区成功与否的标准"。陕西杨凌正努力创造这样的模式，通过突破土地和资本"硬约束"，不仅让现代农业在杨凌扎根，也要让外界来的人"看得见、学得会、带得走、用得上"，期待更多的"杨凌"在中国出现，期待中国农业现代化的未来早日实现。

农村集体经济实现形式的现代转型[*]

——以山东省东平县土地股份合作社为例

张　茜

农村集体经济的实现形式是多种多样的，自新中国成立以来，我国农业经营模式便走上了发展集体经济的道路，互助组、初级社、高级社、人民公社，以及统分结合、双层经营的家庭联产承包责任制都可以视为是广义上的集体经济的不同实现形式，尤以人民公社为主要代表。然而直到今天，一提起人民公社，人们首先联想到的是"大锅饭""穷过渡"这样的词汇，是一种典型的效率低下、治理落后的农村集体经济实现形式。农村集体经济的发展并非一成不变的。20 世纪 80 年代，邓小平在针对包产到户的争议进行论述时就曾指出："我们总的方向是发展集体经济，……只要生产发展了，农村的社会分工和商品经济发展了，低水平的集体化就会发展到高水平的集体化。"① 然而，这位改革开放的总设计师并没有对什么是"高水平"的集体化作出具体说明。那么"高水平的集体化"是一种什么样的实现形式？又该如何实现向其转型呢？

近年来，各地相继出现了一系列以发展土地股份合作、推进农村集体经济的探索和实践。本文通过实地调查，对起步相对较早、成效较为显著的山东省东平县若干土地股份合作社进行了综合性的考察和分析。调查发现，该地股份合作社的经营模式，不但克服了人民公社时期组织运行效率低下和家庭联产承包制度下土地分散经营的弊端，还实现了农民、村集体

---

* 作者：张茜，农村改革发展协同创新中心研究人员，华中师范大学政治学研究院博士研究生。

① 《邓小平文选》第 2 卷，人民出版社 1993 年版，第 315 页。

与集体产业的共同获益；既体现了农村社会分工和商品经济发展的方向，又满足了科学种田和生产社会化的需要，相对我国历史上集体经济的代表人民公社而言，恰恰体现出一种向着高水平集体化实现形式发展的趋势。接下来本文将从以下五个主要方面对其进行解读。

一　产权制度得以发展

以科斯、诺斯等为代表的西方经济学关于土地产权的理论认为，土地产权是一种法权概念，是包括对土地的所有权、使用权、收益权、处置权等在内的一组权利束，其实质是一种对权利主体的约束与激励机制。不同的产权制度安排规定了人们在相应的组织范围内对资源或财产的所有和使用的不同方式，以及凭借对财产的所有和使用所带来的不同收益；收益的差别所产生的对组织成员激励作用的强弱与大小，又影响着经济组织内部的效率。因此，产权制度安排是否合理对集体经济发展而言至关重要。产权发展是一种产权制度不断完善并趋于优化的趋势，能否在产权发展方面实现突破是农村集体经济实现形式能否实现转型的基础和关键环节。关于产权制度是否得以发展可以从多重角度进行判定，如：产权主体的单一化或是多元化、各权能边界是否明晰化，等等。除此之外，既然产权可以被认为是一组权利束，那么组成它的所有权、经营权、收益权等之间不同的配置方式所带来的组织经营效率的提高也可以视为是一种产权发展。

具体到我国历史上的农村集体经济而言，其产权制度均有待完善。1955 年起，我国农村开始普遍建立起高级社，原属农民私人所有的土地均无代价地转归合作社集体所有，并以社为单位对土地进行统一计划经营，土地收益实行按劳分配，农民私有土地产权被剥夺；到了人民公社时期，所有一切由土地私有而产生的土地收益一律被强制取消，土地分别归人民公社、生产大队、生产队三级集体经济组织所有和经营，各自独立核算、自负盈亏。农民就此基本上丧失了对土地的自主经营决策权，农户家庭成了仅仅承担消费功能的一种组织形式，农业生产经营组织单元的功能被严重削弱。这一阶段集体经济的产权安排可视为是一种各项权能统一的时期，土地产权所涵盖的所有权、经营权等一系列权能均属集体所有，其制度缺陷也不断显现。

　　人民公社瓦解之后，家庭联产承包责任制成为取而代之的一种新的产权安排，如果说前者是一种"一元统一"的产权安排，那么后者则可视为是一种"二元分离"的制度设计。这一阶段的产权制度特点是，土地所有权仍归集体所有，土地经营权以及由其派生出来的承包权则由集体下放到农户手中。这一产权安排明显激发了农户的生产积极性，但由于单家独户的经营资本和经营能力都非常有限，土地细碎化严重，短期内很难实现财富的积累，规模化优势也难以显现。

　　为克服历史上农村集体经济效率低下的缺陷，同时克服分散经营土地细碎的缺陷，东平县土地股份合作社在推进产权发展方面所采取的正是重新完善权利束配置的方法，具体做法为：土地所有权仍属村集体，承包权依然归农户，但在现实中的经营使用上，则由农户将原本分散在个人手中的经营权委托给村集体，从而进行规模化的产业发展；因土地统一经营获得的收益分配方面，农户不但可以按入社时土地入股数量的多少分获得固定的保底金，还能随集体收益的多少获得因经营权委托而带来的相对较为浮动的分红金。在这样的产权安排下，不但合作社收益得到稳步提高，农民收益也得以逐年增加，规模经营的效率得以彰显。

　　对上述产权配置方式加以分析可以得出，土地股份合作社在对组成土地产权权利束的各项权能设置方面，既非历史上合作化时期各项权能均集中于集体的"一元统一"模式，又突破了一般的家庭联产承包责任制度下所有权归集体、承包经营权归农户的"二元分割"模式，而是采取了一种在现有土地制度基础上，将承包权和经营权进行进一步的"分割"，并将再分出来的经营权重新"归还"集体的"三分"模式，是适应农业生产社会化发展要求的体现。对这一产权的重新"排列组合"其优势在于：一则保留了农户对土地的承包权，就同时保障了农户按相应股份享有的对合作社盈利的收益权；二则保障了农户的收益权，就能够实现合作社对组织成员有效的激励；三则土地经营权向合作社的集中，能够最大限度地发挥土地规模化经营的优势效应。

二　分配方式渐趋公平

　　社会分工是人类文明的标志，也是商品经济发展的基础。分配公平则是社会分工的基础和表现。所谓分配公平，是指一种在收益分配的过程中秉持公正、平等的原则对待每一位组织成员、依据一定的标准对组织收益进行分配的方式，是一种对所获报酬的公正知觉。前文已经指出，经济组织成员分配收益的差别所产生的激励作用的强弱，直接影响着经济组织内部的效率，从而也是影响和制约经济组织绩效的重要因素。分配公平只有相对没有绝对，如果某经济组织能够实现较高程度的分配公平，那么该组织对组织成员所发挥出的激励作用也应该是最为有效的；相反，如果某经济组织不能在收益分配上秉持公正的原则，也就无法给组织成员带来对该组织的公正知觉，从而也无法实现对组织成员的有效激励。

农村集体经济作为一种相对特殊的经济组织形态，以全体成员的共同发展为价值追求。若据此推论，历史上"平均主义"的分配方式似乎能够在最大程度上实现全体成员的共同发展。那么对于农村集体经济而言，在对收益进行分配时是否应同样遵循公平的原则呢？答案是肯定的：其一，农村集体经济产生的前提在于组织成员向集体让渡了部分产权，相应的让渡理应获得相应的收益，收益分配公平则与现代化所推崇的人人平等、追求公平的价值理念最为符合；其二，现代市场经济的原则以分配公平为基本原则，农村集体经济组织作为一种以营利为目标的经济组织同样必须适应市场竞争的价值规则；其三，依据"集体行动逻辑"理论，集体经济更容易受到来自成员"搭便车"行为的挑战，因此从长远发展来看必须通过分配公平实现组织对成员的有效激励。

对于这一问题，历史事实也给出了明确的答案。我国历史上农村集体经济组织在收益分配上实行的是绝对平均主义的分配方式。人民公社时期，为实现各生产队之间的平均分配，"三级所有、队为基础"的组织层次虽然明确生产队为基本核算单位，但公社、大队仍可使用行政手段和经济手段对生产队的财物进行"平调"，直接降低了以整个生产队为单位的生产积极性；在各生产队内部，社员间的分配也体现出绝对的平均主义，人民公社实行以供给制为主体的、供给制与工资制相结合的分配方式，这就导致公社对社员激励作用的下降；同时，以工分计酬的方式也因很难实现有效衡量出工多少而丧失了监督效力。最终导致了该制度在低效运行下走向了解体。因此，能否突破原有集体经济分配体制桎梏、实现分配公平也是衡量集体经济实现形式的现代转型的重要指标。

　　那么具体到现实操作中，究竟什么样的分配方式才能称之为分配公平呢？依据经济学基本理论，经济组织是指按一定方式组织生产要素进行生产经营活动的单位；又根据在《微观经济学》中的基本观点：分配理论的基本观点是对各种要素产品的需求来自每种要素通过其边际产品所产生的收入①，简而言之，即分配的多少应与该生产要素对组织收入的贡献成正比。在现实中我们看到，作为一种新型农村集体经济类型的土地股份合作社所囊括的生产要素包括土地、资金、劳动、管理、农业技术以及市场信息等多种形式，这是任何一种现代经济组织适应现代市场经济的需要和必要，其中每一种生产要素都对集体经济的发展发挥着不可替代的作用，理应参与分配。因此，把按劳分配与按生产要素分配相结合，并根据各生产要素在商品和劳务生产过程中的投入比例和贡献大小给予报酬分配的方式可以说是该组织实现分配公平的最佳渠道，也是保障社会分工顺利进行的重要方式。

　　东平县土地股份合作社在收益分配方面正逐步尝试按劳分配与按生产要素相结合的分配方式。以 N 村最美乡村土地股份合作社为例，其年纯利润按如下方式进行分配。根据该合作社的初始股权设置，原始股共计3018 股，具体包括以下两种形式：一是土地股，即农户以转让土地经营权为股份加入合作社的方式，2 分地折合一股（该村人均土地数量即为 2分），土地股份总数为 1453 股；二是资金股，即以资金入股加入合作社的方式，200 元折合一股，包括集体资金入股和个人资金入股两种，其中村集体以集体名义出资 133000 元，折合股份 665 股，出资的大户同样按 200元一股计算，共计 900 股。同时，为合作社日常农作物管理贡献劳动和技术的社员，为合作社运行提供管理技术和市场信息的专职管理人员等，均以其他相应标准获取分红。可见，案例中的土地股份合作社中涵盖的土地、资金、农技、管理、市场信息等生产要素均可参与集体经济分红。

三　自愿互利不断凸显

　　"自愿互利"包含两层含义：所谓自愿，是指包括加入或退出集体经

---

　　①　保罗·萨缪尔森、威廉·诺德豪斯：《微观经济学》，人民邮电出版社 2008 年版，第 189页。

济组织等在内的行为出于该主体的主观意愿，侧重于对主体行为的描述；互利，则是指行为主体加入集体经济组织之后，通过互助合作能够获得比合作之前更大的利益，侧重于行为产生的结果。正是因为能够预见到"互利"，才有了"自愿"；"互利"则是"自愿"的结果。

　　发展现代集体经济，为什么要遵循自愿互利的原则？其实早在集体经济产生之初，以马克思、恩格斯等为代表的、最早倡导发展农业合作化生产的提出者就已经对这一原则进行过相关论述。从结果"互利"的角度来看，马克思认为，"人们奋斗所争取的一切，都同他们的利益有关"①，农民之所以愿意放弃单家独户的经营方式而选择集体化生产，原因就在于能够"使用现代化的技术，提高劳动生产率"②。因此马克思、恩格斯的"改造小农理论"将合作社的性质界定为："是落后国家广大小土地占有者维护自身经济利益、发展生产的经济组织形式。"③ 再从主体"自愿"的角度来看，恩格斯在《法德农民问题》中指出："我们对小农的任务，首先是把他们的私人生产和私人占有变为合作社的生产和占有，但不是采用暴力，而是通过示范和为此提供社会帮助"④，而"雇佣劳动注定要让位于带着兴奋愉快心情自愿进行的联合劳动"⑤。毛泽东的合作制理论也认为，"农业合作化必须贯彻'自愿互利'的原则，既要发挥农民户主合作的积极性，又要保护农民发展个体经济的积极性"⑥。可见，要在我国商品经济体制下发展集体经济，"自愿互利"是必不可少的。

　　由此可见，农村集体经济组织本质上是一种"因利而聚"的组织，这是对农村集体经济组织基本性质的界定，故而对集体经济发展的任何阶段来说都不过时。我国人民公社时期，基本是以行政强制的方式取代了成员的自愿选择。到了高级社和人民公社阶段，农民不但没有入社自愿和退社自由，连对自己劳动的支配也不受主观意愿的控制。失去了自愿的前

---

① 《马克思恩格斯全集》第 1 卷，人民出版社 1995 年版，第 82 页。
② 《马克思恩格斯全集》第 4 卷，人民出版社 1995 年版，第 560 页。
③ 陈丽丽，李桢：《中国农民专业合作社发展问题研究》，经济科学出版社 2012 年版，第49 页。
④ 《马克思恩格斯全集》第 4 卷，人民出版社 1995 年版，第 275 页。
⑤ 《马克思恩格斯全集》第 2 卷，人民出版社 1995 年版，第 605—606 页。
⑥ 蒋伯英：《二十世纪五十年代前期毛泽东关于农业合作制的若干理论》，《中共党史研究》。

提，集体经济运行的效果也并没有实现"互利"。从当时全国居民消费水平年均增长速度来看，1958—1962 年，农民的消费水平增长速度为 −3.3%，1966—1970 年为 2.5%，1971—1975 年仅为 1.3%，只有 1963—1965 年农民消费水平增长速度才达到 8.2%。[①]

以行政代替自愿的超经济强制时代已经一去不返，现代化过程中的农村集体经济要想得以持续地发展，唯有通过不断提高成员的互利增量来提升组织的凝聚力，才可说在实现形式上实现了转型。因此，要在实践中落实自愿互利的原则，至少应包括以下几种制度的安排。其一，从"自愿"的角度来说，一方面，首先要明确的就是成员的"入社自愿"机制；同时，既有"因利而聚"就相应地也有"因利而散"，当集体经济因经营不善不能再给组织成员带来互利结果时，就会造成成员离心力增加，也就相应的需要设立"退社自由"机制；另一方面，就组织成员在集体经济组织中如何支配自己的劳动也应当是自愿的，至少应包括是否使用及以何种方式使用。其二，从"互利"角度出发，则要允许组织成员有从组织中获得正当收益的权利，其获利的具体形式可以是"因社而异"、多种多样的。

东平县土地股份合作社在自愿互利机制上也体现出了自己的特色。关于"自愿"主要体现在以下几个方面。第一，在入社自愿方面，合作社准备了以下几套"方案"：在合作社成立之初，合作社主要发起人挨家挨户给村民做工作、算细账，动之以情、晓之以"利"，尽可能多的争取主动入社群众；对于那些对合作社心存忧虑的村民，则以真实的经营成效"边动员边等待"；对于始终不愿入社的群众则尽量以土地置换的方式力求土地集中连片，决不强制任何村民入社。第二，在退社自由方面，合作社一般规定已入社社员可随时提出申请退社，但通常是在当年的结算完成之后方能完成全部手续的办理。第三，在入社社员对自己劳动的支配方面，合作社不对其进行任何强制性规定，依工作性质和生产需要不同，社员一般以固定工和临时工两种方式从合作社领取工资。

关于"互利"则形式更为多样：其一，社员可根据入股生产要素的

---

① 梅德平：《中国农村微观经济组织变迁研究》，中国社会科学出版社 2004 年版，第 364 页。

不同而从合作社获取相应的分红，这是互利的第一个基本体现；其二，除每年基本的入股分红之外，社员还可以为合作社提供劳动方式获得工资性收入；其三，入股社员可以依托合作社的规模优势发展私营经济，如 D 村村民就因所在合作社发展现代旅游的优势建起了一家家"农家乐"向前来旅游的游客提供服务，不但有利于社员个人收益的提高，也从侧面支持了集体经济的发展，是一种新的互利形式。

四　开放市场成果显现

所谓"开放市场"，是指农村集体经济以开放的态度积极融入现代市场竞争，积极适应市场规则和价值取向，吸纳各种先进的市场要素壮大组织发展的一种状态。其之所以成为现代集体经济实现形式的重要标志，主要基于以下几个原因。

第一，从生产过程来看，农村集体经济的一个重要特点是以农产品生产为主要产业支柱。现代农业生产与传统"自给自足"的生产模式不同，从一开始就无法"逃离"市场这一现实"场域"。从种苗、化肥、农药、机械，到普通人工、种植技术、水、电、运输等基本生产资料和劳动力均来源于市场交换；从经营模式来看，与人民公社时期"统购统销"的经营模式不同，农村集体经济要想走向现代化的发展道路，就必须脱离历史上的行政干预模式，接受市场选择，这对于我国集体经济的发展而言本身就是一种"高水平"发展的趋势。

第二，现代化对农业发展的要求是指农产品的生产更多地用来作为商品而不是自己使用；同时农村集体经济的经营特点在于农产品的规模化生产。因此，只有将产品顺利实现市场交换才能实现盈利，才能符合现代化对农业发展的要求。同时，自近代以来，世界经济发展的一个主要趋势就是大量的人力、物力、财力不断地由农业向工业、服务业流动。农村集体经济在从事第一产业经营的基础上也应积极向第二、第三产业拓展以符合发展潮流，这也要通过市场交换才能实现。

第三，生产要素指进行物质生产所必需的一切要素及其环境条件。随着现代化社会的发展，生产要素的内涵日益丰富，不断有新的生产要素，如现代科学、技术、管理、信息、资源等源源不断地加入该行列。这些都是集体经济发展所不可或缺的有利因素，而它们的获得只能通过市场交换的方式方能获取。

在开放市场这一原则上，土地股份合作社在上述多个方面均显示出了一定的优势：

其一，在产业选择上，合作社均在结合自身优势的同时积极寻求市场需求。如，以粉皮加工为主要产业之一的 A 村安大土地股份合作社为例，该村村民以家户为单位进行纯手工粉皮加工已有 500 多年的历史，因制作工艺精湛纯熟，原料挑选严格，其制作的绿豆粉皮不但在周边县市很有名气，甚至远销青岛、北京，产品经常供不应求。在结合原有优势的基础上，为提高产品知名度和信誉度，该社为粉皮注册了"安大"牌商标，既适应了顾客的心理需求又进一步适应了市场需求。

其二，在产业发展上，合作社不断延伸产业链条，积极提升市场竞争力。以 N 村最美乡村土地股份合作社为例，该社最早仅以经济林种植为主要农业产业。在核桃连续几年实现增产的情况下，2014 年年初已购置专业的核桃榨油设备，并准备安排专门的技术人员去外地学习榨油技术进行核桃油生产加工；另一方面，在经济林长势良好，尤其是 3、4 月份桃花盛开景色宜人，加上 N 村本身三面环山、一面临湖的优美的自然风光，该社还积极向第三产业拓展，不但先后建成十余处旅游景点，还包括水果采摘、DIY 捕鱼、"渔家乐"自助式体验等项目。可谓同时实现了从第一产业向第二、第三产业的拓展。

其三，在生产要素上，积极吸纳各种有利发展的生产要素参与，提高生产技术。以 Z 村瑰青土地股份合作社为例，该社以玫瑰花种植及其产品深加工为支柱产业，随着玫瑰种植面积的不断扩大，积极吸纳现代科技生产要素，先后引进先进设备和技术，进行玫瑰花酱和玫瑰精油深加工；X 村宝泉土地股份合作社在种植初具规模后，专门聘请山东农业大学和东平县农业技术推广中心的专家定期来社进行技术指导，为提高樱桃的市场稀缺度从而获取更多盈利，还引进了国内先进的水果冷藏保鲜技术。

由此可见，坚持"开放市场"原则是实现"科学种田"的前提和保障，坚持这一原则"科学种田"才不至于成为无本之木，集体经济才可说在运作模式上实现了转型。

五　科学治理收效显著

1995年，全球治理委员会在其发表的研究报告《我们的全球伙伴关系》中对治理做出了权威性的界定，即"各种公共的或私人的机构管理其共同事务的诸多方式的总和，它是使相互冲突的或不同的利益得以调和并且采取联合行动的持续的过程。它既包括有权迫使人们服从正式制度和规则，也包括各种人们同意或以为符合其利益的非正式制度安排"[①]。集体经济治理是一种经济治理，实质上是一种权责的分配与制衡机制。具体包括：集体经济内部的组织机构，以及他们之间是如何行使控制权、如何享有利润分配权，如何配置他们之间的权利义务关系，如何监督各组织机构的权力运行，如何通过合理的监督与激励机制以达到高效安全治理集体经济组织。

所谓集体经济的"科学治理"，是指在一定的产权制度安排下，通过一组联结并规范成员、内部组织机构（理事会、监事会、经理人）之间的相互权利和利益关系的制度安排、组织架构、职权配置等，能够较为有效的解决集体经济不同利益主体之间的决策、激励、监督等治理机构。集体经济的治理不仅仅是一套规则条例或是刻板的规章制度，还是一个持续而充满活力的过程。因此，要衡量一个集体经济组织内部是否可以称之为"科学治理"，至少要从两个方面进行审视，一是治理结构的设置是否合理；二是治理机制是否持续。集体经济的治理结构是指一组联结并规范合作社所有者、支配者、管理者等各相关主体之间的权利、责任、利益的系统制度安排，具体表现为集体经济组织的组织框架。集体经济的治理机制则由决策机制、监督机制和激励机制三大主要机制构成。人民公社时期无论从治理结构还是治理机制上来说，都是极低效的，而现代集体经济则在治理绩效方面实现了重大突破。

在优化集体经济治理结构、提升治理机制方面，东平县土地股份合作

---

① 陈丽丽，李桢：《中国农民专业合作社发展问题研究》，经济科学出版社2012年版，第76页。

社主要采取以下做法：

在治理结构设计上，确立"社员代表大会制度"，即以一定的股份数选举产生相应数量的社员代表作为合作社的决策机构和"最高权力机构"，其主要职权主要包括：通过、修改合作社章程；选举、罢免理事会、监事会成员；审议、批准理事会、监事会工作报告；审议、批准合作社发展规划、资产经营计划、年度财务预决算报告、资产经营管理方案等，并选举产生理事长、副理事长、理事若干组成理事会，监事长、监事若干组成监事会。

理事会则为具体事务的执行机构，主要行使以下职权：定期组织召开成员大会或成员代表大会并报告工作，执行章程和成员代表大会决议；定期制定合作社发展规划、资产经营计划、资产经营管理方案、内部规章制度、管理人员工作职责、财务收支报告、分配方案供成员大会或成员代表大会审议并予以执行；对重大投资项目进行可行性论证，提出投资决策方案；等等。

监事会作为监督机构主要行使下列职权：对理事会及工作人员的工作行使监督职能，提出建议和批评意见；监督日常生产经营、管理工作和财务收支状况；定期审查合作社财务，并向成员公布；必要时提议临时召开成员代表大会；列席理事会会议等。通过观察我们不难发现，土地股份合作社的组织形式较我国历史上的集体经济组织而言，无论是机构设置还是职能界定均实现了较高程度的优化。

在集体经济治理机制的提升方面，通过上述对组织机构的设置我们较易发现，合作社内部的决策和监督均可通过相应的定期决策和审查制度实现，接下来要重点观察的则是通过机构设置无法看到的激励机制的具体情况。在这一方面，东平县土地股份合作社可说是有着自己的独创，即创造性的发明了以对超额利润进行"阶梯式"分配为核心的"阶梯激励法"。超额利润为每年的实际利润减去当年计划的目标利润的盈余部分，合作社对超额利润一般采取"超额累进"的方法进行分配。例如，假设某社当年超额利润为30万元，则在0—5万元部分提取30%、5万—10万元部分提取35%、10万—20万元之间提取40%、20万—30万元部分提取45%进行加法运算，作为合作社理事会成员的奖金，剩余部分则按股份在社员间进行分配。① 这就实现了对合作社管理者和普通社员的"双线"激励，可说是对我国原有的集体经济形式尤其是人民公社时期的激励机制实现了重大突破。另外，合作社还规定，一年一度的社员代表大会的一项重要事务就是对理事会成员进行"社员满意度"表决，若某理事会成员的"社员满意度"低于半数，则对其进行罢免、改选。

结　论

　　通过现代集体经济实现形式的五项发展特质的界定，和对山东省东平县土地股份合作社经营模式的分析可以得出，集体经济的存在形式并非一成不变的，我国农村集体经济的发展正在逐步突破原有模式尝试向"科学种田"的"高水平集体化"的方向实现转型。同时也应看到，推进农村集体经济向高水平发展的形式有很多种，土地股份合作社只是其中之一，具体发展模式的选择应因该地区的区位条件、经济发展水平、优势产业等多种因素进行综合性分析选择。本文选取的"样本地区"为山东省东平县，该县普遍存在着村庄土地细碎化严重、资源禀赋较差的实际，这也是促使其以土地股份合作的形式发展集体经济极为重要的现实条件之一。另外，现有的土地股份合作社发展仍面临着诸多挑战。如，某些土地股份合作社的迅速崛起很大程度上得益于当地经济能人的扶持和无私奉献，在今后的发展中必将面临由本村经济能人带动向职业经理人委托经营的模式转变；一些合作社要想取得长远发展，还面临着由专营第一产业向第一、第二、第三产业兼顾模式的过渡问题；家族观念与传统的治理思维还将与现代化的管理理念在不远的将来产生激烈碰撞。

---

　　① 该部分列举的数字仅为形象说明何为"阶梯激励法"，并非现实中的具体标准。由于土地股份合作社数量繁多，每社大都结合本社的实际情况对该标准进行设置，并随着合作社的营业额和发展的不同阶段进行不定期调整。

对发展农村集体经济怎么看怎么办[*]

刘同理

在我国农村，集体经济曾经是主体经济。改革开放以后，农村实行家庭联产承包责任制，农村经济呈现出了多元化态势。经历了 30 多年的改革发展以后，在新的形势下，重新审视农村集体经济，该怎么看、该怎么办，事关大局、事关方向。

一 农村集体经济的内涵在拓展

农村集体经济是指生产资料归农村部分劳动者联合所有，实行共同劳动，共同受益的一种公有制经济形式。新时期所指的农村集体经济组织，是指农村在家庭承包责任制基础上建立的各类经济组织，如村级经济合作社、乡镇企业、农民间联合与合作形成的专业合作经济组织、按照市场经济规则建立的农业社会化服务组织、与农户有紧密联系的农业龙头企业等。这些集体经济组织，有的有明显的社区范围，如村级集体经济组织和村办企业；有的突破了社区界限甚至城乡界限，如农民专业合作社、行业协会、龙头企业等。从合作方式分，有的是各经济主体的简单联合与合作，有的是股份合作。

二 农村集体经济薄弱引发的问题不可忽视

集体经济曾经为巩固社会主义制度、繁荣农村社会、促进农村基础设

---

* 作者：刘同理，山东省农业专家顾问团成员。

施建设、摆脱农村极度贫困状况提供了基础性保障。但实行家庭联产责任制以后，特别是 20 世纪 90 年代实行市场经济体制以后，集体经济开始分化，并逐步萎缩，农村集体负债急剧上升。在全面取消农业税后，很多村庄的集体组织甚至失去了保障正常运转的经费来源，成为"空壳村"。目前，农村基层组织运转难、公益事业建设难、村级债务化解难、社会保障兑现难等一系列问题仍没有很好解决，农村改革发展遇到了前所未有的困难，由此引发的农村社会矛盾仍在激化。

三　思想认识上的偏差需要纠正

现在有很多人，包括党政领导层、专家学者层，对发展农村集体经济有很多认识上的误区，分为几大派系：一是对立派，把集体经济与家庭承包责任制对立起来，以极端的思维排斥集体经济。二是否定派，认为农村集体经济是低效率经济，不符合我国农村小农经济的国情，是一种落后的生产力，主张单一地发展私有制经济。三是功利主义，把发展农村集体经济仅仅看作是解决农村集体公共经费不足、兴办农村公益事业的权宜之计，没有把发展农村集体经济上升为坚持社会主义制度的重大问题。这些认识是发展农村集体经济的思想桎梏，必须在理论和实践上予以澄清和纠正。

四　对发展农村集体经济的重大意义要再认识

农村集体经济是社会主义市场经济的重要组成部分，是坚持和完善农村基本经营体制的基础，是全面建设小康社会实现同富裕的重要保证，发展农村集体经济，不仅关系到农民的切身利益，关系到农村改革和发展的大局，而且关系到走社会主义道路这一方向问题。

1. 集体经济是巩固党在农村执政基础的重要保障

农村群众最讲实惠，为群众办实事的程度，决定了群众对我们党的拥护度，集体经济薄弱，落实党的农村政策就容易"跑偏"，不但不能为村民谋利，而且还要增加农民负担，容易引发社会矛盾，动摇我们党的执政基础。一个没有集体经济做支撑的农村党支部，说话办事就没有底气，如果党支部什么实际问题也不能帮群众解决，必将失去群众的信任，基层党组织就没有了凝聚力和号召力。因此，发展壮大农村集体经济不仅是个经济问题，也是一个政治问题。

2. 集体经济是实现共同富裕的重要途径

共同富裕是社会主义的本质，也是实现全面小康社会的重要标志。实践证明，没有集体的力量、没有有效的组织形式，"先富带后富"就没有载体，只有集体经济发展得好，集体组织统一支配的财力雄厚，才有能力调节生产和分配，为村民兴办一家一户办不了、办不好的事，改善生产生活条件、扶贫扶弱，为全体村民的共同发展、平等发展奠定基础。

3. 集体经济是走中国特色农业现代化道路的重要条件

中国特色的农业现代化，必然要以解决大市场与小农户的矛盾为基础，必然要以专业化、标准化、规模化、集约化生产为路径，必然要以提高产业化、组织化程度为手段，这些个"必然"都不是一家一户小生产或小规模经营能解决的。比如，实行专业化、标准化生产没有规模化不行，在农村基本经济制度长久不变的国策下，规模化又要通过组织化来实现，只有规模化了，集约化才有可能。因此，必须通过不同经济主体的联合与合作，才能提高资源利用率、土地产出率和劳动生产率，从而提高农业的效率效益和竞争力。

4. 发展集体经济是社会主义新农村建设的重要基础

改革开放 30 多年的实践证明了一条定律：只有集体经济发展了，社会主义新农村建设才能见实效，凡是新农村建设搞得好的村，都是集体经济比较发达的村。比如山东省龙口市的南山村、荣成市的西霞口村、临沂市的罗庄村；河南省临颍县的南街村、新乡县的刘庄村；江苏省的华西村；山西省的大寨村，以及全国所有的明星村，等等，数不胜数、无一例外。凡是软懒散脏乱差的落后村，都是没有集体经济的"空壳村"。除经济功能以外，集体经济对农村社会还具有特殊的效能，能平衡心理、规范秩序、促进公平、弘扬文明，还能维护农民的尊严、增强农村的价值感。

五　发展农村集体经济是我们党几代领导集体的一贯倡导

集体主义思想是毛泽东思想的重要组成部分，发展壮大集体经济是毛泽东同志始终不渝的实践和信念。发展集体经济也是社会主义特色理论的重要组成部分，是党的几代领导集体一脉相传的重要思想。

（1）邓小平同志早在1980年《关于农村政策问题》的谈话中就明确指出："我们总的方向是发展集体经济。"1990年他在《国际形势和经济问题》中再次提出："中国社会主义农业的改革和发展，从长远的观点看，要有两个飞跃。第一个飞跃，是废除人民公社，实行家庭联产承包为主的责任制。这是一个很大的前进，要长期坚持不变。第二个飞跃，是适应科学种田和生产社会化的需要，发展适度规模经营，发展集体经济。这是又一个很大的前进，当然这是很长的过程。"1992年他在审阅党的十四大报告稿时指出："关于农业问题，现在还是实行家庭联产承包为主的责任制。我以前提出过，在一定的条件下，走集体化、集约化的道路是必要的。……社会主义经济以公有制为主体，农业也是一样，最终要以公有制为主体。公有制不仅有国有企业那样的全民所有制，农村集体所有制也属于公有制范畴。现在公有制在农村第一产业方面也占优势，乡镇企业就是集体所有制。农村经济最终还是要实现集体化和集约化。"

（2）江泽民同志在党的十四大报告中要求："从各地实际出发，逐步壮大集体经济实力。"1995年3月23日在江西考察农业问题时强调："从长远趋势来说，农村生产力发展了，社会化分工和科学种田的水平提高了，农民群众要逐步走上新的集约化、集体化道路上去，这是农村发展的大方向。"在党的十五大报告中他进一步指出："集体所有制经济是公有制经济的重要组成部分。集体经济可以体现共同致富原则，可以广泛吸收社会分散资金，缓解就业压力，增加公共积累和国家税收。要支持、鼓励和帮助城乡多种形式集体经济的发展。这对发挥公有制经济的主体作用意义重大。""公有制实现形式可以而且应当多样化。一切反映社会化生产规律的经营方式和组织形式都可以大胆利用。要努力寻找能够极大促进生产力发展的公有制实现形式。""劳动者的劳动联合和劳动者的资本联合为主的集体经济，尤其要提倡和鼓励。"他在党的十六大报告中指出："集体经济是公有制经济的重要组成部分，对实现共同富裕具有重要作用。"并提出要"增强集体经济实力"、"深化集体企业改革，继续支持和帮助多种形式的集体经济的发展。"

（3）胡锦涛总书记在党的十七大报告中指出："有条件的地方可以发

展多种形式的适度规模经营。探索集体经济有效实现形式，发展农民专业合作组织。"党的十七届三中全会通过的《中共中央关于推进农村农业改革发展若干重大问题的决定》提出，"家庭经营要向采用先进技术和生产手段的方向转变，增加技术、资本等生产要素，着力提高集约化水平；统一经营要向发展农户联合与合作，形成多元化、多层次、多形式经营服务体系的方向转变，发展集体经济、增强集体组织服务功能，培育农民新型合作组织，发展各种农业社会化服务组织，鼓励龙头企业与农民建立紧密型利益联结机制，着力提高组织化程度。"

（4）习近平同志2010年在全国组织部长会议上的讲话中指出："要坚持党在农村的基本经济制度和基本政策，把发展壮大村级集体经济作为基层党组织一项重大而又紧迫的任务来抓，着力破解村级集体经济发展难题，增强基层党组织的凝聚力，提高村级组织服务群众的能力。"

（5）党的十八届三中全会提出："坚持农村土地集体所有权，依法维护农民土地承包经营权，发展壮大集体经济。"

六　发展壮大集体经济要多策并举

我国工业化、城镇化水平的不断提高，为发展农村集体经济创造了条件，农村生产力的快速发展，也使发展集体经济具备了现实可能性，特别是随着社会主义新农村建设的深入，农民对发展集体经济的愿望越来越迫切。但农民所期望的集体经济，并不是改革开放前的"一大二公、一平二调、归大堆"式的集体经济，而是要求在坚持家庭承包责任制的前提下，在充分尊重农民意愿的基础上，发展多层次、多形式、多元化的集体经济组织，带动农民共同致富。

1. 要有一个好支部

"农村富不富，全看党支部；火车跑得快，全靠车头带。"村党支部书记是村领导班子的"主心骨"，是党员队伍的"排头兵"，是农民群众的"当家人"，是新农村建设的"领头雁"。农村集体经济的发展离不开致富带头人，更离不开坚强有力的农村基层党组织。由于农村中人才匮乏、农民眼界不宽，干什么事情都容易"跟风"，所以配好农村党支部班子、选好带头人十分关键，要努力把那些有思路、有责任心、有开拓创新和奉献精神的农村党员选拔到村班子里，选支部书记，一定要选能人，选群众信得过、愿意跟着走的致富能手、乡村精英。

2. 要有一个好路子

要因村因地制宜，发挥资源优势，找准发展路子，宜商则商、宜农则农、宜工则工，突出特色，不盲目跟风。但就一般农村来讲，还是要围绕开发经营农业去找出路，因为农民最熟悉的是农业、最擅长的还是农业，经营农业比经营自己不熟悉的其他行业风险要小。可以利用农产品产地优势兴办农产品加工和贸易，可以利用生态资源优势或果园、渔场等发展农业旅游业，可以利用当地民间传统工艺优势，发展农村手工制造业，同时，健康养殖业、现代畜牧业和高效特色种植业，也都有着广阔的市场前景。

3. 要有一个好组织

发展集体经济要有载体，单打独斗形不成竞争力，特别是在市场经济条件下，农民合作的愿望比任何时候都强烈，面对市场这个大海，农民个体只穿着救生衣（承包地）在大海里漂流，风险很大，他们需要一只船把单体的农民组织起来，共同抗御风险、共同发家致富，这只船就是集体经济组织，或村办实体、或农民专业合作社、或龙头企业。

4. 要有一个好制度

发展壮大村级集体经济，应加强农村集体资产管理，通过产权制度改革激活农村资产，对集体经营性资产，可以按人均分股份、确权到户，成立农民专业合作经济组织，实行股份制经营；对集体资源性资产，可通过股权制改造，确权到户，由村级集体经济组织统一经营管理；对公益性资产，明晰集体产权，制定保值增值办法，维护全体集体组织成员的合法权益。

第三部分 集体经济有效实现形式的必要条件

市场相接:集体经济有效实现形式的生发机制[*]

徐勇　沈乾飞

【基金项目】国家社会科学基金重点项目"探索不同情况下村民自治的有效实现形式"（14AZZ010）；农村改革发展协同创新中心"农村政治与社会治理"创新项目。

自改革开放以来，我国集体经济发展形成两种走势和实现形式：一是为数不多的村庄仍然坚持集体统一经营，有的村迅速发展壮大，成为"明星村"；二是不少村庄在分户经营基础上，通过土地股份合作等方式，实行统一经营，由此引起对集体经济和统一经营的不同认识。通过大量经验研究，我们发现，以上两种走势的共同特点都是将集体经济与市场经济相连接起来，从市场经济体制中获得发展的动力和更大收益，与市场经济相连接才是集体经济有效实现的重要形式和生成发展机制。否则就无法理解为何在人民公社统一经营时代没有能够出现集体经济大发展的"明星村"，也无法理解在分户经营基础上为何农民又重新联合，走上统一经营之路。本文就此作出探讨。

一　集体经济与市场经济的对接与相融

在集体经济的发展史中，曾先后与自然经济和计划经济等宏观经济环

---

* 作者：徐勇，湖北省宜昌市人，山西大学中国城乡发展研究院教授、教育部长江学者特聘教授；沈乾飞，重庆市忠县人，华中师范大学政治学研究院博士生。

境相连接，而在市场经济背景下，集体经济组织与市场经济的对接和相融，却是我们从未面临过的新课题。

（一）原始公社时期的集体经济与自然经济相接

集体经济是集体成员在集体共有资源基础上，通过集体生产与共享劳动成果，实现共同发展的经济形态。人类创造集体经济的目的，在于克服个体势单力薄的缺陷，让个体在集体之中实现利益。就广义的集体经济而言：原始公社是人类最早的集体经济形态，它是人类社会早期，在生产力极其低下，个体无力战胜自然环境压迫，被迫组织起来的社会经济形态。正如马克思所言："在较古的公社中，生产是共同进行的，只有产品才拿来分配。这种原始类型的合作生产或集体生产显然是单个人的力量太小的结果，而不是生产资料公有化的结果。"[①]

人类在原始公社时期的集体经济，与生产力水平极低的自然经济相适应。首先，原始公社时期的自然经济，是一种高度依赖自然的经济形态。由于人类开发自然的能力有限，维持人类生存所需的生活资料，大多直接取自于自然。马克思认为，在原始部落时期，生产力水平低下，"当时人们是靠狩猎、捕鱼、畜牧，或者最多是靠务农生活的。"[②] 人类生活高度依赖自然，就意味着，人类要从大自然获得维持生存所需的资源，需要通过集体的力量，共同占有足够多的自然资源。同时，人类面临自然环境的限制和压迫，就须要联合起来，依靠集体的力量去适应自然。因此，当时与之相适应的集体经济实现形式，就是部落所有制经济。人们以部落共同体为基本单位，共同占有和利用一定地域范围内的自然资源。人类由有血缘关联的原始部落时期，发展到无血缘关系的氏族联盟，及至以男女对偶为特征的母系公社时期，即使农业耕作技术有了一定的发展，但此时的宏观经济背景仍然是自然经济，仍然需要直接从自然界获取生存资源，所以，此时的经济形态，仍然是原始的集体经济。

其次，原始公社时期的自然经济，是一种自给自足的经济形态。一方面，在生产力水平低下的情况下，人类的生产是一种简单再生产，生产的

---

① 《马克思恩格斯全集》第 19 卷，人民出版社 1963 年版，第 434 页。

② 《马克思恩格斯全集》第 3 卷，人民出版社 1960 年版，第 25 页。

规模既不能小于维持正常的生存之所需，也不能超过自身的劳动与生产能力之所限。因此，在原始公社时期，劳动成果在满足自身的生活消费之后，没有多余的产品用于交换。另一方面，社会分工仅限于共同体内部成员间的自然分工与劳动协作，社会分工还没有形成，因此也就不存在商品生产和商品交换。原始公社时期的集体经济，就是在这种自给自足经济环境下，人类对经济形式的被迫选择。因为，自给自足的自然经济，使任何个体都无法通过交换，获得生存所需的生活资料，只有通过集体的力量，个体才能获得维持正常生活的生存资源。

（二）经典理论指导下的集体经济与计划经济相接

根据马克思、恩格斯等经典理论家的构想，集体经济与计划经济紧密相连。在他们看来，资本主义社会的基本矛盾是生产社会化与生产资料私人占有之间的矛盾。要改变这种矛盾，就要变生产资料私有制为生产资料公有制，同时将市场化的经济模式转变为计划经济管理模式。

马恩经典理论认为，生产资料公有制必须与计划经济相连接。一方面，因为生产资料私有的资本主义是一种生产的无政府主义，容易给社会生产带来破坏，而计划经济通过国家对社会劳动和生产资料按比例有计划的分配，能够避免社会生产的无政府主义带来的破坏。正如恩格斯所言："一旦社会占有了生产资料，商品生产就将被消除，而产品对生产者的统治也将随之消除。社会生产内部的无政府状态将为有计划的自觉的组织所代替。"[①] 另一方面，由于生产资料公有制消灭了资本主义私有制，商品和货币也就将随之被消灭，计划经济调节社会资源分配，也就成为了必然结果。正如马克思所言："在一个集体的、以共同占有生产资料为基础的社会里，生产者并不交换自己的产品；耗费在产品上的劳动，在这里也不表现为这些产品的价值，不表现为它们所具有的某些物的属性，因为这时和资本主义社会相反，个人的劳动不再经过迂回曲折的道路，而是直接地作为总劳动的构成部分存在着。"[②]

列宁后来在社会主义建设的实践中，同样坚持集体经济与计划经济相

---

① 《马克思恩格斯选集》第 3 卷，人民出版社 1972 年版，第 323 页。

② 同上书，第 10 页。

连接。即使后来在经济困境中不得不暂时选择放弃计划经济，退而实施新经济政策，但他依然没有放弃对计划经济的坚持。在他关于新经济政策的论述中明确指出："新经济政策并不是要改变国家统一的经济计划，不是要超出这个计划的范围，而是要改变实现这个计划的办法。"①

新中国成立之后，也曾将集体经济与计划经济捆绑在一起。国家先后通过互助组、初级社、高级社和人民公社，一步步将分散经营的传统小农经济，过渡到经营管理高度集中的集体经济模式，同时全面实施统购统销的计划经济政策与之相配套。

高度集中的集体经济经营管理模式，与计划经济相适应。首先，计划经济是一种规划经济，国家按照预先确立的发展目标，制订国民经济发展计划，并将计划以任务的形式，分解到各个部门，然后由部门逐层分解任务，并最终将任务落实给具体的生产者。因此，任何生产经营主体，都不享有经营自主权，一切生产经营活动，即生产什么、生产多少，都必须以完成计划任务为目标。同时，一切生产资料和劳动产品，按照统购统销政策，由国家统一调配。农村集体经济，作为国民经济的重要生产部门，生产经营活动同样以执行计划任务为己任。农业生产中，种什么、种多少，都必须依据国家的计划任务而定。农业生产资料及农产品，都由国家统一收购和调配。其次，计划经济是一种指令性经济，强调行政指挥的强制性，要求下级对上级命令的绝对服从。这种由行政部门，以行政的手段和方法指挥生产的模式，追求的目标是生产管理的高效率。同样，集体经济的管理权力高度集中，"大跃进时期"，甚至以"组织军事化、行动战斗化、生活集体化"的军事化编制及指挥方式，组织和管理集体经济。后来，"三级所有，队为基础"的集体经济管理模式，则由公社按照国家指令，负责管理集体生产，大队配合公社，监督执行上级命令，生产队长领导生产，具体落实生产任务。

（三）与市场经济相接是集体经济发展的新课题

在改革开放之前，集体经济长期置于计划经济体制的管理之下，从未面对过市场经济。因此，集体经济与市场经济对接，在我国还是一个全新

① 《列宁全集》第52卷，人民出版社1988年版，第40页。

的课题。

改革开放以来，我国经历了由计划经济向市场经济转轨的过程。在此过程中，我们逐渐解除了将市场经济与计划经济作为区分不同社会制度的基本标准的思想束缚，认识到计划经济与市场经济只不过是资源配置方式和手段的不同，正如邓小平所言："计划和市场都是经济手段。"① 由此，我们逐渐开启了建立社会主义市场经济体制的大门。

市场经济是一种让市场在资源配置中起基础性作用的经济形态。市场经济，通过发挥价值规律的作用配置市场资源，即是由供求关系变化引发价格波动，通过价格信号的传递与反馈，引导市场活动主体完成资源配置。发挥市场在资源配置中的基础性作用，需要满足以下条件：首先，市场能够自由交易，任何合法的市场交易活动，都不能受到限制；其次，市场主体以平等的身份进行交易活动，市场没有特权者；再次，市场活动必须遵循公平交易原则，人们正当的利益不能受到损害；最后，市场要有良好的经营秩序，任何市场活动主体，都必须遵循市场活动规则。

改革开放以来，国家为不断完善市场经济体制，从以下几个方面做了重要努力：一是开放市场价格，放弃对商品价格不必要的管制；二是放弃行政对经营主体的不必要管制，赋予市场主体独立自主的经营权利，使其具备独立经营的能力；三是逐渐树立起尊重和保护产权的意识，并以《物权法》与《知识产权法》等形式，保障市场主体的产权利益；四是逐渐建立起较完备的法制体系，使法律制度承担起了规范市场秩序的责任；五是逐渐解除了市场贸易壁垒，开放了市场活动空间，无论是区域之间还是行业之间的贸易壁垒逐渐被解除，市场主体之间的公平竞争和商品的自由流通得到充分保障。此外，成熟的市场经营主体和市场文化开始形成，劳动力、资本、土地、技术、管理和信息等较完备的市场体系逐渐建立和完善。

在日益完善的市场经济背景下，努力实现集体经济与市场经济相对接，是发展和壮大集体经济的基本前提。因为，集体经济与国有经济、个体经济和私营经济一样，都是市场中的微观经济组织，都是独立自主的市场经营活动主体。在市场经济背景下，任何微观经济组织，都不可能独立

---

① 《邓小平文选》第3卷，人民出版社1993年版，第373页。

于宏观经济体制之外而孤立存在。一方面，集体经济组织生产所需的各种要素及产品，都必须高度依赖市场，包括集体经济在内的任何微观经济组织，都不可能脱离市场而生存下去；另一方面，价值规律作为一只无形的手，发挥着调节资源分配的作用，包括集体经济在内的任何微观经济组织，都要受价值规律的支配和影响，只有充分尊重和利用好价值规律，集体经济才能获得生存和发展的机会。

质言之，在市场经济的宏观背景之下，集体经济必须要做好与市场经济对接的工作，不断改进和完善集体经济与市场经济对接的形式。由于集体经济与市场经济对接，是我国经济发展史上从未经历过的新鲜事物，因此，在市场经济背景下，探索和创新集体经济有效实现形式，仍然是一个具有挑战性的工作。

二　集体经济在市场经济中生成与发展

集体经济可分为"由统到统"与"由分到统"两种发展模式，前者是集体经济在计划经济的缝隙中成长起来，在向市场经济的转轨中继续坚持统一经营，并很快实现与市场经济对接，从而使集体经济获得了更大的发展机遇。后者是集体经济在经历了改革开放初期的分户经营之后，为更好实现与市场经济对接，不少村庄又重新走上了集体统一经营的发展道路。

（一）集体经济在计划经济的缝隙中成长

在人民公社初期，国家鼓励发展社队企业，主要是为农业生产服务的小型工业，"以自产自用为主，如农具的修理，农家肥的加工制造，小量的农产品加工等。"[①] 后来在"一大二公"的人民公社时期，国家将"工、农、商、学、兵"合一的大社作为人民公社的发展目标。尽管通过群众运动的方式，形成了大办社队工业的高潮，但那种"一大二公"、不计成本与低水平重复建设的模式，并没有给社队工业带来真正的发展。到了 20 世纪 60 年代初期，国家对发展社队企业的政策，由鼓励调整为限

---

① 《建国以来重要文献选编》第 11 册，中央文献出版社 1995 年版，第 226 页。

制。1962 年 11 月 22 日，国务院发布《关于发展农村副业生产的决定》，要求"公社和生产大队一般不办企业，不设专业的副业生产队"[1]。以防止社队企业与国营企业竞争紧缺资源，同时也是对"以粮为纲"农业政策的坚守。

尽管政策环境对社队企业的发展极为不利，但仍有部分干部和社员，冒着巨大的政治风险偷偷坚持了下来。以华西村为例，1969 年春，大队书记吴仁宝组织 20 名社员，冒着被"割资本主义尾巴"的风险，秘密办起了小五金厂。正是这个"地下工厂"，在十年时间里创造了一百多万的利润，为华西村后来的发展奠定了基础。[2] 在苏南地区，有过华西村这样经历的集体经济还有很多，他们在计划经济的缝隙中顽强成长，为改革开放初期乡镇企业的繁荣发展打下了坚实基础。

这部分集体经济，之所以能够在计划经济中成长起来，是因为他们利用了计划经济的缝隙，规避了计划政策的管制。而所谓的缝隙，就是计划之外，极为狭窄的市场空间。具体而言，主要包括以下几个方面：

一是原材料主要来源于国营企业淘汰的废旧机器和废旧材料。因为在计划经济条件下，工业生产所需的物资，主要为国家所控制和调配。社队企业，不可能从计划经济的正常渠道获得生产所需的原材料，而只能通过国营企业，获得被他们淘汰的废旧品和边角料，如大工厂废弃的边角塑料、旧橡胶轮胎，被大工厂拒收的劣质棉花，以及废铁等。[3]

二是生产的产品，主要为技术含量低，国营企业不愿生产，而市场亟须的小商品。计划形成的短缺经济，为社队企业的产品销售，留下了市场空间。因为，在计划经济时期，工业发展更偏重于重工业，与人们生活息息相关的轻工业，发展相对不足。因此，市场上生活类商品的供给无法满足人们的消费需求。而社队企业所生产的，正是人们生产生活急需，而计划市场供给不足的小商品，如小五金、塑料盆等。此外，在计划市场上，同样存在着工业制品供不应求的现象，一些社队企业抓住机会与国营企业联营，由后者提供机器、原材料并负责收购产品，而前者利用农村廉价劳

① 《建国以来重要文献选编》第 15 册，中央文献出版社 1997 年版，第 703 页。
② 《华西村原党委书记的"第一桶金"》，《人民日报》2008 年 10 月 6 日第 4 版。
③ 黄宗智：《长江三角洲小农与乡村发展》，中华书局 2000 年版，第 256 页。

动力，只负责产品的生产。①

　　三是充分利用社会资本为集体经济的生存和发展拓展空间。在计划经济条件下，留给社队企业的生存空间极为有限，无论是生产所需的原材料，还是产品所需的销售市场，都不可能通过正规渠道得到解决。由血缘情感与地缘情感构筑的社会资本网络，成为社队企业发展所必不可少的资源。例如，在外面政府机关、国营企业和学校工作的老乡、亲戚和朋友，成为支持社队企业发展不可或缺的人脉资源。②

　　四是充分利用社队企业不受计划指令控制的缝隙，获得了国营企业所不具备的经营管理自主权。由于当时的计划经济政策，并不太重视发展社队企业，甚至在一段时间内，还取消了社队企业的合法地位，因而社队企业的经营管理，也就不存在受计划指令控制的问题。这种不利的政策环境，反而为社队企业赢得了难得的生产经营自主权利。在这种情况下，生产什么、生产多少，都由社队企业自己说了算，从而为集体经济发展留下了宝贵的自主空间。

　　到人民公社末期，华西村和刘庄的集体企业，已经在计划经济的缝隙中获得了较好的发展成果。当全国农民还在为解决温饱问题努力的时候，华西村就已经靠小五金厂掘取的"第一桶金"，让200户社员住进了新房。远在河南的刘庄，集体经济发展水平更高，村集体的汽车喇叭厂、奶粉厂和造纸厂等集体企业，解决了大多数社员的就业问题。集体和社员，每年从集体企业中获得的收入，超过了总收入的七成。因此，改革开放初期，当全国各地都在包产到户，实行家庭联产承包责任制的时候，尝到了集体经济发展甜头的华西村和刘庄等一些村庄，选择了坚持集体经济统一经营的模式。这不仅保住了集体经济已有的发展成果，同时，还为集体经济迅速实现与市场经济对接准备了条件。目前，华西村和刘庄等集体经济已经高度融入市场、利用市场和依赖市场，他们所取得巨大成就，无不得益于从国内外市场中所获得的广阔发展空间、丰富的经济资源和众多的发展机遇。

---

　　①　黄宗智：《长江三角洲小农与乡村发展》，中华书局2000年版，第256页。
　　②　王银飞：《从社队企业到乡镇企业的转变》，复旦大学硕士论文，2012年，第20页。

（二）市场经济引导农民从分户经营走向统一经营

在计划经济时期，集体经济坚持高度集中的统一经营管理模式，严重束缚了集体经济的发展。一是集体经济缺乏生产经营自主权，生产经营主体，不能有效发挥主观能动性，不能因地制宜、因时制宜进行决策和生产。导致不合实际的计划和指令，得不到及时有效的纠正，从而造成了生产的破坏和资源的极大浪费；二是集体经济的一切生产经营活动，都以服务于计划指标为宗旨，而劳动成果的分配即劳动者的利益诉求长期得不到满足，因而劳动者的生产积极性受到了打击，人们普遍以消极怠工的方式应付生产；三是由于农业生产具有自然性，集体难以对社员劳动实施有效的监督，生产的低效问题长期得不到解决。尽管国家不断以政治运动的方式，对干部和群众进行整肃和教育，以促进集体经济发展和巩固集体经济地位，但始终得不到农民的积极响应。最终，在改革开放之初，国家不得不迎合农民对家户经营模式的诉求，将集体资产拆散，分配给农民，实行分户经营。

集体经济的分户经营，具有高效与灵活的特性，能在短期内显著提高农业生产能力。同时，农村富余劳动力，可以通过市场转移到城镇就业，增加劳务收入。但是，在人多地少的资源约束下，分户经营就是小农经营，集体经济就蜕变成小农经济，集体经济的发展空间就会受到极大限制。此外，在开放的市场经济背景下，小农经营最大的问题是缺乏独立驾驭市场的能力，市场多变与激烈竞争，往往会给小农带来损失。因此，市场经济背景下的分户经营，农民脱贫容易而致富难，温饱有余而富裕不足。此外，最具挑战的是，分户经营使村庄成了空架子。集体资源匮乏，导致村庄的治理、服务和发展方面存在着能力严重不足的问题。

在市场经济环境下，经营的规模化与专业化，是适应市场的基本条件。分户经营，可以解决计划经济条件下集体经济发展动力不足的问题，却可能成为制约集体经济与市场经济对接的障碍。作为后起之秀的南街村，在包产到户大潮中，曾经和全国绝大多数村庄一样，不仅将集体土地承包给了农户，而且将20世纪70年代末建立起来的集体砖厂承包给了个体经营。但他们很快发现，分户经营尽管能够解决村民的温饱问题，但却很难解决乡村致富的难题。因此，在村民的支持下，又重新开启了集体经济统一经营的模式。重新组织起来的南街村，并没有重走计划经济时期孤立于市场之外的老路子，而是将全村两千多亩土地集体承包给了十几户村民实行规模化的经营，其余大多数村民进入第二、第三产业，发展市场化的集体工业。南街村的起步与发展，完全是集体经济与市场经济对接，并充分利用市场经济壮大起来的典型。

除了南街村那样的工业型集体经济之外，还有更多普通农业型集体经济，也在市场经济的引导下，由分户经营走上了集体统一经营的路子。例如，山东东平的股份合作社模式、四川崇州的农业共营制模式等，都是对市场经济条件下农村集体经济实现形式的有益探索。之所以出现这样的格局，在于随着市场经济的深入发展，集体经济统一经营的优势不断凸显。首先，实行专业化、规模化与市场化的集体经营，可以增强集体经济对市场信息的搜集、把握与预测能力，从而能更好地避免生产经营的盲目性。同时，也能在生产资料的购买和农副产品的销售中，更容易掌握谈判和议价的主动权，从而能更有效地避免谷贱伤农与丰产不丰收的难题。其次，随着农村剩余劳动力大量转移，农村耕地粗放经营甚至撂荒的问题凸显，这对农民和国家都是资源的极大浪费。通过市场化的集体统一经营模式，对农民而言，既增加了农村留守人员的劳务收入，同时通过经营权的流转，还增加了农民的资产收益。对国家而言，无疑稳定了粮食生产，确保了粮食安全。最后，集体经济在市场经济环境下的统一与规模化经营，壮大了村集体的经济实力，为基层治理和农村公共服务提供了经济保障。

三　集体经济与市场经济对接中的转型与挑战

在与市场经济的对接过程中，集体经济需要由身份集体转型为利益集体，使其变成为真正意义上的市场经营主体，以便更好地面对市场经济。同时，集体经济在完成自我转型之后，将会面临市场波动与产权稀释对农民利益带来的影响和挑战。

（一）集体经济需要由身份集体转型为利益集体

集体经济在与市场经济对接的过程中，面临着由身份集体向利益集体转型的问题。特别是那些在计划经济缝隙中成长起来，并在改革开放后一直坚持统一经营的集体经济，尽管在其发展过程之中，曾不断努力摆脱计划经济对自身发展的束缚，但一些计划经济的烙印，却不可避免留在了集体经济身上，并一直延续到了现在。质言之，目前集体经济还是一种带有计划经济烙印的身份集体，而不是市场经济下的利益集体。

所谓身份集体，是指由某种特定身份的人群，组合而成的身份共同体。主要特征是，共同体内部成员，具有身份上的同质性，人们因这种特定身份，获得成员资格、享受成员权利和分享共同体福利。因此，身份集体对内具有凝聚力，对外具有一定的封闭性和排他性。作为身份共同体的集体经济，村民因集体成员的身份，天然享受集体福利。那些在计划经济缝隙中成长起来，并一直延续下来的集体经济，早在计划经济时期就已经作为身份共同体而存在，随着计划经济向市场经济转轨，这些集体经济的身份共同体特性，一直被延续了下来。

身份集体存在的最大问题是，他们还不是真正意义上的市场经营主体，这在一定程度上制约了集体经济进一步与市场经济对接。原因在于：

首先，身份集体担负了承重的社会负担，使他们很难轻装上阵，参与市场经营活动。这在某种程度上，如同计划经济时期的国营企业一样，在从事经营活动的同时，也承担起了本该由公共部门负责的社会事业。如一些集体经济负担起了村民住房、教育、医疗和养老等公共事业。有的集体经济，甚至以按需分配的方式，无偿为村民提供粮、油、蔬菜、水果等日常生活用品。集体经济在社会公共事业及福利上的配给，不仅加重了自身的经济负担，同时也分散了其作为市场经营主体的大量精力，这无疑会制约集体经济的长远发展。

其次，作为身份共同体的集体经济，因身份的自然性和固定性，在一定程度上强化了其封闭性和排他性，这与市场经济的开放性原则有一定的差距。市场经济的开放性，是保障产品和要素自由流通，进而发挥市场对资源配置起基础性作用的重要前提。作为集体经济的身份共同体特性，在某种程度上会阻碍其与市场经济的对接，因为集体身份固化了集体经济的成员资格，使内部成员无法自由流出，外部新成员难以流入，不利于集体经济自身的发展。

最后，一些集体经济在计划经济向市场经济的转轨中，被赋予了引领时代的典型身份。塑造典型，是政府在历史实践中创造出来，并一直延续至今的行政经验。塑造典型的基本原则是锦上添花而非雪中送炭，即典型要具有一定的发展基础，要具有一定的可塑性。同时，典型也会得到政策和资源上的特殊惠顾，从而比其他经营者，赢得更好的发展条件和机遇。获得典型身份的集体经济，因享有特殊待遇，使其与市场经济的平等原则格格不入。在市场经济中，任何微观经济组织，应享有公平的参与权利，避免特殊照顾对公平秩序的影响。随着我国市场经济体制不断完善，公平原则将会进一步确立，特殊惠顾会进一步减少。在这种情况下，集体经济不得不完善自己，以便更好地适应市场经济。

集体经济要转型成为利益集体，就是要使其成为利益相关者组合而成的利益共同体。在利益集体中，人们因利益而非身份结成经济共同体。人们也不能因身份而享有集体经济的特殊福利，而是因股权和劳动，获得相应的资产收益和劳动报酬。同时，由公共服务部门而非集体经济组织，承担起社会公共事业的责任。此外，集体经济与其他市场经营主体，享有同等的地位和权利。由此让集体经济转型成为真正的市场经营主体，使其更好地面对市场经济。

（二）集体经济在自我转型中面临着风险与挑战

市场经济既蕴含着机遇，同时又潜藏着风险，集体经济在与市场经济的对接与转型过程中，不可避免要面对市场中的风险问题。其风险主要包括两个方面：

一是集体经济经营效益的波动，对村民经济收益的影响。在市场经济背景下，市场在资源调节中发挥基础性作用，不可避免会产生市场波动的问题，即使国家通过经济杠杆发挥起宏观调控作用，也只能缓解而不可能彻底消除市场波动对经济发展带来的不利影响。宏观市场波动，会直接影响到微观经济组织的经营状况和收益。同时，微观经济组织对宏观市场的驾驭能力，也会受到很多因素的影响。因此，集体经济与市场经济对接，其经营状况，不可避免会受到市场波动的影响。

在作为身份共同体的集体经济中，村民因身份而享有的各种福利收益具有一定的刚性，即它不完全受市场波动与集体经济经营效益变化的直接影响。因此，虽然这会加重集体经济的负担，影响集体经济的正常经营和发展，但村民却可以享受较为稳定的福利收益。集体经济由身份集体转型为利益集体之后，村民由身份带来的福利收益，将被股权带来的资产收益和劳动投入获得的工资报酬所代替，而这些收益将直接受到宏观市场波动与微观经营者经营效益变化的影响。这种变化，对村民既会带来经济收益上的影响，更会带来心理上的冲击。

二是集体经济与市场对接对村民资产权益的影响。集体经济与市场经济对接，需要现代化的组织、经营与管理制度，经营权由农户转移到了专业化的公司，由职业经理人具体负责日常经营管理。农民虽然是集体经济的股东，但只能以普通工人的身份参与生产并获得劳务收入，农民作为分散的"小股民"，无权参与具体的经营管理工作，甚至也不掌握监督经营者的权力。同时，随着集体经济的不断发展，通过合资、参股乃至上市融资等方式，集体经济的资本规模在积聚扩张，参与主体也日趋多元化。农民的土地产权会逐渐被资本所稀释，并变得越来越渺小和模糊。在这种背景下，如何保护农民的产权和利益，将会变得越来越具有挑战性。

总之，在市场经济的宏观背景下，集体经济与市场经济对接，无疑将是未来一段时间内，集体经济完成自我转型与创新实现形式的主体方向，但在这个过程之中，如何确保农民权益不受伤害，并让农民能够最大限度地从中获益，是值得我们进一步思考和解决的问题。

产权与利益:集体经济有效实现形式的经济基础[*]

邓大才

集体经济是人类的理想经营方式和组织方式,从经典作家到空想社会主义者,从马克思主义到新马克思主义无不崇尚集体经济。虽然集体经济是"理想类型",但人类社会却总是以家庭经营为主要组织方式。原始集体经济解体,空想社会主义集体实验失败,中国、苏联大规模的集体化也走向个体化、私有化。人们对集体经济能否存在,能否持续发展,高度存疑、质疑,甚至完全否定,批评其为"乌托邦",有一段时间曾经"谈集体色变"。在古代的、当代的、现在的集体经济走向衰落、解体的同时,广东省顺德、南海等地的股份社,山东东平的土地股份合作社却悄然形成,运作良好。这些发展的个案,为我们重新认识集体经济,探寻集体经济有效实现形式和条件提出了很好的研究样本。本文主要从产权和利益两个维度回答两个问题:一是集体经济(组织)如何才能够形成;二是集体经济如何才能够有效实现。笔者认为,产权与利益是集体经济(组织)形成和有效实现的最重要的前提条件和经济基础。

一 产权、利益与集体经济

集体经济是指共同体成员共同占有生产资料、共同生产经营、共同分

---

* 作者:邓大才,华中师范大学中国农村研究院教授。

配或共同生活的一种组织方式和经营方式。① 除了原始公社以及中国农村人民公社的大食堂具有共同生活的经历和实践外，集体经济主要指共同占有生产资料、共同生产经营，按照生产资料、资本共同分配成果的组织体和经营体。集体经济是一种与家庭经营、私人所有和经营相对应的组织方式和经营方式，它的形成和发展与产权、利益密不可分。产权的共占性、相关性和利益的共同性、关联性是集体经济或者集体共同体形成的重要条件。

（一）产权与集体经济

早期的经典作家都讨论过产权与共同体的关系。柏拉图认为，建立理想的城邦应该实行财产公有，土地公有，共同分配，共同生活。② 他建构的"理想国"就是一种典型的集体经济。亚里士多德也研究理想国，他的理想国与柏拉图相反，在财产私有的基础上进行合作，即以土地、财产私有为基础建设共同体。前者认为，产权公有才会有"良善"的共同体；后者认为，产权私有也会形成好的共同体。③

恩格斯在《家庭、私有制和国家的起源》中通过对易洛魁人、希腊人、罗马人、克尔特人、德意志人的历史研究，得出了一个结论：原始公社或者氏族部落与土地共同所有、占有有一定的相关性。④ 马克思在《政治经济学批评》中对产权与共同体也做了深入的研究，他认为："部落共同体，即天然的共同体，并不是共同占有（暂时的）和利用土地的结果，

---

① 传统集体经济从所有权上定义，认为集体经济是共有所有权基础上的共同占有生产资料、共同生产、共同经营、共同分配，即共有、共占、共产、共荣、共享等"五共"，理想主义者甚至提出了共同生活。其实，只要是共同占有生产资料、共同生产、共同经营，按照生产资料、资本共同分配成果就是集体经济。共有产权可以形成集体经济，私有产权只要能够以占有权经营权组成共同体，由共同体占有这些权利，共同生产经营、共同分配就是集体经济，笔者在本文中的集体经济主要有"四共"：共占、共产、共荣、共享，不包括传统定义的共有。当然产权共有与否对集体经济的形成会有一定的影响。

② 在本文财产共有与产权共有经常互用，另外产权共和财产公有也经常互用。

③ 笔者认为，两者的分野产生了两种类型的集体经济，以产权公有为条件的理想国建设之路形成了中国、俄罗斯的集体经济；以产权私有为基础的理想国建设之路形成了西欧、美国以股份制为形式的集体经济。

④ 恩格斯：《马克思恩格斯选集》第4卷，1974年版，第80—142页。

而是其前提。"① 显然马克思不同意产权公有决定部落共同体或者原始公社的存在。但是他认为，在"农业公社"中，土地是"共同体的基础"，② "公有制以及公有制所造成的社会关系使公社基础稳固。"③ 产权公有或者国有是发展社会主义集体经济的重要条件，"要使集体劳动在农业本身中能代替小土地劳动这个私人占有的根源，必须具备两样东西：在经济上有这种改造的需求，在物质上有实现改造的条件。"④

其实，以地权共有，家庭占有、使用的俄罗斯的公社（又称米尔）和以产权共有、共同分享成果的中国传统家产制（家族共有财产）能够长期存在，说明了产权共有性质对共同体有着重要的基础性作用。与此相反的是西欧，产权从部落或者家族共有转为家庭私有，这种过渡炸毁了"旧的共产制家庭公社"，也炸毁了"共同耕作制"。⑤ 西欧的历史说明，产权共同占有，公社、集体就存在；产权私有，公社、集体就被"炸毁"。这充分说明了两者之间有一定的关联性。⑥

最早将产权与集体经济结合起来的是空想社会主义者。莫尔认为，乌托邦应该"实行财产公有，按需分配"。⑦ 傅立叶、欧文则通过自己的社会实验，建设合作社以试验共同生产、共同生活。空想社会主义者痛恨私有制和资本主义，其实验就是在财产公有的基础上的共同劳动、共同分配。这种将产权与集体经济联结起来的实验虽然失败，但是它给社会主义者提供了一种思考的方向。

如果说空想社会主义只是小范围的、小单位的实验，苏联和中国则进行了大规模的国家实践。列宁认为，公共的、集体的、共耕制的、劳动组合制的耕种方法具有优越性，能够吸引农民参加集体经济。⑧ 斯大林更是

---

① 马克思：《马克思恩格斯全集》第 30 卷，人民出版社 1995 年版，第 466 页。
② 马克思：《马克思恩格斯全集》第 30 卷，人民出版社 1995 年版，第 466 页。
③ 马克思：《马克思恩格斯全集》第 19 卷，人民出版社 1963 年版，第 434 页。
④ 马克思：《马克思恩格斯全集》第 19 卷，人民出版社 1963 年版，第 438 页。
⑤ 恩格斯：《马克思恩格斯选集》第 4 卷，1974 年版。
⑥ 马克思提出过"共同私有制"这个概念。他认为，产权发展经历了三个阶段：共同所有制、共同私有制、私有制。这三个阶段对应着氏族公社、部落公社和奴隶制社会。他认为产权与社会形态有一定对应关系。
⑦ 托马斯·莫尔：《乌托邦》，商务印书馆 1982 年版，第 50—51 页、第 160 页。
⑧ 列宁：《列宁全集》第 30 卷，人民出版社 1957 年版，第 168 页。

认为产权公有是集体经济的前提，"我国没有土地私有制，土地是国有的，这大大有助于集体化。"① 毛泽东也认为，合作社内部的矛盾要通过集体所有制才能够解决。② 他还认为，土地产权决定集体经济的形式，"合作社有低的，土地入股；有高的，土地归公，归合作社之公。"③ 苏联、中国也按照上述观点进行了以国家为单位的集体经济试验，取得了国家试验样本。

经典作家的理论分析、空想社会主义的理想设计以及两个民族长期的自然演化历史和两个国家的巨大社会试验都说明了一个问题：产权与共同体、集体经济有着重要的内在关联。公有产权是形成共同体、集体经济的重要条件。经典理论、理想设计和社会试验受时代的局限性：产权公有以"公"的程度为好坏的依据，集体经济则以"统"的程度为好坏的标准，具体来说就是"越公越好，越统越好"，导致两者之间的关联、组合比较僵化、生硬和单一。经典理论、理想设计和社会试验只是试验了最理想或者最极端的情况，没有考虑到产权公有的各种类型和集体经济的多种形式及其组合，没有探讨两者发生关联的条件。经典理论、理想设计和社会试验及其建立的理论，无法解释中国山东东平、广东顺德、南海等地的土地股份合作社这类集体经济的繁荣与发展。因此，需要跳出"产权越公越好、集体越统越好"这种思维定式，对产权公有类型和集体经济形式进行深入分析，寻找两者之间的内在的多种关联以考察集体经济实现的可能性。

产权类型多种多样，集体经济实现形式也各不相同，因此不同的产权类型可以形成不同形式的集体经济实现（见表1）。

第一种类型，产权共同所有、共同占有或出租经营、共同分配。在共有产权下，共同体或者集体选择共同占有、共同生产经营、共同生活、共同分配，即"五共"型的集体经济（Ⅰ1）。这种集体经济只在具有"共产主义性质"的原始公社、氏族部落、家族家产制或者1958年的实施"大食堂"的农村人民公社存在，它是一种紧密型的集体经济，也是一种要求特别高、极难实现的集体经济形式。如不共同生活，则形成非"大

---

① 斯大林：《斯大林全集》第13卷，人民出版社1956年版，第239页。
② 毛泽东：《毛泽东选集》第5卷，人民出版社1977年版，第120—121页。
③ 毛泽东：《毛泽东选集》第5卷，人民出版社1977年版，第119页。

食堂"时期的人民公社的集体经济（Ⅰ2）。如既不共同生活，产权也不共同生产和经营，而是出租经营，集体成员共同分享成果，则可以形成中国传统式的家产制集体经济、统分结合条件下集体经济出租、集体控制的集体土地、资产的组织形式都可以归为这种类型（Ⅰ3）。

第二种类型，产权共同所有、家庭占有或承包、家庭经营。这可以延伸出两种类型，一是家庭自我经营，在这种经营形式下，集体或者共同体因为土地共同所有而提供一定的公共建设、安全保障等服务，这形成一种较为松散性的集体经济。改革开放初期，统分结合条件下的集体经济就属于这种类型（Ⅱ1）；二是生产协作经营，产权家庭占有、经营，但是在生产的某些环节，如生产资料购买、产品销售等环节进行合作。这会形成一种经济协作或者经济合作社。在这种条件下，集体经济只有一定有服务功能或者一定的协作功能，属于一种松散型的集体经济（Ⅱ2）。当前各地的一些生产、销售合作社属于这种类型。

第三种类型，产权共同所有、家庭承包、流转经营。流转经营又可分为两大类，一是将土地拿出来与其他主体合作经营，合作共同体共同占有、使用产权，共同经营、共同分配。可以共同劳动，也可不共同劳动。如果是共同劳动构成合伙经营集体经济，如不是共同劳动构成合作经营集体经济（Ⅲ1）。二是产权占有人以产权入股形成集体经济，集体占有、使用产权，产权占有人按股份分配红利，集体经济实现的形式是股份制经营（Ⅲ2）。在产权集体所有条件下，这种形式较为灵活且与市场经济要求相一致。它要求：产权可以多元分割、多个主体共同占有，特别是家庭要有承包权（社区资格性质），承包权可与经营权分享，经营权可以有偿流转，否则难以形成多元化的集体经济形式。

第四种类型，产权私有，集体共同占有或者经营，按约或按股分红。这有两种形式，一是按照产权数量，或者约定的方式分配经营成果，这形成以私有条件下的合作经营型集体经济（Ⅳ1）；二是按照出资的股份分配经营成果，这形成股份制集体经济（Ⅳ2）。也就是说，集体经济可以在产权公有基础上形成，也可以在产权私有基础上形成。两者的区别是：在公有基础上比较容易形成，因为本身就有产权相关、利益相连，特别是有共同利益和共同需求的优势；产权私有则没有这种先天的优势，需要相关主体自己创造条件，以利益需求来吸引，与前者相比，少了产权相关的优势。西欧、美国的股份合作制属于这种类型的集体经济。

从上面的分类可以看出，产权公有易于形成集体经济，但是仅有产权公有还不行，还需要产权的多元化，即要有承包权或占有权，而且产权可以分离流转。产权私有也能够形成集体经济，但是流转出的经营权必须为集体共同占有，否则无法形成集体经济。不管是产权公有，还是产权私有要形成比较有效的集体经济都需要创造出两类产权：个人产权（如承包权）和集体占有权。从经典理论、理想设计和社会试验来看，倾向于将集体经济等同于传统的集体经济实现形式，即第一种类型的集体经济。这种集体经济实现形式，要求最高、条件最苛刻，而且与人类的自由个性不太相适宜，最不容易实现。理想设计与社会试验的失败均源于此。其实，产权类型多样，集体经济也可以有多种形式，最容易实现的第三、第四种类型的产权结构，可以形成多样化、多类型的集体经济形式。东平土地股份合作社、珠三角的股份社属于第三种类型集体经济，欧美的股份制经济属于第四种类型集体经济。

表 1 产权形式与集体经济实现形式

产权形式		集体经济实现形式		集体经济紧密和开放程度
类型	产权构成	集体经济特征	集体经济实现形式	
第一种类型	1. 共同所有、共同占有、共同经营	共同生产、共同生活、共同分配	传统性集体经济Ⅰ1	紧密型
	2. 共同所有、共同占有、共同经营	共同生产、共同分配	传统集体经济Ⅰ2	紧密型
	3. 共同所有、出租经营	共同分享成果	传统家产制经济统分结合下集体经济Ⅰ3	不太紧密型
第二种类型	1. 共同所有、家庭承包、家庭占有、家庭经营	共同所有单位提供一定的公共设施、安全保障等其他公共服务	松散性集体经济Ⅱ1	松散型
	2. 共同所有、家庭承包、家庭占有、家庭经营	在某些生产环节如购买、销售等进行合作	经济协作、合作社Ⅱ2	

续表

产权形式		集体经济实现形式		集体经济紧密和开放程度
类型	产权构成	集体经济特征	集体经济实现形式	
第三种类型	1. 共同所有、家庭、承包、流转经营	共同占有、共同使用、共同劳动或非共同劳动、按资或按约分配	合伙或合作经营 Ⅲ1	多元型
	2. 共同所有、家庭承包、流转经营	共同占有、使用产权、按照股份分配	股份制经营 Ⅲ2	
第四种类型	1. 个人所有、产权合作，集体共同占有和经营	共同占有产权、共同经营产权、按照产权数量分配成果	合作经营 Ⅳ1	多元型
	2. 个人所有、产权入股，集体共同占有和经营	共同占有产权、共同经营产权、按照股份分配红利	股份经营 Ⅳ2	

（二）利益与集体经济

利益也是集体经济或共同体形成和实现的重要条件。共有产权只是为形成集体经济提供了可能，但是要形成集体经济，还需要利益因素。马克思认为，"人们奋斗所争取的一切，都同他们的利益有关。"[①] 恩格斯也认为，"每一个社会的经济关系首先是作为利益表现出来"。[②] 集体经济、共同体就是一种经济关系，也要通过利益来吸引。人们组织起来共同生产、共同生活、共同活动也是为了利益。马克思认为，部落集体生产也是利益需求的结果，"这类原始类型的合作生产或集体生产显然是单个人的力量太小的结果，而不是生产资料公有化的结果。"[③] 列宁更是批评只凭热情和勇敢发展集体经济的观点，"必须永远不再把事情建立在热情和勇敢精神的基础上，因为人们不能够成年累月地处于神魂颠倒的热情状态之中，

---

① 马克思：《马克思恩格斯全集》第1卷，人民出版社1956年版，第82页。
② 恩格斯：《马克思恩格斯选集》第2卷，人民出版社1972年版，第537页。
③ 马克思：《马克思恩格斯全集》第19卷，人民出版社1963年，第434页。

迫使他们工作的只能是经济上的必要。"① 毛泽东在鼓励初级合作社向高级合作社过渡时曾经论述过利益与集体经济的关系，"人们看见了大型社和高级比小型社和初级社更为有利的时候，……他们就会同意并社和升级的。"② 集体经济作为一种经济组织、一种组织形式，它需要有一定的利益吸引，否则难以形成。

共同利益是集体经济形成的前提条件。集体经济和共同体的形成仅有利益还不行，还要有共同利益（见图 1）。马克思认为，"公社成员不是通过创造财富的劳动协作来再生产自己，而是通过为了对内对外方面保持联合体这种共同利益（想象的和真实的共同利益）所进行的劳动协作来再生产自己。"③ 共同利益，包括"想象的"和"真实的"共同利益决定公社这个共同体的存在。马克思还多次讨论了共同利益对共同体的作用，"个人利益总是违反个人的意志而发展为阶级利益，发展为共同利益，后者脱离单独的个人而获得独立性，并在独立化过程中取得普遍利益的形式。"④ "普遍利益"就是一种共同体的利益。马克思还反证了利益的同一致与共同体的关系：农民没有"利益的同一性"，因此无法"形成任何的共同关系"，无法"形成一个阶级"。⑤ 虽然马克思没有直接讨论共同利益与集体经济的关系，但是他分析了共同利益与阶级共同体、宗族共同体以及其他共同体的关系。集体经济作为一种共同体的形式，同样离不开共同利益，或者说集体经济要形成必须以共同利益为前提条件。

比较利益是集体经济形成的经济基础。经典作家、理想设计和国家试验都看到了集体经济形成的现实条件——利益，前提条件——共同利益，但是他们忽视加入集体的成员还应该获得比较利益。没有这个比较利益，即使有共同利益、共有产权，集体经济也难以持久，也难以有效实现（参见图 1）。所谓比较利益或者比较收益，就是产权占有人从集体获得高于产权人自主经营收入的收入，即如果产权占有人从集体获得的收入不能大于自主经营的收入，就不会参加集体经济，而是选择个人经营或者家庭

---

① 《列宁全集》第 42 卷，第 176 页。
② 毛泽东：《毛泽东选集》第 5 卷，人民出版社 1977 年版，第 259 页。
③ 马克思：《马克思恩格斯全集》第 30 卷，人民出版社 1995 年版，第 471 页。
④ 马克思：《马克思恩格斯全集》第 3 卷，人民出版社 1960 年版。
⑤ 马克思：《马克思恩格斯选集》第 1 卷，人民出版社 1972 年版，第 693 页。

经营。所以，集体经济要形成，产权占有人要能够获取比较收益。比较收益是产权人加入集体经济的"门槛"，即要形成集体经济必须有"门槛收入"。

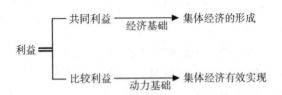

图1　利益、共同利益与比较利益的关系

集体经济有效实现的比较利益必须适度。比较利益是集体经济形成的经济基础，但是比较利益必须适度。从产权占有人来看，比较利益越大越，越愿意加入集体经济。从集体经济可持续的运转和发展来看，比较利益必须有度，适可而止。比较利益的最高限额是可以确保集体经济扩大再生产时的利润分配。所以，比较利益的最低限度是产权占有人自主经营获得的平均收益（可以用土地出租的平均租金来代替），最高限额是能够确保集体经济扩大再生产时在利润分配中所能够获得的收益。比较利益位于这个区间时，集体经济能够有效实现（见图2）。

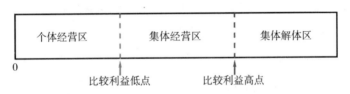

图2　比较利益与集体经济的有效区间

（三）产权、利益与集体经济有效实现

共有产权为集体经济形成提供了条件，共同利益为集体经济形成提供了经济基础，比较利益则为集体经济有效实现提供了动力基础。仅有共有产权不足以形成集体经济，需要利益诱因；仅有共同利益也不足以形成集体经济，需要共有产权这一关联因素。仅有共有产权、共同利益有可能形成集体经济，如果没有比较利益，形成的集体经济也无法持久，无法有效实现。20世纪五六十年代，农村人民公社就是只有共同利益、共有产权，而没有比较利益，所以集体经济无法持久、无法有效实现。在此，我们可

以假设：集体经济是共有产权、共同利益和比较利益的函数，即集体经济的有效实现取决于共有产权、共同利益和比较利益。

产权与比较利益的组合决定集体经济的实现形式。虽然集体经济取决于共有产权、共同利益和比较利益，但只要有比较利益就会有共同利益，因此可以将模型简化为产权与比较利益双因素模型。在此将产权定义为集体共有基础上的个人化程度，它与比较利益一起决定集体经济的模型。从极端值来看，可以形成四种比较极端的模型（见图3）：第一种模型，产权个人化程度低、比较利益也比较低时，将形成传统的集体经济，即前面所说的紧密型的集体经济，产权占有人对产权控制比较弱或者没有，从集体获得的收益比较低。第二种模型，产权个人化程度高、比较利益也很高，这种情况就能够形成现代的集体经济，也就是在表1中的多元型集体经济。第三种模型，产权个人化程度低，或者个人对产权没有影响力，但比较利益较大，这属于集体比较强势的一种集体经济，可以说是"超级集体经济"，如河南的刘庄、天津大邱庄等。第四种模型，产权个人化程度高，但是几乎没有比较利益，这其实就是一种集体经济不发达的个人经营方式，或者说集体不发达的双层经营——集体统一经营，农户分散经营。另外，在实践中，在这四种模型之间还有很多不同的集体经济实现形式。

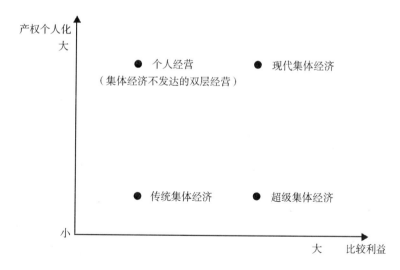

图3　集体经济有效实现的形式（模型）

产权与比较利益决定集体经济有效实现的区间。前面我们已经从比较利益的角度确定了集体经济的上限和下限，如果将产权因素考虑进来，将会进一步界定集体经济有效实现的区间（见图4）。随着产权发展，共有产权的其他权利如承包权、占有权、经营权、分配权会逐渐个人化，将这种产权可控制程度称之为个人化程度，其对应的是集体可控程度，它们与比较利益一起构成了集体经济有效实现的区间。产权个人化程度犹如一枚硬币的两面，一方面，它是个人对产权的控制程度；另一方面，它又是所有者——集体对产权的影响程度或可控程度，两者决定集体经济在产权因素方面的上限和下限，加上比较利益所确定的上限和下限，集体经济能够有效实现的区域就是图4的斜线部分。所以，我们可以说集体经济有效实现的区间就是产权个人化程度（集体可控程度）和比较利益允许程度所围成的区域，产权的个人化、比较利益的大小决定了个人经营和集体经营的边界。

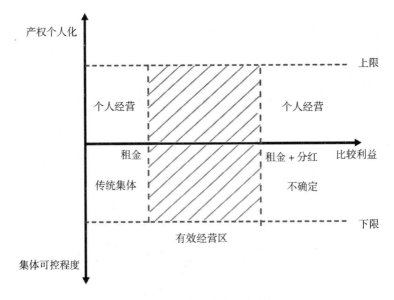

图4　集体经济有效实现的区间

综合上面的分析，我们可以得出如下结论，集体经济有效实现取决于共有产权、共同利益和比较利益，或者说前者是后三者的函数。其中，在集体共有基础上的产权个人化程度是集体经济形成的充分条件；共同利益是集体经济形成的必要条件和经济基础，在共同利益中的比较利益是集体经济有效实现的动力基础。在集体共有基础上产权个化程度和共同利益决定集体经济能否形成，比较利益确定集体经济有效实现的区间，也可以说决定其持续性、有效性。

二　产权、利益决定集体经济的历史演变

产权、利益及集体经济的关系还需要从历史实践中得到检验。不管东方还是西方，利益的内涵和功能大体一致，东西方差别不大。对集体经济的影响而言，利益因素最大的差别就是共同利益、比较利益的多与少的问题。相对于利益的普适性，产权则有着东西方之别，中国传统的土地产权制度被马克思称为"亚细亚生产方式"的重要特点：个人不直接所有，只是占有人，为其他更大的"共同体之父"所有。[①] 马克思认为，这种地权产权制度决定东方专制主义。其实，这种特殊的产权制度还是中国集体主义、集体经济形成的重要因素。[②] 下面笔者就从"中国式产权制度"与利益来考察"中国式共同体"——集体经济的历史演变和发展。[③]

（一）传统家产制集体经济

中国传统的土地制度是私有的，但是这个私有程度受到的约束比较多，一是受到家族、村庄的影响，如土地转让有邻里、家族优先权。因此，农民将土地出卖时，应该优先族人、邻里。二是受到国家的约束，皇帝有最终的所有权，因为国家都是皇家的，属于私人的土地也应该是皇帝的，"普天之下，莫非王土；率土之滨，莫非王臣"就是这种所有制的一种体现，就是说天下都是皇家的。马克思引用贝尔尼埃的话语坚持这种观点，"国王是国中全部土地的唯一所有者"[④]。虽然中国并非如此，但是这两个问题说明了中国的土地私有权受到了一定约束，并非是完整的私有

①　马克思：《马克思恩格斯全集》第30卷，人民出版社1995年版，第467页。

②　集体经济也是对生产、生活共同体的一种中国表达。

③　中国式产权制度可以分为两种形式：一是传统时期，个人所有，大共体最终所有，不能定期分配，与俄罗斯的米尔不同，也不同于马克思所说的亚细亚生产方式；二是家庭承包经营时期，家庭占有，集体所有。前者与印度、俄罗斯、波斯、埃及等东方国家不同；后者则为中国所独创。

④　马克思：《马克思恩格斯〈资本论〉通信集》，第80页。

权，在某种程度上为其他人所共同享有。

在传统中国，大部分的家族、村庄有一定的族田、祠田、学田、庙田、坟地等公共土地、公共资源。这些产权为同族共同所有、占有，其收益主要用于：一是祭祀活动。二是慈善和福利，家族还以这些集体资产及其收益为同族中的弱者提供一定程度的生活保障和社会救济。三是资助年轻族人的教育。四是编辑、修订族谱。① 五是如果家族与村庄重合，家族还提供安全、纠纷调整及生产公共设施建设、维修功能，其支出主要源于家族产权的收益或者农民集资。

中国传统乡村的土地制度与俄罗斯的公社（米尔）不同，共同体中有私有土地，也有公有土地，而且私有和公有都不能进行再分配、再调整。② 土地的公有性质从两个方面得到体现：一是家族所拥有的土地是公有的；二是私人土地因为邻里权利、家族权利而带有些许公共性。从利益来看，共同体成员从公有产权获得共同利益，但是比较利益获得比较少。当然如果从归属、认同感来看，也有一定的精神利益。③ 从集体经济实现形式来看，公有的产权共同所有、共同占有，但是采用出租经营、委托经营方式（Ⅰ3）。这种集体经济无论从家族共同体来看，还是从家族成员来看，并非以利益为目标，而是以信仰、精神利益为目标。所以，家产制集体经济是一种以精神为目标的共同体，其存在源于产权共有和共有产权收益资助的活动。可以说，家产制集体经济因为有共同产权、共同利益的条件，形成没有问题，至于是否有效实现则取决于家产制集体经济为成员提供的比较利益。因为家产制集体经济不以利益为目标，而是以家庭以及整个家族共同体的存在为目标。所以家产制集体经济就只能形成，勉强维持而无法有效实现和持续发展。可以说传统家产制集体经济的特点是"多而不强，凝而不聚，成而不久"。在传统经济时期，家产制集体经济只是家庭制经济的一种补充，而非主流。

---

① 萧公权：《中国乡村：论 19 世纪的帝国控制》，2014 年版，第 392 页。

② 马克思的亚细亚生产方式可以解释原始社会部落时期的中国社会，但是无法完全解释中国传统的土地制度。俄罗斯的米尔的土地属于公社，在一定时间内是可以在农户之间进行调整的。中国家族、村庄的土地不能在农户之间进行再调整。

③ 马克思称之为想象中的收益，会计学中称为或有收益，胡平江博士称为潜在收益。

（二）合作社式的集体经济

1950 年的《土地法》的实施，标志土地改革的全面实施，1953 年土地改革基本完成，建立起了农民个人所有制，但是农民个人所有、农户经营无法解决公共设施问题，也无法制止农户之间有两极分化问题。因此，国家决定推进农户间的互助合作，1951 年颁布了《中共中央关于农业生产互助合作的决定》，要求大力推行互助合作，发展互助组。[①] 1953 年底毛泽东决定，把合作化的中心由发展互助组改为发展合作社，[②] 并通过了《关于发展农业生产合作社的决议》。决议加速了合作化的进程，1954 年春合作社从 1 万个左右发展到 7 万个，1954 年底达到了 60 万个。[③] 快速推进产生了不少问题，各地出现了新建合作社垮台散伙、社员退社以及大批出卖牲畜、杀羊、砍树的现象。中央决定出台文件进行整顿。[④] 但是由于各方面的原因，调整中断，1955 年夏季以后，中央又掀起了以建立高级社为目标的"农村社会主义高潮"运动。高级合作社推行非常快，1956 年底参加农业合作社的农户，已占农户总数的 96.3%，其中参加高级合作社的农户，占农户总数的 88%。[⑤] 高级合作社并没有带来预期的效益，1956 年的粮食反而减产，这是 1949 年以来的第一次减产。[⑥]

在短短的五六年中，中国农村的经济体制经历了家庭单干、互助组、初级合作社、高级合作社四种形式。这四种形式也是从个人经营向集体经营的一个快速发展过程。互助组只是生产环节的互助，生产资料、生产成果均由农户支配，属于劳动或者生产工具方面的合作，只能算是劳动合作

---

① 陈锡文、赵阳、陈剑波、罗丹：《中国农村制度变迁 60 年》，人民出版社 2009 年版，第 12 页。

② 杜润生：《杜润生自述：中国农村体制变革重大决策纪实》，人民出版社 2005 年版，第 45 页。

③ 杜润生：《杜润生自述：中国农村体制变革重大决策纪实》，人民出版社 2005 年版，第 45 页。

④ 杜润生：《杜润生自述：中国农村体制变革重大决策纪实》，人民出版社 2005 年版，第 46 页。

⑤ 陈锡文、赵阳、陈剑波、罗丹：《中国农村制度变迁 60 年》，人民出版社 2009 年版，第 13 页。

⑥ 杜润生：《杜润生自述：中国农村体制变革重大决策纪实》，人民出版社 2005 年版，第 77 页。

组或者生产资料合作社，还算不上比较典型的集体经济。

初级合作则是一种典型的集体经济（Ⅳ1），农民拥有土地所有权，合作社控制、占有、经营土地，农民共同劳动，即农民拥有土地所有权，合作社控制土地占有权和经营权，农民按照劳动、入社土地分配成果。初级合作社控制的产权具有公共性。从制度设计层面讲，初级合作社具有共同利益和比较利益。由于在执行过程中存在强迫、命令情况，初级合作社运行得不太好。如 1954 年浙江省耕牛减少了 5.7 万多头，猪、羊减少 1/3 至 1/2，卖家具、吃种子粮、逃荒、要饭、老弱饿死等现象时有发生。[1] 另外，1953 年实施统购统销，当年比上年增购 30%，1954 年又增购超过了 12%，买"过头粮"现象普遍。[2] 合作社不仅没有比较利益，连共同利益都受损，有些地方甚至连农民的"口粮"都不能保障，利益因素从吸引因素变成了排斥因素，与集体经济有效实现的条件背道而驰。

高级合作社则将土地等生产资料变成集体所有，统一经营、共同劳动、统一分配。集体是土地的所有者、占有者、经营者，也不再提按股分红，农民与土地之间的联系从此不再存在。这是一种典型的、理想型的，与空想社会主义者的构想大体一致的集体经济形式。从集体经济解释模型来看，产权共有、共占、共营为集体经济打下了基础，但是必须看到这个基础是强制形成的；理想主义的高级合作社并没有给农民带来共同利益和比较利益。可见，高级合作社只有"强制创造"的集体经济形成的条件，并没有共同利益和比较利益。高级合作社式的集体经济只能在"强制力"下存在，一旦强制力不存在就会解体。因此，强制形成的高级合作社只是一种生产资料的简单联合，而不是以产权、利益为内在纽带的共同体，不是集体经济有效实现形式。

（三）统制型的农村人民公社

初级合作社是以自然村或者生产小队为单位的集体经济，高级合作社是以行政村或者生产大队为单位的集体经济。但是决策者认为这种集体经

---

[1]　杜润生：《杜润生自述：中国农村体制变革重大决策纪实》，人民出版社 2005 年版，第 49 页。

[2]　杜润生：《杜润生自述：中国农村体制变革重大决策纪实》，人民出版社 2005 年版，第 41 页。

济规模太小、公有的程度不太高，希望能够在农村建立规模更大、公有化程度更高的集体经济。1958 年中共中央颁布了《关于在农村建立人民公社问题的决议》，要求一乡一社，2000 户左右为宜，进一步发展可以县为单位组成联社。1958 年 9 月底，全国已建立了 23384 个人民公社，加入公社的农户占总农户的 90.4%，每社平均 4797 户。农村人民公社的特点可以概括为：一大二公、政社合一。所谓"大"是规模大，以乡甚至数乡为单位；所谓"公"就是生产资料归公社所有，公有化程度高。所谓"政社合一"就是以乡为单位的农村集体经济组织与以乡政府为单位的管理组织合二为一，即政权组织、经济组织、社会组织统一起来。[①] 简单点说，农村人民公社是生产资料的所有者，统一经营、统一分配。甚至在"大跃进"期间，实施过"大食堂"，即共同生活，不过很快集体食堂就解散（Ⅰ1）。

以公社为单位的集体经济组织、社会管理组织，单位太大，实施困难，而且存在生产资料平调现象，平均主义严重。1960 年 11 月国家对农村人民公社制度进行调整，提出"三级所有，队为基础，是现阶段人民公社的根本制度"。"队为基础"是指生产大队，即大队为生产资料的所有者、占有者和经营者，以大队进行成果分配，大队是生产经营核算单位。这种调整在一定程度上缓解了规模问题、平均主义问题。为此，1962 年中共中央又发出了关于改变人民公社基本核算单位问题的指示，把基本核算单位从大队下放到生产小队。[②] 生产小队成为生产资料的所有者、占有者、经营者，也是成果的分配者，使生产资料占有单位和生产、分配单位相对一致，从而使生产、分配统一起来了（Ⅰ2）。

从集体经济解释模型来看，集体产权的公有化程度更高了，土地、牲畜和农具全部为集体所有。当然，这种产权的公有是强制的。在农村人民公社期间，农民也没有获得实质性的收益。1957 年到 1978 年农民人均分配收入只增加了 33.3 元，年均增加 1.59 元。农民人均粮、油消费水平，

---

① 陈锡文、赵阳、陈剑波、罗丹：《中国农村制度变迁 60 年》，人民出版社 2009 年版，第 13—14 页。

② 陈锡文、赵阳、陈剑波、罗丹：《中国农村制度变迁 60 年》，人民出版社 2009 年版，第 17—19 页。

折成贸易粮和食用植物油之后，实际是下降。① 也就是说，农村人民公社是一种强制性的集体经济，强制形成后并没有带来共同利益，更没有比较利益。强制性的集体公有、占有、经营生产资料，以共同劳动、共同分配为特点的集体经济，因为共同利益和比较利益不存在而无法有效实现。这就说明了以强制为手段创造的集体经济可以形成集体经济，但是不可能持久，加上共同利益、比较利益无法保障，根本无法有效实现。② 正如马克思所说的，这种集体"表现为一种联合而不是联合体"。③

（四）统分结合的集体经济

虽然农村人民公社的体制进行调整，最后变成了"三级所有，队为基础"，治理单元与文化单元、产权单元逐渐趋同，但是这种集体经济始终存在三个无法克服的问题：一是强制的组合，恩格斯曾经精辟地分析，不能强制搞国家社会主义，否则"人们多半只是自觉地或者完全机械地行动，而不知道他们做的是什么"。④ 二是平均主义问题，即"大锅饭"的问题，导致集体成员的积极性不足。⑤ 三是"搭便车"问题。另外，再加上国家通过集体经济组织来强制征购粮食，农民不仅无法获得比较利益，而且连共同利益也无法保障。因此，农村人民公社的改革势在必行。

1978 年安徽、四川、贵州等地借灾荒开始实施"借地渡荒"、"包产到户"。这一政策得到了中央政府的认可。1978 年召开十一届三中全会，制定了《中共中央关于加快农业发展若干问题的决定（草案）》。文件规定，尊重生产队的自主权；恢复按劳分配，实行定额制或大包干，允许"包工到组"，但不许"包产到户"、不许"分田单干"。1979 年 9 月中央召开十一届四中全会，通过了十一届三中全会提出的《中共中央关于加

---

① 陈锡文、赵阳、陈剑波、罗丹：《中国农村制度变迁 60 年》，人民出版社 2009 年版，第 19 页。

② 这里有一个问题无法证实，也无法证伪，如果强制形成的集体经济，能够带来大量的共同利益、比较利益是否可以保障集体经济的有效实现呢？

③ 马克思：《马克思恩格斯全集》第 30 卷，人民出版社 1995 年版，第 474 页。

④ 恩格斯：《马克思恩格斯全集》第 22 卷，人民出版社，第 507—508 页。

⑤ 陈锡文、赵阳、陈剑波、罗丹：《中国农村制度变迁 60 年》，人民出版社 2009 年版，第 20 页。

快农业发展若干问题的决定》，提出"不要包产到户"，但是少数地方的村庄可以"包产到户"。1980 年 9 月中央召开各省区第一书记座谈会，形成了《关于进一步加强和完善农业生产责任制的几个问题》的会议纪要，这个纪要简称"75 号文件"，文件规定"应当支持群众的要求，可以包产到户，也可以包干到户"。1982 年中央颁布了《全国农村工作会议纪要》，这也是有关三农问题的第一个中央"一号文件"，明确了包产到户是一种社会主义经济，承认了其合法性。1983 年 10 月中共中央国务院发出的《关于实行政社分开建立乡政府的通知》，废除了政社合一的体制。从此建立起了土地集体所有、农户分户承包、家庭自主经营、农民自负盈亏的经营体制，也称为农村集体土地"以家庭承包经营为基础、统分结合的双层经营体制"（Ⅱ1）。

土地所有权是集体的，农户拥有承包权、经营权，收益分配采取"交足国家、留足集体、剩下是自己的"分配原则。同时集体因为土地所有关系和共同体的管理关系，还为农民提供一定的公共服务，如水利服务、信息服务等，而且部分村庄还有集体经营的经济。产权的公有为集体经济的形成提供了条件，集体统一经营及水利服务等提供了共同利益，集体经济可以形成，但是能否实现取决于集体能够给成员提供的比较利益。大部分的村庄将土地承包给农户，集体收益所剩无几，无力给农民提供比较利益。因此，不能提供比较利益的家庭承包经营，集体统一经营只能是一种"形式的集体经济，实质的家庭经营"。另外，承包土地可以定期调整，或者"微调"的村庄，集体经济则体现为一种类似原始公社的共同体形式，即集体拥有所有权，农民拥有占有权，占有权可以定期调整。集体经济或者集体共同体是一种松散性经济组织，其共同性体现在产权的共有和少许的公开服务。

（五）产权多元下的现代集体经济

虽然产权集体公有，但是共同利益少、比较利益更少，因此这种集体经济实质上是形式上的，无法实现合作办大事，共同抵御风险的作用，也缺少一种再分配功能。因此，需要重新"找回集体"。"找回集体"则需要进一步完善农村土地产权制度。国家从稳定家庭承包制度的角度对土地产权制度进行创新，为找回集体经济提供了经济基础。

1986 年通过、1987 年实施的《民法通则》，从法律上明确了农户的承包经营权，即农户的承包经营权是受法律保护的。在此承包权与经营权是一体的。1986 年全国人大通过，1988 年再次修订的《土地管理法》，也从法律上对农民承包责任制作出了法律方法的规定和解释。从法律上确认了承包责任制的合法性及土地承包经营权的个人性。1993 年全国人大通过了《农业法》则有重大的突破，明确了承包农户对土地产出品具有处分权和收益权，对承包土地具有一定的处置权利，承包者对原有承包地有优先承包权。从法律上明确了承包权可以分为承包权和经营权，而且经营权可以流转，但是有偿的问题没有明确。2002 年九届全国人大通过了《农村土地承包法》，承包农户对土地具有经营决策权、产品的处分权、使用权的处置权和继承权，这些权利都受到法律保护，明确规定承包土地可以有偿流转，明确规定承包土地可以折价入股。第一次细分了土地的子产权，而且规定经营权可以有偿流转，还可以以土地入股，发展股份制经济。

农村土地产权制度的改革对于集体经济发展有重大的意义：一是创造了可流转的产权，即土地产权分为所有权、承包权、经营权，不仅承包权可以流转，经营权也可以流转；二是流转按照市场原则进行；三是土地可以折价入股。所以，产权制度的改革为改变形式化的集体经济提供了条件。一是承包权与经营权的分离，能够在保证承包农户权益的前提下以经营权从事集体经济；二是按照市场原则组织集体经济，确保各主体的参与自愿，权利平等；三是可以折价入股，体现了最高的合作——生产要素的合作，保证劳动力与生产资料的分离。这些都带有西方股份制的特点，创造了在公有产权制度下的若干个人权利，相对于传统的集体所有、集体经营、集体分配则更具有合作、股份制的特点，因此按照这些原则组织起来的集体经济可以称之为现代集体经济。

在 20 世纪 90 年代，珠三角的南海、顺德等地就在土地集体所有、农户承包经营的前提下探讨发展集体经济：集体就将承包土地收回，按照人均分配股份，集体统一经营土地，按照股份分配红利，即集体所有、集体占有、集体经营，但是农民拥有集体的股份，共同分配。21 世纪初期，南海、顺德又将农民拥有的集体股份进行固化，而且随着村改居的发展，村庄逐渐社区化，① 政府推动了政经分离，社区居委负责对整个社区居民，包括原有村民和迁入的居民进行管理；原有集体经济剥离，以单独的股份社所有、营运和进行分配——按股分红。珠三角的股份社是一种新型的集体经济：一是集体成员是平等的产权主体；二是股份社拥有共同的产权，股民拥有相应的股权；三是股民根据股份获取红利。从建构的集体经济解释模式来看，集体的土地、资产为股份社全体股民共有，股份社统一占有、统一经营，股份社所有的财产、经营都是公共利益，而且每年年底按照股份分红，具有比较利益。集体经济有效实现的程度则取决于比较利益——分红的数量。从南海、顺德来看，分红的数量决定股份社的认同程度、发展程度，即决定集体经济有效实现程度，可以说，股份社属于集体经济有效实现的一种形式（Ⅲ2）。

无独有偶，最近山东省东平县也在推进土地股份合作社经营，主要有三种形式：一是农民之间的自愿组合，农民将土地入股成立股份合作社，合作社统一经营、统一分配，这种合作社是一种在集体经济组织内部的一种自愿性的合作组织；二是农户和村集体各拿出部分土地入股，成立股份合作社，由合作社统一经营、分配，农户和集体的土地按照股份分红；三是以村集体为单位，农民保留承包权，将经营权交给村集体，村集体再按照股份合作的营运方式进行股份制经营，村庄大部分农民加入股份合作社。三种形式有共同的特点，以经营权入股，合作社统一经营、统一分配，农民能够获得保底的收入——相当于土地出租价格，而且还有分红，目前分红还较低。这些股份社均有一位经济能人，而且经营的是高附加的经济作物，发展形势都比较好。从集体经济有效实现的解释模式来看，产权集体占有，成员之间有一定的产权相关性；经营权平等入股，体现了市场的原则；经营权为集体经营、按照股份分红，股份社成员有共同利益，还有一定的比较利益。因此，集体经济能够形成且在一定程度上有效实现。

---

　　① 村改居后，村庄变成了社区，除了管理原有的村民外，还有户口迁入本社区的居民。这就迫使村庄进行政经分离，即社区居委会变成一个社区管理机构，集体经济变成股份社，由原有居民所有、共同经营、按股分红。

三　探索集体经济有效实现的产权与利益组合

（一）基本结论

1. 集体经济的形成和有效实现是有条件的

集体经济是一种要素组合经济，它的形成需要一定条件。只有条件具备后才可能实现，条件不具备强制推行一定会失败，或者导致形式化，或者是联而不合。马克思、恩格斯曾经指出，东方落后的国家进行社会主义建设，不能超历史阶段实施"国家社会主义"，否则会得不偿失。[①] 20 世纪五六十年代强制推行集体经济就是忽视集体经济形成的条件，导致成效不好而解体。改革开放初期，统分结合的集体经济的形式化也是因为条件不具备。因此，集体经济的形成和有效实现是有条件的。

2. "中国式产权制度"为集体经济提供整合前提

从珠三角、山东东平的股份社和土地股份合作社来看，产权发展是集体经济形成的前提条件。中国农村产权是集体所有，而且在有些地方还在维持习惯性"微调"，这种集体所有类似于原始公社的产权性质或者如马克思所言"亚细亚生产方式"的特点，具有中国独特性。仅有产权集体所有，只能够形成传统的集体经济。产权改革和发展使土地在集体所有的基础上，农民拥有承包权，而且承包权又分离出了经营权。集体所有权使成员之间有了产权关联，为集体经济形成、整合农户的经营权提供了潜在的可能性。承包权是一种资格权，使农民拥有了土地的占有权，这种占有权具有财产性质，它具有收益的功能。经营权的可转让性，使所有权潜在关联、承包权的收益性转化为集体化的现实可能性。农村土地集体所有、承包权及衍生出的经营权都是中国农村所特有的权利。这种"中国式产权制度"使中国比其他国家更容易形成集体经济。

3. 利益为集体经济提供形成的经济基础

从中国集体经济的演变历史和现实发展来看，"中国式产权制度"只是给集体经济形成提供了整合的可能性，但是要真正形成还需要走两步：第一步，要有共同利益，即集体经济的形成要么有共同的利益需要，要么

---

① 孙承叔：《打开东方社会秘密的钥匙》，东方出版中心 2000 年版，第 201 页。

它形成后能够产生新的共同利益。第二步，在共同利益的基础上，还需要有比较利益，即集体成员除了能够获得共同利益外，还要有新增加的利益，而且比较利益的高低决定集体经济的有效实现程度。归纳起来就是，"中国式产权制度"为集体经济形成提供了整合的可能性，共同利益为集体经济提供了经济基础，比较利益为集体经济提供了经济或者现实动力。

4. 产权和利益组合决定集体经济有效实现的形式和区间

从前面的分析可以看出，产权私有可以形成集体经济，产权公有及其产权的发展也可以形成集体经济。产权结构与利益组合可以形成不同的集体经济形式，可以是传统的集体经济，也可以是股份制集体经济，还可以是一种要素的简单合作，最有效实现形式是具有退出权、治理权的股份制形式。可见，产权结构与利益分配方式的不同组合决定集体经济具体形式。同时，产权与利益的组合还能够确定集体经济有效实现的区间。当集体的增量收益超过个体经营的年平均收益（市场条件下的土地租金收入）时，集体经济有了实现的可能；当比较利益是集体可持续发展的最大分配额时，这是集体经济有效实现所能分配给成员的最高收入。具体说，集体经济能够有效实现的成员收入是大于租金，小于租金与最大分红之和。这个区间就是集体经济能够有效实现的区间。

5. 集体经济形式多种多样，私有、共有均可以形成集体经济，后者比前者更易形成

首先，集体经济形式多样。产权结构和利益分配结构决定集体经济的有效实现的区间，在这个区间有很多不同组合形式的集体经济。所以，集体经济的有效形式多种多样，不仅仅只有苏联、中国高级合作社和农村人民公社这种比较理想、比较极端的集体形式。这种集体经济形式的解体、失败并不表明其他类型的集体经济无法实现。其次，产权私有和公有均可以形成集体经济。前者可以形成西方以私有制为基础的股份制经济；后者可以形成以公有产权为基础的股份制或者合作经济，可以说所有制并不是集体经济形成的必要条件。最后，公有产权更易形成集体经济。虽然私有、共有产权均可以形成集体经济，但是公有产权天然所具有产权相关性、利益关联性，使其比产权私有更易形成集体经济。

（二）以产权和利益推进现代集体经济的发展

集体经济因为其规模效应、合作功能和再分配功能，可以解决分散的小规模农户面临的诸多问题，而且"中国式产权制度"使其有生长、发育的可能性，因此可以产权和利益推动现代集体经济的发展。

1. 充分认识当前集体经济价值与功能

原始公社时期的集体经济是为了解决生存问题；传统社会时期的集体经济是为了解决共同的困难问题，如灾害、水利建设等；当前中国的集体经济并不是为了解决生存问题，也不是为了解决灾难问题，而是为了解决小规模农户分散经营的低效、低收入问题和农户生产经营的高成本、高代价问题，通过合作实现自身经营无法达到的目标。因此，在集体经济中，利益因素可能更为突出，利益需求可能是集体经济形成的最重要的需求。各地可以利用这种利益因素，因势利导推动集体经济的形成和发展。

2. 在尊重农户承包权的基础上推进集体经济

传统集体经济的失败就是忽视了农民的土地权利，使农民失去对集体经济组织的参与、监督功能。当前发展现代集体经济一定要吸取以前的教训，充分尊重农民的承包权，一是承认农民承包权的财产性质，具有收益功能；二是承认农民承包权的财产性就必须尊重农民的选择，不能行政命令，也不能强迫，要在自愿的基础上推动集体经济的有序发展；三是尊重农民的承包权要承认集体成员之间的平等性，集体经济是一种平等主体的自愿合作，不是一种等级经济；四是按照市场经济的原则组织集体经济，按照市场机制分配集体成果。概括起来就是：自由选择、平等参与、公平分配、市场调节。

3. 寻找、建构集体经济成员的共同利益

传统集体经济之所以失败就是忽视了集体成员之间的共同利益。因此，推进现代集体经济必须让农民看到共同利益，以共同利益来吸引农民参与。为此，一是激活共同的利益需求。在产权公有和共同治理单位下，肯定有共同的利益需求，只是没有发现和激活，需要将这种潜在的共同利益激活。二是建构共同利益。集体经济形成后要能够给农民带来一种共同利益，这种共同利益要么是集体经济的发展，要么是集体经济提供成员的服务，要么是集体经济给成员带来的一种安全、秩序等。通过激活、建构集体成员之间的共同利益推进现代集体经济的形成。

　　4. 要有合理的比较利益保障集体经济实现

　　传统集体经济失败最重要的原因是太注重了农民的自觉性和直接热情，忽视了农民的利益需求。列宁在反思集体经济中指出，"不能直接凭热情"，要"靠个人利益，靠同个人利益的结合，靠经济核算"。[①] 发展现代集体经济更是如此，因为中国农民的需求是一种利益需要，一种发展需求。发展集体经济就是为了解决这种利益需求、增收需求，所以在共同利益的基础上还必须有一定的比较利益。只有一定的比较利益，集体经济才能够持久，才能够发展壮大并有效实现。当然比较利益要"合理"，其分配既要保证吸引农民参与，也要保证集体经济的可持续发展。

---

① 《列宁全集》第42卷，第176页。

集体经济有效实现的内部条件及保障[*]

董江爱

集体经济是社会主义公有制经济的一种重要形式，是无产阶级政党改造小农、实现农民自由与发展的一种所有制经济形式，从马克思、恩格斯到列宁，再到毛泽东、邓小平，实现集体经济的这一目标一直没有改变。尽管不同时代、不同范围、不同层面的集体经济实现方式不同，但集体经济的核心都建立在尊重农民个体利益和自由选择的基础之上，集体经济的有效实现都需要一定的外部环境和内部条件。我国人民公社时期的集体经济，是国家为了工业化发展最大限度地吸取农民资源，强制性把农民纳入集体。这种集体经济不仅没有尊重农民的利益选择和首创精神，而且建立在损害和剥夺农民利益的基础之上，这种外部环境直接导致集体经济难以有效实现。改革开放后，国家在外部环境上通过社会主义市场经济的建立和完善，逐步让农民在自由、平等基础上自愿参与集体组织，让市场在集体经济的发展中发挥决定性作用，进而使集体经济的经营方式发生诱致性改变，这一外部环境的变化进而促动内部条件的变化，即通过集体凝结农民力量，农民从中能够看到自身的利益所在，也能分享集体经济发展的成果，并以此形成集体经济发展的向心力、凝聚力和团结力。但由于改革开放后的集体经济发展过分注重农民个体利益，轻视甚至忽视集体作用，市场作用和集体内部力量都难以有效发挥，导致集体资产流失、集体经济空壳和农民利益受损的结果，集体经济仍然难以有效实现。我们今天探讨集体经济的有效实现形式，也就是探讨如何在注重市场外部环境的基础上，充分激发集体经济发展的内部条件。

---

* 作者：董江爱，山西大学政治与公共管理学院教授。

一　集体经济的有效性分析

（一）何为集体和集体经济

集体是多人组织的群体，但不是所有的有组织的群体都可以成为集体，具有共同经济基础、共同利益诉求、共同发展目标、共同组织章程的有团结力、凝聚力的群体才是集体。本文所谓的集体，是在社会主义公有制条件下农民生产生活和发展的基本组织形式。而且，由于"每一个社会的经济关系首先是作为利益表现出来的"，[①]集体必须是一个实实在在的实体，只有当集体利益能够代表每个人的利益时，这个集体才是真实的集体，也就是私有制被消灭以后的社会主义集体。这种真实的集体应该是充分尊重个人利益而不是剥夺或损害个人利益的集体，是把集体利益与个人利益结合在一起的集体。我国人民公社时期的集体建立在过度剥夺农民个体利益的基础上，因而是难以形成集体团结力和凝聚力的集体。

经济是集体存在的物质基础，集体只有依靠雄厚的经济实力才能有效运转，没有强有力的集体经济实力，集体就无法运转，也就不会为集体成员提供自由和发展的条件。所以，集体经济是社会主义集体存在的前提和基础。集体经济是社会主义集体所有制的经济形式，社会主义集体所有制是土地等生产资料"归集体占有、支配和使用，集体生产经营的成果和各种经济利益也归集体所有"的"与较低生产力水平相适应的一种公有制形式"。[②]其核心在于保障农民对土地等生产资料的所有权。

集体经济组织最初是一种劳动者自愿平等、互利互惠、共同劳动、共同分享劳动成果的合作社组织，我国1954年《宪法》规定"合作社经济是劳动群众集体所有制的社会主义经济"，合作社的性质就是"为群众服务，这就是处处要想到群众，为群众打算，把群众的利益放在第一位"。[③]随着生产力发展和社会进步，集体经济组织形式也不断向更高阶段推进。我国的合作社集体经济就经历了由个体农民自愿组织起来的半社会主义性

①　《马克思恩格斯选集》第2卷，人民出版社1995年版，第209页。
②　张卓元：《政治经济学大辞典》，经济科学出版社1998年版，第54—56页。
③　毛泽东：《毛泽东著作专题摘编》（下），中央文献出版社2003年版，第1883页。

质的初级社到多数农户参与的生产资料公有化的高级社，再到所有农户强制加入的土地等生产资料集体占有、集体经营、按劳分配的人民公社，再到改革开放后的土地等生产资料集体所有、农户分散经营的统分结合的双层经营体制。

人民公社时期的集体经济以国家利益为核心，以计划经济和行政管理为基础，实行过分集中管理的集体统一经营体制，农户没有经营土地的自主权和自由权，产品按照近乎平均主义的劳动过程而不是劳动成果进行分配。这一时期的集体经济主要是集体化农业，"通常指除了少量自留地外，土地集体所有集体经营，集体成员通常是一个村子的全部或部分成员，集体成员对产出实行按劳分配。"[①]

改革开放后的集体经济是以村民利益为核心，以市场经济和村民自治为基础，实行集体统一经营和农户分散经营相结合的双层经营体制，既要发挥集体统一的作用，同时又要激发农民个体的生产积极性。邓小平曾指出："我们总的方向是发展集体经济"[②]，中国社会主义农业发展经历两个飞跃，第一个飞跃是废除人民公社体制，实行家庭联产承包责任制；第二个飞跃是适应科学种田和生产社会化需要的村民自治体制下适度规模经营的集体经济。

（二）集体经济是社会主义制度的根本方向

马克思主义认为，集体是个人自由全面发展的平台和载体，小农"只有在集体中，个人才能获得全面发展其才能的手段，也就是说，只有在集体中才能有个人的自由。"[③] 社会主义集体所有制战胜私有制是"符合我们时代历史发展的方向"[④]，无产阶级解放小农的首要任务是"把他们的私人生产和私人占有变为合作社的生产和占有。……使农民明白地看到，我们要挽救和保全他们的房屋和土地，只有把它们变成合作社的占有和合作社的生产才能做到"。[⑤] 由此，无产阶级"将以政府

---

① 胡代光、高鸿业：《西方经济学大辞典》，经济科学出版社 2000 年版，第 1038 页。
② 《邓小平文选》第 2 卷，人民出版社 1994 年版，第 315 页。
③ 《马克思恩格斯选集》第 1 卷，人民出版社 1995 年版，第 119 页。
④ 马克思：《马克思恩格斯全集》第 19 卷，第 435—439 页。
⑤ 恩格斯：《马克思恩格斯选集》第 4 卷，第 310—311 页。

的身份采取措施，直接改善农民的状况，……这些措施，一开始就应当促进土地私有制向集体所有制的过渡，让农民自己通过经济的道路来实现这种过渡"。①

集体经济是我国社会主义集体所有制经济形式，"要巩固集体经济，也就是要巩固社会主义制度，这是根本方向。"② 改革开放后，我国农村实行家庭联产承包责任制，有些国外学者把这一土地制度的改革看成了国有财产私有化的过程，认为是我国经济制度的重大倒退，如 Daniel Kelliher 认为家庭联产承包责任制是中国"历史上最大范围的一次私有化行动"③，William Hinton 认为土地家庭联产承包责任制是一种"大倒退"④。其实，家庭联产承包责任制并不是对集体所有制的否定，而是通过土地经营方式的改变，把人民公社时期集体所有、统一经营的单一经营体制变为集体所有、农户个体经营的双层经营体制，目的在于同时发挥集体力量和农民个体的生产积极性，最终还是要发展集体经济。正如邓小平所说："在一定的条件下，走集体化集约化的道路是必要的。""农村经济最终还是要实现集体化和集约化。""要提高机械化程度，利用科学技术发展成果，一家一户是做不到的。特别是高科技成果的应用，有的要超过村的界线，甚至超过区的界线。仅靠双手劳动，仅是一家一户的耕作，不向集体化集约化经济发展，农业现代化的实现是不可能的。就是过一百年二百年，最终还是要走这条路。"⑤

（三）各种否定集体经济的观点站不住脚

首先，按照西方的"公地悲剧"理论，凡是由多人共同拥有的公共资源如草地、林地、池塘等都会由于过度使用而造成资源枯竭的结果。一些人由此断定公有制经济是一种无效的经济形式，农村集体经济作为社会

①　马克思：《马克思恩格斯选集》第 2 卷，第 635 页。

②　《邓小平文选》，人民出版社 1994 年版，第 324 页。

③　Daniel Kelliher, Peasant Power in China: The Era of Rural Reform 1979—1989. Hew Haven and London: Yale University Press, 1992, P. 5. William Hinton, The Great Reversal: The Privatization of China , 1978—1989. New York: Monthly Review Press, 1990.

④　William Hinton, The Great Reversal: The Privatization of China , 1978—1989. New York: Monthly Review Press, 1990.

⑤　《邓小平年谱》，中央文献出版社 2004 年版，第 1349—1350 页。

主义公有制经济形式，也自然被认为是一种无效的经济。其实这个观点站不住脚，因为多数人拥有的公共资源并不必然造成过度使用的悲剧，造成公共资源过度使用的原因是公共资源的产权不明晰，人人负责却人人无责，每个个体都追求自己使用公共资源的权利，追求使用利益最大化，而忽视自己保护公共资源的责任，最终必然造成公共资源因过度使用而枯竭。

其次，人民公社时期，我国农村实行一大二公的人民公社体制，土地等生产资料由集体统一占有、统一经营，目标是尽快实现共产主义，结果却由于集体经济衰败而造成了共同贫穷，一些人由此断定集体经济是一种无效率的经济形式。其实，这个观点也站不住脚，因为人民公社时期的集体经济，农村集体拥有土地所有权，但农民作为集体成员却没有占有、使用和经营土地的自由权和自主权，劳动成果也不是由集体成员共同分享，农民干多干少一个样，干好干坏一个样，尤其是农民被强制加入公社且没有退社的自由，过度关注集体利益而忽视个人利益，甚至损害个人利益，导致农民失去从事农业生产的积极性，农村经济发展失去了活力。

最后，改革开放后，我国农村实行土地家庭联产承包责任制和集体所有制的双层经营体制，许多村庄的集体经济都由于村治精英把集体资源据为己有，导致集体资产流失、集体经济空壳和农民利益受损的结果，造成了严重的贫富分化和干群矛盾，一些人由此断定集体经济是一种无效经济形式。其实，这个观点也站不住脚，因为在改革开放后的集体经济中，多数地方认为集体经济无效率，因而注重农户分散经营而忽视集体统一管理，导致农业经营分多统少甚至有分无统，集体经济组织虚置或缺位，多数村庄集体经济空壳，公共事务和公共服务无力办理，进而导致农村经济发展失去动力，造成贫富差距拉大、社会矛盾激化的后果，越来越背离共同富裕的目标。

总之，集体经济是社会主义集体所有制的一种经济形式，集体所有制必然需要集体经济的支撑，否则就无法体现和发挥集体所有制的制度优越性，农民的主人翁地位也难以保障。而且，中国集体经济实践中也有很多成功的案例，如以集体经济推进工业化和市场化迅速发展的苏南模式，各地集体主导、国家支持、农民参与的集体经济方式，尤其是当前新型城镇化中遍及全国各地的土地合作化实践，都充分说明集体经济是中国农村发展的根本方向。由此，党的十七大报告提出"探索集体经济有效实现形式"的要求，党的十八大报告和十八届三中全会再次强调"发展壮大集体经济实力"。而要发展和壮大农村集体经济，就需要探索农村集体经济的有效实现形式。

二　集体经济有效实现的内在条件

集体经济是与中国农村的社会主义集体所有制相匹配的一种积极形式，但集体经济只有以市场经济体为基础，以国家目标引导为方向，充分激发形成集体向心力、凝聚力和团结力的内在动力，增强农民积极自主的参与意识，才能得以有效实现。集体经济有效实现的内在条件包括：集体产权是集体经济有效实现的基础，产业带动是集体经济有效实现的手段，精英主导是集体经济有效实现的关键，制度建设是集体经济有效实现的保障，村民参与是集体经济有效实现的主力。

（一）集体产权是集体经济有效实现的基础

产权是指人们在享有财富收益时必须承担因这一收益而产生的成本，反映了人们占有或使用资源的规则以及由此建立的权、责、利关系。[①] 它是经济所有制关系的法律表现形式，包括财产的所有权以及由此产生的占有权、使用权、收益权和处置权。产权制度是国家通过一定的产权关系和产权规则实现对稀缺资源合理使用和有效配置的制度安排，通过对人们经济行为的制度规范，维持资源配置的效率与公平。[②] 集体产权是集体性社会组织对某一确定的财产享有包括占有权、使用权、收益权和处置权等权能的法律界定，[③] 是集体对其所有资产的占有、使用、收益和处置的权利、义务和责任。

我国农村集体产权的确立是对传统私有制的批判和否定，"劳动、土

---

① 斯韦托扎尔·平乔维奇：《产权经济学：一种关于比较经济体制的理论》，蒋琳琦译，经济科学出版社 2000 年版，第 28 页。

② 董江爱：《矿权与乡村治理》，《社会主义研究》，2012 年第 4 期。

③ 刘金海：《产权与政治——国家、集体与农民关系视角的村庄经验》，中国社会科学出版社 2006 年版，第 59 页。

地及其他生产资料统统是农民的，是人民公社集体所有的，因此产品也是公社所有。"① 说明我国农村集体经济体现着社会主义的公平和正义，既是农民集体观念产生的基础，也是农民认同集体的心理基础，还是集体凝聚力产生的基础。农村集体产权包括农村集体拥有的土地、山林、池塘、水域、草原等自然资源的产权，也包括农村集体拥有的公共资金、公共房产、水利及其他公共资产的产权。其中最主要的是农村集体土地所有制，《中华人民共和国土地管理法》第 8 条规定：农村和城市郊区的土地，除由法律规定属于国家所有的以外，属于农民集体所有，宅基地和自留地、自留山，属于农民集体所有。《中华人民共和国物权法》第 59 条第一款规定："农民集体所有的不动产和动产，属于本集体成员集体所有。"可见，集体产权可以在两个方面为集体经济的有效实现发挥作用，一是集体所有权对壮大集体经济实力的作用；二是集体成员权利对增加村民收入的作用。

首先，从集体所有权对壮大集体经济实力的作用来说，集体所有权是农村集体应当享有的最基本权益，也是实现农村集体经济的最主要权益。以集体土地所有权来说，农村集体土地所有权以及由此衍生的集体土地发包权及调整权、宅基地分配及调整权、集体建设用地使用权、参与土地征用谈判权、征地补偿款管理和分配权等，都是村集体应当享有的权益。集体土地发包权及调整权是指村集体有权依法向村民发包土地，并在符合法定条件的前提下调整、收回村民的承包地，分配自留地等；宅基地分配权及调整权是指村集体在符合法定条件的前提下有权对村庄发展进行统一规划布局、对宅基地集中分配或集中整理；集体建设用地使用权是指村集体有权决定集体建设用地的出让、出租等；参与土地征用谈判权是指村集体有权参与集体土地征收的协商、谈判等；征地补偿款管理和分配权是指村集体有权管理和分配征地补偿款，并有权在符合议决程序的前提下收取一定数额的耕地承包费、宅基地和自留地使用权转让费。以上权益是村集体整合土地资源、增加土地收益的条件，对集体壮大经济实力非常重要，能够为农村集体经济的有效实现奠定基础。

其次，从集体成员权利对增加村民收入的作用来说，农村集体成员权

---

① 《毛泽东文集》第 7 卷，人民出版社 1999 年版，第 440 页。

利是指村民作为集体成员在集体财产权利中所享有的各种经济权利，简称村民权利。村民权利是集体产权存在的基础，农村集体产权的有效运行必须建立在村民按照村民自治章程共享集体产权的基础上。在农村集体产权的运行中，村民权利主要包括村民对村集体经济组织管理者的选举、监督和罢免权，对村庄公共事务的知情权、参与权和监督权，对集体财产的占有、使用和分配权，从集体获得福利和补贴的权利，以及对侵害集体利益的行为提起诉讼的权利等。以集体土地为例，村民权利主要有承包经营权、宅基地使用权、申请并使用集体建设用地权、征地补偿款分配权以及集体资源分配过程中的知情权、表决权和监督权。村民权利是形成集体认同感的关键因素，也是形成集体向心力、凝聚力和团结力的重要保障，但村民权利作为一种私权最容易遭受公权力的损害，必须以法律的形式得以保障。

由此可见，集体所有权和成员权利是集体经济有效实现的两个方面，集体所有权是公共利益的外部保障，成员权利是个人利益的内部激励，二者有机结合共同奠定集体经济有效实现的基础，偏废任何一方都会造成集体难以实现。人民公社时期过度关注集体所有权的作用，忽视了农民个人利益的保护，致使集体经济发展失去活力。改革开放后又过度关注农民个体权利而轻视甚至忽视集体所有权，导致集体土地所有权被虚置，集体经济空壳现象非常严重，无力承担农村公共产品和公共服务供给，进而导致农业发展乏力和农民增收困难。同时，集体所有权的缺失降低了村民的合作能力和自我保护能力，加剧了村民的原子化程度，导致农村集体经济难以实现。发展壮大集体经济，实现共同富裕，必须在保护集体所有权和农民合法权益的基础上，积极探索集体经济有效实现形式。

（二）产业带动是集体经济有效实现的手段

关于废除人民公社体制实行家庭联产承包责任制的原因，社会各界认识较为一致，主要是解决人多地少的矛盾和激发农民生产活力。黄宗智提出的"过密化"理论，从深层次揭示了中国集体化时期劳动生产率下降的原因，认为人地关系高度紧张造成了农业长期过密化增长，大规模农场经营难以发展，通过集体化农业改造小农经济非常困难。① 温铁军认为中

---

① 黄宗智：《长江三角洲小农家庭与乡村发展》，中华书局2006年版，第15—17页。

国集体化农业解体的主要原因是小农经济条件下农民不计代价地以"劳动替代资本投入"的内在机制不再发挥作用，在人地关系紧张的状况没有改善的前提下，只能依靠传统小农"以劳动替代资本投入"的内在行为机制维持农业发展。① 这些观点都说明家庭联产承包责任制的目的在于解决人地关系紧张的矛盾，赋予农民土地承包经营权，激发农民从事农业生产的积极性和主动性。而要解决农业增长过密化问题和人地关系紧张问题，仅仅通过家庭联产承包责任制，依靠改革土地经营方式和劳动力组织方式是非常困难的。所以，要从根本上解决人多地少的矛盾，不是把农民束缚在承包地上进行传统农业生产，而是要通过规模经营发展现代农业和第二、第三产业，再通过产业带动转移农业剩余劳动力。一个村庄要作为中心村发展，或作为小城镇发展，都必须壮大集体经济，而集体经济的壮大要通过产业发展吸引更多的劳动力就业，并在此基础上进行基础设施和服务设施建设，发展房地产业。所以，产业带动是农村集体经济有效实现的手段。

首先，产业发展需要农民承包地按照市场规律有效流转起来。产业发展需要土地规模化和农业现代化，土地规模化必须建立在土地有效流转的基础上，通过土地流转实现提高土地产出率，实现土地收益最大化。山东东平县通过土地股份制合作的土地流转方式，农民可以获得土地承包权入股收益，土地规模经营也可以通过土地增值增加农民收入。该县引导农户承包地入股，强化农民的权益保障、确保农民能够分享土地增值收益和发展效益。农地股份制是农业经营体制的重大改革，也是构建现代农业的必要前提，还是推动农民转型、农村发展的重要手段。这一改革，对于探索农村改革发展，破解"三农"瓶颈，具有重要的实践意义。②

其次，发展现代农业、兴办集体企业是解决农村剩余劳动力的主要途径。根据地方实际情况，引进资金和技术发展适合当地需要的现代农业和第二、第三产业，把地方的资源优势变为经济优势和发展优势，可以直接解决农村剩余劳动力的就业问题，实现转变农民职业，使农民在获取土地

---

① 温铁军：《中国农村基本经济制度研究——"三农"问题的世纪反思》，中国经济出版社 2000 年版，第 12 页。

② 徐勇：《小改革，大创新：东平农地股份制改革的价值》，《大众日报》2013 年 8 月 14 日。

股份收益的同时，还能够得到支付劳动力的工资收入。山东东平县接山镇的后口头村通过成立"炬祥农民土地股份合作社"，实现了由农民向"产业工人"的华丽转身。集体企业通过股份制改革，还可以使村民变为股民，享受集体企业发展的收益分红。而且，产业发展和集体企业还有利于提高农民组织化程度，使农民摆脱单纯的农业生产，在市场中实现收益最大化。

再次，产业发展可以通过利益驱动激发农民的集体认同感。利益是人们参与社会活动的基础，也是促成人们社会行动的动力。正如马克思所说："人们为之奋斗的一切，都同他们的利益有关。"[1] 毛泽东也曾经指出："一切空话都是无用的，必须给人民以看得见的物质福利。"[2] 只有集体产权的基础而没有利益关系的驱动，集体凝聚力和团结力就无法形成，改革开放以来的实践充分证明了利益驱动对推动集体经济的重大意义。

最后，产业带动不仅可以实现土地增值和农民增收，还可以推进农村城镇化的进程。当以合作社或村庄为单位的产业发展到一定程度时，合作社或村庄范围的土地就无法满足产业进一步发展的需要，必须通过土地入股合作等方式进行土地流转，把周围村庄纳入集体之内，扩大集体规模。而且，在周围村庄的土地入股时，就更大范围地解决了农民的就业、居住和福利等问题。随着村庄规模的扩大和集体经济实力的壮大，不断加强和完善基础设施、服务设施建设，一个村庄就逐渐发展成为一个功能齐全、服务完善的小城镇。产业带动的城镇化模式应该是中国城镇化健康发展的路径。

（三）精英主导是集体经济有效实现的关键

诸多研究表明：农村集体经济的发展大都与"能人"有关，主要取决于"能人"的责任心和治理能力，能人治村是中国农村集体经济发展壮大的关键因素。[3] 正如毛泽东所说："政治路线确定以后，干部就

---

[1] 《马克思恩格斯全集》第 1 卷，人民出版社 1995 年版，第 187 页。

[2] 《毛泽东文集》第 2 卷，人民出版社 1993 年版，第 467 页。

[3] 董江爱：《三晋政治：公共财产治理中的村民参与》，中国社会科学出版社 2010 年版，第 227 页。

是决定的因素。"① 在农村，村治精英之所以能够成为农村集体经济有效实现的主导因素，关键是建立在农村集体土地所有制基础上的经济权力和政治权力，"权力不仅仅是实现其他重要目标的工具，权力本身就具有内在价值，是最终的善。"② 同时权力还存在恶的一面，即权力行使者实现其他目标的重要工具。集体产权的有效实施通常通过集体成员民主选举的代理人进行，并由此形成集体产权的委托——代理关系。在这一关系中，必须建立完善的激励——约束机制，保证代理人按照委托人的要求去做。否则，代理人就会背离委托人的利益目标。如果代理人追求的不是集体利益和成员利益，而是个人利益最大化，集体产权运行的目标就会偏离制度目标，出现产权利益与成员利益的背离，如一些村委会主任或党支部书记私下出卖集体土地、把集体资源占为己有的行为就属此类。所以，农村集体经济的有效实现靠的就是权力内在的价值——善，而能否去除"恶"的一面弘扬"善"的一面，关键在于村治精英的能力和素质。

其实，农村集体经济实现的过程就是集体利益和村民利益与个人利益博弈并逐渐战胜个人利益的过程，在这一过程中尽管利益驱动发挥一定的作用，但主要驱动力不在于利益，而在于村治精英的模范带头作用及其动员效果。所以，集体产权能否有效运转，能否实现集体利益和村民利益，关键在于村治精英的利益选择。面对实现集体利益的道德要求与村民个体利益追求的矛盾冲突，村治精英只有率先垂范，牺牲个人利益追求集体利益和村民利益，以高尚的道德赢得民心，才能形成集体凝聚力和团结力。尤其在市场经济的负面影响和金钱主义、享乐主义弥漫的当今社会，更需要以村治精英的高尚品德和奉献精神来维系集体凝聚力和成员团结力，他们的意志和能力是保持集体经济可持续发展的关键因素。

村治精英作为集体经济有效实现的主导者，需要具备较高的能力和素质：能够把握市场规律，根据村庄的实际情况找到本村的资源优势和经济优势，并能够把资源优势和经济优势变成发展优势；有全面协调可持续的

---

① 《毛泽东选集》第 2 卷，人民出版社 1991 年版，第 526 页。

② 雅诺什·科尔奈：《社会主义体制——共产主义政治经济学》，中央编译出版社 2008 年版，第 55 页。

治村理念，始终把村民生存环境改善、满足村民需求放在发展的第一位，不会一味追求经济利益；有浓厚的家乡情感和对家乡人民的热爱，有发展家乡的强烈愿望；有高尚品德和奉献精神，能够把集体利益和村民利益放在个人利益和家族利益之上；办事公正，善于用民主方式解决问题；注重提高村民的文化素质和综合素质，培养村民的集体意识和公益精神，注重在各个方面为村民参与提供渠道和环境。东平安村的实践充分体现了乡土能人在村庄集体经济发展过程中的引领作用，他们具有很强的乡土意识和家乡情结，为家乡集体经济发展提供了方向，并通过发挥自身经济能人所拥有的技术、经验和管理优势带动产业发展和集体经济的持续发展。

（四）制度建设是集体经济有效实现的保障

村治精英是集体经济有效实现的关键，一个好的精英能够带出一个团结的精英班子，一个团结战斗的精英班子能够形成全体村民发展集体经济的合力。所以，如何产生有发展能力和奉献精神的村治精英，如何提高村治精英的治村能力，培育村治精英的奉献精神，又是集体经济有效实现必须解决的关键问题。而要确保村治精英的治村理念和行为的可持续性，就必须通过制度建设，使集体经济发展的保障不是建立在村治精英个人道德的约束上，而是建立在制度规范的基础上。在制度的刚性约束下，村治精英必须把集体利益和村民利益置于个人利益及家庭利益之上，否则，其掌握的公共权力就会被剥夺。同时，确保村治精英的治村理念和行为的可持续性，还需要党和政府的主导意识形态的引领和宣传，肯定村治精英的道德人格和奉献精神，采取以精神感召和政治激励等方式，把村治精英拉入国家政治体系中，使得村治精英能够实现其政治理想和抱负，从而为集体经济长期发展和农村社会全面、协调、可持续发展提供精神支撑和制度保障。

制度建设之所以重要，缘于利益驱动对于人的行为选择的重要性。因为"自然人和法人均是有目的行动的基本行动者，他们都具有行动者的基本特征：控制资源和事件、置利益于资源和事件之中以及借助控制采取行动实现自身利益"。[①] 所以，制度约束是防止权力滥用的重要手段，但制度本身也有优劣之分，"制度好可以使坏人无法任意横行，制度不好可

---

① 詹姆斯·科尔曼：《社会理论的基础》，社会科学文献出版社 2008 年版，第 501 页。

以使好人无法充分做好事，甚至会走向反面。"① 所以，制度建设必须有法律依据，中国农村村民自治制度建立在"土地集体所有制"和"双层经营体制"之上，集体所有制是支撑村民自治的产权，村民自治制度又是维护集体所有制和村民利益的治权。所以，农村集体经济的有效实现必须建立在村民自治机制有效运转的基础之上。

"制度包括为社会生活提供稳定性和意义的规制性、规范性和文化—认知性要素，以及相关的活动与资源。"② 规制性是规范和制约人的行为的规则，规范性是统一人的行为的价值理念，文化—认知性是形成集体认同感的要素。规范村治精英行为要依据《村民委员会组织法》，在民主选举的基础上实行村务公开民主管理，把民主决策、民主管理、民主监督贯穿到村级治理的各个环节，以防止村干部利用村民赋予的公共权力把集体资源和公共财产据为己有，导致村集体利益和村民利益遭受损失。各村要制定切实可行的村务公开，尤其是财务公开制度、村集体资金使用制度和财务管理制度等，加强村集体资产的管理，保障村民的集体产权收益；要制定章程明细产权，完善产权结构和分配机制，解决农村集体产权模糊、收益分配混乱、利益冲突等问题。山东东平县的梯门镇西沟流村的宝泉土地股份合作社、李泉子村的富民置业股份合作社等都有严格的运作程序和管理制度，如制定了土地股份合作社章程，成立了健全的股份合作机构，制定了土地股份合作社股东大会制度、理事会制度和监事会制度，与农户签订了土地流转协议，最大限度保证了股民利益，提高了农民入股的积极性。

（五）村民参与是集体经济有效实现的主力

人的行为与利益追求密切关联，司马迁的"天下熙熙，皆为利来，天下攘攘，皆为利往，"③ 霍尔巴赫的"利益就是人行动的唯一动力"，④ 都说明利益是人的行为导向，符合人的利益要求的政策能够得到人民广泛

---

① 《邓小平文选》第 2 卷，人民出版社 1993 年版，第 333 页。

② W·理查德·斯科特：《制度与组织——思想观念与物质利益》第 3 版，中国人民大学出版社 2010 年版，第 56 页。

③ 《史记·货殖列传》。

④ 霍尔巴赫：《自然的体系》（上卷），商务印书馆 1999 年版，第 260 页。

的积极主动的支持，也只有人们积极主动地参与进去，政策目标才能实现。村民作为农村集体经济的主体，只有广泛参与集体经济活动，才能使集体经济得以有效实现。

集体经济的发展需要集体成员充分认识集体利益与个人利益的一致性，并在此基础上形成自觉的集体主人翁精神，自觉维护集体利益，积极参与集体活动，才能形成发展集体经济的合力。所以，农村集体经济发展需要农民参与，而农民只有认识到集体利益与自身利益的一致性，才能积极主动地参与，农民也只有参与集体经济发展，才能认识到集体利益与自身利益的一致性。人民公社时期的集体经济注重集体管理的外在权威，而轻视甚至忽视了农民个人的利益，最终导致集体经济因缺乏农民的积极主动参与而失去活力。当前，集体经济注重集体的内在自治，要求村民按照村民自治制度有序参与集体公共事务的决策及实施，并通过村民参与维护村民利益。

而要让农民认识到集体经济与自身利益的一致性，鼓励农民积极参与集体经济发展，就必须加强农村精神文明建设，提高农民的社会主义觉悟，只有这样才能保证集体健康有序发展。同时，农民只有参与集体经济活动，才能锻炼合作能力，增强集体意识，形成公益精神。农民也只有参与进去，制度才能落实，集体经济发展也才能朝着有利于村民的方向发展，确保村民意志的实现。

三　多要素共同作用是集体经济有效实现的保障

以上五个方面的条件在推动农村集体经济有效实现的过程中相互关联、相互支撑、缺一不可，农村集体经济的形成与发展的过程其实就是这些要素相互作用、相互博弈、相互融合的过程，哪一方面出了问题都会导致集体经济难以有效实现，这就需要我们从顶层设计、制度建设和基层实践多层面入手，确保农村集体经济的有效实现。在以上五个条件的共同作用中，集体产权是集体经济有效实现的产权基础，是形成集体凝聚力和团结力的基础。但集体产权对集体成员的凝聚力和团结力不会自然形成，而是需要由此产生的利益驱动，集体产权收益的不断增加和合理分配才是形成集体成员凝聚力和团结力的关键。而集体产权能否取得收益并不断增

加，集体产权收益能否在集体成员之间合理分配，关键取决于村治精英
（集体经济组织的法人代表）的品德和能力。如果没有村治精英的能力，
集体产权就不会产生越来越多的收益，产业发展的目标也就不会实现。村
治精英如果没有以集体利益和村民利益为重的公心和奉献精神，集体产权
收益就难以在村民之间公平分配。也正是村治精英的品德和能力，才是广
大村民形成集体认同感和集体凝聚力的主要依据。

　　但是，如果完全将集体经济的有效实现寄托村治精英的个人素质和能
力，而个人素质和能力的要求又不具有法律的强制性和行为的规范性，随
时会由于村治精英的变化而导致集体经济衰败的危险。所以，需要通过制
度建设，保障村庄公共权力始终掌握在品德高尚且能力强的村治精英手
中，同时保障村治精英的行为必须站在集体利益和村民利益的立场上。而
制度建设的主体和集体经济发展的主体都是广大村民，只有村民广泛参与
才是制度制定与实施的主体力量，也是集体经济得以有效实现的主力。

政府引导:集体经济有效实现
形式的外生动力[*]

熊彩云

西方集体经济思想集中体现在合作经济研究之中。20 世纪 90 年代以来，西方学者以新制度经济学、产权理论等为主要研究工具，着手合作经济与政府关系的研究。其中，一些自由主义学者以保证合作社的独立性、维护市场公平竞争为由，反对政府给合作社优惠待遇，认为它应该"相同于其他的企业和社会组织"；[①] 一些凯恩斯主义学者则从社会公平视角，主张政府为弱势群体组成的合作经济组织创造良好的法律和政策环境，以使其能够得以发展。印度学者 P. 杜伯哈什指出，"国家与合作社之间是伙伴关系"；[②] 日本学者青木昌彦认为，政府对于合作组织的意义在补充、培育民间部门的协调机制，而非替代民间部门。[③]

我国家庭联产承包责任制从生产规模和分户经营角度考察，仍属于小农经济。虽然学界对现代小农制的历史地位和家庭自耕农的生命力问题一直争论不休，但个体农户在工业化市场竞争中的劣势、小规模农业不能带来中国农业现代化却是显而易见的，尤其在"买难"和"卖难"问题日益突出的当下，农民需要集体经济组织已是不争的事实。随着近几年来集体经济在我国各地的迅速复兴，就政府与集体经济组织的关系进行专题研究的学者逐渐增多，对"政府应扶持合作社的发展"也基本达成一致。

---

[*] 作者：熊彩云，华中师范大学马克思主义学院副教授。

① 杜吟棠：《合作社：农业中的现代企业制度》，江西人民出版社 2002 年版，第 66 页。

② 张晓山、苑鹏：《合作理论与实践》，中国城市出版社 1991 年版，第 44 页。

③ 参见青木昌彦《政府在东亚经济发展中的作用——比较制度分析》，中国经济出版社 1998 年版。

但对于市场经济下政府应如何"扶持"合作社的问题，经验介绍的材料多，理论探讨的文献少，这正是本文研究的出发点和主体内容。

一　政府引导与集体经济的有效实现

（一）政府与经济

关于政府与经济发展的关系问题，西方经济学界总体上可以分为两大派别。一是主张政府不干预或尽可能少干预经济的自由主义学派。该派以亚当·斯密"看不见的手"和"守夜人"理论为代表，在1929年世界经济大危机之前一度居于主流思想的地位。大危机之后，虽然政府干预经济的理论占了上风，但20世纪70年代西方经济"滞胀"的现实和以哈耶克为代表的新自由主义学派的反击，使其重新成为学界争论的焦点。二是主张政府干预经济的凯恩斯主义学派。该派以政府可以弥补"市场失灵"为理论基础，较为系统地提出了政府干预经济的理论和政策，成为"二战"后至20世纪60年代西方经济发展与政府经济职能界定的指导性理论，直至当今的新凯恩斯主义代表斯蒂格里茨，仍然强调政府对经济发展具有不可替代的作用，认为解决市场失灵只能靠政府调控。但他同时认为：政府的经济行为也会存在因市场不完备、信息不完全、竞争不完全所致的"政府失灵"。而且由于政府的特殊地位与作用，"政府失灵"较之"市场失灵"对社会的危害更大。

不难看出，政府与经济关系的理论一直在不断发展和完善。如今两派基本已达成这样的共识：经济发展过程中，既不存在万能的市场，也不存在万能的政府，一个健全的经济体系必须由市场和政府共同维持。如果我们从历史发展来看，政府参与经济发展更是一个无法否认的事实。因此，现代市场经济中政府"该不该做些什么"已经不再是问题的焦点，"如何才能做好"成了学界探讨政府与经济发展关系的关键。由于我国正处于从计划经济到市场经济的过渡时期，较之成熟的市场经济国家，政府在经济发展中的作用显得至关重要。

（二）政府与集体经济

集体经济是相对个体经济而言的。与个体经济相比，集体经济的组织化程度要高，经营规模要大，参与市场竞争和抵御市场风险的能力要强，是市场经济背景下个体经济寻求更好发展走向的一种新类型。① 这种新经济形态的发展和壮大，离不开政府部门的支持和帮助。

第一，集体经济的合作意识需要政府培育。集体经济发展以成员自愿互助、平等互利为原则，农民"小富即安、个人至上"的思想观念与集体经济的合作精神、契约精神、进取精神存在差异，兼之多数农民自我组织方式生疏，发展集体经济的动力和活力不足，这就需要政府采取相关措施，打消他们的担忧和顾虑，引导他们走上自愿联合的道路。马克思早已认识到小农意识在集体经济发展过程中"天然或强大的生命力"，认为为了将小农改造成社会总体劳动者的一部分，应该"以政府的身份采取措施，一开始就应当促进土地私有制向集体所有制过渡，让农民自己通过经济的道路来实现这种过渡"。② 列宁《论合作制》中更是将农民合作意识和合作能力的培育上升到了国家文化建设之工作重心的地位，"我们面前有两个划时代的主要任务……第二个任务，就是在农民中进行文化工作"。"农民中的文化工作，如果将它当作经济目的看待，那就正是要实现合作化。"③

第二，集体经济的物质基础需要政府夯实。集体经济要实现对个体农户这种"过了时的生产方式的残余"④ 的有效改造，亦如马克思所说，"必须具备两样东西：在经济上有这种改造的需要，在物质上有这种改造的条件。"⑤ 在论及俄国如何把小地块个体耕作转化为集体耕作时，马克思指出一个重要的条件是"长久以来靠农民维持生存的俄国社会，也有义务给予农民必要的垫款，来实现这一过渡"。⑥ 列宁丰富和发展了马克思的思想，指出："只有在我们有了强大的大工业能够给小生产者好处，使他们实际看到这种大经济的优越性的时候，才能保证向集体经济的过

---

①　引自徐勇在 2014 年 9 月 7 日中国农村研究院小组学术讨论会上的交流观点。

②　《马克思恩格斯选集》第 3 卷，人民出版社 1995 年第 2 版，第 286—287 页。

③　《列宁选集》第四卷，第 68 页。

④　恩格斯：《法德农民问题》，《马克思恩格斯全集》第 22 卷，人民出版社 1965 年版，第569 页。

⑤　《马克思恩格斯全集》第 19 卷，人民出版社 1963 年版，第 438 页。

⑥　《马克思恩格斯全集》第 25 卷，人民出版社 2001 年 4 月第 2 版，第 461 页。

渡。"① 他还强调："每一个社会制度之产生，都必须要有相当阶级的财政帮助。不待说，'自由'资本主义之产生是花费过许多万万卢布的。现在我们所应当特别帮助的社会制度就是合作社制度，对于这一点，我们现在应当认识和具体实行"②，"在政策上要这样对待合作社，使它不仅一般地和经常地获得某种优待，并且使这种优待成为纯粹资财上的优待（如银行利息高低等）。要用国家资金贷予合作社，这种资金额应比我们借给私人企业的，甚至比借给重工业等的还要多一些。"③ 总之，政府有必要对集体经济组织进行扶持和帮助。目前，发达国家也都普遍采取支持集体经济发展的政策措施，不但对农民集体经济组织给予信贷、财税等方面的支持，而且还授权专门的机构指导其健康发展。

　　第三，集体经济的组织运行需要政府规范。少数能延续到今天的集体经济村庄，其成功原因之一就在管理的精细到位。由于长期深受传统小农意识的影响，又没有得到良好的教育和培养，我国多数农民对市场经济规律的基本认识不足，不仅合作、决策、风险、信息意识淡薄，而且组织、经营和民主管理的能力匮乏，集体经济组织的运行和管理要靠政府引导和规范，以保障集体经济的良性发展。

（三）政府引导是政府介入集体经济的有效形式

　　正如毛泽东所说的那样，一方面集体经济发展中政府不能越位或错位，去管一些不该管的事；另一方面政府也不能缺位，该管的事没管好。这要求政府从实际出发，扶着农民走路的同时，通过合理引导，教会农民互相搀扶着走路，并最终让他们走出自己的致富新路。这里的引导，指的是政府在充分尊重农民意愿的基础上，采用为集体经济组织提供前期资金扶持、市场信息、现代科学技术、人才队伍建设等涉农服务，发掘农业内部和农民内部的资源潜力，通过服务扶持农民，通过扶持服务农民。如图1所示，政府引导下的集体经济虽然尚未达到"自我管理、自我发展、自我教育、自我服务、自主参与"的理想目标，但较之低效的农民自发

---

①　《列宁全集》第 32 卷，第 173 页。

②　列宁：《论合作制》，外国文书籍出版局 1950 年版，第 7 页。

③　列宁：《论合作制》，外国文书籍出版局 1950 年版，第 8 页。

互助和传统行政命令下政府对集体经济的主导包办，政府引导更为尊重、维护和发扬农民的首创精神，更加注重发掘农村潜力和调动农民开展合作的积极性，是当前形势下政府服务集体经济的有效形式。

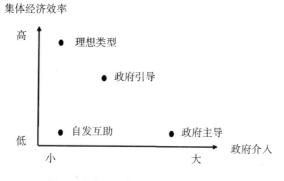

图 1　政府引导与集体经济的有效性

二　政府引导类型与集体经济有效实现程度

政府引导的形成和效果依赖于政府各部门相关职能的发挥。根据政府各职能部门在具体实践中引导集体经济发展的方式，可以将政府引导划分思想动员型引导、利益诱导型引导、机制完善型引导、包办代替型引导四种类型。

（一）思想动员型引导与集体经济的有效实现程度

农民的合作意愿与合作意识关系集体经济有效实现的主体基础。随着农村分工分业深化、农户分层分化的不断加快，部分农民的合作欲望越来越强，多数则偏安于自给自足的单户生产状态，小农思想仍然严重，对集体经济表现出一种不自觉的抵触。关于这一点，列宁指出，"为了要促使所有的人个个都来参加，并且不是消极地，而是积极地参加合作事业"，必须要让全国居民达到一定的文明程度，"以致懂得人人参加合作社的利益，并把参加合作社一举实现"。① 在马克思主义经典作家看来，要使农

---

① 列宁：《论合作制》，外国文书籍出版局 1950 年版，第 8 页。

民达到一定文明程度的最佳办法是说服教育，亦即当下的思想动员。

为了增强农民的集体经济参与意识，思想动员可从三个层面展开：一是知识宣传。主要利用电视、广播、网络及各种会议，普及合作经济的基本知识、理念及政策措施，营造全民关心集体经济发展的舆论氛围。二是利益宣传。实践中可进一步划分为短期利益和长远利益宣传。在宣传发动阶段，对于习惯了接受"吹糠见米"事物的农民而言，开展长远利益宣传的难度较大，这一点也可从列宁的表述中看出："如果我们只是向农民一般地解释农业公社制度的好处，不在实际上证明协作社和劳动组合会给他们带来的实际好处，那农民是不会相信我们的宣传的。"[①] 但长期利益宣传一旦生效，作用将稳定而长久。短期利益宣传则相反，农民乐于接受，但囿于政府财政能力，力度会较为有限，与农民的期望有差距，且这种宣传也会让农民的期望随时间推移越来越高，背离宣传的初衷。三是典型宣传。主要根据不同经营模式、产业类型选树典型，并通过新闻媒体、召开现场会、观摩会、招商推介会等形式，总结推广他们的先进经验，发挥示范带动作用。在选树典型时，必须注意典型的真实性，不能人为制造。人为制造的典型对集体经济发展不仅不会带来好的效果，反而会起到负面作用。

思想动员型引导是政府就集体经济的作用和意义等在农民中进行多形式的宣传，以期农民能自愿联合，创建集体经济组织，发展集体经济。虽然动员型引导也有积极意义，但其作用要依据农民主观能动性的大小而定，其自身介入集体经济组织和实现集体经济的程度都较低，类似于农民自发互助的形式。

（二）利益诱导型引导与集体经济的有效实现程度

关于发展集体经济必须具备相应的物质条件，马克思主义经典作家已有相当多的论证。实践中一些成功的集体经济典范也表明，集体经济组织的主体作用唯有与政府的诱导型引导有效结合，集体经济才能迅速激活与壮大。所谓利益诱导型引导，指的是政府为了激发或壮大集体经济，给集体经济组织提供的财政、金融、税收等方面的政策性支持。恩格斯晚年在

---

① 《马克思恩格斯选集》第4卷，人民出版社1995年版，第108页。

与奥古斯特的通信中谈到过国家如何扶持合作经济的问题，说"可能那时我们将有能力给这些合作社提供更多的便利；由国家银行接收它们的一切抵押债务并将利率大大减低；从社会资金中抽拨贷款来建立大规模生产（贷款不一定或者主要不是货币，而且可以是必需的产品：机器、人造肥料等）及其他各种便利"。① 尤其在集体经济组织发展的初、中期，政府和社会资金的支持可以发挥"四两拨千斤"的撬动作用。

理论上而言，利益诱导为集体经济组织的发展奠定了一定的物质基础，其介入集体经济组织的程度较之思想动员要多，集体经济实现的程度也相对较高。但具体到实践效果，又会因扶持方式、项目、额度、时机及使用状况而异，政府若"过度诱导"，势必造成集体经济组织对政府的过度依赖，一旦扶持撤销，组织就会有衰败的危险。

（三）机制完善型引导与集体经济的有效实现程度

机制完善型引导，是指政府对集体经济组织的运行、项目规划、技术引进、市场营销、品牌创建、班子建设等方面进行指导和服务，以规范集体经济组织的管理，提升集体经济的质量和水平。它主要包括协助集体经济组织建立健全以下三方面的机制。一是运行机制。指政府通过规范合作社章程和制度、注册登记、组织机构和内部管理机构、土地承包及合同管理、成员管理、集体资产和财务管理、生产经营行为、利益分配等，使集体经济组织实现"归属清晰、权责明确、市场运作、民主管理"，确保集体资产保值增值。二是激励机制。主要为了鼓励组织中各类能人多做贡献，设立一套评估和奖励制度引导他们的行为，使他们乐于带头发展集体经济。关于这一点，列宁曾经指出："应该善于找出我们给合作社事业的'奖赏'形式（以及给奖条件），找出我们能充分帮助合作社的奖励形式，找出我们能培养出文明合作社手的奖励形式等等。"② 可见，奖赏的对象、形式、条件、标准等都将影响激励效果。三是监督机制。集体经济有效实现的关键在对成员"搭便车"行为、班子权力和集体资产的有效监管。政府应采取系列引导措施，通过健全监督体系和监督机制，实现对成员和

---

① 《马克思恩格斯选集》第4卷，人民出版社1995年版，第499页。

② 列宁：《论合作制》，外国文书籍出版局1950年版，第9页。

集体"三资"的内外双重监督，促进合作经济组织的有序经营。

相比而言，利益诱导只是提供一种外部物质条件，机制完善则介入到集体经济组织的内部管理，其集体经济的实现程度更高。值得注意的是，由于政府不仅难以对集体经济组织的日常发展做出准确判断，加上自身的官僚作风，如果过多介入集体经济组织的内部管理，反而会带来集体经济的低效。同时，激励其实是有选择性的，一旦激励对象、时机、形式、标准等把握不到位，都有可能给成员带来负激励；监督力度的强弱更是直接影响到成员积极性的高低。政府在具体实施过程中，要因人、因地、因时、因事制宜，通过合理的机制引导，实现三者之间的有机结合，突破集体行动的囚徒困境，最大限度地维护成员的参与热情，有效推动集体经济的发展（见图2）。

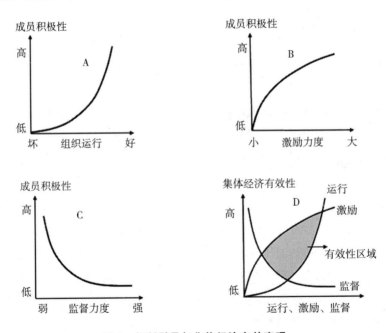

图2 机制引导与集体经济有效实现

（四）包办代替型引导与集体经济有效实现程度

包办代替型引导，是指政府采用命令、指示、规定、章程、制度等手段，介入集体经济组织的生产、交换、分配、人员任用等各个环节的决策，进行实质上的直接管理和经营。这是因为，一方面政府具有独立性，一旦进入经济领域会按照政府的规则来运行；另一方面政府也具有强制性，在引导过程中也可能加入了强制的因素。包办代替型引导正是随着政府利益诱导、机制完善等方面的不断加强，以致政府主导了集体经济组织的内部管理，使其丧失了独立性，成为政府的一个附属机构，一切听从政府的指挥。而一旦集体经济组织失去了"民办、民管"的特性，也就难以对社员产生强大的吸引力，进而造成集体经济组织和集体经济实现程度的低效。

表1　　　　　　　　政府引导类型与集体经济有效实现的程度

引导类型	引导内容	引导时机	政府介入集体经济组织程度	集体经济有效实现程度
思想动员型	合作社知识、合作典型、（长短期）利益等宣传	合作社发展初期	少	较低
利益诱导型	财政、税收、金融等政策性资金支持	合作社发展初、中期	较少	较高
机制完善型	对合作社运行、激励、监督等管理机制的引导	合作社发展中、后期	较多	高
包办代替型	以命令、指示、规定、制度等对合作社生产、交换、分配、人员任用等做出决策	合作社发展全过程	过多	低

总之，上述四种类型的政府引导不同程度影响着集体经济的有效实现（具体见表1），实践中要把握好它们各自的度，通过思想动员、利益诱导、机制完善的有机结合，实现政府与集体经济组织的良性互动，促进集体经济可持续发展。否则，政府引导很可能由最初尊重农民意愿的思想动员走向行政命令下的包办代替。

三　政府引导与集体经济有效实现形式的演变

集体经济有效实现形式，是指当前生产力水平下能够增强集体经济内在活力、促进集体经济健康协调发展的管理运作方式。我国当前农村生产力发展水平极不平衡，政府引导发展集体经济，不应该、也不可能只是一种实现形式，更不能急于求成，追求脱离现阶段生产力发展水平、超越农民的觉悟水平以及他们对集体经济管理能力的模式。

（一）农业互助组中的政府引导

农业互助组是我国农民在个体经济的基础上，为解决劳力、耕畜、农具缺乏的困难，按自愿互利原则组织起来的劳动互助组织。作为我国农村集体经济的最初形态，互助组在新中国成立前的革命根据地就已形成和发展。新中国成立初期，在党和政府的积极倡导下，农业互助组的内容已经由劳动互助、畜役和生产工具互济，发展到农业生产合作、消费合作、融资合作、手工业生产合作。与个体农户相比，互助组在生产技术上没有什么变化，但在一定程度上解决了生产过程中的劳力、畜力和农具不足问题。协作产生了新的生产力，农产品产量一般高于个体农户；并在一定程度上限制了出租土地、雇工剥削等现象的发展。但是，它没有改变农民的生产资料私有制，特别是土地私有制，依然是狭小的分散经营，因此，在提高农业生产和集体经济发展水平上有其局限性。

（二）初级合作社—人民公社时期的政府引导

在农业合作化运动中，互助组进一步发展成为初级农业生产合作社。初级农业生产合作社的主要特点是土地入股，由合作社统一经营，并按股分红。与互助组时期的自愿原则不同，初级合作社的农民土地入社具有强制性，全国人民代表大会常务委员会通过的《农业生产合作社示范章程》（1955 年 11 月 9 日）的规定："社员的土地必须交给农业生产合作社统一使用"，并认为 "农业生产合作社的收入是社员的劳动创造出来的，不是由社员的土地所有权创造出来的，因此，土地报酬必须低于农业劳动报酬……"① 可见，初级合作社中的政府引导就已经不再是单纯的、思想动员型的外部介入，而已开始涉足生产和分配决策，初步具有了包办代替的成分。但在 1956 年之前，农户作价入股的土地、耕畜、大中农机具等生产资料仍是私有，我国集体经济仍采取"个人所有，集体经营"的形式。

由于党和政府乐观估计了当时的经济形势，1956 年开始部署初级社向高级社过渡工作，将农民土地、耕畜、大型农具等生产资料收归集体所有，取消土地报酬，实行按劳分配。1958 年又将经济水平各不相同的高级合作社的财产无条件全部上缴，联合而成人民公社，由公社统一核算和调拨，农民共同劳动、共同分配，决不允许私自经营。至此，直至家庭联产承包责任制之前，我国集体经济都采取"集体所有，集体经营"的人民公社形式。

人民公社是政社合一的组织。"政社合一不是政府有效的引导，它混淆了农村基层政权组织和经济组织的性质，忽略了二者之间有着不同规律。政权的特点是带强制性的，用政权组织替代经济组织，也就异化了自愿联合的经济组织。"② 最终，人民公社因其劳动效率低下、农民生活水平下降等问题退出了历史舞台。

（三）家庭联产承包责任制中的政府引导

家庭联产承包责任制，是农村集体经济组织实行的一种以家庭为单位、向集体经济组织承包土地等生产资料和生产任务的农业生产责任制形式，其基本特点是以"集体所有，家庭经营"取代人民公社时期的"集体所有，集体经营"。这种集体经济实现形式的转变使农民成为土地剩余的占有者，调动了农民生产热情，基本解决了农民的生存和温饱问题，使集体经济获得了新生。但在"家庭经营"成为主体经营形式之后，各级政府对农村发展集体经济的引导不够，也缺乏强有力的扶持措施和优惠政策，导致现阶段许多农村集体经济发展缓慢，力量薄弱，村集体的凝聚力

---

① 中华人民共和国农业委员会办公厅：《农业集体化重要文件汇编》（1949—1957）（上册），中共中央党校出版社 1981 年版，第 479—484 页。

② 徐勇在 2014 年 7 月 18 日中国农村研究院小组学术讨论会上的交流观点。

和带动作用不足，严重削弱了村级组织职能，影响党的执政基础和农村经济社会的持续、稳定和发展。如何以家庭经营为基础，引导广大个体农民创新集体经济有效实现形式，拓宽农民致富门道，于是成为当前我国各级党委和政府的重要任务。

（四）现代集体经济中的政府引导

近几年来，山东省东平县委、县政府及政府相关职能部门在不改变土地承包经营权的前提下，结合当地实际，按照股份制和合作制的基本原则，通过强化宣传、加大投入、创新机制，积极引导孟庄、后口头村、西沟流村、南堂子、东史庄、安村等地农民以土地承包经营权和其他生产要素入股，并委托合作社统一经营管理的方式，创建土地股份合作社。土地股份合作社一般先对社员们的入股资源进行全面整合，然后以合作社"经营权租赁"①"经营权合作"②"经营权抵押"③ 等灵活多样的形式，发展现代农业。东平经验不仅破解了个体农户分散经营与现代农业规模经营的矛盾，大农机与小地块的矛盾也迎刃而解，为我国各地政府引导农民创新集体经济有效实现形式开拓了新视野，提供了新思路。

四　结论与讨论

市场经济背景下，集体经济的培育与发展理论上应以农民为主体，实施自主创新。具体到实践中，我们看到各级政府的服务与引导，往往是各类集体经济组织之所以能发展壮大的重要外部条件。由于集体经济与个体

---

① 经营权租赁：土地股份合作社将土地集中连片后，整体租赁给企业，收益按股分红。

② 经营权合作：一是土地经营权与现代生产要素合作。即引入外部资金、技术、管理入股，将土地股份合作社打造为现代农业经营主体，自主发展现代农业；二是土地经营权与新型经营主体合作，在一部分具有产业基础、村庄能人、经营经验的村庄，成立土地股份合作社后再建立专业合作社、农业企业，发挥专业优势，实现产供销一体化；三是土地经营权与政策性资金合作，孟庄村整村农户加入了联润土地股份合作社，合作社又整合了周边 11 个移民村的后期扶持资金440万元，建设蔬菜大棚，委托资金的 11 个村每年每亩可以收取 1100 元的保底租金，另有分红收入。

③ 经营权抵押：经营权集中到新型经营主体，经过东平县农村综合产权交易所鉴证，可以凭借交易鉴证书到金融机构抵押贷款。

经济不同，作为弱势农民为提高自身经济地位和社会地位而形成的自救组织，集体经济组织的成立和运行不仅为其成员提供与强者进行对话和竞争的平台，同时还承载成员的福利、保障以及基本公共服务等多种社会职能，可以"替党和政府分忧，为农民群众解难"，政府有责任和义务在其起步之初进行有效帮助、起步之后进行合理规范，为其发展创造一个良好的外部环境。

历史经验告诉我们，政府对集体经济的引导必须以农民自愿互利为原则，联系当地实际生产力水平和农民觉悟，灵活运用思想动员、利益诱导和机制完善等措施，服务集体经济组织，不搞"拉郎配"，更不能使经济行为演变为行政行为。对于这一点，马克思要求善于耐心等待，"如果他们下了决心，就使他们易于过渡到合作社，如果他们还不能下决心，那就甚至给他们一些时间，让他们在自己的小块土地上考虑考虑这个问题"。①列宁指出："我们十分清楚，要影响千百万小农经济，只能采取谨慎的逐步的办法。"② 毛泽东也表达了发展互助合作要尊重农民意愿、反对干涉过多的观点，并对何谓干涉过多进行了诠释，认为"不顾需要和可能、不切实际、主观主义的计划，或者计划倒合实际，但用命令主义的方法去做，那就是干涉过多。主观主义、命令主义，一万年也是要不得的。不仅是对于分散的小农经济要不得，就是对于合作社也是要不得的。但是，不能把需要做、可能做的事，做法又不是命令主义的，也叫做干涉过多"。③

目前，从我国合作组织的经济环境和各地实践来看，各级政府在厘清"引导"与"主导"边界、避免包办代替的同时，还要帮助它们规避发展壮大过程中的两种潜在倾向。

一是资本控制。我国集体经济组织一出生就必须置身全球化趋势不可阻挡、竞争日趋激烈的市场环境之中。在这个优胜劣汰的时代，合作社作与现代化的企业或公司相比，显然处于竞争劣势，与工商资本联合、实现资源互补往往成为农民合作社谋求自身发展的捷径。可这种互补型合作的双方，在目标追求上是不尽相同的，工商资本以利益最大化为唯一目标，

---

① 《马克思恩格斯选集》第4卷，第310页。
② 《列宁全集》第4卷，第104—106页。
③ 《毛泽东文集》第6卷，第303页。

合作社则兼具社会公平和经济效率双重目标。这种本质属性上的差异，注定了二者在合作初期尚能齐心协力。可随着合作社经营收入的持续增加，资本谋求最大利润是必然趋势，资本控制的倾向不可避免。通过梳理农民专业合作社组织功能的相关文献发现，不少学者都表达了对合作社"资本控制"以及由此带来的合作社产权锁定、功能弱化、对核心社员过度人格依赖等发展生态恶化的担忧。

二是精英控制。当前我国集体经济组织中由农民自发联合成立合作社的较少，绝大部分由村干部能人、经济能人或涉农企业（公司）领办。对于这种精英依赖型合作，张晓山、黄祖辉、孔祥智等学者基本持肯定态度，认为通过发挥"乡村精英"的引领作用，有利于打破合作社中的集体行动困境，没有他们，合作社就难以成功。毋庸置疑，在合作社建立和发展的起步阶段，乡村精英的带动作用确实能提高合作社的组织效率。但过于强调精英成员在其中的作用，可能会强化他们的权力意识，以致形成精英控制，损害其他成员对合作社的认可。况且，精英是一种稀缺资源，精英依赖也使集体经济组织存在精英断层的潜在风险。

既然我国集体经济的发展无法回避对资本和精英的依赖，那么，如何通过制度安排创新，处理好"做蛋糕"和"分蛋糕"的关系，使集体经济组织在依靠工商资本、乡村精英的同时，又不失其"人人为我，我为人人"的本性，就很值得理论界和实践界进一步探索完善。

参考文献

1. 约瑟夫·斯蒂格里茨：《政府为什么干预经济》，中国物资出版社 1998 年版。

2. 崔宝玉：《资本控制必然导致农民专业合作社功能弱化么》，《农业经济问题》，2011 年第 2 期，第 40—47 页。

3. 张晓山：《农民专业合作社的发展趋势探析》，《管理世界》，2009 年第 5 期，第 91 页。

4. 黄祖辉、邵科：《合作社的本质规定性及其漂移》，《浙江大学学报》（人文社会科学版），2009 年第 7 期，第 12—16 页。

5. 孔祥智、蒋忱忱：《成员异质性对合作社治理机制的影响分析——以四川省井研县联合水果合作社为例》，《农村经济》，2010 年第 9 期，第 8—11 页。

6. 王景新：《村域集体经济——历史变迁与现实发展》，中国社会科学出版社 2013 年版。

产权发展:集体经济有效实现形式的动力基础[*]

陈军亚

　　以土地集体所有制为基础的农村集体经济是我国公有制经济的重要组成部分。集体经济的发展壮大既体现了社会主义市场经济的效率和活力,也体现了社会主义制度的社会公平原则和共同富裕理想的基本价值。从党的十五大报告到十八大报告均提出,要支持鼓励、发展壮大集体经济。这些论述表明了集体经济在我国社会主义经济中的重要地位。从历史实践看,集体经济的发展并不尽如人意,经历了人民公社时期的如火如荼和家庭联产承包责任制时期的低迷。近年来,随着我国农村土地产权制度改革的进一步发展,山东东平等地以土地确权为基础,通过产权发展、流转和整合,重构集体经济有效实现的产权基础,丰富了集体经济的有效实现形式,壮大了集体经济的实力。

　　本文拟从产权发展和集体经济有效实现的相关性角度探讨集体经济实现的产权条件。试图回答两个问题:一是产权发展如何丰富农民的权利体系;二是农民权利体系的丰富如何决定集体经济的有效实现。

一　产权发展与集体经济的有效实现

(一) 集体土地所有权是集体经济形成的基础

　　集体是相对于个体而言的组织概念。集体经济是指集体成员共同占有

---

　　* 作者:陈军亚,华中师范大学经济与工商管理学院副教授。

生产资料的组织形式和实现共同发展的利益共同体。集体经济的生命力建立在共同利益的基础之上。正如恩格斯所言，"每一个社会的经济关系首先作为利益表现出来"。① 列宁在批评发展集体经济的错误观点时指出："必须永远不再把事情建立在热情和勇敢精神的基础之上，因为人们不能够成年累月地处于神魂颠倒的热情状态之中，迫使他们工作的只能是经济上的必要。"② 可见，利益是形成集体的有效连接，共同利益是集体经济形成的前提条件。

生产资料共同所有的产权关系是集体共同利益的来源。早期政治学的经典文献，大都认为财产共有是形成家庭、氏族或城邦共同体的基础。如柏拉图认为，理想的城邦应该实行财产共有，共同分配，共同生活。恩格斯在《家庭、私有制和国家的起源》中通过对古代社会发展规律的考察揭示了原始公社或氏族部落与土地共同所有之间的相关性。③

明确提出土地集体所有制的概念，并把它作为土地个人私有和国家所有之间的一种所有制形式，是在 19 世纪 70 年代以后马克思和恩格斯对西欧大陆特别是法国农民状况的考察以后提出来的。马克思认为："凡是农民作为土地私有者大批存在的地方……将以政府的身份采取措施，直接改善农民的状况，从而把他们吸引到革命方面来；这些措施，一开始就应当促进土地私有制向集体所有制的过渡。"④ 在"农业公社"中，土地是"共同体的基础"，⑤ "土地公有制，一看就很清楚是构成集体生产和集体占有的自然基础"。⑥ 恩格斯在《法德农民问题》中，提出了农民合作制的思想，将发展合作社作为实现土地私有向集体所有过渡的具体措施，即农民"把自己的土地结合为一个大田庄，共同出力耕种，并按入股土地、

---

① 恩格斯：《论住宅问题》，《马克思恩格斯选集》第 2 卷，人民出版社 1972 年版，第 537 页。

② 《列宁全集》第 42 卷，第 176 页。

③ 恩格斯：《家庭、私有制和国家的起源》，《马克思恩格斯选集》第 4 卷，1974 年版，第 80—142 页。

④ 《马克思恩格斯全集》第 19 卷，人民出版社 1995 年版，第 438 页。

⑤ 马克思：《政治经济学批评》，《马克思恩格斯全集》第 30 卷，人民出版社 1995 年版，第 466 页。

⑥ 马克思：《给维·伊·查苏利的复信草稿——初稿》，《马克思恩格斯全集》第 19 卷，人民出版社 1963 年版，第 436 页。

预付资金和所出劳力的比例分配收入"。① 可见，实现土地的联合占有，是最终实现土地集体所有，实现集体经济的方式。

此后，列宁、斯大林继承和发展了马克思恩格斯关于集体所有制的思想并对此进行了大规模的国家实践。列宁认为，公共的、集体的、共耕制的、劳动组合制的耕种方法具有优越性，能够吸引农民参加集体经济。② 列宁虽没有使用集体所有制这一概念，但他提出的"集体制""共耕制""合作制"等，即集体所有制的含义。斯大林进一步发展了集体制的思想，并将集体农庄和合作社作为集体经济的实现形式统一起来，提出了"集体农庄所有制"，并将集体农庄所有制视为小农所有制和全民所有制之间的过渡形式。③

可见，集体经济作为集体内成员组成的利益共同体，其形成的前提条件即土地作为主要生产资料的共同所有制这一产权关系。

（二）产权发展决定集体经济的有效实现

产权发展即产权结构的变化。邓大才认为，产权发展指产权内容的丰富、产权体系的完善、产权的流转以及产权相关权利的组合。④ 本文借鉴这一观点，将产权发展界定为产权内容的分化和各项权能的组合。

1. 产权分化构建集体经济有效实现的产权基础

土地集体所有制提供了集体经济得以形成的基础，但集体经济的有效实现，不仅取决于建立在土地集体产权之上的集体收益和发展，还取决于集体内成员能够获得比分散状态下的个体更有利的发展，即农民个体发展的实现。后者取决于集体产权的发展程度，即集体产权的分化，赋予农民个体在集体产权体系内的权利多少和权能大小。

在经济学产权理论的话语框架下，一个基本的命题即"产权是一束权利"。产权不完全等同于所有权，它是与所有权相关的权利组合，或者说是在财产归属基础上引申出来的一套权利体系，包括所有权、

---

① 《马克思恩格斯全集》第19卷，人民出版社1995年版，第438页。
② 《列宁全集》第30卷，人民出版社1957年版，第168页。
③ 斯大林：《苏联社会主义经济问题》，《斯大林选集》（下卷），人民出版社1979年版，第589—590页。
④ 邓大才：《产权发展与乡村治理》，《中州学刊》，2014年第1期。

占有权、使用权、收益权和处置权等一束权利。产权学家阿尔钦认为，产权具有可分割性、可分离性和可让渡性的特点，即特定产权的各项权能可以分解并分属于不同的主体。这意味着，一方面，产权的一束权利具有可分性，并由此决定了利益的可分割性；另一方面，分解以后各项独立的权能具有可组合性。产权的分化和组合都是产权配置的基本手段。

集体土地产权制度界定了土地产权的所有权归属，在此基础上，产权的分化可衍生出承包权、经营权、收益权、处置权等一束多元的权利体系。当产权的分化程度较低时，即与土地最终归属有关的一束权利高度集中于所有权之中，此时的集体，作为土地的所有者，拥有与土地的占有、使用和收益、处置有关的一切权利，集体经济的实现具有高度共同性的特点，共同占有土地，共同经营，共同分配。农民作为集体经济组织的成员，几乎不拥有或拥有较少的权利空间。在集体经济内部，农民不具备支撑个体发展的产权基础。当产权的分化程度较高时，与土地有关的占有、使用和收益等权利可分属于不同的经济主体。作为集体成员的农民个体，可拥有独立的一项或几项权利内容。

相比较不可分解高度集中的产权制度而言，产权的分化为农民获取权利体系，并拓展自我发展的权利空间提供了产权基础。首先，权利主体身份增强个体行动效率。一方面，激励权利主体为排他性的获得收益而增加努力程度；另一方面，也强化其权利行使的成本约束。二者均可以提高劳动生产率，增强权利主体的行动效率。其次，有效的权利行使能力提升集体共同劳动共同经营的管理效率。一是通过农民的决策权，对集体和个人之间的利益一致性增加激励的权利；二是当发生较大的利益偏离时，通过权利的出售或转让，即"用脚投票"的机制对利益偏离进行约束和纠正的权利。

2. 产权组合决定集体经济的有效实现形式

产权具有可交易性的特点。产权分化出来的全部或部分权利在不同的经济主体之间可进行自由转让。这一特性一方面使得权利主体得以自由组合各种权利关系，自主选择权利组合的形式；另一方面也为权利主体自主进入和退出某种组合形式提供了有效的实现途径。

费斯廷格认为，"集团成员身份的吸引力，并不仅仅在于一种归属感，而在于能够通过这一成员身份获得一些什么"。① 徐勇认为，中国农民善分也善合，一切取决于一定时间、地点和条件下的利益，是利益驱动下的选择。② 作为集体经济组织的成员，可以获得比单个经济主体行使权利的利益之和更大的收益，即获得由"组织化"生产所带来的增量收益。这是集体赖以形成的经济基础。受市场竞争的影响，分散的、相对弱小的权利主体即意味着有限的利益实现能力。集体行动能够增强单个主体的利益实现能力，只要合作生产能够给权利主体带来超过单独生产的利益增量，分散的权利个体就具有了合作的动力，即合作成为一种低成本的、基于合作收益而做的理性选择。③

通过集体产权的分化和发展，农民个体拥有了独立的权利体系。当产权高度分化以后，与土地占有和经营有关的一束权利通过在农民个体之间的不同配置和组合，使得农民可以理性选择能够最大化实现个体收益的有效组织形式和经营制度。农民获得的集体土地的承包权和经营权，可选择自我耕作的经营的方式获取直接的土地耕作收益；也可通过处置权实现自由转让，通过市场机制拓展其利益获取渠道。如通过承包权的出租，实现土地的联合和规模经营，并获取高于个体分散耕作的地租收益。也可通过经营权入股，成立土地股份合作社，享受经营权流转而来的股份收益。通过权利流转和组合，在保证集体土地所有权的基础上，增强农民的利益获取能力，创新集体经济的实现形式，

二 集体经济进程中的产权发展分析

从产权发展看，新中国成立以来，我国农村集体土地产权发展经历了20世纪50年代的单一产权阶段、改革开放以后的二元产权阶段到现阶段的产权多元化阶段。以农村集体土地产权为基础的集体经济的发展也经历了三个波段：人民公社时期、分户经营和集体经营相结合的双层经营体制

---

① 转引自曼瑟尔·奥尔森：《集体行动的逻辑》，格致出版社2006年版，第6页。
② 徐勇：《如何认识当今的农民、农民合作与农民组织》，《华中师范大学学报》，2006年第3期。
③ 同上。

时期和集体土地、家庭承包合作经营时期。[①]

（一）单一产权与不可持续的集体经济

兴起于 20 世纪 50 年代中国农村的集体化运动是一场彻底的产权变革和重构过程。从 20 世纪 50 年代末期互助组的出现，经过初级农业合作社和高级农业合作社的发展，我国集体经济的实现最后被固化为人民公社的形式。在这一进程中，完成于 20 世纪初期的土地改革赋予农民的土地私有权也被逐步集中到人民公社这一集体组织手中，确立了我国的集体土地产权制度和人民公社统一经营的经营制度。

首先，农民权力缺位制约其个体发展能力。1962 年党的八届十次会议上通过的《农村人民公社工作条例修正草案》（即人民公社六十条）第二十一条规定，生产队范围内的土地，归生产队所有，正式确立了土地产权"队为基础，三级所有"中的所有权制度。在这一产权制度体系中，农民个体产权处于缺失状态。1958 年中共中央在建立农村人民公社的决议中写明，人民公社带有全民所有制成分，并且这种成分将在发展中不断增长，逐渐代替集体所有制。[②] 这一规定可以解读为，人民公社作为一种类似全民所有制的制度安排，土地产权归集体全体成员所有。但是，在全体成员内部，产权不具备量化可分性。因此，农民作为权利主体的身份是不可界定的。农民权利主体的身份缺失，意味着农民个体发展的空间缺失。一方面，农民没有选择加入或者不加入集体、以何种形式加入以及退出的权利。虽然在"饥饿逻辑"和"过好日子"的驱动下，农民并未对国家政权的组织力量表示太大的反抗，但是，因为缺乏对更好结果做出选择的权利空间，利益动机在人民公社内表现出对农民行为更加强大而扭曲的塑造力。由于缺乏利益最大化的产权激励功能，工分制下的收益分配又存在一定程度的无效激励，这种情况下，成本最小化就成为农民个体的理性选择。如人们流传的"出工人等人，干活人看人，收工人赶人"等行为就是成本最小化驱动的理性选择结果。如同信息不充分下的交易行为会

---

① 三个波段的划分来源于徐勇老师在中国农村研究院博士生经典导读课堂上对《杜润生自述：中国农村体制变革重大决策纪实》的讲解。

② 转引自周其仁：《产权与制度变迁》，北京大学出版社 2004 年版，第 6 页。

造成"劣币驱逐良币"的后果，激励不充分增加了集体劳动中"懒惰驱逐勤劳"的可能性。

其次，高度集中的产权最终导致集体经济缺乏有效的实现形式。不仅农民个体的发展能力缺失，而且集体经济的发展也最终变得不可持续。由于农民的个体产权缺位，人民公社的出现更大程度上是国家权力向农村渗透的结果，而非农民的自发选择。因此，生产队的合法性源于国家授权，而非基于产权共同体的农民认同。这意味着生产队和农民之间只能是一种单向的监管和被监管的关系，而非双向的监督和约束关系。虽然"农业六十条"规定，生产队的生产和分配等重大事情，都由生产队社员大会讨论决定，生产队的队长、会计等其他管理人员都由生产队社员大会选举产生。但这种文本意义上的形式民主并不一定带来实践中的实质民主。由于缺乏必要的监督和约束，一方面，大量的干部和管理人员脱离直接的生产劳动，增加了农民群众的负担；另一方面，干部和管理人员对生产费用的浪费、不合理的开支及贪污挪用等现象得不到约束。更重要的是，生产队作为产权的单一主体，对生产经营管理权利的行使是通过行政命令的方式，而非真正体现社员意志或遵循农业生产规律的方式，最终损害了集体经济的实现能力。

（二）二元产权与瓦解的集体经济

人民公社时期农民"从分到合"的集体化进程践行着"土地归公"的逻辑，但因产权结构单一，集体经济最终变得不可持续。20 世纪 80 年代初兴起的以家庭联产承包责任制为主要内容的土地改革，践行的是"地权属民"的行为逻辑。[①] 这一时期的集体产权有了较大发展，一方面，它保留了土地最终所有权的集体归属；另一方面，集体土地产权出现分化，所有权和承包经营权实现二元分离。农民通过契约形式获得土地承包经营权的权利体系。农民和集体之间，形成了一个以集体产权和农民个体权利为基础的产权共同体。

从这一时期集体经济的经营制度来看，家庭承包经营责任制具有两个

---

① 　徐勇：《现代国家建构与土地制度变迁——写在〈物权法〉讨论通过之际》，《河北学刊》，2007 年第 2 期。

经营层次，一层是集体"统"的层次，农村集体经济组织作为所有权的行使主体，行使对生产经营的管理和调节权利，包括生产服务、管理协调、资金积累等；另一层是"分"的层次，即家庭分散经营，农户成为拥有独立经营权的经营单位。但在实践中，集体经济的经营制度主要表现为家庭分散经营的形式。

家庭联产承包责任制，通过明晰农民享有土地承包权的主体身份，极大增强了农民生产经营活动的积极性，释放出家庭经营的个体效率。但是，这一时期农民的权利体系并不完善，主要表现在两方面：农民承包权的不稳定性，以及承包权和经营权的不可分性和不可组合性。从产权功能而言，权利的不稳定性和权利主体的长期投资激励之间存在显著的正相关性。在家庭联产承包生产责任制初期，承包期一般较短。1984 年，土地承包期限延长到 15 年以上。但在人地矛盾的压力下，频繁调整土地的情况并不鲜见。1993 年，在第一轮土地承包到期以后，虽然国家政策层面做出了再延长 30 年的规定，但是，大量的研究表明，土地产权的不稳定性削弱了农民对土地长期投入的积极性，并进而降低了土地产出的效率。[①]

相对于承包权的不稳定性而言，承包权和经营权的不可分性以及不可组合性对集体经济的有效实现产生了更大的产权制约。1984 年中央一号文件虽然鼓励土地逐步向种田能手集中，但只允许"交给集体统一安排"或"自找对象协商转包"，"自留地、承包地均不准买卖，不准出租"。这一规定导致了农民作为分散经营的个体，在面临强大的市场风险时，失去了通过权利组合规避风险保障利益的可能性。一方面，由于承包经营权不可流转，农民土地收益的实现途径完全依赖于农民个体的直接劳动投入，当个体劳动投入能力不足时，农民并不具备将土地流转给能力更为强大的经营主体的途径；另一方面，由于承包权和经营权不可分割，让渡土地经营权的同时也意味着失去了土地的承包权。承包权的丧失则意味着农民失去了土地作为"生存保障"的最后防线。这一制度约束极大降低了农民进行土地流转的意愿。即使在农民无力经营土地的情况下，农民做出的是

---

① 相关研究见姚洋：《农地制度与农业绩效的实证研究》，《中国农村观察》，1998 年第 6 期。

保有承包权而放弃经营权的土地撂荒的选择。这一产权约束既无力保障农民土地权益的充分实现，又使得集体经济无法获得农民自主选择的有效实现形式。

总体来看，这一时期集体产权共同体内部，虽然农民的权利主体地位得到一定体现，但由于产权分化程度较低，农民权利不具备再组合的制度基础，集体经济的实现缺乏有效的组织形式，作为产权共同体的集体经济处于事实上的瓦解状态。

（三）多元产权与现代集体经济

近年来，以土地确权和流转为核心的新一轮土地产权改革，实现了产权的高度分化，农民承包权和经营权二次分离，并通过承包权的确权量化，实现转包、出租、互换、转让、股份合作等形式的转让和组合。农民个体和村庄集体之间，通过产权的分化和组合，构成了一个由集体所有权、农民可流转的承包权和经营权组合而成的有效的产权共同体。在这一产权共同体内，承包权和经营权的分化赋予农民完善的权利体系，同时，权利的流转和组合为农民创新集体经济的实现形式提供了有效的实现途径。

集体产权的多元分化使得农民的权利体系进一步完善。首先，农民的土地承包权得到法律保障，意味着农民的权利主体地位和集体及其他个人之间存在清晰的权利边界。其次，承包权和经营权从农民土地产权中分离，实现"一权变两权"，农民拥有的土地权能结构更加完整。最后，通过土地确权，农民的土地权利得到制度上的固化和量化，前者有利于形成农民对权利收益的稳定预期，即形成持久的收益—成本激励。

产权的流转为农民自由组合其权利体系，创新集体经济的实现形式提供了实现途径。近年来，我国农村出现了各种形式的土地合作经营模式即农民自由组合其权利体系的自主选择。尤其以山东东平等地的土地股份合作社为代表，创新集体经济的有效实现形式。在土地股份合作制下，农民将分散的土地交由合作社统一经营，实现经营权的转移。土地股份合作社的出现，是农民作为土地承包权和经营权的权利主体，对其权利组合拓展利益获取途径所做的自主选择，这一选择创新了集体经济的有效实现形式。一方面，农民通过承包经营权入股增强其利益获取能力；另一方面，集体产权通过土地股份合作社这一经营制度得到实现和表达。

三　结论及进一步的讨论

以上分析可见，我国集体经济不断创新的发展进程，是集体土地产权结构不断丰富的变化过程。集体土地产权结构的发展变化，主要表现为农民个体权利体系的丰富和完善。二者共同决定了不同阶段集体经济的实现形式和发展特点，及未来的演进趋势。

首先，从产权结构来看，集体产权发展的过程即农民个体权利体系不断完善的过程。单一产权制度下，由于集体所有权的不可分性，农民的权利主体地位难以体现。随着单一产权向二元产权的发展，农民获得了集体土地的承包经营权，其权利主体身份得到一定体现，但这种身份不具有可转让性。土地确权及新一轮的土地改革，使得农民权利体系更加完善。这种完善体现在两个方面。其一是权利体系的稳定化。农民的权利得到法律制度的确认并得以固化，农民在集体产权中的主体地位得到法律和制度上的保障。其二是权利内容的量化。这为权利的交易和转让，进而获取市场化的收益提供了操作上的可实现性。

其次，从集体经济的实现形式看，农民个体权利的完善以及产权的分化和组合创新着集体经济的有效实现形式。单一产权下农民个体权利缺位，无论是生产活动本身，还是生产活动的组织和管理，由于缺乏农民个体权利的支持和参与，使得集体经济最终被农民主张个体权利的家庭联产承包责任制所取代。新一轮的土地确权，通过对农民土地权利的量化和固化，使得农民拥有的权利体系更加完善，并且获得国家法律的保护，激发了农民自主选择分散或者联合实现权利收益的动机。这种自主选择，不断创新着我国集体经济的有效实现形式。

最后，从产权发展与集体经济发展的可持续性来看，三方面的因素可能制约未来集体经济发展的可持续性。第一，集体成员权的资格界定问题。农民个体权利的获得以集体成员的身份权为基础。但在我国城镇化进程和集体土地承包权的调整过程中，集体成员的资格界定存在诸如"外嫁女"等身份界定的争议难题。随着农民承包经营权的长期化和稳定化，土地作为财产权的象征，日益受到农民的重视。伴随着集体经济和农民土地收益实现能力的增强，如何合理界定集体成员资格避免身份权的纠纷将成为影响集体经济健康发展的问题之一。第二，集体经济组织的治理方式问题。土地股份合作社作为农民自主选择的集体经济的经营制度，其股权设置体现的是农民民主决策、民主监督的治理方式，有利于保障合作社成员的个体权利。但是，在这一民主治理方式下，如何实现农民的个体权利和市场化导向下的经营效率的统一，直接决定着集体经济的经营活力和可持续能力。第三，土地股权结构与集体经济发展的可持续性问题。从股权结构来看，土地股份合作社主要面临股权分散和相对封闭的问题。土地股份合作社的股权设置比较单一，且社员股权只能在集体经济组织成员内有限转让，从长期来看，这可能意味着农民的权利并未通过市场化机制获取最大收益。若股权开放，吸引外部资金注入，如何通过股权设置建立资金股份和土地股份争利的防范机制，确保集体经济的发展建立在保护农民土地权利的基础之上，将成为制约集体经济持续健康发展的难题。

参考文献

1. 亚里士多德：《政治学》，商务印书馆 2011 年版。

2. 弗朗西斯·福山：《政治秩序的起源：从前人类时代到法国大革命》，广西师范大学出版社 2012 年版。

3. 道格拉斯·C. 诺思等：《制度、制度变迁与经济绩效》，格致出版社 2008 年版。

4. 道格拉斯·C. 诺思等：《西方世界的兴起》，华夏出版社 2009 年版。

5. 道格拉斯·C. 诺思：《经济史中的结构与变迁》，上海人民出版社 1994 年版。

6. 罗纳德·H. 科斯等：《财产权利和制度变迁》，格致出版社 2014 年版。

7. 派普斯：《财产论》，经济科学出版社 2005 年版。

8. 曼瑟尔·奥尔森：《集体行动的逻辑》，格致出版社 2006 年版。

9. 恩格斯：《家庭、私有制和国家的起源》，人民出版社 1972 年版。

10. 林毅夫：《再论制度、技术与中国农业发展》，北京大学出版社 2000 年版。

11. 周其仁：《产权与制度变迁》，北京大学出版社 2004 年版。

12. 罗平汉：《农村人民公社史》，福建人民出版社 2006 年版。

13. 胡乐明、刘刚：《新制度经济学》，中国经济出版社 2009 年版，第 90—92 页。

14. 徐勇：《如何认识当今的农民、农民合作与农民组织》，《华中师范大学学报》，2006 年第 3 期。

15. 徐勇：《现代国家建构与土地制度变迁——写在〈物权法〉讨论通过之际》，《河北学刊》，2007 年第 2 期。

16. 邓大才：《效率和公平博弈：中国农地产权制度的变迁轨迹》，《理论建设》，2000 年第 3 期。

17. 邓大才：《产权发展与乡村治理》，《中州学刊》，2014 年第 1 期。

18. 刘金海：《集体产权变迁中的国家、集体与农民》，华中师范大学博士论文，第 73 页，中国知网。

19. 陆学艺、王小强：《包产到户的由来和今后的发展——关于甘肃省包产到户问题的考察报告》，《未定稿》1980 年第 30 期。

合作机制:农村集体经济有效 实现的组织制度基础*

杨　嬛

20 世纪 80 年代农村改革之前,我国农村实施的是生产资料集体所有、集体成员集体劳动、集体统一经营、按劳分配的集体经济模式。改革开放之后,农村农业经营逐步过渡到"家庭承包为基础,统分结合的双层经营体制"。在这一制度的实际运转中,家庭分散经营在分田到户初期极大地调动了农民的生产积极性、提高了农业生产效率和农民收入。但是随着市场改革的深入,农户分散经营存在的经营规模小、新技术采用难、市场进入难等问题愈发明显。与此同时,集体统一经营并没有有效建立起来。在缺乏有效合作机制与组织载体的情况下,大部分地区的农村集体经济被弱化、虚化,难以为农户家庭提供系统化生产经营服务。

为了突破这一困境,党的十七大报告提出将"探索集体经济的有效实现"作为农村工作的重要内容。要打破目前农户发展需求与集体经济组织制度供给不足的困境,笔者认为需要创新合作机制,充分整合农户、村集体以及其他主体的生产要素,发挥农业经营的潜力。本文将就这一问题从合作机制与农村集体经济关系辨析、不同合作机制下集体经济经营状况和推动适宜当前情况的合作机制三个方面展开讨论。

一　合作机制与农村集体经济实现的组织形式

我国农村集体经济是在社会主义制度下形成,是以劳动者生产资料共

---

* 作者:杨嬛,华中师范大学中国农村研究院讲师。

有、劳动合作为基础的一项经济制度。随着农村和市场改革的不断深入，农村集体经济和合作制经济的具体形式都发生了较大变化。不同学者关于合作经济与农村集体经济之间的关系产生了较大分歧，有的学者认为两者是不同的所有制制度和经济组织[①]；有的认为合作制是农村集体经济的基础或具体实现形式[②]。

笔者认为农村集体经济与合作制具有紧密联系，不同学者之所以提出不同观点是由于他们对于什么是"合作制"产生了分歧。一部分学者以马克思的合作制思想为指导，认为合作劳动为目标和手段形成的土地等资产共同占有是集体经济的产权基础，合作制是农村集体经济的制度基础[③]。因为马克思提出合作劳动制度的建立必须依靠生产关系的变革[④]。另外一些学者从罗虚代尔原则为基础的经典合作制思想出发，认为我国集体经济制度的形成没有依据自愿原则，封闭运行，不承认社员的个人财产权利，因此与合作经济是两种不同的经济制度[⑤]。

我们看到随着政治、社会和经济制度的变迁，集体经济和合作制都在发生变化。因此笔者认为需要对合作制进行解构，分析不同合作制的运作机制以及与集体经济运作效率的关系，从而需找适宜的合作制度为基础的农村集体经济发展模式。

（一）合作机制构成要件与潜在合作形式

机制是指一个系统的构成部分及其组成部分间的相互作用原理。一个合作制系统的运转也要依靠其基本组成部分和组成部分间的组合及相互协调的原理。以上两种不同合作制思想以及现有的大量合作社研究分别讨论了合作制度在促进农村生产要素整合中的作用[⑥]，合作社与农民、集体组

---

① 洪远朋：《合作经济的理论与实践》，复旦大学出版社；晓亮：《把合作制、集体制区别开来，并列地提具有重大理论实践意义》，《理论前沿》。

② 马俊驹、宋刚：《合作制与集体所有权》，《法学研究》。

③ 王景新：《村域集体经济——历史变迁与现实发展》，中国社会科学出版社。

④ 《马克思恩格斯全集》第 16 卷，人民出版社，第 218 页。

⑤ 洪远朋：《合作经济的理论与实践》，复旦大学出版社；晓亮：《把合作制、集体制区别开来，并列地提具有重大理论实践意义》，《理论前沿》。

⑥ 苑鹏：《中国农村市场化进程中的农民合作组织研究》，《中国社会科学》。

织及农业企业关系①，合作社的治理结构对合作社运转效率的影响②。本
文认为将生产要素、合作主体、治理结构进行整合，看成是合作运行机制
的构件及作用原理，能让我们从系统运行的角度分析合作制度的运行及其
与集体经济的关系。

　　合作要素与合作主体是合作机制运行的构成要件。合作要素是指通过
合作投入在农业或其他合作生产经营活动中的生产要素，包括土地、劳动
力、资本和技术。根据两种不同合作制度的设定，生产要素的使用权在农
户和集体间分布可以分成两种模型使用权归集体所有，使用权归农户所有
（图1纵轴）。合作主体是指通过要素投入与参与经营的方式加入到合作
生产经营中的主体，可以是个体也可以是组织。从集体经济的角度看，农
户和集体作为合作主体在合作生产经营中的自主性也存在差别，在不同条
件下农户的合作经营自主性存在高低差别（图1横轴）；集体的自主性总
体都比较高，可视为一个常量。

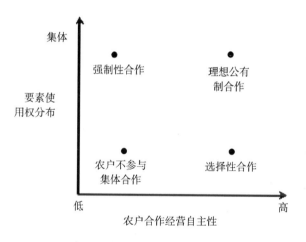

图1　合作要素、合作主体与潜在合作形式

　　根据合作要素使用权分布和农户经营自主性可以形成四类潜在的合作
形式：（1）强制性合作：农户在没有生产资料使用权、自主性低的情况

　　①　王军：《公司领办的合作社中公司与农户的关系研究》，《经济与管理》。阎占定、白照
坤：《新型农民合作经济组织乡村政治参与状况分析》，《农业技术经济》。
　　②　国鲁来：《合作社制度及专业协会实践的制度经济学分析》，《中国农村观察》。国鲁来：
《农民专业合作社需要制度创新》，《农村经济》。

下，要在集体统一安排下参与农业生产；（2）理想公有合作制：生产要素归集体统一所有、统一经营，农户高度自主参与，这符合理想社会主义的思想，农户通过生产资料共有，摆脱了资本的剥削，获得了生产自由；（3）农户不参与集体合作：在农户拥有一定量的生产资料使用权，在参与集体合作中没有自主性的时候，农户会选择退出合作，主要依靠自有的生产要素进行生产；（4）选择性合作：农户拥有一定量生产要素，又具有高度自主性的时候，会根据合作的收益自主选择是否参与合作，以何种形式参与合作。

（二）合作治理结构与集体经济实现的组织形式

以上潜在合作形式要转为可实施的合作机制，需要一定的作用原理——治理结构——将合作要素和合作主体连接在一起。治理结构是指一种将经济活动中的不同主体以不同方式结合到一起的组织性构造和制度框架，它决定了组织的交易方式①。治理结构包括了市场、企业类科层组织、公共官僚结构及其不同的混合型结构②。合作制作为一种混合型的治理结构在实际的运行过程中具体的治理结构会有差别，在不同制度环境下会不同程度的偏向市场、企业或公共官僚机构的治理模式③。

根据马克思主义合作制、经典合作制及其发展，目前主要有三种合作治理结构。以罗虚代尔原则为基础经典合作制是市场和企业制度的混合治理结构，更偏向强调自由交换的市场机制。从20世纪90年代开始，北美和欧洲出现了有别于经典合作制的农业合作组织，被称为新一代合作社，我们可以称其为股份合作制，主要有三个新的特征：一是合作社的成员身份具有封闭性，必须是合作社的股东，股份不可撤出，但可以转让；二是社员与合作社签订合同，将产品生产数量、质量、定价等决策权委托给合作社及其职业经理人，不再直接参与合作社经营管理；三是在适当情况

---

① WILLIAMSON O E 1979. Transaction – Cost Economics: The Governance of Contractural Relations. Journal of Law and Economics [J], 22: 233—261.

② WILLIAMSON O E 1999. Public and Private Bureaucracies: A Transaction Cost Economics Perspective. The Journal of Law, Economics & Organization, 15: 306—342.

③ CHADDAD F 2012. Advancing the theory of the cooperative organization: the cooperative as a true hybrid. Annuals of Public and Cooperative Economics, 83: 445—461.

下，合作社可以吸纳非生产成员的股份①。它更偏向于企业的治理结构。在政社合一的人民公社时期，政府高度参与到农村集体经济的经营中，农村的合作经济实际更接近公共官僚机构的统一治理模式。在这一治理结构中，社员缺乏参与决策的权利和途径，但是工分制度从形式上体现了社员在劳动和获益分享中的公平参与，我们可以称其为官僚合作制。

　　表1展示了潜在合作形式通过治理结构形成的集体经济实现形式。理想公有制合作作为一种同时实现人类自由与发展的设想，具有很强的实践驱动力，但是由于缺乏可实践的治理结构，以致在实践中没有取得成功和推广开来。

表1　　　　　　　　　　合作机制与集体经济实现形式

潜在合作形式	治理结构	合作主体的合作要素投入情况		集体经济实现形式
		农户	集体组织	
理想公有合作制	—	—	—	—
强制性合作	官僚合作制	很少	多	政社合一的集体经济
农户不参与集体合作	无直接合作	较少	不参与或很少参与	农户家庭经营
	官僚合作制	不参与	少	弱化的集体经济
选择性合作	经典合作制	较少	不参与	农户间专业合作
	股份合作制	较少	视村庄情况而定	多元合作机制

　　集体经济要有效实现需要通过合作机制实现以下目标。第一是通过治理结构将分布在不同合作主体的生产要素整合起来，满足农业生产要素均衡配置的需求，奠定从总体上提高农业生产效率的基础②；第二是通过治理机构保证不同合作主体在合作中的决策参与③。这既能保证主体的自主性，提高他们参与积极性，从而实现农业生产效率的提高，增加集体可分配的经济总量；又能保证不同主体在经济分配中的权益。根据治理结构连接合作要素和合作主体的情况，我们可以把表1转化为图2，更清晰地了

---

① CHADDAD F 2012. Advancing the theory of the cooperative organization: the cooperative as a true hybrid. Annuals of Public and Cooperative Economics, 83: 445—461.

② 参见西奥多·W. 舒尔茨《改造传统农业》，商务印书馆1987年版。

③ 参见国鲁来《农民专业合作社需要制度创新》，《农村经济》。

解集体经济实现形式与合作机制之间的关系。

这里需要注意的是村集体是一个特殊的合作主体。农村社区是一个共同体系统，作为村庄集体经济的具体执行者，村集体既是农户合作的协调者，要实现村民的个体需求，现为提高每个村民的经济收入；也要实现村民的集体需求，表现为提供村庄公共产品；还要实现村集体的团体利益，表现为维持村集体组织的正常运转①。后两个需求都表明村集体有自己的经济需求，要有自己的经济收入。因此集体经济下的合作制要同时保证集体与集体中个人的自主性和发展需求。

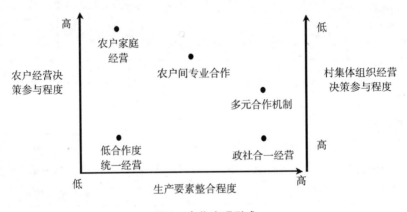

图2　合作实现形式

官僚合作制度下，农户由于缺乏参与经营决策的途径，在具有自主性和生产要素使用权的条件下不会参与集体合作经营（双层经营体制下的集体经济）。在缺乏自主性和生产要素使用权的条件下会形成政社合一的经营体制，村集体拥有或可支配所有生产要素，实现了要素的整合。

经典合作制度下，农户让渡一定的经营决策权形成联合，围绕农业生产进行农户间专业合作，但是由于合作成员数量少、地缘上分散，生产要素整合程度有限。同时村集体不是一个农业生产实体，大多数村集体也没有农业相关经营实体，难以以农业生产经营主体身份参与合作社经营，因此对村集体参与合作经营的影响有限。

股份合作制度下，以村庄区域为单位，农户和村集体可以根据自身生

---

① 参见卢梭《社会契约论》，商务印书馆 2014 年版。

产要素禀赋，决定投入合作要素的类型和数量，包括土地、资金、劳动力和技术，并以此为基础作为参与经营决策和生产所得分配的基础，可实现双方共同决策参与。股份合作制在成员身份上具有相对开放性，在村庄内合作不能满足生产要素整合需求时可进一步寻找外部合作主体，实现生产要素的均衡配置。

综上所述，在同样的集体所有制度下，不同的合作机制会形成不同的集体经济实现形式。合作机制中的合作要素和合作主体是由总体资源禀赋和外部制度环境决定的，其中一个重要特征是农户个体的资源禀赋量普遍很少。治理结构的形成与外部制度环境也有很大关系，当它是外部强力推进的，就会形成官僚合作制；当外部制度环境相对宽松，农村社区的村集体组织和农户就会根据其面对的市场和技术环境自主形成适合当时情景的治理结构。接下来，本文将考察不同时期集体经济的合作机制形成与其经营状况，并重点探讨目前产生的股份合作制与当前集体经济发展的关系。

二　农村集体经济不同阶段的合作机制及其经营状况

从农村集体经济在我国的发展过程看，目前主要经历了三个阶段：政社合一经营时期、家庭承包经营主导的双层经营时期、土地承包权为基础的多元合作时期。不同时期的不同合作机制形成了不同的集体经济实现形式，经营状况呈现出较大差异（见表2）。

（一）政社合一经营时期

农村集体经济作为一项经济制度和农业经营模式，发端于20世纪50年代国家在农村推进的合作化运动，形成于人民公社时期。随着合作化运动的推进，农民从"互助组"形式下的劳动力、农具和牲畜的互帮互助，经过"初级社"形式下的生产资料有计划的统一经营，最后进入到"高级社"和"人民公社"形式下的生产资料归集体所有。人民公社制度实行政社合一的经营体制，村集体的农业经营按照计划方式运行，土地、资本由政社合一的生产队集体所有，与劳动力一起由生产队统一管理，技术支持以及体现技术的化肥、农药等农资由政府农业推广部门统一提供，由此形成了村集体组织领导下的官僚合作制。

　　政社合一的经营方式高强度整合了各类生产要素，村集体及基层政府具有调动生产要素的能动性，因此在基层水利设施建设、农田整治等基础设施建设上取得了很大成就。但是从总体看，这一时期集体经济的经营效率低下，重要原因之一是农民没有参与经营管理和退出合作的权利。这一方面造成农户无法有效监督集体经济组织运作，集体经济组织缺乏改善经营的动力。另一方面，集体经济的成员权（集体所有权）给予农户的是参与集体分配的权利，分配的数量是由其劳动投入所决定。农业生产周期长、影响因素多，个体劳动力的边际贡献的观察和量化有困难，不易体现在工分制分配方式中，因此集体对劳动力的激励不足，对于劳动力的监督难度大，成本高①。由于可分配总量少，加上大量投入到农村基础设施和国家建设中，农户实际获得收益很少，使得这一经营方式难以持续，由被农户自主发起的家庭联产承包责任制所取代。

表2　　　　　　　　不同合作机制及农村集体经济运行状况比较

		政社合一经营时期	家庭承包经营主导的双层经营时期	土地承包权为基础的多元合作时期
要素使用权分布		集体共同所有	主要为农户所有	主要为农户所有
农户合作经营自主性		低	高	高
治理结构		官僚合作制	家庭经营没有合作机制集体经营仍以官僚合作制为主导	股份合作制
要素整合程度		高	低	高
经营决策参与程度	农户	低	家庭经营自主决策，不参与集体经营	比较高
	村集体组织	高	集体经营自主决策，不干预家庭经营	比较高

---

① 参见林毅夫《制度、技术与中国农业发展》，上海人民出版社1992年版。

		政社合一经营时期	家庭承包经营主导的双层经营时期	土地承包权为基础的多元合作时期
集体经济的经营状况	农户	受益程度低	前期效率提高幅度大，后期发展受限	有助于提高收入和家庭生计策略调整
	村集体组织	农村公共基础设施得到极大改善	受益程度低	有助于提高集体收入，改善基础设施状况

（二）家庭承包经营主导的双层经营时期

通过 20 世纪 70 年代末、80 年代初的农村改革，统分结合的双层经营体制成为农村集体经济的主要实现形式。家庭承包经营在全国推广，使得农户获得了在土地集体所有条件下的土地承包经营权，并重新获得了自有资金、劳动力的自由支配权，实现了家庭独立经营。农村改革初期，农户家庭经营实现了生产要素主体（自身）在经营决策、劳动参与和收益分配上的一致性，降低了交易成本，因此很短时间内有效实现了农户经营效率的提高（林毅夫，1993）。

不过随着市场改革的深入，农户经营生产效率进一步提高受到土地、资本和技术这些生产要素缺乏的限制。其中技术缺乏可以进一步分解为资本和劳动力质量的不足。虽然国家政策给予农村金融贷款方面的支持，不断改革农业推广系统，但是仍然难以在短时间内改变农户生产要素占有量不足的状况。由于人地关系紧张、农村金融系统不健全、农业劳动力老龄化等原因，农户要通过市场机制提高对这些生产要素占有量的交易成本很高，存在较大困难。

在统一经营层面，随着分田到户，绝大多数村集体组织有使用权的生产要素拥有量大幅减少，村集体经营的集体企业也逐步解散或改制。由于"集体所有"的主体高度模糊，社区农民在资产经营中的参与度低，这种经营模式仍然偏向官僚合作制。村集体组织一般将由集体所有和集体经营的集体资产，包括土地、林地和房屋等，都是以出让、租赁的方式交由第三方经营，集体经济组织仅仅获得租金收入。有些村集体由于没有或收入很少，出现了大量村级债务，不仅无法提供基础的生产公共服务，连维持村集体组织的正常运转都有困难。

（三）土地承包权为基础的多元合作时期

双层经营体制下农户承包经营和村集体经营的双重困境对合作制度创新提出了要求。通过不断论证，2007 年国家正式实施了《农民专业合作社法》，试图推动农村新型合作制度的形成。《合作社法》是基于经典合作制，在实施过程中有成功案例，但是与日趋激烈的市场竞争和我国农户生产要素普遍缺乏的现实不适用，也难以吸纳村集体组织参与合作。为了寻找新的合作机制，全国很多地区出现了以土地股份合作为核心的多元合作机制，农户和村集体经济组织以"土地经营权"入股，土地由村集体组织统一经营，农户获得劳动收益同时还获得股权收益，实现了劳动和资本的双重合作。这一机制创新中既有像山东东平由政府引导的全县范围内多点示范，也有像江苏和黑龙江等地由村庄自发推动的土地股份合作尝试，都呈现出较快的发展势头，显示出这一合作机制的特有优势①。本文将以山东东平为例进行探讨。

从土地股份合作社的入股的合作要素看，可分为：（1）仅有土地股；（2）以土地经营权折价后与资金、技术等生产要素共同参股。农户通过入股，获得参与合作经营决策和获益分享的权利。从合作主体范围看，可分为：（1）限于本小组或本村；（2）吸引本社区外的主体入股。根据组建后的经营方式看，可分为：（1）合作社只发挥土地流转中介的作用，不直接从事土地经营活动；（2）合作社参与经营，或自主经营部分土地；（3）合作社统一经营流转后的土地。根据入股分红方式，可分为：（1）保底分红；（2）保底分红与浮动分红相结合（孙中华等，2010；肖端 2013）。

1. 合作要素在合作主体间的分布及治理结构的形成

在农户承包经营模式下，农户土地、资金、技术这些生产要素非均衡

---

① 参见高海《农民合作社促进集体经济实现的制度结构——黑龙江省新兴村的例证》，《农业经济问题》，孙中华、罗汉亚、赵鲲《关于江苏省农村土地股份合作社发展情况的调研报告》，《农业经济问题》。

投入导致的经营效率低是合作形成的推动力。首先农户和村集体以土地的经营权入股。土地入股，统一经营扩大了"土地"这一农业生产基本要素的规模，有利于提高农业经营效率。同时，农户土地经营权建立在农户土地承包权基础之上，农户土地承包权是农民个人集体经济成员权的具体实现。建立在农户自愿基础上的土地入股也实现了集体经济成员在集体经营活动中的公平受益。

其次，利用土地吸引其他要素入股。现代农业发展基础是生产要素的均衡投入，在农业生产中推动合作的目标是在一定区域内实现生产要素的整合。由于不同农村社区村集体的要素禀赋差异（资金积累多少等）和社区内能人数量和水平存在差异，合作主体范围取决于村集体内的要素状况。

村庄内部资源禀赋强的村庄能够依靠村庄内部的合作实现要素整合。以山东东平为例，南堂子村最美乡村土地股份合作社和安村土地股份合作的组建中，社区的能人作为村集体的成员参与合作经营，带入的资金和技术（农业技术和管理经营），实现了社区内土地股份合作为基础的果树种植、中草药种植、旅游产业、粉皮加工等产业的发展，产业经营的收益也都留在村庄内部，能够实现保底分红和浮动分红相结合。

不能在村庄方内部有效实现生产要素整合的村庄，需要吸纳新的合作主体来获得社区内部缺乏的生产要素。这些新的合作主体可以是家庭农场、经营大户、专业合作社、企业等不同类型的经营主体。有些土地股份合作社缺乏相应的生产技术和管理能力，会将合作社土地统一或分片出租给新的经营主体。例如，山东东平县的孟庄村润农土地股份合作社将土地流转平整后，与一个蔬菜大棚种植大户签订合同，利用政府补助的移民村建设款建设了蔬菜温室大棚，出租给大户使用，大户独立经营、自负盈亏，向合作社支付保底大棚租金（用于土地和大棚建设资金分红）和合作社服务费（道路、灌溉、组织劳动力等服务），合作社只有一个成员参与记录大棚蔬菜销售情况，便于按照销售量提取服务费。

有些土地股份合作社具有一定的技术和管理能力，他们吸引新的合作主体主要是弥补农村社区资金要素不足的困难，合作社参与产业经营管理。西沟流村的宝泉土地股份合作社是将村集体的山地和村民的山地折价

（1000元/亩）入股到合作社（占总股份的40%左右），由企业家李建明（化名）的泉灵公司负责产业经营的现金投资（占总股份的60%左右），合作社主要发展林果业和养殖业，灵泉公司不直接参与经营，只派驻员工管理资金使用。目前村集体和农户每年获得700元/亩的最低分红，等合作社盈利后会按照盈利状况增加浮动分红。

从农户个体开始的合作主体扩展是为了吸纳新的合作要素。农户和农村社区的要素禀赋决定了股份合作的主体是在村庄范围内还是扩展到村庄之外。当合作主体扩展到村庄之外时，合作社的技术和管理能力（生产要素之一）决定了合作社是否参与到经营管理之中。合作社在经营管理中的参与程度决定了农户和村集体从经营中的获益程度。因此，我们可以说是生产要素在主体间的分布状况及特点决定了合作组织的治理结构，包括股份构成、管理结构、利益分配等要素。

2. 土地股份合作为核心的多元合作机制下集体经济状况

从总体上看，以土地股份为核心的多元合作机制有助于提高农村土地经营效率，增加农村集体经济可分配的总量。土地股份合作扩大了单一经营主体的土地经营面积，有利于土地的综合开发利用，上面提到的林果产业、中草药种植、大规模养殖、旅游业等都提高了单位土地上的经营收益。

在集体经济收入总量提高的前提下，农户收益得到提高。农户在家庭承包经营方式下，农户在土地上的收益来自于经营权基础上的农户经营与农户劳动力投入的收入，农户从土地获得的收入受到个人经营能力、经营规模等方面的限制，进一步提高的空间有限。农户通过土地股份合作将土地经营权收益（财产性收益）、土地经营收益（经营性收益）和劳动收益分离开来①。虽然农户不能获得土地经营的全部收益，但是由于土地经营总收益的大幅度提高，土地经营权入股的保底收益有保障；从土地上分离出来的劳动力，可以根据自身情况从非农就业或作为合作社雇工获得收入。东平调查的5个土地股份合作社都以雇用本社区的劳动力为主，提供了大量的就业机会。

---

① 参见高富平《农村土地承包经营权流转与农村集体经济的转型》，《上海大学学报》（社会科学版）。

同时，村集体收入来源也根据其投入生产要素情况实现了多元化，收入总量在不同程度得到了提高。首先是村集体以拥有经营权的土地和其他资源入股可以获得保底的土地股份分红；其次是村集体可以将政府项目支持或社会帮扶资金转变为集体资产入股，获得相应的股份分红；最后是合作社可以通过管理服务，获得服务费，部分自己经营的合作社可以通过公积金、公益金的提取增强集体的资本积累。

以上讨论表明不同合作机制形成了不同的农村集体经济实现形式。集体经济的有效性在不同主体和不同时期体现不一样，在政社合一经营时期村集体的发展较强，在双层经营时期，农户初期发展较强，后期和村集体一样受到了限制。我们不能一味否定这两个时期的合作机制，而是要从其经验和教训中看到生产要素整合和合作主体的共同参与是治理结构需要实现的核心目标，是农户和集体都能从合作中受益的基础，是集体经济可持续发展的真正有效实现形式。

三　建立和推进适宜当前要素和主体条件的多元合作机制

从我国目前情况看，农村户均资源占有量有限是未来较长时期之内的基本状况，村集体组织生产要素拥有状况和经营能力千差万别，但总体较弱。笔者认为可以从以下几个方面着手推动适宜当前合作要素和主体条件的多元合作机制。

（一）坚持土地股份合作为核心

大量已有研究表明当前农村社区的生产要素禀赋水平处于较低的水平，在以工业化为主导的经济发展模式中农村的资本、高素质的劳动力都处于长期外流的状态。虽然税费改革和三农扶持政策给予农村大量的政策和资金倾斜，但是很难在短时间内有效提高农户和农村社区的生产要素保有量。推动合作制的目的是实现"农业、农村、农民"的同步发展，工具和手段是加强生产要素的整合。在这一过程中，农户和农村社区必须抓住"土地"（以及林地、草地等集体所有的自然资源）这一农业生产及其他产业发展的基本要素，以土地入股直接或间接参与合作经济的生产经营。土地入股一方面是合作经济成员权的体现，农户和农村社区参与经营决策的保证；另一方面也是获益分享的产权指标①。

（二）对接具有农村稀缺要素的新型农业经营主体

在推动合作经济发展中，在社区内实现生产要素的整合是最理想的路径。但是目前普遍情况是农户和农村社区要素禀赋水平较低，需要吸纳新的合作主体以带入农村社区稀缺的要素资源。由于不同社区拥有的要素种类和数量存在差别，它与新的合作主体形成的治理结构也要根据自身禀赋条件自主决定，其基本治理机制还是股份合作。

（三）加强集体经济组织的能力建设

在推动农村社区的合作经济发展中，集体经济组织作为一个合作主体扮演了多重角色：它既是集体所有、集体经营的集体资产的实际管理者，又是农户合作的推动者，还是农村社区和外部主体互动的协调者。因此，加强集体经济组织的能力建设是实现合作机制持续运转的重要保障。

实现农户在合作社决策和经营中的参与。合作制的核心原则之一就是成员的平等参与和受益，其中平等参与是平等受益的前提和基础。要从两个方面的制度设置入手：一是要保证农户的退出权，农户有"用脚投票"的权利，有些地方是通过土地置换的方式为不参与土地合作经营的农户提供相应面积的耕地；二是要通过合作社社员大会、社员代表大会等制度让所有农户对合作社经营以及集体经济组织收入使用有充分的知情权和决策权。

提高集体经济组织的经营管理能力。合作社是公平和效率兼顾的组织，通过提高生产经营效率让成员公平地受益。一方面，集体经济组织要提高村集体成员的经营能力和素质；另一方面也可以借鉴北美和欧洲合作社发展经验，聘请专业人员作为职业经理人，集体经济组织主要负责重大

---

① 参见高海《农民合作社促进集体经济实现的制度结构——黑龙江省新兴村的例证》，《农业经济问题》，冀县卿、钱忠好《农地股份合作社农地产权结构创新——基于江苏渌洋湖土地股份合作社的案例研究》，《农业经济问题》。

决策和对职业经理人的经营管理进行指导和监督。

参考文献

1. CHADDAD F 2012. Advancing the theory of the cooperative organization：the cooperative as a true hybrid. Annuals of Public and Cooperative Economics，83：445—461.

2. WILLIAMSON O E 1979. Transaction - Cost Economics：The Governance of Contractural Relations. Journal of Law and Economics，22：233—261.

3. WILLIAMSON O E 1999. Public and Private Bureaucracies：A Transaction Cost Economics Perspective. The Journal of Law，Economics & Organization，15：306—342.

4. 高富平：《农村土地承包经营权流转与农村集体经济的转型》，《上海大学学报》（社会科学版）。

5. 高海：《农民合作社促进集体经济实现的制度结构——黑龙江省新兴村的例证》，《农业经济问题》。

6. 国鲁来：《合作社制度及专业协会实践的制度经济学分析》，《中国农村观察》。

7. 国鲁来：《农民专业合作社需要制度创新》，《农村经济》。

8. 洪远朋：《合作经济的理论与实践》，复旦大学出版社。

9. 冀县卿、钱忠好：《农地股份合作社农地产权结构创新——基于江苏渌洋湖土地股份合作社的案例研究》，《农业经济问题》。

10. 林毅夫：《制度、技术与中国农业发展》，上海人民出版社 1992 年版。

11. 卢梭：《社会契约论》，商务印书馆 2014 年版。

12. 马俊驹、宋刚：《合作制与集体所有权》，《法学研究》。

13. 《马克思恩格斯全集》第 16 卷，人民出版社 2010 年版。

14. 《马克思恩格斯全集》第 19 卷，人民出版社 2010 年版。

15. 社会主义思想史编写组：《社会主义思想史》，中共中央党校出版社 1984 年版。

16. 孙中华、罗汉亚、赵鲲：《关于江苏省农村土地股份合作社发展情况的调研报告》，《农业经济问题》。

17. 王景新：《村域集体经济——历史变迁与现实发展》，中国社会科学出版社。

18. 王军：《公司领办的合作社中公司与农户的关系研究》，《经济与管理》。

19. 西奥多·W. 舒尔茨：《改造传统农业》，商务印书馆 1987 年版。

20. 肖端：《农村土地股份合作制模式及其协同推进》，《改革》。

21. 晓亮：《把合作制、集体制区别开来，并列地提具有重大理论实践意义》，《理论前沿》。

22. 阎占定、白照坤：《新型农民合作经济组织乡村政治参与状况分析》，《农业技术经济》。

23. 苑鹏：《中国农村市场化进程中的农民合作组织研究》，《中国社会科学》。

政府引导:农村集体经济有效实现形式的外部条件[*]

郝亚光

农村集体经济作为中国社会主义制度的经济基础之一，是我国以公有制为主体的基本经济制度的重要支撑力量，在农村经济中占有重要地位。农村集体经济的有效实现主要是农村社区集体组织以本集体成员集体所有的财产，通过直接经营或者出资、发包、出租、出让、转让等方式实现价值增值，并以服务、分配等方式实现集体成员利益，以及农民专业合作社和各专业合作经济组织服务其合作成员[①]，最终强化集体公共物品供给能力、提供农民收入、促进社会和谐等。因此，在宪法明确规定了农村集体经济的地位后[②]，中央政府一直在积极探索农村集体经济的有效实现形式，从农业合作化到人民公社化运动，从"第一个飞跃[③]"到"第二个飞

---

 * 作者：郝亚光，法学博士、管理学博士后，华中师范大学政治学研究院副教授，主要从事乡村治理与公共服务方面的研究。

 ① 韩松：《论农村集体经济内涵的法律界定》，《暨南学报》（哲学社会科版），2011 年第 5期。

 ② 《中华人民共和国宪法》第六条规定："中华人民共和国的社会主义经济制度的基础是生产资料的社会主义公有制，即全民所有制和劳动群众集体所有制。"而农村集体经济亦称"农村集体所有制经济"。第八条规定："农村集体经济组织实行家庭承包经营为基础、统分结合的双层经营体制。农村中的生产、供销、信用、消费等各种形式的合作经济，是社会主义劳动群众集体所有制经济。"

 ③ 邓小平指出：中国社会主义农业的改革和发展，从长远的观点看，要有两个飞跃。第一个飞跃，是废除人民公社，实行家庭联产承包为主的责任制。这是一个很大的前进，要长期坚持不变。第二个飞跃，是适应科学种田和生产社会化的需要，发展适度规模经营，发展集体经济。这是又一个很大的前进，当然这是很长的过程。

跃"①。纵观我国农村集体经济的发展过程，可以看到政府引导作为外部条件，影响甚至左右着农村集体经济的发展方向。本文试从政府的视角，探讨政府引导与集体经济有效实现形式之间的内在逻辑，以期为农村集体经济的有效实现创造更好的外部条件。

一　政府引导②：农村集体经济有效实现形式的理论基础

在西方经济学发展的几百年中，政府从"看不见的手"指挥下的"守夜人"，到"看得见的手"对经济的全面干预，再到"新自由主义"主导下的有限干预，均说明：经济发展离不开政府。但政府对经济的干预不够或过度，都将产生负面影响。

（一）市场的内在缺陷，决定了政府在经济生活中的调控地位

马克思、恩格斯通过对简单商品生产和流通的研究发现，市场机制虽然能自发调节生产资料和社会劳动在各生产部门之间的分配，但在私有制条件下政府计划和宏观调控作用的缺乏，市场机制的调节作用往往盲目而滞后。对商品生产者来讲，只有当商品生产出来拿到市场上之后，"通过产品的跌价和涨价才能亲眼看到社会需要什么、需要多少和不需要什么"③。由于资本主义生产社会化和资本主义私人占有的基本矛盾，必然导致个别企业内部生产的有组织性和整个社会生产的无政府状态的对立，使市场的扩张赶不上生产的扩张，冲突不可避免。为此，马克思和恩格斯对未来共产主义社会的政府与市场进行了预测和设想，即：政府计划手段的全面调节。"在一个集体的、以生产资料公有制为基础的社会，生产者不交换自己的产品；用在产品上的劳动，在这里也不表现为这些产品的价值"，"社会的生产无政府状态就让位于按照社会总体和每个成员的需要

---

① 《邓小平文选》第 3 卷，人民出版社 1993 年版，第 355 页。

② "政府的责任主要是引导农民建立与外生性规则相匹配的内生性规则作为制度创新的基础，并建立良性的微观—宏观、宏观—微观的制度反馈机制和农民学习、模仿的激励机制，减少政策失误等方面造成的损失。政府引导决不是包办代替。"——徐勇：《建构"以农民为主体，让农民得实惠"的乡村治理机制》，《学术月刊》，2007 年第 4 期。

③ 《马克思恩格斯选集》第 21 卷，人民出版社 1965 年版，第 125 页。

对生产进行的社会的有计划的调节"①。

列宁在"战时共产主义"时期，全面肯定了马克思恩格斯的计划经济思想，强调应当发挥政府的计划调节作用，认为"没有一个使千百万人在产品的生产和分配中严格遵守统一标准的有计划的国家组织，社会主义就无从设想"②。斯大林在肯定经济发展中市场作用的同时，强调市场作用的有限性，并重视发挥政府的计划调节作用。毛泽东认为价值规律作为计划工作工具是好的，不仅在流通领域里起调节作用，而且在生产领域里仍然起到调节作用，但不能把价值规律作为计划工作的主要依据，"为了建设一个强大的社会主义国家，必须有中央的强有力的统一领导，必须有全国的统一计划和统一纪律，破坏这种必要的统一，是不允许的"③。为此，不难理解，在"文革"时期"左"倾思想影响下，曾一度出现把计划经济等同于社会主义，把市场经济等同于资本主义，过分强调依靠指令性计划和行政手段来管理经济。十一届三中全会以来，特别是在党的十三大、十四大、十七大指引下，日益明确政府在经济生活中的地位和作用，不断厘清政府职能，减少政府对微观经济运行的干预④，加强政府对经济的宏观调控和指导。

（二）农民自愿联合弱小，决定了集体经济发展离不开政府支持

为消灭私有制、提倡个性和能力体系的全面发展，以及实现人的彻底解放，马克思主义经典作家基于社会关系广泛化和个人之间分立化的矛盾，提出集体主义的思想。⑤ 但对于发展农业合作社、农村集体经济，马克思主义经典作家均认为要积极引导，而不能直接包办甚至暴力推进。如恩格斯在《法德农民战争》一书中强调："我们预见到小农必然灭亡，但无论如何不要以自己的干预去加速其灭亡。当无产阶级掌握国家权力的时候，不要用暴力去剥夺小农（无论有无报偿，都是一样），像不得不为此对待大土地占有者那样。我们对于小农的任务，首先要把他们的私人生产

①　《马克思恩格斯选集》第 3 卷，人民出版社 1965 年版，第 630 页。
②　《列宁选集》第 3 卷，人民出版社 1995 年版，第 525—526 页。
③　《毛泽东选集》第 5 卷，人民出版社 1991 年版，第 276 页。
④　《中国共产党第十七次全国代表大会文件汇编》，人民出版社 2007 年版，第 31 页。
⑤　杜国辉：《马克思的集体主义理论视角及特质》，《华南师范大学学报》（社会科学版），2005 年第 5 期。

和私人占有变为合作社的生产和占有，但不是采用暴力，而是通过示范和为此提供帮助……我们则坚决站在小农方面；我们将竭力设法使他们的命运较为过得去一些，如果他们下了决心，就是他们易于过渡到合作社，如果他们还不能下这个决心，那就甚至给他们一些时间，让他们在自己的小块土地上考虑这个问题。"① 这里，恩格斯阐明了合作社对农民只能实行自愿的原则，不能违反他们的意志，不能用外力干预他们。列宁在其口授的《论合作社》一文中指出，彻底改造小农需要很长时间，"需要整整一个历史时代。在最好的情况下，我们度过这个年代也需要一二十年"。同时必须从财政、经济、金融等方面支持合作社的发展，强调"任何一种社会制度，只有在一定阶级财政支持下才会产生"。②

发展集体经济之所以需要政府引导、支持，不能直接包办，是因为农村集体经济是由部分劳动群众根据自愿互利的原则组织起来的，实行独立经营，自负盈亏的合作经济组织，是农民自愿联合体，既没有国有经济的雄厚经济实力，又没有在国家经济中占主导地位；既不像个体经济生产资料私有、经营灵活，又不像私营经济仅仅追求为目的；更没有外资经济得天独厚的先进技术、管理和销售渠道，却承载着吸收社会资金、发展生产、满足和提高人民生活需要，繁荣市场、稳定物价，吸收劳动就业，扩大商品出口，增加公共积累和国家税收，以及实现共同富裕的任务。与此同时，农村集体经济多以广大的耕地和众多的人口劳力为基础，生产力水平有限，与高新技术飞速发展的工业经济相比，既没有先进的技术，又没有充裕的资源，还缺乏高效的管理。因此，鉴于集体经济在经济发展中的地位和作用，亟须政府的扶持和引导。

（三）政府干预程度，决定集体经济有效实现形式

政府作为集体经济有效实现形式的外部条件，其介入的时机、程度、持续性等，成为影响集体经济能否有效实现的重要因素。从某种意义上可以说，政府干预与农村集体经济发展之间呈现出倒"U"曲线关系（见图1）。即当其他既定条件不变，当政府干预程度介于 0 ~ a 或 b ~ c 之间

---

① 《马克思恩格斯选集》第 4 卷，人民出版社 1995 年版，第 497—500 页。
② 《列宁选集》第 4 卷，人民出版社 1995 年版，第 769—773 页。

时，能够促进农村集体经济的发展，并呈现出较为有效集体经济实现形式；当政府的干预程度介于 a ~ b 之间时，能使农村集体经济的发展达到较好的状态，与之相适应的集体经济实现形式较为有效；当政府的干预程度超过 c 点时，农村集体经济的发展将出现停滞甚至倒退，与之对应的集体经济实现形式较为低效。同时，图中所示的 a、b、c 点，是政府干预的"度"。如何把握、界定政府活动的范围，也是农村集体经济有效实现形式得以实现的关键问题。

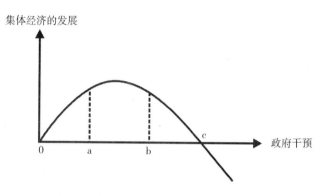

图 1　政府干预与农村集体经济发展的关系

二　从"政府干预"到"政府引导"：中国 农村集体经济实现形式的演变

新中国成立以来，我国农村集体经济实现形式从土地私有制基础上的互助合作，到土地社区公有制条件下的集体化；从高度集中统一的经营管理，到统分结合的双层经营。在这一系列集体经济实现形式的演进过程中，政府作为外部条件，影响着农业发展、农民增收等农村集体经济的有效实现。

（一）人民公社：政社合一下的内部性干预

为避免农村居民的两极分化，加快农村经济的发展，以及实现对小农的有效整合，加上"个体农民，增产有限，必须发展互助合作"[①]。在合

[①]　杜润生：《杜润生自述：中国农村体制变革重大决策纪实》，人民出版社 2005 年版，第 44 页。

作化初期，中央政府从中国经济落后、农民众多的实际出发，强调发展在农村根据地行之有效的互助组形式（主要是临时互助组、常年互助组和初级农业生产合作社三种有效实现形式）。如在1951年9月，中国共产党专门第一次召开了农业互助合作会议，并于同年12月审议通过了《关于农业生产互助合作的决议（草案）》；1953年3月26日，修改后的《中共中央关于农业生产互助合作的决议》全文公开发表，先后对农业进行有的放矢的改造，农业互助合作运动稳步前进。到1953年11月，全国组织起来的农户4790多万户，占全国农户总数的43%；农业生产合作社发展到14000多个，参加的农户有273000多户，占组织起来总农户的0.57%。[①] 1954年至1955年上半年，农民在互助组的基础上成立的初级农业合作社，以土地入股和统一经营为主要特征，已具有半社会主义性质，既照顾到农民的个人利益，又解决了互助组存在的共同劳动和分散经营之间的矛盾。广大农民看到初级合作社发展良好，增产增收显著，纷纷要求入社。特别是在全国第四次互助合作会议的精神传达下发后，各地办社的积极性很高，合作社发展很快。到1955年1月，全国已办起的新社达38万个之多；1954年4月农业初级合作社发展到67万个，大大超过了原定计划的60万个。

由于一些地方发展生产合作时盲目扩大计划，追求百分百，只讲数量，不讲质量，出现了强迫、命令以及侵犯中农利益的情况，加上1955年国家在农村地区多购了35亿公斤粮食，违背了自愿互利原则，严重挫伤农民生产积极性，引起了一些农民的强烈不满。他们对党的农村政策发生怀疑，甚至用大量出卖或屠宰牲畜等方式进行消极抵抗，造成农村形势紧张。对此，中央对农业初级合作社发展提出并贯彻实施了"停、缩、发"的三字方针，调整和巩固了65万个农业初级社。1955年5月，毛泽东突然提出加速农业合作化发展[②]，经过中央召集的五月、七月和十月三

---

① 罗平汉：《农业合作化运动史》，福建人民出版社2004年版，第121页。

② 据罗平汉分析，促使毛泽东改变对农业合作社发展速度的原因有二：一是他当时感到粮食并非那么紧张；二是他当时认为党内有部分人不愿意走社会主义道路，他们对合作社采取消极态度，这种情况必须改变。

次会议的推动①，《中国农村的社会主义高潮》的宣传，以及 1956 年 1 月 23 日中共中央政治局审议并通过实施的《1956 年到 1957 年全国农业发展纲要（草案）》，人为地掀起了高级合作社的高潮。取消土地分红，牲畜和大农具作价入社，只是记一笔账并没有给钱，土地改革农民得到的物质利益又被全部收为"公有"。② 1956 年高级合作化高潮以后，从根本上实现了农民个体所有制到集体所有制的转变，使亿万农民走上了社会主义道路。但在初级社转高级社的过程中，特别是 1958 年"左"的错误进一步发展，把"一大二公"绝对化，权利过分集中，基层生产单位没有自主权，生产中没有责任制，分配上实行平均主义。在全国普遍建立人民公社时，步子过快，要求过急，做法过粗，形式过于简单等缺点，打击了农民积极性，使生产力遭到严重的破坏。为了巩固和发展集体经济，毛泽东不但反复批判和否定包产到户的目的，而且在全国树立起大寨红旗。在"以阶级斗争为纲"的左的思想愈演愈烈的背景下，"农业学大寨"运动迅速发展为普及大寨式的县。但中国土地辽阔，各地情况不一，大寨作为一种政治运动和制度模式，对全国农业生产的促进意义愈来愈小。1978 年全国人均占有粮食大体上还只相当于 1957 年，全国农业人口平均每人的年收入只有 70 多元，近 1/4 的生产队社员收入在 50 元以下的严峻现实。

　　从某种意义上讲，无论是从初级社到高级社，还是从高级社发展到人民公社，再到"农业学大寨"运动，都深深地烙下"政府干预"的烙印。政府通过行政命令式体制③，推动集体经济的发展，"自上而下"规定农村社区的生活、生产每个细节。社员的个人利益基本上被抹杀，社员偏好让位于上级命令，陷入了集体失语的状态，一个个小小的"蜂窝"④ 成为

---

　　①　指 1955 年 5 月 17 日的十五省市自治区党委书记会议、7 月 31 日的省市自治区党委书记会议和 10 月份七届六中全会。

　　②　吴象：《中国农村改革实录》，浙江人民出版社 2001 年版，第 178 页。

　　③　西奥多·W. 舒尔茨：《改造传统农业》，商务印书馆 2006 年版，第 44 页。

　　④　"蜂窝状结构"（hoenycomb - structure）是指这样一种结构：在中国改革前的总体性社会中，虽然国家垄断着绝大部分的稀缺资源，并且为了执行国家的意志而建立了一个严密的组织系统。但这并不意味着这是一个高度整合的社会。相反，各个地方和企业实际上形成了自给自足的自治体系，整个国家似乎是互不相关的单位所组成。这一概念是唐尼索恩提出，Shue 用来描述人民公社时期中国的农村社会结构。

其生产生活的全部。因此，可以说人民公社这种集体经济形式的形成，是政府推动的结果，而不是源自农民自愿。人民公社体制，虽然强化了政府与农民之间的联系，但是在政社合一体制下，政权组织、经济组织和社会生活组织三位一体。特别是政权有强制力，容易产生"命令主义"、命令体制，政府包办以及行政替代经济，以至于严重压抑了农民的积极性，严重制约了农村社会经济的发展。

（二）分田到户：政社分开下的外部性支持

为改变农业生产面临的严峻形势，中共中央于 1978 年 12 月 18 日至 22 日召开的中共十届三中全会，总结了正反两方面的经验，作出加快农业发展的决定，明确指出"我们的一切政策是否符合发展生产力的需要，就是要看这种政策能否调动劳动者的生产积极性"。三中全会以后，一些试行承包责任制但一直处于秘密状态的地方公开了做法，各种形式的生产责任制开始由点到面在全国兴起。[1] 特别是 1980 年中央 75 号文件[2]下发后，随着责任制的大普及，从不联产到联产，从以队组为承包单位到以家庭或劳力为单位，从包产到户到包干到户，最终形成以包干到户为主的家庭联产承包责任制。不但破除了传统的"大锅饭"，而且改变了传统的"大呼隆"，形成以家庭劳动、经营单位，有利于充分发挥农民的积极性，还突破了人民公社"三级所有，队为基础"的体制模式。到 1982 年 9 月，全国实行"双包"责任制的生产队已占总数的 74%，被亿万农民视为治穷致富的钥匙。

为显示中央政策的连续性、重要性和权威性，中共中央在 1982 年至 1986 年连续五年发布以农业、农村和农民为主题的中央 1 号文件。五个 1 号文件的最大特色不是制定政策、作出规定来规范农民行动，而是一步一步按照农民的意愿和实践中的创造，完善自己政策，引导农民向前开拓改革的领域。其中，五个 1 号文件对包产到户的提法，从"不许"、"不要"变为有条件"允许"，再变为"完全放开"，给予高度评价。最终建立的

---

[1]　徐勇：《包产到户沉浮录》，珠海出版社 1998 版，第 261 页。

[2]　1980 年 9 月 27 日，《中共中央关于进一步加强和完善农业生产责任制的几个问题的通知》。

统分结合、双层经营的家庭联产承包责任制，瓦解了原本束缚农民的"合作社"旧有体制，将高度集中统一的经营管理模式变为分户经营、自负盈亏，将平均分配变为按劳分配，把7亿多农民从人民公社的桎梏中解放出来，农民家庭获得了组织农业生产和经营剩余农产品的自主权。"大包干，大包干，直来直去不拐弯。交够国家的，留足集体的，剩下都是自己的"，克服了平均主义的弊端，农民的自主性和创造性得以空前释放，劳动生产率得以极大提高，1982年的农业全面丰收，粮、棉、油分别比上年增加2948万吨、63万吨和161.2万吨。

1953年为缓解粮食紧张问题，在全国开始实施的统购统销政策，是高度集中的垄断的经营管理体制，忽略了市场机制的调节作用，价值规律无法在价格调节和资源配置中发挥作用，不但严重影响了农民的积极性，而且影响了粮食产量，还阻碍了农业经济的发展。然而，随着人民公社的解体、联产承包责任制的推行，农民种粮的积极性提高后，粮食产量真正多了起来。1984年粮食产量达到历史最高水平，其他农副产品也大幅度增长。1985年改行粮棉合同订购制度，以粮食为主的农产品统购统销制度宣告结束。1992年年底，各地的库存粮食多，库存粮食占压不少资金，全国844个县（市）全面放开粮油经营和购销价格，粮食市场形成，统购统销真正退出了历史舞台，农村集市也随之活跃起来。市场交换的出现，给农民的自主性和创造性增添了翅膀。农民作为市场主体，无论是作为农产品的提供者，还是劳动力的供给者，还是商品消费者，所有行为均由自己决定，面临着前所未有的发展机遇和未知风险。

实践证明，政府通过实施家庭联产承包责任制、统分结合的双层经营体制，改善了对农业发展的支持方式，不再直接干预具体的生产活动，更多从宏观政策、宏观体制上给农民松绑，给农民各种各样的政策支持，创造外部环境，不但调动了农民的生产积极性，而且增加了农产品产量，还发展了农业，更稳固了国家的根本。然而，随着农民劳动力的解放、劳动者的经营领域扩展、市场经济的不断壮大和社会大生产的发展，农民作为参与市场竞争平等主体，在面临庞大、严密的市场体系时，显得微不足道。为获得良好的发展，小农户慢慢走向合作、联合。只有靠合作社、集体经济竞争发展，才能节约生产成本、消费成本和销售成本，才能获得较好的经营效益、争取市场谈判的能力和底气。然而，若完全依靠农民的自愿联合，或缺乏合适的条件，或缺少恰当的时机，或缺少"头人"的引领，合作行动往往难以达成。为此，政府除提供较好的外部政策外，有时还需要介入农村经济生活内部，帮助农民、引导农民、组织农民，激发集体经济组织的"细胞"——家庭——的积极作用。但此时的内部介入，不同于人民公社时期的内部干预。此时的介入，仅仅为实现农民合作积极创造条件。即，为广大农民尽快找到适合自己的集体经济有效实现形式，扶上马，送一程。

三　政府引导下的农村集体经济有效实现的新探索

家庭联产承包双层经营体制，不但将原来高度集中统一的"铁板一块"改为统分有机结合的新格局，而且将过去集体统一收入、按劳分配改为"交足国家的，留足集体的，剩下的都是自己的"，还彻底改变集体经济的封闭状态，使农民有了一定的经营自主权，极大地调动了农民生产经营的积极性，使农村集体经济找到了适应生产力发展需要的经营模式。然而，随着市场经济的发展、生产社会化程度提高，家庭联产承包责任制的作用逐渐减弱，其自身的局限性逐步显现。特别是在家庭联产承包责任制下，各种质量的土地按人口平均分配，致使在 20 世纪 90 年代中期，我国农户平均拥有的耕地不足 6 亩，户均承包土地 9—10 块，有 1/3 的省、市人均耕地不足 1 亩，广东、福建、浙江等省人均耕地在 0.6 亩以下。①如此细小分散的田块经营和公共物品建设的缺位，不但阻碍农户进行大规模的投入，而且阻碍机械化耕作，还大大增加了农业生产成本。同时，由于土地不能自由处置，土地制度的相关法律较为滞后，不但限制了农民的择业自由，而且制约了农民通过经营土地提高收入的能力。

为此，创新现行土地制度以此来推动农业现代化和新农村建设，成为新时期中国农业农村工作的重点。2004 年，国务院颁布了《关于深化改革严格土地管理的决定》，2005 年颁布了《农村土地承包经营权流转管理办法》，十七届三中全会部分承认农民的土地物权中的流转权，农民可以

---

① 程希：《对不同地区人口分布与经济和资源环境关系的总体评价》，《人口与经济》，1996 年第 6 期。

部分获得流转权收益；十八届三中全会发布的《中共中央关于全面深化改革若干重大问题的决定》，提出赋予农民更多财产权利，要求建立农村产权流转交易市场，推动农村产权流转交易公开、公正、规范运行；2013年中央1号文件专门提出：加强土地承包经营权流转管理和服务，建立健全土地承包经营权流转市场。为全国的土地制度改革创新实践指明了方向。如山东省东平县政府积极引导当地农民，明确农村土地集体所有权，稳定农户家庭承包权，放活土地使用权的基础上，把股份制引入农业生产领域，以土地承包合同为依据，以土地收益为基数，以土地使用权作股，搭建农村产权综合交易所，推进土地股份合作社建设。

解决资金瓶颈。土地股份合作社的筹备、发展，面临最大的问题之一是资金瓶颈。东平县政府将政策性资金的功能定位从"输血"改为"造血"，改变以往直接的财政拨款方式，通过委托专业机构贷款、支持银社合作、发起创建抵押担保和贴息等机制来解决合作社融资困境。如"半移民村"的孟庄村，享受了大量国家对移民的政策倾斜，以及"移民资金"的扶持。当孟庄村组建联润土地股份合作社时缺乏启动资金，在政府的允许下，将分散的"移民资金"，有效组织整合成为投资的基础，顺利解决启动资金难题。

加强基础设施建设。由于大部分村庄世代从事农业，村集体经济基础较差，村内基础设施长期得不到改善，发展受到制约。东平县安村根据实际情况，建立"安大土地股份合作社"，相继建成中药材种植基地（主要栽植丹参、牛膝、黄芪等价值较高的中药材）、粉皮加工厂和生猪养殖基地。由于基础设施建设方面的滞后（特别是村庄内部道路狭窄泥泞、断头路较多），严重影响合作社相关业务的开展。东平县政府通过以奖代补、项目立项等多种形式，帮助合作社加强基础设施建设，有效地推进了土地股份合作社的发展。

搭建智力平台。在农村土地股份合作社发展的过程中，特别需要人才。如：东平县安村的中药材种植基地、东史庄村的蔬菜和林果种植基地亟须生产技术人才；南堂子村的"昆仑山风景区"建设迫切需要管理人才；周林村的玫瑰产销合作社急需销售、对外贸易方面的人才。由于合作社不能提供有吸引力的薪酬待遇，难以留住人才。为此，东平县政府一方面通过和高校以及科研机构进行合作，对合作社的管理人员、技术人员进行定期培训，提升其人力资源素质；另一方面积极帮助联系县农业技术推广中心的"土专家"与合作社结成对子，定期到合作社进行现场教学和指导。同时，东平县委组织部利用"大学生村官"机制，每年选择紧缺专业的优秀大学毕业生，安排到各土地股份合作社，解决人才短缺问题。

建立协调机制。东平县政府挂牌成立农村综合产权交易所，通过农村综合产权托管平台和农村综合产权融资平台，为各类农村产权交易提供场所设施、信息发布、组织交易等服务，对产权交易行为进行鉴证，同时提供信息咨询、交易策划、产权经纪、委托管理、产权融资等相关配套服务。强化产权托管、委托评估、司法确认、政策扶持四大保障。并按照统一平台建设、统一信息发布、统一交易规则、统一交易鉴证、统一监督管理模式运行，联合县农业、林业、水产、国土、房管、水利、金融等涉及农村产权交易的职能部门，为农村产权交易提供一站式服务，并在各乡镇（街道）、行政村建立分支结构，逐步形成县（所）、乡（站）、村（点）三级网络化交易服务体系。① 通过这种永久性沟通协调机制，产业部门、金融部门和政府部门才能了解合作社的愿望和困境，而合作社也能够了解产业部门、金融部门以及政府部门的需求。②

四　结　语

通过对新中国成立后农村集体经济实现形式演变过程的梳理，不难发现，从互助组到初级合作社、从高级合作社到人民公社、从"农业学大寨"到统分结合的双层经营体制，政府作为集体经济实现的外部条件，其介入的时机、程度和形式，在某种程度上成为影响集体经济有效实现的重要因素。农村集体经济的实现形式，在政府干预或引导的外部条件下，呈现如下分布（见图 2）

在第一象限（右上角区域），当政府能够进行较为科学的引导，为集

---

① 东平县农村综合产权交易所简介［EB/OL］. http：//dpnccq. com/Article. asp？ ArticleID
=65.

② 王曙光：《农民合作社与农村制度变迁——新中国农民合作社 60 年发展之回顾与前瞻》，
《中国经济》，2010 年第 3 期。

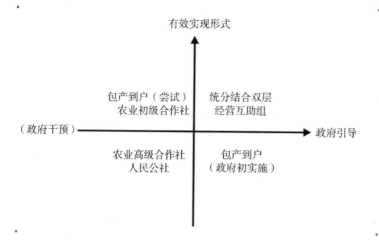

图2　政府引导（干预）与农村集体经济实现形式

体经济的发展提供较好的外部条件时，农村的经济能够得到较好的发展。如互助组作为农村根据地行之有效的互助组形式，能够适应当时的农村生产力发展。新中国成立后，充分考虑当时农村的情况，采取互助组的形式帮助农民发展生产，取得了良好的效果；十一届三中全会后，中央政府适时做出取消"一大二公"的人民公社制度，为巩固家庭联产承包责任制双层经营体制的地位，五年连续发布以"农业、农村和农民问题"为主题的中央1号文件，不但给农民传递了政策稳定、更加契合农民需求的信号，而且激发了农民的活力；21世纪以来，中央政府陆续取消农业税，减轻农民负担。逐步实施种粮补贴、农机具补贴、义务教育、新农保、合作医疗、小额信贷等一系列惠农政策，突出加强农业基础，促进农业发展和农民增收。特别是近年来，为适应农业规模化经营的需要，中央政府因势利导，出台土地流转的政策法规后，尊重农民的创造性，同全国农民一道积极探索集体经济的有效实现形式①。

　　在第二象限（左上角区域）：由于政府的过多干预，制约了农村集体经济的发展。如在农业合作社初期，农民采取在互助组的基础上成立的初

────────

① 党的十七大提出"发展多种形式的集体经济、合作经济"和"探索集体经济的有效实现形式"；2013年中央"1号文件"又提出"因地制宜探索集体经济多种有效实现形式，不断壮大集体经济实力"。

级农业生产合作社，以土地入股和统一经营为主要特征，既照顾到农民的个人利益，又解决了互助组存在的共同劳动和分散经营之间的矛盾。但中央政府急于追求入社的比例和数字，在发展合作社的过程中，政府介入过多，忽视了农村经济发展的内在规律，导致初级农业生产合作社应有的功效没有发挥出来；从合作化高潮中邓子恢首倡包工到户到反右前后包产到户的崛起与夭折，从大饥荒中兴起的"责任田"到"文化大革命"剿灭的"三自一包"，这些作为包产到户的有益探索，均因为政府的过多干预，不但没有得到充分发展，反而被剿灭。

在第三象限（左下角区域）：由于政府的全方位干预，致使农村集体经济的发展几近处于停滞阶段。从 1956 年进入高级合作化高潮后，到1958 年把"一大二公"绝对化，在全国普遍建立人民公社，再到 1966 年开始的"文化大革命"，中央政府对地方、农民的控制不断加强，从生产到生活、社会交往乃至思想状况，将本应自由活动的农民限制在一个自给自足的经济系统，就如同在蜂巢中的一个蜂格里。纵向虽与国家有着密切的联系，横向却与另一个"蜂格"相互隔离。这种"蜂窝状结构"的产生，便是政府全面干预的结果，严重阻碍了农村集体经济的发展。

在第四象限（右下角区域）：当政府提出较好政策引导，提供较好的外部条件时，农村集体经济的发展却未达到理想的状态。如最初提出实施家庭联产承包责任制时，不少地方的农民不信任、质疑政策，或觉得政策不可预期。主要是由于过去公社体制压制农民、剥夺农民，而且政策多变，失信于民，常被戏称为"党的政策像月亮，初一、十五不一样"。自1982 年开始连续五年发布的以"农业、农村和农民问题"为主题的 1 号文件，便在这种背景下应运而生。

参考文献

1. 韩松：《论农村集体经济内涵的法律界定》，《暨南学报》（哲学社会科版），2011 年第 5 期。

2. 《邓小平文选》第 3 卷，人民出版社 1993 年版，第 355 页。

3. 《马克思恩格斯选集》第 21 卷，人民出版社 1965 年版，第 125 页。

4. 《马克思恩格斯选集》第 3 卷，人民出版社 1965 年版，第 630 页。

5. 《列宁选集》第 3 卷，人民出版社 1995 年版，第 525—526 页。

6. 《毛泽东选集》第 5 卷，人民出版社 1991 年版，第 276 页。

7. 《中国共产党第十七次全国代表大会文件汇编》，人民出版社 2007 年版，第 31 页。

8. 杜国辉：《马克思的集体主义理论视角及特质》，《华南师范大学学报》（社会科学版），2005 年第 5 期。

9. 《马克思恩格斯选集》第 4 卷，人民出版社 1995 年版，第 497—500 页。

10. 《列宁选集》第 4 卷，人民出版社 1995 年版，第 769—773 页。

11. 杜润生：《杜润生自述：中国农村体制变革重大决策纪实》，人民出版社 2005 年版，第 44 页。

12. 罗平汉：《农业合作化运动史》，福建人民出版社 2004 年版，第 121 页。

13. 吴象：《中国农村改革实录》，浙江人民出版社 2001 年版，第 178 页。

14. 西奥多·W. 舒尔茨：《改造传统农业》，商务印书馆 2006 年版，第 44 页。

15. 徐勇：《包产到户沉浮录》，珠海出版社 1998 版，第 261 页。

16. 程希：《对不同地区人口分布与经济和资源环境关系的总体评价》，《人口与经济》，1996 年第 6 期。

17. 东平县农村综合产权交易所简介 . http：//dpnccq. com/Article. asp？ArticleID＝65.

18. 王曙光：《农民合作社与农村制度变迁——新中国农民合作社 60 年发展之回顾与前瞻》，《中国经济》，2010 年第 3 期。

能人权威:集体经济有效实现形式的重要前提[*]

黄振华

引　言

集体经济是我国农村经济的重要组成部分。集体经济的发展对于我国农村的政治稳定和社会发展发挥着举足轻重的作用。改革开放以来，我国农村市场经济取得了长足发展，但农村集体经济却始终相对滞后。20世纪90年代，邓小平同志曾提出发展集体经济的"二次飞跃"理论，对发展壮大集体经济寄予厚望。[①] 但当时的现实却是，相对于农村微观经营主体的发展，农村的市场建设仍然远远落后于改革的进程[②]，农村集体经济与个体经济发展的反差不断扩大[③]，呈现出"个体强、集体弱"的结构性失衡。2004年之后，我国开始迈入后税费时代，这一时期农民负担有了显著下降，但集体经济运转困难的问题却更加突出。[④] 在此背景下，发展和壮大集体经济成为党和国家高度关注和亟待解决的重要问题。为此，党的十七大报告即提出要"探索集体经济的有效实现形式"，十八届三中全

---

[*] 作者：黄振华，华中师范大学中国农村研究院讲师。

[①] 中央文献研究室：《邓小平年谱（一九七五——一九九七）》（下），中央文献出版社2004年版，第1349页。

[②] 薛继亮：《集体经济有效实现形式研究》，西北农林科技大学，博士论文，2012年，第14页。

[③] 徐翔：《当前农村集体经济与个体经济发展的反差》，《吉林大学社会科学学报》，1992年第1期。

[④] 薛继亮：《集体经济有效实现形式研究》，西北农林科技大学，博士论文，2012年，第16页。

会也再次强调"壮大集体经济"，体现了改革和发展集体经济的紧迫性。

　　须要看到，集体经济的发展受到政治、经济、社会文化等多重因素的制约。集体经济的有效实现有其内在的基础和条件。作为乡村治理的结构性要素，能人权威在我国农村改革发展中发挥着重要作用，也对集体经济的发展产生了持续重要的影响。那么，能人权威与集体经济的有效实现形式之间有着怎样的内在关系？二者的微观机理如何？本文的研究目标，即尝试从能人权威的视角，研究集体经济有效实现的约束条件，并尝试构建能人权威与集体经济有效实现形式的关系模式。

一　能人、能人权威与集体经济

　　"能人"是一个本土化的学术概念，接近西方学术话语中的"精英"。"精英"（elite）一词最早出现在 17 世纪的法国，原意是"收获最佳的那个部分"，转意为"精选出来的少数"。西方精英理论的集大成者帕累托认为，人类社会始终存在资源分配的不平等，在任何社会中，总存在着被统治的广大群众与占统治地位的一小部分人之间的分离和某种意义上的对立，后者即为"精英"。在此基础上，帕累托进一步将精英区分为广义的精英和狭义的精英。广义的精英是指那些在人类活动的各个领域里取得突出成绩从而达到较高层次的冒尖人物。狭义的精英，即帕累托所谓的统治精英或者政治精英，他们是广义精英中执行政治或社会领导职能的少数人。总体上来看，西方话语中"精英"虽然广义上泛指社会成员中的优秀分子，但更强调精英的政治统治特性，也即所谓的权力精英或者政治精英。

　　与西方理论类似，国内学界也提出了"能人"作为"优秀的少数"的广义含义。对此，罗家德认为，所谓农村能人就是社会精英，他们比普通村民拥有更多的知识、经验、声望或关系资源，是村内影响力比较大的成员。[①] 但与西方理论不同的是，学界非常强调从经济能力的视角来理解乡村精英。例如，华农心就将"懂经营、善管理"作为乡村能人的基本

---

　　① 罗家德：《自组织运作过程中的能人现象》，《中国社会科学》，2013 年第 10 期，第 86 页。

界定标准①；徐勇也认为，能人就是在农村社区经济发展中具有超凡能力，并卓有成就的人士；卢福营则明确指出，所谓能人就是经济能人，他们随着农村经济改革和社会发展而迅速崛起，并在村庄政治运作中居主导或支配地位，从而形成独特的能人治理型村治模式②。本文所述的能人，采用了较为宽泛的定义，主要指农村中具有突出能力、优势资源以及其他特殊才能的人。这种能力和才能，既可以是政治上的，也可以是经济上的。

从历史上看，传统中国是一个典型的能人治理的社会③。费孝通的"长老统治"，是对能人治理早期的一种学术表达④。而诸如孔飞力的"士绅社会"⑤、杜赞奇的"经纪体制"⑥等理论模式也强调了能人在乡村治理中的重要性。改革开放以来，农村能人在农村治理中的作用更加凸显，以私营企业主、个体劳动者、农业承包大户、集体企业管理者等为外观形式的新型经济能人迅速崛起，并形成了独特的能人治理模式和能人政治现象。⑦ 由于能人拥有比普通村民拥有更多的资源和能力，他们在农村集体经济的发展过程中更容易占据重要和关键的地位，并在支配和推动农村集体经济的发展过程中产生巨大的影响力，从而形成能人权威。"权威"是政治学的核心概念，通常被理解为基于被认可的服从义务，而没有任何形式的强迫或操纵。⑧ 对于权威的认识，韦伯的研究最具代表性。在他看来，权威就是一种"合法性权力"，这种权力仅仅与人们的"公正"信条有关，而不论这种信条的来源。因此，能人权威也即能人所具有的使人信服的"合法"权力，这一权威是建立在一般民众由于能力较差而把希望

---

① 华农心：《中国新的政治现象：农村能人政治（上）》，《中国国情国力》，1998 年第 5 期，第 18 页。

② 卢福营：《论能人治理型村庄的领导体制》，《学习与探索》，2005 年第 4 期，第 68 页。

③ 罗家德：《自组织运作过程中的能人现象》，《中国社会科学》，2013 年第 10 期，第 86 页。

④ 费孝通：《乡土中国 生育制度》，北京大学出版社 1998 年版，第 61 页。

⑤ 孔飞力：《中华帝国晚期的叛乱及其敌人》，中国社会科学出版社 1990 年版。

⑥ 杜赞奇：《文化、权力与国家》，江苏人民出版社 2003 年版。

⑦ 卢福营：《论经济能人主导的村庄经营性管理》，《天津社会科学》，2013 年第 3 期。

⑧ ［英］安德鲁·海伍德：《政治学核心概念》，天津人民出版社 2008 年版，第 17 页。

寄托在能人身上的产物。①

在农村集体经济的发展过程中，能人和能人权威发挥着极为重要的功用和效能，为集体经济的发展注入了巨大活力。具体来看，其对集体经济效能的提升主要体现在三个方面。

一是组织效能。能人权威是集体经济形成和产生的重要基础。从组织社会学的角度来看，集体经济作为一种经济形态，必须以一定的组织架构为载体。而任何一个组织，都必然要求构建一个权力中心和地位分层体系，以便控制和指导组织的活动。能人权威首先满足了组织对权力中心的内在要求，成为组织赖以建立的基本要素。值得注意的是，在集体经济组织的发展过程中，能人权威并不仅仅是简单的权力中心，同时也是集体经济组织建立的基本动力。一个颇具代表性的现象是，在诸如农民专业合作社等集体经济组织发展过程中，其发起者和创建者往往都是专业大户、企业管理人员等经济能人，而极少是普通的小农户。② 产生这一现象的原因主要包括两个方面：一方面，乡村能人较普通农户有着更加强烈的合作需求，他们希望通过建立合作社等集体经济组织打破资源束缚，实现更大的发展；另一方面，乡村能人在资源禀赋方面拥有其他农户不可比拟的优势，他们作为集体经济组织发起人和组织者显得更加"责无旁贷"、理所应当③。奥尔森的《集体行动的逻辑》对于类似集体经济组织的"小集团"曾经有过深入的剖析。他认为，小集团不需要依靠强制或者任何集体物品以外的正面诱因就会给自己提供集体物品。这是因为某些小集团中的部分成员（即能人）即使必须承担提供集体物品的所有成本，他们得到的好处也要比不提供集体物品时来得更多。④ 可见，在集体经济的发展过程中，能人始终扮演了集体组织成员之间互相合作的关键推手，成为集体经济得以形成和发展的重要力量。

二是决策效能。社会心理学的研究表明，一个群体要想行动一致，各方面相互协调，就离不开对群体的领导。领导行为是否有效，将直接关系

---

① 徐勇：《权力重组：能人权威的崛起与转换》，《政治学研究》，1999 年第 1 期。

② 陈诗波、李崇光：《我国农民专业合作经济组织的"能人效应"解析》，《学术交流》，2008 年第 8 期。

③ 同上。

④ ［美］曼瑟尔·奥尔森：《集体行动的逻辑》，格致出版社 2008 年版，第 28—29 页。

到群体活动是否能够达到群体的目标。能人治理的突出特点是权威强大、权力集中，他们在集体经济的决策过程中居于支配地位，能够有效提升集体经济的决策效能，从而推动集体经济的发展。具体来看，能人权威从三个方面提高了集体经济的决策效能：第一，由于能人居于集体经济的支配地位，天然成为集体经济的核心决策者，这就避免了决策时权责不明确、推诿卸责的问题，提升了治理绩效；第二，凭借能人所拥有的权威力量，他们可以在集体经济内部形成强大的动员力量，迅速聚合集体经济成员的社会资源，从而形成强大的集团合力，推动集体经济的发展；第三，能人权威以其强大的权威能量，可以有效规避法人治理中的程序合法性问题，使集体经济的决策过程避免受到规范制度的制约，使经济决策更加快速、有效，从而在快速发展的市场环境中把握稍纵即逝的市场机会。总体上，能人权威可以有效节约集体经济的决策时间、减少决策成本、提高决策能量，进而为集体经济的发展提供强大动能。

三是经营效能。能人不仅是集体经济的组织者和发起者，更是集体经济的经营者和管理者。他们之所以能够将村民组织起来，很大程度上在于他们拥有普通村民所不具备的资本、知识、技能、才干以及其他社会资源。作为集体经济成员，普通村民相对素质较低、能力较弱，他们有着进入市场的强烈需求，但却不具备独立面对市场风险、获取市场收益的社会经济条件。在此背景下，依托更有经营和管理才能的乡村能人，就成为村民进入市场的重要媒介和桥梁。需要指出的是，由于集体经济仅限于村庄（行政村或自然村）内部成员，使其具有天然的封闭性，因此更需要与外部社会的有效衔接和互动。而能人在连接外部市场和集体经济的过程中则扮演了极为重要的作用。对于集体经济来说，能人所具有的社会资源是传统乡村所不具备或者很少拥有的稀缺资源，也是重新激活集体经济的催化剂或者"酶"。能人可以直接利用这些社会资源，为集体经济注入新的活力。例如，新型知识技术的引入，能够直接提高集体经济的技术水平，提高经济效益；再如，能人普通拥有更强的机会识别能力以及对市场经济的洞察力，他们可以更加准确地捕捉市场机会，从而将集体经济带入快速发展的崭新轨道。

总体上看，在集体经济组织的发展过程中，能人扮演着发起者、组织者、经营者等多重角色，不断提升着集体经济的组织效能、决策效能和经营效能，为集体经济的发展壮大贡献力量，也成为集体经济产生、发展的基本动力。可以说，能人权威已经成为集体经济能否有效实现和快速发展的关键性因素。实际上，诸如华西村、南街村等明星村庄之所以能够快速发展，都离不开能人权威的带动作用。对此，王景新就认为，"集体经济之所以有效发展……是因为这些村域都有一个出色的精英式领头人物和一个团队、坚强的领导集体"①；徐勇也认为，"能人权威是农村经济转型过程中的特定产物，它对社区经济社会的发展起到了至关重要的作用"。②

二　能人权威与集体经济：关系模型

集体经济的有效实现有赖于其组织效能、决策效能和经营效能的提升，而这些效能的实现程度又直接受到能人特性的制约和影响。尽管能人是乡村上层的"少数"，但却并非是铁板一块的同质性群体。由于不同能人具有不同特征，他们对集体经济的效能提升也会产生明显的差异性。对于这种差异性，笔者将其归结为两个核心影响因素。

（一）"带动潜能"规定了集体经济效能提升的理论上限

所谓"带动潜能"，是指乡村能人竭尽全力所能带来的集体经济的效能提升水平，即能人最多可以在多大程度上提升集体经济效能。带动潜能划定了能人"能量"的上限，表明了能人促进集体经济发展的最大可能。带动潜能越大的能人，其提升集体经济效能的可能性也相应更大；带动潜能越小的能人，其可能带来的集体经济的效能提升也更小。带动潜能是能人在不考虑自身利益得失，完全以集体发展为首要目标主导下的行为选择。能人的带动潜能是一个综合性的指标，具体涵盖能人的多项素质和条件，大体包括以下几个方面。

其一，资源禀赋。主要指乡村能人所掌握的社会资源，包括知识、技术、资本、民意基础以及关系资源等。这些社会资源是能人发挥其带动功能的基础，也是能人权威的前提。

---

① 王景新：《村域集体经济：历史变迁与现实发展》，中国社会科学出版社 2013 年版。
② 徐勇：《权力重组：能人权威的崛起与转换》，《政治学研究》，1999 年第 1 期，第 44页。

能人的资源禀赋状况需从两个层面进行考察。一是数量，这是判断能人资源禀赋最直观的指标。一般来说，掌握某项社会资源越多的能人，其资源禀赋越强，对于集体经济的带动潜能也更加显著。例如，农村集体经济的劳动力资源密集，但却受到资本规模的制约。因此，拥有更多资本的乡村能人可以更有效的激发乡村动力，带动集体经济快速发展。再如，当前我国集体经济组织主要以村集体成员为基础，能人是否能够有效带动，很大程度上取决于能人是否有足够的民意基础，或者说能在多大程度上获得村民认同。民意基础越厚实的乡村能人其对集体经济的带动潜能相对越强，民意基础薄弱的乡村能人，其带动潜能势必明显下降。二是结构，主要指乡村能人所掌握的各种社会资源的相对配置结构。集体经济的有效发展，是多重因素共同作用的结果，其中既需要资本的介入，也需要知识、技术、管理等其他经济要素的引入。换而言之，能够最大限度带动集体经济发展的能人，往往并不是掌握某一类资源最多的能人，而是兼具多种社会资源，且结构优化的能人或者能人群体。例如，在诸如农民专业合作社等集体经济组织中，就往往不是单一的经济能人带动，而是由经济能人与村干部等政治能人"搭班"合作，从而形成优良的资源配置结构，形成强大的带动潜能。

其二，市场意识。所谓市场意识，是指乡村能人适应外部市场经济的发展要求，在迅速变化的市场环境中识别和把握发展机会的能力。作为集体经济的经营者，乡村能人必须能够在纷繁变化的市场竞争中发掘集体经济自身的比较优势，寻求新的经济增长点。大量的事实证明，集体经济的快速成功，往往源于经营者对一些重要市场机会的识别和把握。谁把握了这些市场机会，谁就能够实现跨越式的发展。当然，市场意识的培育需要一个长期的过程和社会氛围。一般来说，在市场经济较发达的地区，能人的市场意识更加突出，对市场机会的把握能力相对更强。笔者在调查中就发现，长三角、珠三角等地区的乡村能人明显拥有更强的市场意识，他们随时关注市场变化，并适时做出经营决策。相比而言，北方农村的经济能人，对市场的敏感度就显得相对更低，其市场意识也稍显薄弱。

其三，管理协调。任何一个经济组织，都有赖于高效的管理与协调，集体经济组织也不例外。与普通的经济组织相比，由于集体经济所具有的独特的"集体"特征，对于能人的管理协调能力提出了更高的要求。首先，现阶段我国农村集体经济（主要是村集体经济）普遍实行生产资料的集体所有，个人的产权边界（特别是土地）缺乏清晰的界定，在集体经济的发展过程中很容易产生纠纷和矛盾，这对乡村能人的管理协调提出了新的要求。其次，目前我国农村集体经济组织特别是村集体经济组织的成员资格仅限于村集体内部，具有封闭性。这意味着，在集体经济组织的发展过程中，集体经济组织的领导者无法或者很难将成员"开除"，这将会产生集体经济发展过程中普遍的"搭便车"问题，这就要求能人必须要提供强大的管理协调能力，将集体经济组织成员动员起来，形成集团合力。最后，在集体经济在发展过程中，由于集体经济成员均为村集体成员，容易形成"不患寡而患不均"的社会心态。对于乡村能人而言，他们将面临两难的抉择：一方面，他们需要运用差异化的利益分配方案调动集体经济成员的积极性和主动性；另一方面，他们又要避免村集体成员因为收入分配不公所带来的群体不满。实际上，集体经济要有效发展，不仅要"做大做强"，更要"公平公正"，而要同时做到这两对，对于乡村能人的管理协调能力提出了更高的要求。

（二）"道德感"规定着集体经济效能提升的主观约束

带动潜能反映的是能人权威对集体经济效能提升的理论可能，而非必然性。在此，集体经济的有效实现程度还受到另一个重要因素的影响，笔者将其概括为能人权威的"道德感"。道德感反映的是能人权威的一种主观意识，主要指乡村能人在推动集体经济发展过程中的无私态度和奉献精神，体现了乡村能人的集体主义道德观念。道德感越强的能人，其在集体经济发展的过程中越不计得失、甘于奉献，越竭尽全力推动集体经济的成长和发展；道德感越弱的能人，则在集体经济的发展过程中更关心自身的利益得失，而不顾集体经济甚至损害集体经济。道德感的高低直接反映了能人对集体经济的实际带动意愿，也决定了能人的实际带动水平接近其带动潜能的程度。换而言之，道德感越强的能人，其对集体经济的实际带动水平将更加接近于其带动潜能，否则二者的差距将趋于扩大。

在市场经济的发展过程中，我们长期沿用的是"经济人"的理论假设。这一假设最早由英国古典经济学家亚当·斯密提出。他认为，人的经济动机根源于经济诱因，经济社会中的个人追求的是经济效益的最大化。他同时认为，在经济理性的驱动下，将会有一只"看不见的手"自动将社会资源进行最恰当的配置，从而增进社会发展。正如亚当·斯密所言："各个人都在不断地努力为自己所能支配的资本找到最有利的用途。固然，他所考虑的不是社会的利益，而是他自身的利益，但他对自身利益的追求自然会或者毋宁说必然会引导他选定最有利于社会的用途。"①

"经济人"假设本质上看是一种利己主义，这是现代市场经济运行的基本准则，也是我们观察和判断人们经济行为的准绳。然而，在当前我国特殊的集体产权制度和政经一体的集体经济运作模式下，遵循利己主义的乡村能人却很难带动集体经济的有效发展。事实上，在大多数集体经济发展的成功案例中，领导者往往不仅仅是一个经济能人，同时更扮演着"道德楷模"的作用。他们将集体经济视同己出，无私奉献、公而忘私、勤恳奋发，不计较个人利益得失，一心为集体谋发展，他们以集体利益的实现为终极目标，以集体经济的发展作为个人实现的基本路径。在许多取得成功的集体经济组织中，类似的道德楷模可谓是一种常态。例如，处于创业时期的吴仁宝、王宏斌等都是其中的典型代表。

在集体经济的发展过程中，道德感的主要功能在于有效遏制集体行动的困境。从性质上看，集体经济本质上是集体行动。在集体行动的过程中，充斥着个体理性与集体理性的冲突和矛盾，从而导致"集体不行动"或者说"集体行动的失败"。对此，奥尔森曾深刻指出："除非一个集团中的人数很少，存在强制或其他某些特殊手段促使个人按照他们的共同利益行动，理性的、自利的个人将不会采取行动以实现他们共同的或集团的利益。"②也就是说，个人理性并不是集体理性的充分条件，个体理性往往导致的是非理性的集体后果。③对于集体行动失败的原因，奥尔森将其归咎为"搭便车"，意指集体成员预期其他成员会供给集体物品，从而自己采取不合作的行动策略。在集体经济的发展过程中，由于产权制度的不规范，集体经济成员很容易产生"搭便车"心态，而这最终将会导致集体经济的衰败。而

① 亚当·斯密：《国富论》（上卷），商务印书馆 1972 版，第 25 页。
② [美] 曼瑟尔·奥尔森《集体行动的逻辑》，格致出版社 2008 年版。
③ 同上。

具有超强道德感的能人，因其具有非凡的人格和魅力，可以形成广泛的民众认同，从而产生牢固、紧密的共同意识和观念，并形成正面的示范效应。由于广泛的民众认同和示范效应，集体经济成员将会自觉的避免集体行动中的不合作行为，从而促成个体理性与集体理性的统一。从这个角度看，具有道德感的能人权威，就相当于奥尔森所说的"特殊手段"，能够促使个人利益按照他们的共同利益行动，最终破解集体行动的困境。

（三）能人权威的组合模式与效能提升

带动潜能与道德感，是能人权威的两个重要指标，共同决定着能人权威对集体经济有效实现的提升状况。其中，带动潜能是客观基础，道德感是主观意愿。运用马克斯·韦伯的理想类型方法，笔者根据两个指标的强弱状况进行交叉组合，从而建构四种能人权威类型。

具体来看，这四种能人权威类型分别为：一是"弱带动—强道德"型能人。此类能人具有超强的道德感，愿意为集体经济的发展竭尽所能、无私奉献。但是，由于受制于自身的素质和条件，他们的带动潜能较弱，因此即使有很强的道德感也难以有效推动集体经济的发展。二是"强带动—弱道德"型能人。这类能人往往拥有知识、技能、资本等大量的社会资源，具备带动集体经济发展的基础和条件，带动潜能强大。但是，由于缺乏集体主义道德观念，他们只以自身利益为出发点，不愿意花费时间和精力在集体经济的发展上。因此，即使他们拥有强大的带动潜能也无法发挥出来，由此自然难以带动集体经济的发展。三是"弱带动—弱道德"型能人。这类能人既不具备强大的带动潜能，也缺乏为集体经济贡献力量的主观意愿，其结果当然也无法推动集体经济的发展。四是"强带动—强道德"型能人。这类能人不仅具有强大的带动潜能，同时也有着强烈的道德感，愿意为集体经济的发展贡献力量。这类能人兼具了集体经济发展的主客观条件，能够有效提升集体经济效能。（见表1）

表1   能人组合模式及其对集体经济的影响

带动潜能	道德感	能人类型	集体经济有效实现程度
弱	强	"弱带动—强道德"型	低
强	弱	"强带动—弱道德"型	低

带动潜能	道德感	能人类型	集体经济有效实现程度
弱	弱	"弱带动—弱道德"型	低
强	强	"强带动—强道德"型	高

　　能人组合方式及其相应的集体经济形态，不仅是对现阶段集体经济发展的描述，也具有历史的参照作用。从历史变迁的角度看，我国集体经济最早出现于集体化时期的互助合作时期。在"政社合一"体制下，集体经济就是生产（大）队经济，集体经济的领头人就是生产（大）队长。这些领头人占据着正式职位，拥有政府授权，属于典型的政治能人。由于受到革命话语和意识形态的影响，这些政治能人对于集体有着深厚的感情和无比的热情，他们愿意为集体经济贡献力量，具有超强的道德感。但在当时的历史条件下，受制于计划经济的束缚，这些政治能人很难取得带动集体经济发展的内外部条件，其带动潜能极低。因此，当时的能人权威，是一种"弱带动—强道德"型能人权威，集体经济则可以称之为是一种原发型的集体经济。

　　改革开放以来，随着农村改革的不断深化和推进，我国农村集体经济发展的内外部条件有了极大的改善。其中，乡村能人在带动潜能和道德感方面呈现出新的变化趋势。首先，这一时期，能人的带动潜能有了质的提升，一大批村民通过自我创业、外出打工等方式逐步积累起了资本、技术、知识等社会资源，成为崛起中的新经济能人。其次，随着市场经济的发展，农民的经济理性日益发展，对经济利益的重视程度日益增加，对于集体主义的道德追求有所下降。对此，徐勇、邓大才等华中学者就曾提出"社会化小农"的概念。他们认为，改革开放以来我国农民的社会化程度不断提高，"社会化小农具有不同于经典小农的特质性：生存约束转为货币约束，承受巨大的货币支出压力，崇尚货币伦理，追求货币收入最大化"[①]。阎云翔的研究则更加直接，他认为，当前中国社会正呈现出一种"个体化"的状态当中。所谓个体化，也即"为我而活"的一种生活状

---

　　① 邓大才：《社会化小农：动机与行为》，《华中师范大学学报》（人文社会科学版），2006年第3期。

态。在这种生活状态中，农民开始的是一种"自我决定"的生活方式，再也找不到共同体的归属感和认同感，自然也无法产生对原有集体的一种道德感。①

改革开放以来，由于能人带动潜能的持续增加和道德感的下降，"强带动—弱道德"型能人较为普遍。由此类能人带动的集体经济，既是当前我国集体经济的主流形态，也是一种集体经济低度实现的形态，笔者将其概括为过渡型集体经济。在此之外，也出现了其他三类相对数量较少但同样存在的集体经济形态：一是前述原发型集体经济的延续，由"弱带动—强道德"型能人领导；二是衰败型集体经济，由"弱带动—弱道德"型能人领导；三是成长型集体经济，由"强带动—强道德"型能人领导。从发展趋势来看，只有成长型的集体经济实现了集体经济的有效发展，其他三类集体经济都在不同程度上受到制约从而无法推动集体经济的发展。

通过对能人权威及其集体经济的类型分析，我们可以清晰发现三点结论：第一，集体经济的有效发展必须走"强带动—强道德"路径，这既是集体经济发展前提，也是基础；第二，"强带动—强道德"型能人带动的成长型集体经济并不是现阶段我国农村集体经济发展的主流形态，表明当前我国集体经济的发展仍然面临严峻形势；第三，从当前我国集体经济发展的基本态势来看，未来的优先方向，应当是引导占据主流的过渡型集体经济向成长型集体经济的转化，其核心是从"强带动—弱道德"型能人向"强带动—强道德"型能人转变，即必须着力提升能人的道德感。（见图1）

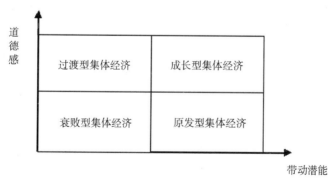

图 1　能人权威与集体经济的关系模式

---

① 阎云翔：《中国社会的个体化》，上海译文出版社 2012 年版。

三　能人权威与集体经济：限度与走向

能人和能人权威是集体经济有效实现的重要前提，但能人权威也有其内在的限度，从而制约着能人权威的效能发挥，甚至导致能人权威的"失灵"。

（一）能人权威的专断化治理

在集体经济的发展过程中，能人权威的一个重要功能是提高组织的决策效能，从而降低组织的决策成本，增强集体经济组织适应市场变化的能力。然而，随着能人权威能量的不断积聚，能人决策的专断化问题也日益凸显出来。所谓能人权威的专断化，主要是指在集体经济的发展过程中，能人权威忽视和排斥其他集体经济组织成员的意见和建议，以个人决策代替集体决策的行为倾向。

能人权威的专断化是能人权威发展到一定阶段的特定产物，有其特定的社会土壤。首先，在我国现有的基层治理框架下，缺乏对集体经济组织带头人的制度化的监督机制。能人权威从产生之初，就缺乏来自外部的制衡力量。随着能人权威的不断增强，能人受到的制约不仅没有强化，反而日益弱化，由此导致能人决策逐渐专断化。其次，当前我国集体经济成员多为普通村民，其素质总体不高，能力有限，权利意识不强，他们普遍缺乏参与集体决策的意愿和能力。在调查中笔者发现，集体经济成员通常只关心结果，而很少关心过程。对于他们来说，收入增加才是"硬道理"，至于决策是否科学、程序是否合法并不在他们的关注范围之内。可见，无论是外部制度规范的缺失还是内部参与意愿的不足，都在不同程度上"纵容"了能人权威的专断化治理。

能人决策的专断化将在两个方面对集体经济的发展带来不利影响。其一，由于缺乏制衡，能人权威极易出现所谓的"道德滑坡"现象。这将动摇能人权威的合法性基础，并对集体经济的发展造成巨大干扰，不仅可能导致能人权威的整体崩塌，甚至会给集体经济带来毁灭性的打击。其二，专断化的决策过程势必带来决策失误，对集体经济的发展带来不利影响。不可否认，在集体经济的发展过程中，乡村能人拥有比普通村民更多的知识、技能、资本以及管理经验，他们更善于识别和把握市场机会，更能够适应市场经济的发展。但从另一方面来看，乡村能人并非完人，他们也有其知识和经验上的局限性，并不能准确掌握经济社会发展的所有细节，决策失误也就不可避免了。

（二）能人权威的可持续性问题

能人治理以能人个人的权威为依托，具有较为浓重的"个人主义"色彩。能人的权威力量越大，集体经济对能人的依赖就越大，其在集体经济发展中的地位就更加特殊和不可替代。然而，越是当作为生命个体的能人成为集体经济发展的不可替代的一部分时，集体经济就必须面对日益严峻的可持续性问题，也即接班人问题。

"接班人的问题牵扯到魅力型统治核心的平凡化；统治者本人及其合法性的平凡化。"[①] 能人权威从本质上看属于卡里斯玛式的支配类型，而这一统治类型具有先天的脆弱性和不稳定性。对此，马克斯·韦伯就曾指出："无论是从理论上看，还是从现实上看，无论是从卡里斯玛统治领袖的角度看，还是从卡里斯玛统治团体及其追随者的角度看，抑或是从卡里斯玛型统治的管理角度看，卡里斯玛型统治都是极不稳固的和非常态的。"[②] 这种不稳定性主要体现在：首先，能人作为有限的生命个体，受到身体、精力等一系列因素的影响，他们不会也不可能永远是集体经济的带头人，必然需要面对接班人的问题；其次，能人权威在集体经济的发展中拥有超强的人格魅力和道德感召，这是集体经济发展的基石和动力，而这种特殊作用的发挥是任何继任者在短时间内都无法复制的。也就是说，对于集体经济而言，一旦面临接班人问题，就意味着对集体经济发展的一次巨大冲击。能人权威的地位越是不可替代，接班人问题对集体经济发展的冲击也更加巨大，甚至可能是灭顶之灾。因此，如何避免因为能人权威更替的负面影响，是集体经济发展过程中必须解决的关键问题。

（三）从能人到法治：趋势与走向

从当下来看，能人权威是现阶段我国农村集体经济发展的重要前提，

---

① 张厚安：《中国农村村级治理》，华中师范大学出版社 2000 年第 1 版，第 91 页。
② ［德］马克斯·韦伯：《经济与社会》，上海人民出版社 2010 年版。

它适应了当前我国农村法治化水平不高，集体经济法人治理结构不健全，农民民主能力和素质较低的现实条件。但从长远来看，专断化和可持续性问题决定了能人权威的阶段性，能人治理和能人政治只是社会转型时期的一种过渡产物。[①] 随着农村法治进程的不断推进，集体经济的法人治理结构不断发育完善以及农民公共参与意愿和能力的提升，集体经济必将逐步向法治化、制度化方向发展，此时能人的权威色彩将逐步淡化，其对集体经济的特殊作用也将逐步退出历史舞台。当然，能人治理向法治治理的转换是一个复杂艰巨的过程，不可能一蹴而就。[②] 在可预见的未来，能人权威在集体经济发展过程中的作用仍然不可忽视，如何健全和完善能人治理模式，进一步推进集体经济的有效发展，是当下更加值得关注的现实问题。

参考文献

1. 中央文献研究室：《邓小平年谱（一九七五——一九九七）》（下），中央文献出版社 2004 年版。

2. 亚当·斯密：《国富论》（上卷），商务印书馆 1972 年版。

3. ［德］马克斯·韦伯：《经济与社会》，上海人民出版社 2010 年版。

4. 孔飞力：《中华帝国晚期的叛乱及其敌人》，中国社会科学出版社 1990 年版。

5. 杜赞奇：《文化、权力与国家》，江苏人民出版社 2003 年版。

6. ［美］曼瑟尔·奥尔森《集体行动的逻辑》，格致出版社 2008 年版。

7. 阎云翔：《中国社会的个体化》，上海译文出版社 2012 年版。

8. ［英］安德鲁·海伍德：《政治学核心概念》，天津人民出版社 2008 年版。

9. 费孝通：《乡土中国 生育制度》，北京大学出版社 1998 年版。

10. 张厚安：《中国农村村级治理》，华中师范大学出版社 2000 年第 1 版。

11. 徐勇：《由能人到法治：中国农村基层治理模式转换》，《华中师范大学学报》（人文社会科学版），1996 年第 4 期。

12. 徐勇：《权力重组：能人权威的崛起与转换》，《政治学研究》，1999 年第 1 期。

---

① 徐勇：《由能人到法治：中国农村基层治理模式转换》，《华中师范大学学报》（人文社会科学版），1996 年第 4 期，第 8 页。

② 徐勇：《权力重组：能人权威的崛起与转换》，《政治学研究》，1999 年第 1 期，第 47 页。

13. 华农心：《中国新的政治现象：农村能人政治》（上），《中国国情国力》，1998 年第 5 期。

14. 罗家德：《自组织运作过程中的能人现象》，《中国社会科学》，2013 年第 10 期。

15. 卢福营：《论经济能人主导的村庄经营性管理》，《天津社会科学》，2013 年第 3 期。

16. 陈诗波、李崇光：《我国农民专业合作经济组织的"能人效应"解析》，《学术交流》，2008 年第 8 期。

17. 王景新：《村域集体经济：历史变迁与现实发展》，中国社会科学出版社 2013 年版。

18. 李泉：《治理思想的中国表达》，中央编译出版社 2014 年版。

19. 邓大才：《社会化小农：动机与行为》，《华中师范大学学报》（人文社会科学版），2006 年第 3 期。

20. 薛继亮：《集体经济有效实现形式研究》，西北农林科技大学，博士论文，2012 年。

21. 徐翔：《当前农村集体经济与个体经济发展的反差》，《吉林大学社会科学学报》，1992 年第 1 期。

利益组合:集体经济有效实现形式的经济基础[*]

胡平江

集体经济是我国农村经济的重要组成部分。在长期的实践发展过程中，我国农村集体经济经历了诸多波折，形成了不同的实现形式。在当前中央明确提出要发展和壮大集体经济的大背景下探索集体经济的有效实现形式需要重点厘清两个问题：一是什么因素影响集体经济的有效实现？二是在什么条件下能够有效实现？对此，本文尝试从利益分析的角度来探讨不同利益形式对集体经济的影响，并探寻何种形式的利益组合有利于集体经济的实现。

一 利益组合是集体经济发展的重要基础

"人们奋斗所争取的一切，都同他们的利益有关。"[①] 从利益角度来看，集体经济就是集体成员为获取共同利益而形成的一种共同组合形式。由于利益类型的多样性，利益的结合呈现出不同的利益组合形式。从学界的研究来看，人们主要强调两种类型的利益组合对集体经济有效实现的影响。

一种观点强调集体利益的主导性，集体经济的有效实现需要以集体利

* 作者：胡平江，农村改革发展协同创新中心研究人员，华中师范大学中国农村研究院博士研究生。基金项目：教育部人文社会科学研究青年基金项目"以村民小组为单位的村民自治实现形式研究"（14YJC810003）；农村改革发展协同创新中心"农村政治与社会治理"项目。

① 《马克思恩格斯全集》第 2 卷，人民出版社 1957 年版，第 103 页。

益为基础。这种观点以经典马克思主义理论为代表。在经典马克思主义看来，个体利益有其局限性。"土地私有者追求自身的利益是有强烈欲望冲动的，尤其是利益的迅速回收更能刺激其短期行为（比如，掠夺式的土地经营等），会导致土地所有者难以虑及社会资源的整体优化配置，结果产生土地生产者的短期行为与整个社会需求变化（乃至人类的永久性生存）的可调适性严重失衡，即'当一小撮人按照他们的任性要求和私人利益来调节生产，或者无知地消耗地力的时候，生产的需要是不能得到满足的'。"① 因此，在马克思主义理论视野中，在国家主导的整体利益调节下，集体合作的利益才能有效保障。如恩格斯特别强调："在大土地所有制条件下，把大地产转交给（先是租给）在国家领导下独立经营的合作社，这样，国家仍然是土地的所有者，这样合作社的特殊利益就不可能压迫全社会的整个利益！"②

　　另一种观点以现代西方经济学家为代表，他们强调个体利益的重要性，且认为个体利益事实上有助于集体利益的增长，个体利益的组合有利于集体合作的形成。现代资本主义经济学的鼻祖亚当·斯密在其代表作《国民财富的性质和原因的研究》中指出："每个人只想得到自己的利益，但是又好像被一只看不见的手指导去尽力达到一个并非他本意要达到的目的，他追求自己的利益，往往使他能比在真正出于本意的情况下更有效地促进社会的利益。"③ 另一位经济学家约翰·穆勒在对劳动合作进行分析时指出："一般来说，生活中的事务最好由那些具有直接利害关系的人自由地去做，那些这样做的人或其中的某些人，很可能要比政府更清楚采取用什么手段可以达到他们的目的。"④

　　但是，在实践的发展过程中，集体利益或个体利益的增长并不一定能够促进集体经济的实现。如同样是个体利益的增长，但不同个体的利益增量不同，可能导致组织成员的相互不满，呈现出一种不公平感。而集体利益的增长也并不一定能带来个体利益的增长，甚至会削弱个体利益的增

　　① 《马克思恩格斯全集》第 18 卷，人民出版社 1985 年版，第 65 页。
　　② 《马克思恩格斯全集》第 36 卷，人民出版社 1975 年版，第 416—417 页。
　　③ 亚当·斯密，《国民财富的性质和原因的研究》（下卷），商务印书馆 1974 年版，第 27 页。
　　④ 约翰·穆勒，《政治经济学原理》（下卷），商务印书馆 1991 年版，第 542 页。

长。对此，本文将从横向比较与纵向比较的角度分析集体经济实现过程中的利益组合形式，以此探求何种形式的利益组合能够有效促进集体经济的实现。

二　利益组合与集体经济的有效形式

人们因利益而加入集体经济，也因为集体成员能够集体经济中能够获得相关利益而使集体经济能够持续。那么，集体成员能够在集体中获得何种利益呢？

（一）利益类型与集体经济的实现

本文结合学界的已有研究，将集体经济组织成员获得的利益从横向比较角度分析其"公平利益"，从纵向对比角度分析其"增量利益"。

1. 公平利益

公平利益是集体经济组织成员与其他成员对从集体经济中所获得利益的横向比较。当集体经济组织成员认为自己所获得利益低于其他成员时，则会形成不公平感。一般而言，个体经济的效率往往高于集体经济的效率。而农民之所以愿意加入集体经济，其重要原因就在于集体经济更能体现公平性，更能体现"共同富裕"原则。从公平利益的类型来看，主要有两种。

一是占有性公平利益。占有公平是指集体经济组织成员对集体经济占有权上的公平，即集体经济组织成员对集体经济的收益享有相应的所有权、资格权。"种种商品体是自然物质和劳动这两者要素的结合。"占有公平是集体经济维持的重要基础。如马克思所言："一个除自己的劳动力以外没有任何其他财产的人，在任何社会的和文化的状态中，都不得不为另一些已经成了劳动的物质条件的所有者的人做奴隶，他只有得到他们的允许才能劳动，因而只有得到他们的允许才能生存。"[①] 可见，占有性公平情况决定着人们在经济组织中的地位，缺乏占有性公平，组织成员则难以平等地合作。

---

① 《马克思恩格斯选集》第 3 卷，人民出版社 1995 年版，第 298 页。

二是分配性公平利益。分配公平是集体经济组织在经营收益分配上的公平，是集体经济组织成员对集体经济经营收益的公平享受。如果说占有性公平是集体经济成员在所有权的公平享受，则分配性公平是集体经济成员在集体经济发展成果上的公平享受。占有性公平与分配性公平并非决然分开，占有性公平也深刻影响着分配性公平。"一定的分配形式是以生产条件的一定的社会性质和生产当事人之间的一定的社会关系为前提的。因此，一定的分配关系只是历史地规定的生产关系的表现。"①

2. 增量利益

集体形成的重要原因就在于群体的行动和集体的力量能弥补个体能力的不足。② 尽管集体经济的经营效率可能低于个体经营的效率，但这并不意味着集体经济带来的收益低于个体经营带来的收益。这主要在于借助集体经营能够实现外部要素的有效注入，能够集聚规模效应，提高农业产值和生产效益，给集体经济组织成员或集体组织自身带来高于个体经营或个体经营无法实现的利益。

一是个体增量利益。个体增量利益是指集体经济组织成员个体利益的增加，是集体组织成员与自身个体经营或与过往经营中获取利益的历史纵向比较。这种利益可能是潜在的利益，也可能是人们加入集体经济组织后获得的切切实实的利益增加。个体利益的增加是农民加入集体经济组织的重要原因。而个体利益增长的长期停滞甚至降低，可能导致农民个体最终从集体经济中退出，退回到个体经营的状态。事实上，个体利益的增长也是集体经济组织发展的重要基础。个体利益的增长，往往意味着集体经济组织能够给人们带来更多的利益，集体经济的公共利益也随之增加，人们对集体经济组织的依赖也会增强。

二是集体增量利益。集体虽然由个体所组成，但集体也具有一定的独立性。集体利益的增加是集体经济组织吸引集体经济组织成员的重要因素。集体利益与个体利益虽然具有一定的统一性，但在总体利益有限的情况下，集体利益的增多可能意味着个体利益的减少。而个体利益的增加也可能意味着集体利益的减少，由此可能导致集体组织维系能力的降低。当

---

① 《马克思恩格斯全集》第46卷，人民出版社2003年版，第998页。
② 《马克思恩格斯全集》第4卷，人民出版社1972年版，第29页。

然，集体利益并不等于集体组织利益。但在实践中，由于"集体"往往是一个虚幻的主体，因而集体利益往往为集体组织所占有。

表 1　　　　　　　　　**利益类型与集体经济实现的关系**

利益类型	维度	利益形式	集体经济实现
公平利益	横向比较	占有公平、分配公平	增强公平感
增量利益	纵向比较	个体利益、组织利益	增强效率感

（二）利益组合与集体经济的实现形式

公平利益与增量利益是集体经济有效实现的两个方面，两者不可偏废。两者的不同组合可能构成集体经济的不同实现形式。

（1）合作型：公平利益高，增量利益高。在集体经济组织中，如果组织成员能够从集体经济中获得较高的公平利益和较高的增量利益，那么这种集体经济往往更能够有效实现。一方面，由于公平利益高，组织成员之间具有较高的公平感，能够有效激发组织成员对集体经济组织的责任意识；另一方面，由于增量利益较高，集体组织和组织成员都能够获得较高的增量利益，集体经济处于高效率运行状态，从而增强了集体经济组织自身的吸引力。

（2）公平型：公平利益高，增量利益低。在集体经济组织中，集体经济组织成员所获取的公平感相对较高但增量利益相对较低，所形成的是一种以公平为导向的低效率集体经济。如果集体增量利益较高而个体增量利益较低，则集体经济组织往往具有较强的支配性，可能形成依附性较强的集体经济。而如果个体增量利益较高而集体增量利益较低，则集体的吸引力相对有限，个体会产生离散的倾向，形成松散的集体经济组织形式。

（3）效率型：公平利益低，增量利益高。在集体经济组织中，集体经济组织成员能够获得较高的增量利益，但公平利益相对较低，往往形成效率型的集体经济形式。长期以来，我国经济发展长期坚持"效率优先、兼顾公平"则是这一类型的重要体现之一。虽然组织成员的个体利益得到增加，但由于缺乏较高的公平利益，在横向比较过程中也会导致组织成员的不满。其中，如占有利益不公平，所形成的往往是组织成员对集体经济组织缺乏关心，造成集体认同的削弱。而如果是分配利益不公平，则主要体现在组织成员获取利益多少的不均衡。

（4）松散型：公平利益低，增量利益低。如果公平利益与增量利益都较低，此时组织成员对集体经济组织的认同感低，所形成的往往是"松散型"的集体经济，是最为不稳定的一种集体经济。此种形式的集体经济，往往处于集体经济发展运营的"低谷"阶段，而如果长时间不能摆脱这种运行状态，那么这种集体经济将面临解体的风险。

表 2　　　　　　　　利益组合与集体经济实现形式的关系

实现形式	公平利益	增量利益	集体经济特点
合作型	低	低	高效率、高公平
公平型	高	低	低效率、高公平
效率型	低	高	高效率、低公平
松散型	高	高	低效率、低公平

三　集体经济的历史演进及其利益分析

（一）人民公社时期的统一经营

在合作社特别是高级合作社阶段，农民的土地也交由合作社统一经营。此时，合作社与行政村其地域范围高度统一，固定在某个行政村的农民往往也自然成为对应合作社的社员，导致农民缺乏退社的自由。而在定型后的人民公社，农民的土地及其生产资料全部并入公社，由人民公社统一经营、统一管理、统一分配。同时，在政治上实行"政社合一"的政策，导致人民公社成为地域、经济、政权"三位一体"的组织单位，人民公社既是一种经济组织，同时也是一级政权组织，集体高于一切，个体在集体中始终没有任何的自主性。

在此情况下，公社社员由于公社的统一经营和平均分配，因此社员往往获得较高的"分配公平感"。但是这种分配公平感是以牺牲劳动效率为代价的。在人民公社的实践过程中，按劳与按需分配之间形成一种"钟摆"，国家奉行"按需分配"准则，一次次推动分配的钟摆朝按需的方向移动，但其结果却是农民"放开肚子吃饭，挖空心思偷懒"；作为基本核算单位的生产队则通过提高按劳分配的份额来激发农民的劳动积极性。① 同时，农民的公平感更多的是一种"分配性公平感"。由于"政社合一"的制度，一切产权归集体所有，集体经济的占有权集中在集体经济组织本身，农民的占有公平感缺失。农民名义上是集体经济的主人，但他们与集体财产之间的实际关系却始终未能做到普遍的名副其实。②

从增量利益角度来看，无论是集体经济组织，还是农民自身，集体经济中获得的利益都极为有限。一是在当时的历史条件下所组建的集体经济仅仅是一种简单的劳动力联合，而并没有新的外部的生产要素的注入，集体经济所获得的增量利益极为有限。其中，1957 年到 1978 年，我国农业生产率年递增仅 0.3%，低于印度的 0.7%，更低于中等收入国家平均2.6% 的水平。③ 二是当时分配原则是"先国家，后集体"。在完成国家征购任务后，生产队的留存情况并不尽如人意，甚至远低于规定比例。④

总体来看，人们公社制度下的集体经济形式主要是一种机械的、人为的联合，是一种外在制度性的强制。⑤ 其利益组合虽然具有较高的公平利益，但增量利益却极为有限。而由于"村社合一"的制度，使集体经济组织成员无法自由退出公社，因而不得不依附于集体经济组织，组织成员与集体经济组织之间貌合而神离。此时的集体经济看似强大，实则极为脆弱。因而在 1962 年党中央做出了"进一步巩固人民公社集体经济"的决定，并提出要集中和动员全党全国的力量，在物质、技术、财政，人才等方面尽可能地支援人民公社集体经济。

（二）改革开放后的"统分结合"

农民从人民公社集体经济中长期难以获得较高的增量利益，甚至低于单干获得的收益，因而也有了单干、大包干的出现。十一届三中全会以

---

① 张乐天：《告别理想：人民公社制度研究》，上海人民出版社 2012 年版，第 273—274 页。

② 周其仁：《产权与制度变迁：中国改革的经验研究》，社会科学文献出版社 2002 年版，第 48 页。

③ 罗平汉：《农村人民公社史》，福建人民出版社 2006 年版，第 404 页。

④ 张乐天：《告别理想：人民公社制度研究》，上海人民出版社 2012 年版，第 271—273 页。

⑤ 刘金海：《产权与政治——国家、集体与农民关系视角下的村庄经验》，中国社会科学出版社 2006 年版，第 247 页。

后，高度集中的集体统一经营体制被"统分结合、双层经营"的新型经营体制所取代。新的经营体制使土地的所有权和经营权实现了两权分离。即所有权是集体的，但是经营权包产到户。两权分离让村民和集体经济组织成员在经营性上不再重叠。但是分离出来的"承包权"让农民对土地的占有权属明晰化，使农民对集体经济的占有公平感增强。在实践中，农民还为追求产权占有公平而一次又一次地随因人口变化重划土地经营权。①

"统分结合"的经营方式的另一个进步是使农民的个体性和个体利益得到尊重，极大激发了农民的生产积极性。其一，农民对经营收益能够拥有稳定的预期。家庭联产承包责任制的实行，使农民有自主经营承包土地的权利。"农民交足国家的，留够集体的，剩下的都是自己的。"农民在一定程度上被赋予了农业生产的剩余索取权②。其二，农民的自我经营有效提高了农业生产的效率。家庭联产承包是农民为自己生产，其生产的积极性也就高。③ 相较于人民公社体制下的集体偷懒、"搭便车"行为，以家户为基础的经营避免了磨洋工现象，提高了农业生产的产出，极大提高了农民的个体增量利益。

然而，"统分结合"的经营方式虽然是一种有效的集体经济经营形式，但是在实践中也面临一些问题。一是农民之间的分配公平感极大降低。人民公社解体后，新的乡村治理体制实现了政社分开与村社分开两个分开。两个分开，使人民公社下强势的村集体组织功能弱化，不再具有一个进行统一分配、统一经营的组织主体。农民经营的收益在农民之间的调节分配几乎成为不可能，农民之间的经济差异性越来越大。因此，当前一些农民想"回到"人民公社时期的统一经营，其体现的就是农民对"公平利益"的追求。二是统分结合的经营制事实上成为一种"有分无统"的小规模家庭经营④，集体经济走向分散化、小规模化，农民"自负盈

---

① 罗必良：《中国农村改革的制度经济学思考》，《农业经济问题》，1995 年第 7 期。

② 陈洁、罗丹：《剩余索取权：农民增收问题的起点》，《学习与探索》，2000 年第 4 期。

③ 林毅夫：《中国农业家庭责任制改革的理论与经验研究》，载于《制度、技术与中国农业发展》，上海人民出版社 1995 年版。

④ 翟新花：《我国农村集体经济体制历史变迁中的农民发展》，《当代世界与社会主义》，2013 年第 5 期。

亏"，农民能够获得较高的个体增量利益，但农民获得的增量利益却并不能给集体带来集体增量利益，集体不断走向"空壳化"。

（三）实践探索中的"合作经营"

为破解家庭联产承包责任制下"分散困境"，全国各地的农村集体经济发展也出现了一些新情况，进行了一些新探索。但目前大多数的探索还主要停留在"专业合作社"或"股份合作社"阶段。专业合作社与股份合作社虽然在一定程度上提高了农业生产效率，部分农民也获得了一定的增量利益，但由于其仍然只是少数生产要素的联合，如专业合作社主要集中在产业技术、销售等方面的联合，股份合作社主要是资金资本与劳动的联合，其作用仍然有限。一是这些要素的合作与村集体关联度不大，难以给集体带来集体增量利益；二是农民的参与有限，并不是所有愿意加入的农民都能够愿意加入，且在技术、资金占据主导地位时，农民难以平等享受集体经营带来的收益。

近两年来，浙江省、江苏省以及山东省等地进行了一些新的农民合作探索。如山东省东平县开始在农村筹建土地股份合作社这种新型合作形式。这种合作形式的最大特点就是挖掘了"土地"这一要素的价值。首先，土地资源是农村最大的资源。农民不一定都有资本或技术，但几乎所有农民都有相应的承包土地。通过土地入股，使愿意加入的农民都能够加入到股份合作社中。同时，在土地股份合作社的经营利益分配过程中，通过按股分红的方式，保障了农民对经营收益的公平享受，实现了分配的公平。其次，土地合作经营使土地资源的经济价值得以提升，激活了农村这一最大的存量资源，农民能够有效获得土地经营带来的增量利益。最后，由于土地是集体所有，以土地为核心要素的土地股份合作社其发展离不开村集体组织的组织、协调与服务，增强了村集体的权威与能力，且村集体组织通过集体土地入股、管理服务等方式也能获得一定的集体增量利益。

从当前集体经济改革探索的实践来看，北方地方农村呈现出集体化加强而南方地区呈现出"去集体化"趋向。这种现实差异事实上也源于南方和北方地区农民对"公平利益"与"增量利益"的不同倾向所致。一般而言，"北方地区农民的生产能力普遍不高，有超越家户互助合作的积极性。相反，在经济较为发达的南方，家户生产能力较强，对于超越家户的互助合作的积极性不高"。① 在北方地方，农民更加依赖于共同体，在集体经济发展过程中也更加注重对"公平利益"的追求，以维持农民之间的合作与利益联结。而在南方地区，农民相对更加注重对个体发家致富的追求，更加注重"增量利益"。

表 3　　　　　　　　　集体经济发展阶段与利益组合的关系

发展阶段	公平利益	增量利益	实现形式	集体经济特点
人民公社	占有利益不公平 分配利益较公平	集体增量利益较高 个体增量利益较低	公平型	低效率、高公平
家庭联产承包	占有利益较公平 分配利益不公平	集体增量利益较低 个体增量利益较高	效率型	高效率、低公平
土地股份合作	占有利益较公平 分配利益较公平	集体增量利益较高 个体增量利益较高	合作型	高效率、高公平

四　以利益组合促进集体经济的有效实现

　　长期以来，学界对于集体经济的研究往往容易陷入意识形态争论的窠臼。其中，对集体经济拥护者往往从集体经济有利于公平、有利于"共同富裕"的角度来予以论证。而对集体经济的反对者往往从集体经济效率低下以及对个体自由的限制角度予以论证。而我们从利益组合角度来看，由于利益组合的不同类型，集体经济实现形式则是多样的。在市场化不断深入的今天，壮大和发展集体经济，促进集体经济的有效实现，特别需要把握和处理好集体经济公平利益与增量利益的协调问题。

　　一是要把握利益组合的公平因素。在市场经济条件下，个体的能动性在经济活动中发挥的作用日益增强，而由于人们资源禀赋的差异导致经济活动中必然存在日益扩大的经济收益差异。因此，市场经济的发展也会激

---

　　① 徐勇：《中国家户制传统与农村发展道路——以俄国、印度的村社传统为参照》，《中国社会科学》，2013 年第 8 期。

发人们对公平利益的追求。而优化集体经济的利益分配机制，则是满足集体经济成员对公平需求的重要途径之一。

二是要协调利益组合的效率因素。人们加入集体经济，是为了获得共同的利益。而要使集体经济产生更多的增量利益，很大程度上依赖于集体经济效率的提升。在市场经济条件下，集体经济经营效率的提升不可能靠强制的行政手段或封闭的要素联合来实现，而需要通过发挥市场的作用，通过开放的要素整合才可能实现。

同时，我们在构建集体经济有效的利益因素之时，也应该注意利益组合可能存在的问题。其一，农民因利而合，在利益长期难以获取时也可能因利而分。特别是在市场经济的条件下，集体经济的运行受到外部环境的影响更大，经济发展面临的风险更高，导致集体经济不可避免的难以有效保障其成员持久享受相应的利益。其二，探索土地股份合作社过程中，土地股份合作社往往以行政村为单位进行组织。这种以行政村为单位发展的集体经济，往往会引发人们对集体经济走向"村社合一"、"政社合一"的担忧，使农民的占有权受到限制，个体利益受到损害。

针对这些问题，山东省东平县等地也进行了一定的探索。

一是建立开放性的合作机制，促进增量利益的实现。土地是农民的命根子，也是农民拥有的最重要财产。东平县土地股份合作社发展过程中抓住土地这一核心要素，通过土地、劳动等方式入股，让几乎所有愿意加入的农民能够加入到土地股份合作社之中，充分挖掘了"土地"这一最大存量资源。同时，针对农民农业生产经营过程中最为缺乏的资本、技术等要素，通过市场引进的方式引入到土地股份合作社，以此避免农民生产要素的简单联合，提升集体经济的经营效益。

二是实行弹性的利益分配机制。为了破解传统土地流转中农民只能享受固定租金收益而难以平等享受土地经营增值收益的困局，东平县在土地股份合作社发展过程中建立起"基本保障金＋收益分红＋风险基金"的弹性收益分配机制。这种分配方式使农民既能获得基本的保底的租金，又能根据合作社实际经营运行情况而分享相应的经营收益，以此确保农民能够平等享受集体经济带来的增量利益。同时，通过实行"按股分红"的方式，使集体资产和收益明细到人，改变传统"人人所有，人人没有"

的困局，使组织成员与组织之间的占有关系更为明晰。①

三是在处理与村集体的关系上，通过引入企业化的治理架构，成立独立的法人，避免村集体与集体"一套牌子和一套班子"。在这种治理架构下，村集体通过提供管理、服务等方式获得相应的收益分红，以此增强村集体的经济能力和服务能力。而集体经济组织通过经济上的利益关联使原子化的农民实现重新的聚合，增强了农民的合作能力与集体观念。因此，这种新型的集体经济区别于人们公社时期依靠国家的力量使农民聚合起来的做法，而更多的是通过经济利益的吸引使农民重新聚合。同时，也避免了家庭联产承包责任制下分散经营造成的"富了农民，穷了集体"的问题，而是农民与村集体共赢。

总体来看，集体经济的现代化是一个长期的过程。在新的历史条件下，以利益为基础来促进集体经济的有效实现，需要根据特定的场合、特定的条件寻求集体经济公平利益与增量利益的有效平衡。

---

① 王景新：《村域集体经济：历史变迁与现实发展》，中国社会科学出版社2013年版，第261页。

有机聚合和均衡聚合：
集体经济有效实现形式的要素分析*

白雪娇

　　集体经济作为我国农村经济的一种基本形态，对于我国农村发展产生了重要影响。从理论上讲，相比个体经营，集体经济因为能够实现要素的"有机聚合"和"均衡聚合"而更具有优势，但是由于主客观因素的限制，专业合作社、股份社等集体经济实现形式的有效性并未体现出来，这就需要我们在新形势下探索集体经济的有效实现形式。当前土地股份合作社等创新都是对提升集体经济有效性的努力尝试，这些模式之所以能提升集体经济的效率和效能，重要的原因之一就是融入了现代的生产要素，实现了要素聚合。

　　经济增长的关键在于要素，随着经济的不断发展，土地、资本、劳动力、技术、制度等逐步成为农业经济增长不可或缺的要素。在古典政治时期，土地、人口就是构建共同体的基本要素。但是这个时期，要素是相对静态的和非经济的。随着私有制以及商品经济的发展，这种公社性质的集体组织开始解体，土地才开始从一种静态的要素变为动态的"生产要素"。最先将土地视为生产要素的是威廉·佩蒂，他提出"土地是财富之母"①，之后穆勒、马歇尔等一批经济学家将土地作为财富生产的第一要素。而马克思明确地将土地与集体制结合在一起，他认为无产阶级"将以政府的身份采取措施，直接改善农民的状况，从而把他们吸

---

* 作者：白雪娇，农村改革发展协同创新中心研究人员，华中师范大学中国农村研究院博士研究生。

　　① 威廉·佩蒂：《赋税论》，华夏出版社 2006 年版，第 91 页。

引到革命方面来；这些措施，一开始就应该促使土地的私有制向集体所有制过渡……"① 随着经济的进一步发展，经济学家对生产要素的重视逐步从土地转移到劳动、组织、制度等。舒尔茨则将对农民进行人力资本投资作为引进现代生产要素改造传统农业的关键，他认为"在解释农业生产的增长量和增长率的差别时，土地的差别是最不重要的，物质资本质的差别是相当重要的，而农民的能力的差别是最重要的"。② 诺斯则认为制度经济组织增长的关键，他指出"有效率的组织需要在制度上作出安排和确立所有权以便造成一种激励，将个人的经济努力变成收益率接近社会收益率"③。

整体上，对于要素的研究多是出于经济增长的目的，局限于经济学的学科，将要素，尤其是要素聚合与集体经济组织相关性研究寥寥。本文则从要素聚合的方式，即"有机聚合"和"均衡聚合"来研究集体经济的有效实现形式。

一　要素聚合与集体经济的有效性

从聚合的方式将要素聚合分为"有机聚合"和"均衡聚合"，对于集体经济而言，要素的"有机聚合"和"均衡聚合"有助于提升集体经济的效益、效率和效用，其中重要的原因是具有集中性、互补性以及开放性的要素，在市场经济条件下可以自由流动和组合，实现资源的最优化配置。

（一）有机聚合与集体经济的有效性

"有机聚合"是指异质要素的聚合，是基于要素之间的差异性、互补性和开放性，其反义概念是"机械聚合"，是指同质性要素的简单相加。一般而言，"机械聚合"能够实现"量"的规模效应，而"有机聚合"能够实现"质"的集聚效应，但是从市场的发展进程而言，往往是"机

---

① 马克思：《巴枯宁〈国家制度和无政府状态〉一书摘要》，《马克思恩格斯选集》第 3 卷，人民出版社 1995 年版，第 287 页。

② 西奥多·W. 舒尔茨：《改造传统农业》，商务印书馆 1999 年版，第 15 页。

③ 道格拉斯·诺思：《西方世界的兴起》，1999 年版，第 5 页。

械聚合"发生的次序先于"有机聚合","有机聚合"往往是在"机械聚合"的基础上才能实现要素的集聚效应。对于集体经济而言,要素的有机聚合通过存量要素与增量要素、内部要素与外部要素的聚合,从而实现集体经济效率与效用的结合。

1. 有机聚合是增量要素与存量要素的聚合

集体是由个体组合而成,并依托于彼此的合作缔结成为共同体。相比于个体经营,集体经济通过股份合作等多种形式,在现有分散的小块土地以及劳动等存量要素的基础上,与资金、管理等增量要素聚合起来,从而释放要素的经济增长潜力,提升集体经济的收益。而"有机聚合"正是以开放和流动的市场为基础,通过增量要素与存量要素的聚合,将现有的存量要素重新整合、组合成与市场相适应的生产要素,比如土地的规模化利用等;另一方面,通过资本等外部要素的注入,重新激发了要素的增收活力。可以说,有效的集体经济形式可以通过有机聚合将土地、劳动和资本等要素从对立走向相互支持。而这一论点恩格斯在《政治经济学批判大纲》中就已论证,他认为私有制造成了要素的相互对立,换言之,集体所有一定程度上会减少这种相互对立的程度。"私有制最初的结果就是生产分为两个对立面(自然的方面和人的方面),即分为土地和人的活动……这样,我们已经看到的就是这三种要素的彼此斗争,而不是他们的相互支持……"①

2. 有机聚合是内部要素与外部要素的聚合

集体的产生以及集体经济的存在发展离不开要素的有机聚合。首先,集体经济以共同占有生产要素为基础,但是在集体经济发展初期往往是劳动、土地、生产工具等同类要素的聚合,而这种聚合作为一种"机械聚合",是一种同质要素的简单相加。而要素的简单相加,会随着投入量的增加出现边际效应递减,无法保障集体经济的效率和效用,这时就需要引入新的要素,如资金、技术以及管理等,实现"有机聚合",而正是要素的"有机聚合",才能提升集体中内部要素的使用效率;另一方面,由于同质要素无法解决监督和考核绩效问题,造成集体效率低于平均水平,但是生产费用却高于平均水平,从而无法保障集体经济效益,而这正是集体

---

① 恩格斯:《政治经济学批判大纲》,载于《马克思恩格斯全集》第 1 卷,人民出版社 1964年版,第 514 页。

经济为个体经济取代的重要原因。但是一般而言，在集体以及集体经济发展初期往往是要素的"机械聚合"，随着同种要素的投入收益递减，就会出现要素的"有机聚合"。

3. 有机聚合是效率与效用的结合

相比个体经济，集体经济组织最大的效用就是创造增量财富，实现共同受益，最终获得个人的全面发展。马克思在《德意志意识形态》中就指出"只有在共同体中，个人才能获得全面发展其才能的手段，也就是说只有在共同体中才可能有个人自由"[1]。对于要素而言，要素聚合不仅体现要素关系还体现着要素所有者的关系。要素的"机械聚合"是基于要素的同质性，这种同质性就导致要素以及要素所有者的可替代性强，这种可替代性又会降低集体对要素所有者的需求；与此相反，要素所有者基于分享利益的需要对集体拥有较强的依附性，这种非对等性就导致集体强于个体，集体完全吸纳甚至代替个体，这种只见集体，不见个人的集体结构最终形成一种"机械团结"[2]。而"有机聚合"是基于要素的差异性，这种差异性一般伴随着稀缺性，而稀缺性就会降低其他要素的可替代性，这种要素的特征导致要素所有者在集体中获得一定的独立性，所以基于要素"有机聚合"的集体能够将集体利益与个人利益结合起来，将效率与公平结合起来，形成一种"有机团结"的集体。那么，在"有机团结"的集体中，个体的相对独立性不仅不会使集体松散，反而因为相互需要强化集体内部的关系纽带，稳固集体组织。

要素聚合强度与集体经济的关系表

	要素性质	要素整合	要素所有者的关系	效率	集体稳定
机械聚合	要素同质性	存量整合	集体性强于个体性	低效率	较弱
有机聚合	要素差异性	增量增长	个体性强于集体性	高效率	较强

（二）均衡聚合与集体经济的有效性

舒尔茨在《改造传统农业》中指出"改造传统农业总需要引入一

---

① 马克思、恩格斯：《德意志意识形态》，载于《马克思恩格斯选集》第 1 卷，人民出版社 1999 年版，第 119 页。

② 埃米尔·涂尔干：《社会分工论》，生活·读书·新知三联书店 2004 年版。

种以上的新农业要素……关键问题不是规模问题，而是要素的均衡性问题"。①"均衡聚合"主要是指不同要素依据效用最大化原则合理配置要素的权重，这就对要素聚合有"度"的要求，正如倒"U"型曲线表示，要素投入以及聚合不足无法实现规模效应，若是要素投入过多就会导致集体经济的收益小于投入成本，造成资源浪费。可以说，这种要素的非均衡聚合不是导致要素投入不足就是要素投入过剩，最终降低集体经济的效率。

1. 均衡聚合的"度"是区分集体经济和个体经济的重要因素

均衡不是永恒的状态，经济发展往往是经过均衡—非均衡—均衡不断反复的过程。一般而言，在开放的市场中，土地、劳动、资本、技术等要素能够自动实现均衡聚合，并且通过循环往复的过程实现"螺旋式"上升。但是在分割性的区域市场内，这种自动性就会大为减弱。在这些非市场因素的影响下，要素的均衡聚合度就会产生些许差异，大致可以分为"低度均衡"和"高度均衡"。以此来分析个体经济和集体经济，个体经济是一个相对封闭的环境，这种环境就限制了要素的自由组合和效率替代，因为无论从要素的拥有量上还是要素拥有的种类而言，个体相比集体均处于劣势，可供选择的要素较少。比如，一家农户有3亩地，起初这家农户所拥有的要素只有劳动和简单的生产工具，随着劳动投入量的增多，亩均收益从1000元上升到2000元，在这个过程中，这位农户的消费水平的也随之提高。随着边际收益递减，除非扩大土地投入量或者使用新的生产技术，否则就会面临减产的危险，但是由于个体经营的限制，农户只能降低自己的收益预期和消费需求，减少劳动投入的强度，实现"低度均衡"。而集体通过合作以及其他形式，将土地、资本、技术等要素集合起来，就将之前固态的要素变为动态的要素，既能扩大要素投入量也能增进新的要素，实现"高度均衡"。所以，无论是个体经济还是集体经济，都能够实现要素的均衡聚合，其中的差异就在于"低度均衡"和"高度均衡"。当然，这种"低度"和"高度"都是相对而言，此外这种均衡是从要素聚合的角度出发，政治、社会等因素破坏均衡状态的情况实不属于考虑范围。

---

① 西奥多·W. 舒尔茨：《改造传统农业》，商务印书馆1999年版，第95页。

要素聚合均衡度与集体经济的关系表

	实现形式	要素可投入量	要素可替换性	效益
低度均衡	个体经济	低	低	低效益
高度均衡	集体经济	高	高	高效益

2. 均衡聚合是基于要素互补性和差异性

一是均衡聚合能够实现适度的"规模效益"。正如马克思所言："一切现代方法，如灌溉、排水、蒸汽犁、化学处理等，应当在农业中广泛应用。但是，我们所具有的科学知识，我们所拥有的耕作技术手段，如机器等，如果不实行大规模的耕作，就不能有效加以利用……"[1] 但是舒尔茨则不太赞同马克思的大农场学说，他认为拖拉机等要素具有"假不可分性"，"当假不可分性成为组织农业生产的基础时，它就导致了一种低效率的资源配置"，因此他认为规模与效益并无必然联系。[2] 马克思和舒尔茨的分歧关键在于要素聚合的均衡上。一般而言，土地、资本、劳动等要素具有不同特性，土地具有集中性，但没有劳动密集，也不如资金那么开放和流动，而集体通过多种实现形式实现了土地的集中性、劳动的密集性和资本的开放性，提升了集体经济的效益。另外，要素的均衡需要集体这种更加开放的市场以降低个体经营常常面临的交易成本和交易风险。舒尔茨认为传统农业的要素配置并非是低效的，同时他认为农民个体在生产现代产品以及生产信息在并不必然处于劣势。[3] 然而事实上，对于农业为主的国家，由于区域市场的差异，个体农民往往由于信息不对称，承担更高的交易成本，并且承受更多不确定的风险，这些因素往往导致个体经营者无法及时地对市场需求做出反应。而集体经济组织而恰能有效降低因信息不对称所产生的交易成本，并通过集体的力量扩张市场，适应现代生产要素的开放性和流动性，提高农业生产效率。但是整体而言，无论是个体经济还是集体经济，通过要素聚合均能够实现固定要素约束下的最大效率。

---

① 马克思：《论土地国有》，《马克思恩格斯选集》第 3 卷，人民出版社，第 128 页。

② 西奥多·W. 舒尔茨：《改造传统农业》，商务印书馆 1999 年版，第 106 页。

③ 西奥多·W. 舒尔茨：《改造传统农业》，商务印书馆 1999 年版，第 101 页。

二　要素聚合与集体经济的实现形式

集体经济从确立之初到现在已经发展了近60年，十七大报告中指出，"探索集体经济有效实现形式，发展农业专业合作组织，支持农业产业化经营和龙头企业发展，在稳定和完善家庭承包经营的基础上，不断提高农户发展生产和进入市场的组织化程度。"这说明，现在我国正在逐步探索有效实现农村集体经济的多种形式。从我国的历史进程来看，农业公社、合作社、集体所有制下的个人经营、股份社、合作社等都曾作为集体经济的实现形式。

马克思、恩格斯将合作社作为集体经济的一种实现形式，他们认为"小农经济必然灭亡……我们对待小农的任务，首先是把他们的私人生产和私人占有变成合作社的生产和占有……"①　恩格斯在《法德农民问题》中提出"应当把自己的土地结合为一个大田庄，共同出力耕种，并按照入股土地、预付资金和所劳力的比例分配收入"。②　继马克思、恩格斯之后，列宁将集体经济思想逐步与俄国的小农经济结合，认为不应该直接采用共产主义过渡的办法，"必须同农民个人利益的结合为基础"③。

我国集体经济源于马恩思想理论体系中的合作经济，最初体现为互助组。互助组主要是农民为克服个体生产中劳动和工具的不足而自愿结合的一种经济组织，分为临时互助和常年互助两种。互助组是建立生产资料私有制的基础上，将人力和畜力等生产要素组织起来，一定程度上弥补个体经营的不足。但是以家庭为单位的合作在要素的投入上并没有明显变化，尤其是人力和畜力这种要素一般难以实现"规模效应"，所以这种要素聚合是在低水平生产力下的一种"机械聚合"；从聚合均衡度而言，在家庭效用最大化的约束条件下，投入人力和畜力的聚合是一种"低度均衡聚

---

① 恩格斯：《法德农民问题》，《马克思恩格斯选集》第4卷，人民出版社1995年版，第498页。

② 恩格斯：《法德农民问题》，《马克思恩格斯选集》第4卷，人民出版社1995年版，第499页。

③ 列宁：《新经济政策和政治教育委员会的任务》，《列宁全集》第42卷，人民出版社1987年版，第190页。

合"。另一方面，正是因为要素聚合呈现出一种"机械聚合"，要素所有者——小农之间以及小农与互助组之间也是"机械团结"，组织成员之间的联系纽带比较松散，很多农民加入互助组的初衷源于壮大自己单独经营，从而产生了个人利益和集体利益的矛盾，所以才有初级农业生产合作社的产生。

初级合作社是在互助组的基础上进一步对集体经济"有效性"的探索。与互助组不同，为了克服个人与集体的矛盾，初级合作社保留农民对土地、耕畜、农民的占有权，但是这些生产要素的使用权由合作社统一调配，合作社根据这些要素的质量折价入股，统一经营，并按照这些生产资料进行收益分配。与互助组相比，初级合作社将土地这一要素聚合起来，并采用股份制和工分制的方式进行管理。这一时期的合作是以土地聚合为主，一定程度上实现了均衡聚合；从要素聚合强度来说，处于"机械聚合"和"有机聚合"之间，土地的集约化经营有利于提高土地这一要素的使用效用，有助于实现"规模经济"。

1956年之后，为了支持工业化发展，高级合作社以及人民公社产生，这时期在推进合作社的过程中，由于操之过急，合作经济完全等同于集体经济，将土地收归集体，收入统一按劳分配。这一时期虽然从形式上由集体统一经营，但是由于高级合作社以及人民公社作为经济、政治、社会三位一体的基层政权组织，具有相对封闭性和管制性；为了维持集体组织，通过行政干预违背农民的自由、自主意愿，对要素所有者——集体组织成员具有强烈的规制性，这就妨碍了要素的自由流动，阻碍了统一市场的形成，降低集体经济的效率和效用。

1978年以后，随着经济体制的转轨，承包经营、股份社、合作社以及股份合作社等均成为集体经济的有效实现形式。但是在市场化和现代要素不足的情况，这些实现形式并没有从根本上改变集体经济积贫积弱的局面，集体资产被低估，流失相对严重。当前随着市场化和现代化的不断发展，探索集体经济有效实现形式的时机开始成熟，随着农村市场的开放，现代要素逐步流入农村市场，从横向上，实现了土地、资本、人力以及技术管理等要素的聚合；从纵向上，实现了产前、产中、产后的纵向聚合。

家庭联产承包是对我国农村集体经济的一种重要实现形式，其集体所有制与家庭经营的方式使得劳动力可以自由流动，但是随着市场经济体制的日益成熟和专业化分工的日益深入，小规模的家庭经营由于要素的"有机聚合"不足，造成内部低效率和外部不经济，并且过度分散的小农经营模式妨碍了要素市场的形成，阻碍农业规模化和产业化。

合作社主要以农业专业合作社为体现。相比新中国成立初期的合作社，如今的专业合作社是基于生产力水平大力提升的前提下、市场一体化的趋势下，外部性要素和合作社内部性要素有机聚合起来，并且在要素横向聚合的基础上，衍生出产供销一体化的纵向聚合。股份制是为了提高农业产业化和市场化，以集体入股、股金分红的办法扩大经营规模。可以说，合作社主要是以劳动为主要要素的聚合，而股份社则是以资本为主要要素的聚合。

整体而言，初级合作社、人民公社、家庭联产承包责任、专业合作社以及股份社均是集体经济的实现形式，在生产力水平不同的发展阶段，发挥着显著的作用。初级合作社是为了弥补个体经营不足而进行劳动和生产工具的均衡聚合，但是因为当时生产力水平有限，要素的多样性不足，所以有机聚合不足。高级合作社以及人民公社则是为了使用大规模的生产工具，以违背农民意愿的方式扩大土地规模，旨在实现生产机械和土地要素的聚合，但是由于当时的生产力水平较低，并受制于集体组织的封闭性，大规模的机械等外部要素无法进入，这就造成因为无法实现"有机聚合"和"均衡聚合"而造成土地要素聚合过度，反而降低了集体经济组织的效率。而集体所有制基础上的家庭联产经营是在较低约束条件下，所以"有机聚合"不足，并且要是一种"低度的均衡聚合"。专业合作社相比家庭经营的要素均衡聚合程度更高，但是主要还是劳动要素的聚合，土地要素并未聚合起来，所以还不是一种有机聚合。股份社则以资本聚合为主，通过资本再与其他要素聚合，有机聚合程度相对较高，但是股份社更多注重效率忽视了效用，某些程度上无法保障社员分配的适度公平，尤其对于集体经济组织来说，适度公平是组织维系的关键，所以就需要探索更加有效的实现形式。

三　要素聚合与集体经济的有效实现形式

随着土地和资本的紧密结合，股份合作社作为一种集体经济的有效实

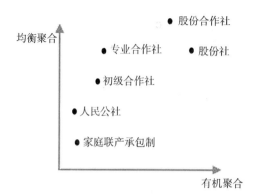

现形式逐渐显示其优越性。山东省东平县以土地股份合作社推动集体经济
的有效实现。区别于专业合作社，土地股份合作社以土地为核心，将承包
地以及集体建设用地确权到户，将经营权变为股权，股权入社，合作经
营。东平县按照"入社自愿，退社自由"的原则建立起不同类别的股份
合作社，分别是能人主导型、资金主导型、农民合作社型、产业带动型和
管理引领型。从有机聚合和均衡聚合的视角分析，当前东平土地股份合作
社都是在土地要素集中与不同要素的聚合。能人主导型因为是依托能人将
土地、资金、技术等要素聚合起来，但是能人主导型的集体经济由于组织
成员要素投入水平的差异，组织中的成员地位也相应产生差异，这种地位
的非对称性可能会造成集体组织内部监督的缺失，从而影响集体经济的利
益分配。资金主导型则通过内部资本汇集以及外部资本注入，实现土地要
素的增值，山东孟庄村润农土地股份合作社就是通过打包利用移民政策资
金，撬活农村的土地资源。农民合作型则更多是农民通过土地折算成股
份，并汇集内部资金将土地和资本聚合起来，这种类型以农民为主体，社
员的地位相对平等。管理引领型则是在合作社经营过程中更加注重管理这
一现代要素，优化集体经济组织治理结构。

　　土地股份合作社是股份社和合作社的结合。相比于合作社，土地股份
合作社将土地要素聚合起来，进行集约化经营，满足了要素的均衡聚合；
同时，通过土地、资本、人力、管理等不同要素、内外部要素的聚合，满
足了要素的有机聚合。相比于股份制，土地股份合作社的要素主体更加多
元化，除了资本以外，土地、管理、人力等其他要素也可以入社，同时以

合作的方式保障农民的收益权。整体上看，当前阶段东平的股份合作社实现了同一要素的均衡聚合、不同要素的有机聚合，但是不同要素的均衡聚合还未实现，当然这种"非均衡"在发展初期的常态，随着其他要素的投入，不同要素的均衡聚合就会实现。

　　总体而言，土地股份合作社可以有效地提高集体经济的效率和效用。第一，土地股份合作社是要素的"有机聚合"，它将土地、资本、管理等差异性要素聚合起来，让固化的土地要素流动起来，极大地提升了土地的利用效率。第二，是一种"非均衡聚合"，从东平县的实践可以窥视出当前我国土地股份合作社主要是依托内部能人带动，能人这一要素在组建经营土地股份合作社中发挥至关重要的作用。第三，外部要素与内部要素的结合。土地股份合作社将集体内部的土地整合起来，这种内部性行为能够有效地降低交易成本，为外部性要素的流入奠定了基础。第四，依托土地股份合作社探索出多种经营方式。东平在土地聚合的基础上，采用项目经营、产业经营以及合作经营等多种模式，多元化的经营模式能够在因地适宜的原则下激活集体经济，提高集体经济的生产效率。第五，这种实现形式是基于合作的基础，社员与合作社拥有对等的地位，社员在集体中具有独立的人格和意志，并且依照要素的投入水平获益，这种分配方式将个人利益与集体利益结合起来，同时通过技术、管理要素的投入避免了集体监督失效、"搭便车"等问题。

四　结论与讨论

　　土地股份合作社通过要素的"有机聚合"和"均衡聚合"一定程度上实现了集体经济的有效性，但是当前土地股份合作社的要素聚合依然存在同质要素聚合过度、异质要素聚合不足的问题，尤其是对于集体经济组织而言，效率分配和公平分配的问题仍需注意。

（一）要素聚合是集体经济有效实现的物质基础

　　集体经济的有效性一定程度上依赖于要素聚合，而要素之所以要聚合主要因为社会分工、农业生产专业化和市场化的结果。在市场化的背景下，单家单户的生产无法应对市场化的冲击，需要通过集体协作实现规模效应，也只有提供集体协作才能实现效率最佳。当前，土地股份合作社等集体经济有效实现形式的发展有赖于土地、资本、技术、管理等要素的"有机聚合"。

（二）集体经济发展的要素聚合的适度问题

要素聚合必然有一个适度问题，市场虽然能够实现优化配置，但是市场的盲目性也会导致要素流动的盲目性，如果要素过度聚合，就会产生"溢出效应"造成资源的浪费，最终降低集体经济的效率。当前我国农村土地开始形成，由于土地级差收益造成集体经济发展失衡，城中村和城郊村的土地资源利用过度，而相对的普通村庄则因为缺乏资本、技术等要素，集体经济难以发展，土地资源大量闲置。这就需要政府适度引导和调节。

（三）要素聚合要坚持适度公平

要素聚合会产生替代效应，即一种要素带来的生产效率增量若是高于另一种要素，那么生产者的要素投入偏好也会相应发生变化。随着我国农村市场的逐步开放，土地与资本集合释放的经济增量显著，这就导致生产者的投入偏好以土地和资本为主，劳动力要素的相对效用降低，形成所谓的"非均衡聚合"。这种"非均衡聚合"是农村要素市场发展完善的必经阶段，但是也要按要素分配所造成的公平问题，这就需要土地股份社合作社等要坚持同股同权，保证农民的公平收益权。

（四）要素聚合需要政府引导和规范

尽管现代性要素能够激活集体经济，但是当前我国农村市场尤其是要素市场还未发育完全，要素集聚过度以及非均衡等问题难以自动克服，这就需要政府的引导和规范。首先，引导集体经济要素的"非均衡聚合"向"均衡聚合"过渡。集体经济的稳定持久发展应该既包括土地、资金、人力等要素，还包括技术、制度和管理等现代要素，当前土地股份合作社等其他一些有效实现形式多为能人主导型，当然能人这种人力资本在集体经济发展中具有重要作用，但是目前过度依赖能人、制度建设不足等现象，可能会造成集体经济组织内部地位失衡、监管缺失等问题，最终造成集体经济组织成员的利益受损、集体资产流失。其次，规范市场交易秩序。集体经济的发展依赖规范的市场秩序，当前我国农村要素交易平台和交易市场都不完善，为了保障农民的权益，也为了促进农村经济有序运行，需要政府引导建立规范化的交易原则和交易制度。

第四部分　集体经济有效实现形式的理论探索

农地流转市场的逻辑:理论线索及其案例[*]

罗必良

一 问题的提出

Alchian（1965）曾经指出，所有定价问题都是产权问题。价格如何决定的问题，就成了产权如何界定、交换以及以何种条件交换的问题。其中，产权主体对所交易物品的价值评价，关键取决于交易中所转手物品的产权的多寡或产权的"强度"。不减弱的产权能够获得较高的价值评价，能够有效生成价格并促进其交易。正如 Barzel（1989）所说，任何对产权施加的约束，都会导致产权的"稀释"。如果物品的产权边界是不明确的，或者产权易于被减弱，那么将其参与交易的可能性则会被抑制。对个人产权而言，将减少个人财产的价值或者导致租值耗散；从社会角度来说，则会损失资源配置效率与社会福利效应。

中国农村的土地制度正在发生两个重要的政策性转变，一是通过强权赋能不断提升农民对土地的产权强度；二是通过加大支持力度推进农地的流转集中。以求一方面保护农民的土地权益；另一方面改善农业经营的规模经济性。

我们的问题是，提升物品的产权强度，就必定能够改善人们对物品潜在价值的评价，进而促进物品的交易？第一，交易费用范式关注了资产专

---

* 作者：罗必良，华南农业大学经济管理学院教授、博士生导师；华南农业大学中国农业产业发展研究中心主任，教育部"长江学者"特聘教授、广东省"珠江学者"特聘教授。

本文是教育部创新团队发展计划"中国农村基本经营制度"（IRT1062）、国家自然科学基金重点项目"农村土地与相关要素市场培育与改革研究"（71333004）的阶段性成果，并受到广东省宣传文化人才专项资金的资助。本文初稿发表于《南方经济》，2014 年第 5 期。

用性、交易频率、不确定性等因素对交易成本的影响（Williamson，1985）。这一范式的特点是假定交易参与者具有明晰的产权，且具有同样的交易意愿。不过，该范式忽视了交易主体的主观差异。因为不同的人将其所拥有的物品进行交易的意愿程度是不同的。第二，对于不同的产权主体来说，提升物品的产权强度，其所能发现物品潜在价值的能力是不同的，进而参与交易的可能性及倾向也是不同的。因此，产权强度对产权交易的意义并非是明确的。

本文试图基于"产权强度—禀赋效应—交易装置"的分析线索，以期阐明农地流转的市场逻辑。重点在于：第一，基于产权强度的生成机理的分析，通过引入禀赋效应理论，并通过实证分析揭示农地产权流转抑制的根源。目的在于说明农地产权强度的提升并不必然改善农地承包经营权的流转绩效。第二，对于一项具有排他性产权，同时又具有禀赋效应的物品，如何改善其产权交易效率？交易费用的高低，并不唯一地由产权安排所决定。因此，本文更重要的目的是要说明，如何使产权便于交易，交易装置及其匹配将是一个可以拓展的重要研究方向。

二 产权强度、禀赋效应与交易抑制

（一）产权强度及其生成机理

周其仁（1995）区分了三类土地私有权的获取途径：一是经过自由的交换契约获得产权（产权市场长期自发交易的产物）；二是通过国家干预的土地市场在形式上获得产权（对土地产权自发交易过程中施加某些限制的产物）；三是通过国家强制的制度安排而完全不经过市场途径所获得的土地（国家组织社会政治运动直接重新分配土地产权的结果）。在第一种情形下，农民有独立的谈判地位，他能够根据成本收益的合理预期决定是否继续持有或完全让渡产权。但是，农民的这种独立谈判地位在第二种情形下打了折扣，而在第三种情形下几乎荡然无存。显然，这三类产权的强度具有依次弱化的特点。由此我们可以合乎逻辑地判断，完全可以有不同的土地私有制，它们具有不同的强度、不同的稳定性，并且具有完全不同的进一步改变的逻辑。

假定存在产权市场，对于人们如何获得产权并判断其产权强度，周其仁的逻辑是没有问题的。但是从起源的角度来说，则存在悖论：如果缺乏产权强度（弱产权），人们不可能通过市场来交易；如果缺乏自由的市场交换，则无法提升其产权强度。因此，有必要进一步认识产权强度的生成机理。

洛克（Locke，1690）从原始森林的果子掉到地上开始分析物成为财产的原因。假若森林的果子掉到地上，没有人拾起，则果子不会成为财产。但如果一个人弯腰拾起果子，则在果子中注入了劳动，果子就会成为那个人的财产。因而，洛克认为财产是一种自然和技术的产物，是已经物化的劳动。如果财产单纯指已经物化的劳动，这就会产生一个问题：行窃和战争也是一种劳动，那么采集果子的劳动与偷窃果子的劳动又有什么区别呢？揭示采集果子的劳动与偷窃果子的劳动的区别，可以从不同的角度做出解释。

第一是法律赋权（合法性）。对于一项物品的产权，如果没有法律意义上的界定，那么就不可能有所谓"非法行窃"的"合法性"判断，同样也不可能有所谓的市场交易。经由市场的交换契约获得产权，之所以具有产权强度，是因为：其一，该产权及其权益是受到法律保护的，具有强制性；其二，这个市场及其契约是合法的，具有权威性。

第二是社会认同（合理性）。行窃和战争是一种社会概念。毫无疑问，如果不考虑社会认同，要区分采集果子的劳动和偷果子的劳动是非常困难的。有关物化劳动成为财产的合法性思想在一定程度上与人类的共同认可与尊重有关，但正如我们已经在现实中看到的一样，作为被赋予一种权利的劳动，如何获取财产总是一种社会的选择。这种选择是关于某种努力在人们头脑中形成的一种可以被社会共同认可的权利的选择。因此，经由市场进行交易，是因为这种方式能够得到社会认可与道义支持。或者说，市场交易能够表达社会认同及其规范。

在国家社会状态下，产权的强度首先依赖于法律赋权的强制性。然而，其强制性的界定、实施及其保护是需要支付成本的，而成本的高低也与社会认同紧密关联。可以认为，从法律的不完全性来说，社会认同是法律机制的重要补充；从法律的可实施性来说，合法性必须服从于合理性。

写在纸上的"制度"与实际实施的"制度"并不总是一致的（罗必良，2005），农村土地制度尤其如此。当国家权力渗透到农地产权的实际运作中之后，农村干部就成为国家的代理人，国家意志往往是通过乡村干部来达成的。因此，由乡村干部群体所表达的社会认同成为决定农地流转秩序的主流观念（谢琳等，2010）。

第三是行为能力（合意性）。产权经济学关注产权的实际运行与操作，其中，产权主体的行为能力是一个重要的方面。Barzel（1989）指出，人们对资产的权利不是永久不变的，而是由他们自己直接加以保护、他人企图夺取和任何"第三方"所做的保护这项权利的努力程度所决定。产权主体的行为能力对于产权的实施具有重要的行为发生学意义——产权属性的关键在于可排他性、可处置性以及可交易性，具备排他能力、处置能力与交易能力的产权主体能够强化其产权强度。由于产权在实施中的强度问题，使得同一产权在不同的实践环境、对于不同的行为主体，都可能存在实施上的差异。

因此，Alchian（1965）指出，产权的强度，由实施它的可能性与成本来衡量，这些又依赖于政府、非正规的社会行动以及通行的伦理与道德规范。可以认为，产权强度决定着产权实施，是国家赋权、社会规范与产权主体行为能力的函数——法律赋权从合法性、强制性与权威性方面提升产权强度；社会认同从合理性、道义性与规范性方面强化产权强度；行为能力从合意性、偏好性与行为性方面决定产权强度（罗必良，2013）。

（二）禀赋效应：一个认识维度

早在1759年，亚当·斯密在《道德情操论》中把人们的行为归结于同情，阐明具有利己主义本性的个人怎样控制他的感情或行为。他指出一种现象：人们对无论是心灵的还是肉体上的痛苦，都是比愉快更具有刺激性的感情。也即失去自己拥有物品所带来的痛苦，比获得一件同样物品所带来的喜悦更加强烈。简单地说，就是"失而复得"并不具有等同效应。

后有学者用货币来衡量这一感受。Thaler（1980）由此提出"禀赋效应"（Endowment Effect）并将其定义为：与得到某物品所愿意支付的金钱（Willingness to Pay，WTP）相比，个体出让该物品所要求得到的金钱（Willingness to Accept，WTA）通常更多。即指一旦某物品成为自己拥有的一部分，人们倾向给予它更高的价值评价。

Radin（1982）提出，如果一项财物的损失所造成的痛苦不能通过财物的替代得到减轻，那么这项财物就与其持有者的人格密切相关。进而，她将财产分为人格财产和可替代财产。这意味着，对于产权主体来说，人格财产相比于可替代财产，具有更为显著的禀赋效应。对于农户来说，农户持有的宅基地、承包地是凭借其农村集体成员权而被赋予的，具有强烈的身份性特征，表现为典型的人格化财产，相对于为了出售而持有的物品（比如储备的谷物），其禀赋效应将会更高。

Kahneman 等（1991）认为，禀赋效应是"损失规避"的一种表现，即损失比等量收益所产生的心理感受更为强烈，因此人们更计较损失。从交易的角度来说，对于同样的物品，一个人的意愿卖价要高于意愿买价。因此，禀赋效应会抑制潜在的交易。

（三）产权强度、禀赋效应与交易抑制

可以认为，禀赋效应产生于交易。没有交易，就不可能有禀赋效应，但是，禀赋效应会抑制潜在的交易。引入禀赋效应的分析维度，有助于对产权强度的交易含义做进一步的理解。

首先，产权及其交易不仅依赖于法律，在实际运行中更依赖于社会及道义的支持，乡土村庄更是如此。在实际运行中，人们从交易中得到的东西，不仅来自于自己对生产、保护、行窃的选择，而且也取决于别人的认同，而社会规范基本上依赖于人们对公正性的伦理选择。如果违背了任何权利制度赖以存在的公正性，交易所得乃是一种幻影（Baumol，1982）。假定不存在法律约束，当社会认同无法通过交易来强化农民的权益时，或者实施交易可能导致其产权的租值耗散时，产权主体势必会选择继续持有，因为这是防止其物品价值损失的唯一方法。不交易即是最好的交易，此时的禀赋效应很强。

其次，假定某个人拥有的物品，既得到法律的赋权，也得到社会认同，如果他对这类物品具有继续持有的依赖性特征，那么其禀赋效应将尤为强烈（例如，一个以农为生、将土地人格化的农户）。产权赋权的"权威"主要表现为排他性。正如 North（1981）所说："产权的本质是一种排他性的权利，……产权的排他对象是多元的，除开一个主体外，其他一切个人和团体都在排斥对象之列。"法律赋权和社会认同的物品产权的排他性强，持有者的行为能力也相应增强。特别是当完整权利下作为行为努

力的产出物成为其赖以维生的来源，持有者本身也成为物品权利的一部分（人格化产权），从而使得这类物品的交易将转换为物与人结合的权利交换，其排他性将变得尤为强烈。此时持有者的禀赋效应很强，即使存在潜在的交易对象，也难以取得这件物品的完整权利，交易也就难以达成。

最后，如果一个人对所拥有的物品具有生存依赖性，并且具有在位控制诉求，特别是当其控制权的交易具有不均质性、不可逆的前提下，那么其禀赋效应将较为强烈。例如农村土地，在承包权与经营权分离的情形下，农地出租意味着对农地实际使用的控制权掌握在他人手中，并有可能导致土地质量、用途等发生改变。当承包者重新收回经营权时，处置权的强度已经发生改变。如果存在事前预期，并且这种预期又是承包农户难以接受的，那势必会导致承包权主体的禀赋效应增强，交易必然受到抑制。

此外，值得指出的是，禀赋效应理论一直关注交易过程中"人—物"的关系，却未考虑到面对不同交易对象时的情景差异。就同一物品而言，面对不同的交易对象，产权主体所拥有的产权排他能力是不同的。正如Barzel（1989）指出的，个人权利的实现程度取决于他人如何使用其自己的权利。可以认为，同一个产权主体对其所拥有的物品，面对不同交易对象时的禀赋效应是有差异的。

三　农地流转：一个特殊的市场

（一）农地流转的产权经济学意义

应该说，家庭承包制度下农民所获得的土地产权是国家强制的制度安排而完全不经过市场途径所获得。这一赋权方式所决定的逻辑是：（1）由于产权是国家强制界定的，因此一旦国家意志发生改变，土地产权安排就有了变动的可能，从而决定了制度的不稳定性。（2）国家的代理人是政府，而政府是由官僚集团构成的。官僚集团除了追求自身的利益，也可能代表着不同利益集体的利益诉求，由此形成的产权制度可能是歧视性的。歧视性产权制度安排所导致的产权模糊及其所制造的"公共领域"至少从两个方面减弱产权强度：一是限制产权主体对其部分有价值的物品属性的控制权；二是限制行为主体行使产权的能力（罗必良，2005）。前者如取消农民土地进入非农流转的交易权；后者如禁止农民对土地承包权与宅基地用益物权的抵押。（3）按照户籍及成员权所界定的均分地权，必然导致农民行为能力的下降。第一，由于产权是国家无偿赋予的，因此其权利边界及其可实施的内容必须听命于国家，国家意志的改变可以变更权利内容，而且这一变更的不确定性必然导致农民行为预期的不稳定性；第二，由于赋权是均分的，尽管保障了身份权的公平性，但没有顾及成员能力（以及偏好）的差异性，赋权与能力的不匹配，既牺牲了效率，也损害了公平；第三，初始赋权所决定的产权分散性与可实施产权的零碎化，使已经不具备任何规模经济性的农户的行为能力空间进一步收缩。

改善土地的产权强度，可以从不同的维度入手。其中一个重要的方面是改善产权的排他性、公平性与稳定性。中国农村土地的制度安排，就农地的承包经营权层面而言，第一，作为农村集体成员的农户是唯一的产权主体；第二，基于中国特殊的农情与人地关系，土地的福利赋权及其均分也成为必然选择。因此，农村土地的家庭承包制并不存在太多的关于排他性与公平性方面的问题，关键在于农地产权的稳定性。为了避免国家直接分配的土地产权易于被改变的可能性，产权的流动与市场交易就显得格外重要。因为公平公开的市场交易能够强化社会规范。

所以，推进农地承包经营权的流转具有双重意义。第一，改善产权强度。因为经由市场交易的产权具有规范程序的合法性、社会认同的合理性、自愿参与的合意性，因而能够强化产权强度。第二，改善资源配置效率。资源的产权主体明确，并允许产权的自由转让，同时与这一转让相应的收益得到有效保护，产权主体才有可能最大限度地在产权约束的范围内配置资源以获取最大收益。鼓励农户承包经营权的流转，有助于实现规模经营，降低劳动成本，对农户不仅具有资源配置效应、边际产出拉平效应，还具有交易收益效应（姚洋，1998）。

（二）两大变化及其反差

始于1978年的中国农村改革，从本质上讲是财产关系与利益关系的大调整。而农户家庭经营主体地位的确立，有效改善了农民的财产支配权与经济民主权。与之伴随，中国农村出现了两个重要的变化。

一是人地依存关系的松动。在中国，土地历来被视为农民的"命根子"。人地关系的严酷性，决定了土地对于农民兼具生产资料及社会保障双重功能。Scott（1976）在研究东南亚一些地区的农村土地制度时指出，当人均土地资源极少时，农民的理性原则是以生存安全为第一要素，其经济决策的基础是生存伦理而不是经济理性。然而，我国的现实已经发生了重大变化。第一，人地关系出现了明显的松动。我国农业劳动力的就业份额从1978年的70.50%，已经减少到2011年的34.80%，表明农民开始不以农为业。第二，农民对土地的依赖性显著降低。农户纯收入中来自农业的比重由1985年的75.02%下降到2011年的26.30%（国务院发展研究中心农村部，2013），表明众多农民已经不以农为生。

二是农户土地产权的强化。（1）强化农户的产权主体地位。中央1982年的第一个"一号文件"，明确肯定了包产到户、包干到户"是社会主义农业经济的组成部分"。进入21世纪以来，中央政策文件更是反复申明土地确权到户并保护农民财产权利。2002年出台的《农村土地承包法》更是以法律的形式将农民的土地权利确立下来。（2）强化赋权的稳定性。1984年中央第三个"一号文件"确定了承包给农民的土地15年不变，1993年的"一号文件"则将承包期延长到30年不变。党的十七届三中全会明确强调，赋予农民更加充分而有保障的土地承包经营权，现有土地承包关系要保持稳定并长久不变。十八届三中全会更是强调赋予农民更多财产权利。

在上述背景下，推进农地流转成了重要的政策目标。早在1984年，中央"一号文件"就开始鼓励农地向种田能手集中。2001年中央发布的18号文件系统地提出了土地承包经营权流转政策，《农村土地承包法》则首次将土地承包经营权流转政策上升为法律。此后多个文件及政策均在不断强化对农地流转的激励。应该说，政府政策导向为农地流转和农户退出土地承包经营权提供了制度基础。

但现实的反差是，与农业劳动力的大量转移相比，中国农地流转的发生率严重滞后。1984—1992年间，完全没有参与农地流转的农户高达93.80%，到2006年农地流转率只有4.57%，2008年为8.6%。近几年农地流转的速度有所提升，但到2011年依然只有17.80%（国务院发展研究中心农村部，2013）。问题的严重性在于，尽管经过长达30年的政策努力，我国土地分散化的经营格局不仅没有发生基本改观，反而有恶化的趋势。1996年，经营土地规模在10亩以下的农户占家庭承包户总数的

76.00%，2011 年的比重则高达 86.00%；1996 年经营规模在 10—30 亩的农户占农户总数的 20.20%，2011 年则只占 10.70%（见表1）。

表 1　　　　　　　　　农户经营耕地规模的分布情况

经营规模	1996 年的农户比重（%）	2011 年的农户比重（%）
10 亩以下	76.00	86.00
10—30 亩	20.20	10.70
30—50 亩	2.30	2.30
50 亩以上	1.50	1.00

注：（1）1996 年的数据为全国农村固定观察点农户调查数据；（2）2011 年的数据来源于国务院发展研究中心农村部（2013）。

（三）农地流转中的禀赋效应：一个证据

从逻辑上来说，在经营权流转过程中，每个农户都可能是潜在买者或者卖者，由此可以获得各自的意愿支付价格（WTP）和意愿接受价格（WTA）的报价。WTA/WTP 的比值便是禀赋效应强弱的反映。当大于1 时，表明存在禀赋效应。一般而言，农户的禀赋效应越高，转出农地的可能性越小，因而能够解释农户的"惜地"行为与农地流转的抑制。

为了测算农户在农地经营权流转中的禀赋效应，我们于 2012 年年初在广东省四大区域（包括珠三角、粤东、粤西与粤北地区）各自随机抽取 7 个乡镇、每个乡镇抽取拥有承包地的农户 10 户进行入户问卷调查。回收问卷 280 份，有效问卷 271 份（有效率为 96.79%）。根据"禀赋效应"的定义，参照经典实验（Daniel 等，1990），本文利用 271个样本农户参与农地经营权流转的意愿价格，测算农户农地流转的禀赋效应。

1. 不同类型农户的禀赋效应

如上所述，农户对土地的禀赋效应与其产权强度紧密关联，因而我们的测算细分了不同的维度。结果如表 2 所示。

表2　　　　　　　　　　农户经营权流转禀赋效应的测算结果

分类	观察项	测度含义	样本分布		WTP（元/亩）	WTA（元/亩）	禀赋效应
			数量（个）	比重(%)			
法律赋权	土地属于农村集体所有	同意	127	34.32	1176.45	1599.82	1.36
		不同意	144	65.68	570.79	988.51	1.73
	应该签订承包经营合同	同意	220	81.18	821.05	1984.45	2.42
		不同意	51	18.82	607.50	947.62	1.56
	承包权应该长久不变	同意	115	42.44	1035.45	2969.16	2.87
		不同意	156	57.56	598.96	1155.13	1.93
资源禀赋*	农业收入比（%）	≥36.23	113	41.70	578.35	2032.36	3.51
		<36.23	158	58.30	915.10	2007.53	2.19
	务农人口比例（%）	≥40	160	59.04	927.93	2634.31	2.83
		<40	111	40.96	580.93	685.32	1.18
	人均承包地面积（亩）	≥0.73	115	42.44	995.30	1838.30	1.85
		<0.73	156	57.56	631.40	2119.58	3.36
行为能力	是否参与流转农地	是	151	55.72	561.17	664.83	1.18
		否	120	44.28	998.92	2346.92	2.35
	农地种植目的	自用	189	69.74	571.75	747.31	1.31
		出售	82	30.26	1392.12	4132.32	2.97
	承包地抛荒	是	43	15.87	405.79	5956.25	14.68
		否	228	84.13	857.79	1263.68	1.47

　　＊家庭资源禀赋中的农业收入比、家庭务农人口比例、人均耕地面积的测度分别以整体样本的均值作为区分标准。

　　从表2可以发现：

　　①无论任何情形，农户对农地的禀赋效应均高于1，表明农户在农地流转中的"惜地"与高估其拥有的经营权价值，是普遍的现象。显然，普遍存在的禀赋效应必然对农地流转形成抑制。

②尽管法律规定农地属于农村集体所有，但有 65.68% 农户对此并不认可，干部群体的社会认同度也只有 2.10①。问卷结果表明，无论是干部群体还是农户，均倾向于认可土地属于"国家所有"，其认同度分别为 3.98 和 3.86。之所以如此，可能的原因是农户或许认为"国家所有"更能够赋予其承包经营权以公正性和权威性，而"集体所有"所形成的"内部人控制"将弱化其产权强度。因此，农户对土地的"非集体"认知以及干部群体的道义支持，会增强其禀赋效应，进而抑制农地流转。

③无论是法律规定还是社会认同，均支持土地承包经营合同的签订（社会认同度达 4.70），农户对此的同意率亦高达 81.18%，其禀赋效应是"不同意"农户的 1.55 倍。可见，承包经营合同所形成的明晰产权，能够显著强化农户的行为能力并增强其禀赋效应，从而抑制农地流转。这表明产权经济学教科书所强调的产权明晰有利于促进产权交易的判断（张军，1991；黄少安，1995），并不完全适用于农地产权流转这一特殊市场的交易情形。

④尽管政策导向已经倾向于农户承包经营权的长久赋权，但却仍有 57.56% 的农户并不认可，社会认同度也只有 2.50。但是，由于农户天然的身份权使其在承包经营权的赋权中占有"垄断"地位，身份权、承包权、经营权的合一，大大强化了农户土地的人格化财产特征。一旦农户诉求于长久承包权，其排他性产权的占先优势，势必导致在农地流转交易中对产权准租金的追求，从而大大提升其禀赋效应。因此，强化农户的产权强度与鼓励农地的流转集中，存在政策目标上的冲突。

⑤农户对土地的依存性表达了明显的禀赋效应。主要特征在于：第一，以农为生。农业收入占家庭收入的比例越高，其禀赋效应越高；第二，以农为业。家庭中从事农业的人口所占比例越高，其禀赋效应越高；第三，以地立命。农户所承包的农地越少，其禀赋效应越高，且未参与农地流转农户的禀赋效应大大高于已参与流转的农户。其中，农户的务农收入及其种植商业化行为所表达的较高禀赋效应，意味着增加农民的农业收

---

① 社会认同的数据来源于本课题组利用各种培训及会议机会在全国范围内对乡镇干部群体所做的书面问卷（2010 年 2 月至 2011 年 3 月）。共发放问卷 600 份，回收有效问卷 533 份，有效率为 88.83%。认同度为"1—5"打分，"1"为非常不认同，"2"为不认同，"3"为一般，"4"为认同，"5"为非常认同。

入与促进农地流转之间存在政策目标上的冲突①。

⑥对承包地的抛荒，尽管法律没有明确限制，但干部群体与农户均持反对的态度（社会认同度为 2.27）。没有抛荒行为的农户其禀赋效应为1.47，而抛荒农户尤为重视其产权控制，禀赋效应高达 14.69，大约有15.87%的农户宁愿闲置土地也不愿意流转。总体来说，无论是否存在抛荒，均说明了农户对"在位处置权"的重视，从而普遍抑制着农地流转。

2. 农户禀赋效应的差序格局

尽管农户对于农地存在明显的禀赋效应，但考虑到农地流转的地域限制、对流转对象的选择性特征，其禀赋效应应该存在差异。

农户的土地流转对象一般包括亲友邻居、普通农户、生产大户、龙头企业②。在本项研究的问卷设计中，农户可以进行多个对象的选择。其中，愿意将农地流转给亲友邻居的农户有 38 个，占意愿转出样本户总数140 个的 27.14%，在转出对象选择中比例最高；愿意从亲友邻居那里转入农地的农户则高达 95 个，占意愿转入样本户总数 233 个的 40.77%。表明农户的农地流转更倾向于在亲友邻居之间进行交易。采用与上节同样的测算方法，可以得到农户选择不同交易对象的禀赋效应（见表 3）。

表3　　　　　　　　农户对不同意愿流转对象的禀赋效应测度

流转对象	意愿转出样本数（个）	WTA 均值（元/亩）	意愿转入样本数（个）	WTP 均值（元/亩）	禀赋效应
亲友邻居	38	553.42	95	643.53	0.86
普通农户	27	732.59	72	524.79	1.40
生产大户	36	1158.89	30	731.67	1.58
龙头企业	33	3304.55	11	1272.73	2.60

观察表 3 可以进一步发现：

①农户的禀赋效应依"亲友邻居—普通农户—生产大户—龙头企业"而逐次增强，从而表明农户的土地流转对于不同的交易对象存在明显的禀

---

①　我们已经证明，农户务农收入与承包经营权流转存在显著的负相关（罗必良等，2012）。

②　当然，农户还会选择合作社进行土地流转。但承包经营权的股份合作，并不是一个经营权的"买卖"交易（后文将进一步讨论）。因此这里不考察这类流转的禀赋效应。

赋效应的差序化特征。

②与亲友邻居的流转交易，不存在禀赋效应（WTA／WTP 的比值小于1）。一方面，亲友邻居之间的农地流转，并不是纯粹意义上的要素市场的交易，而是包含了地缘、亲缘、人情关系在内的特殊市场交易，其较低的禀赋效应表明了这类交易存在一种"非市场"的定价机制；另一方面，考虑到农户对"在位处置权"的重视，亲友邻居基于其长期交互所形成的"默契"与声誉机制，一般不会随意处置其所转入的农地，从而能够为转出农户提供稳定预期①。

③农户对普通农户、生产大户、龙头企业等流转对象的较高的禀赋效应，意味着：第一，农户在农地流转对象的选择上，对生产大户与龙头企业具有明显的排斥特征；第二，局限于与亲友邻居间的流转，排斥其他主体的流转进入，导致土地流转主体的单一与交易范围的窄小；第三，农地流转的"人情市场"占主导地位，抑制着流转市场的发育与规范。

（四）小结：农地流转市场的特殊性

熊彼特（1939）曾经指出："农民可能首先把土地的服务设想为土地的产品，把土地本身看作真正的原始生产资料，并且认为土地的产品的价值应该全部归属于土地。"赋予土地一种情感的和神秘的价值是农民所特有的态度，从而在农地流转中存在过高评估其意愿接受价格（WTA）的倾向，使得农户的禀赋效应不仅具有普遍性，而且具有显著性。

第一，强化农户对土地的产权强度特别是其身份权利与人格化财产特征，会明显增强其禀赋效应。因此，农地的人格化产权市场不同于一般的产权市场。

第二，农户的禀赋效应对家庭资源禀赋具有明显的状态依赖性。以农为生、以农为业、以地立命的生存状态及其"恋地"与"在位处置"情结所导致的较高禀赋效应，成为抑制农地流转的重要约束。由此，农地流转市场不是单纯的要素流动市场，而是一个具有身份特征的情感市场。

第三，农户的禀赋效应具有显著的对象依赖性。禀赋效应的差序格

---

① 通常农户的农地抛荒往往会降低其土地质量（变为野地或荒地，严重者将难以复原），而将其流转给值得信任的亲友邻居，有可能获得良好的"照看"。

局，意味着农地流转并非一个纯粹的要素定价市场，而在相当程度上是一个地缘、亲缘与"人情"的关系市场。

农地流转有着特殊的市场逻辑。因此，推进农地流转市场的发育，既要兼顾到乡土社会人地关系的特殊性，又要改善流转交易的规范化与契约化。不考虑到前者，显然会违背农户的心理意愿；忽视后者，则可能将有经营能力的行为主体隔离于农业之外，使得小规模、分散化的农业经营格局难以改变。

四　人格化产权交易与交易装置：对科斯定理的反思

（一）重新思考科斯定理

科斯定理是由三个定理组成的定理组（费德尔，2002）。

科斯第一定理：权利的初始界定是重要的吗？如果交易成本等于零，回答是否定的。权利的任意配置可以无成本地得到直接相关产权主体的纠正。因此，仅仅从经济效益的角度看，权利的一种初始配置与另一种初始配置无异。

科斯第二定理：权利的初始界定重要吗？如果交易成本为正，那么回答是肯定的。当存在交易成本时，可交易权利的初始配置将影响权利的最终配置，也可能影响社会总体福利。由于交易成本为正，交易的代价很高，因此，交易至多只能消除部分而不是全部与权利初始配置相关的社会福利损失。

科斯第三定理：当存在交易成本时，通过重新分配已界定权利所实现的福利改善，可能优于通过交易实现的福利改善。该定理假设政府能够成本比较低地近似估计并比较不同权利界定的福利影响，同时它还假定政府至少能公平、公正地界定权利。

因此，科斯定理与其说强调了在交易费用为零的条件下效率与产权无关的结论，还不如说是道明了存在交易费用时产权制度是如何作用于或影响经济效益的。

但是，科斯定理暗含着几个基本的假定：第一，产权主体与产权客体具有良好的可分性。该定理没有关注身份性与人格化财产问题。第二，产权主体对其拥有的产权客体是"冷酷无情"的。一方面，产权主体对物品（或者产权属性）潜在价值的发现仅仅依据其排他能力与处置能力所决定的产权租金；另一方面，产权主体只对物品市场价格做出反应（持有或者买卖）。该定理没有考虑到人与物之间的关系及其禀赋效应问题。第三，产权是重要的，并且产权的重新分配能够有效实现潜在利益。该定理没有顾及产权调整面临的约束。

（二）农地的"确权"及其交易含义

正如科斯已经注意到的，产权的模糊，特别是排他权的弱化，必然导致产权主体的预期不足，由此引发的机会主义行为无论是对产权的处置还是对产权的交易，都必然地致使产权租金耗散。由此，农地产权的"确权"即产权的界定就显得格外重要。

就农地的确权来说，至少包括以下几个方面的含义：一是产权主体的界定。一方面是所有权的界定，即将地权界定给村合作经济组织或村民小组，从而明确所有权主体；另一方面是根据集体成员权将土地承包经营权界定给农户；另外，在承包权与经营权分离的情形下，作为委托人的承包者将经营权界定给作为代理人的经营者。前两者是法律层次的界定，后者则是契约层次的界定。二是产权范围的界定。包括：时间上的界定（如第一轮承包是 15 年，第二轮承包是 30 年，现行政策强调长久不变）；空间上的界定（如目前正在全国范围内普遍推行的"四至"确权）；份额上的界定（由于产权客体的不可分，而在权利份额上进行的分割，如股份制或土地股份合作制中的股权）。在农地承包经营权确权的操作层面上讲，空间界定就是"确户分地"，份额界定就是"确人分股"。三是产权内容的界定，即如前所述的排他权、处置权与交易权的多少以及大小[①]，其所赋予的财产性权利的强度及其多少甚为关键。

因此，农户土地承包经营权的确权及其政策保障，有助于提升农户的排他能力，强化农户的处置预期。促成交易只是其中的一个方面，即在存在潜在市场机会的情形下，"退出"经营权才有可能成为农民的选择之

---

① 在政府征地和垄断土地一级市场的背景下，农民难以获得土地的增值收益。由此，对农民土地确权的一个重要动因是赋权农民，保障农民的土地权益，并借此遏制地方政府随意"圈地"与"造城"的"攫取之手"。

一。由此可以判断，认为土地确权只是为了促进农地经营权的流转，显然存在片面性。

问题是，农地产权的界定及其强化并不必然地促进承包经营权的流转。

第一，农地对于农民是一种不可替代的人格化财产，并由赋权的身份化（成员权）、确权的法律化（承包合同）、持有的长久化（长久承包权）而不断增强土地的"人格化财产"特征。

第二，农村土地属于农民集体所有，农户凭借其成员权所获得的承包经营权。在承包权与经营权分离的情形下，任何进入农地经营的主体，必然且唯一地只有得到农户的同意并实施经营权流转。因此，稳定土地承包关系并保持长久不变，使得农户的土地承包具有"产权身份垄断"的特性。

第三，农地承包经营权在空间上的界定与确权，必然地对象化到每块具体的土地，农地经营权的流转也必然地表现为具体地块使用权的让渡，因此，对于任何农业经营的进入主体而言，作为承包主体的农户就天然地具有具体地块的"产权地理垄断"特征。

Rachlinski 等（1998）的研究表明，禀赋效应的大小与产权形式有直接的关系，产权权形式可以分为完全占有和部分占有两种方式。完全占有情况下产生的禀赋效应较强；部分占有情况下，由于产权面临他人如何分享的不确定性，导致不产生禀赋效应或产生的禀赋效应较弱。据此可以判定，人格化财产的产权强度的提升，会增强其禀赋效应。可见，农地的确权在提升农户产权强度的同时，无疑会进一步强化其禀赋效应并加剧对经营权流转的约束。

（三）人格化产权及其交易问题

按照科斯定理，不同产权安排隐含了不同交易费用，因此用一种安排替代另一种安排是恰当的。问题是，在产权已经界定的情形下，随着时间的推移，环境条件的变化及其学习机制的作用，人们会发现原有的产权安排可能隐含着非常高的交易成本，或者可能存在尚未实现的潜在利益。这显然会面临"两难"问题——变更产权会引发预期的不稳定性；维护原有安排则牺牲潜在收益。由此，在已经确权即产权已经界定的情形下，如何降低运行成本或减少交易费用，显然是科斯没有完成的工作。产权是重要的，但降低产权交易费用，并不唯一地由产权安排及其调整所决定。

农地流转面临的情形是：（1）产权的不可分割性。即产权主体与产权客体具有不可分割性，这是由农户对土地的人格化财产特征所决定的。（2）产权的不可变更性。农地产权通过确权已经明确且固化，不存在承包权重新调整的空间，即不可能像科斯定理所表达的那样通过产权的重新配置来降低交易费用。（3）产权交易的特殊性。即农地流转存在显著的禀赋效应。

因此，改善农地产权的交易效率，必须突破科斯定理，进一步思考农地流转的特殊性及其制度含义。其中，土地的财产性赋权与土地的资本化运作尤为重要（钟文晶等，2013）。

第一，如果农民集体所有的成员权与承包权无法通过资本运作获得增值，那么农民在农地经营权流转上就会有夸大其意愿接受价格的可能。这就是说，农地流转租金的定价并不仅仅由农地经营所产生的收入流所决定，而是土地所提供的全部收入流及其多重权益的保障程度所决定。企图构建独立于农户承包权与人格化产权之外的农地经营权流转市场，显然是不现实的。

第二，增加农户务农收入与促进农地流转存在政策目标上的冲突。如果农民通过土地承包经营只能获得产品性收入，那么农民的收入来源不仅是有限的，而且会因对土地的生存依赖所导致的禀赋效应使得农地流转越发困难。因此，赋予农民以土地财产权，将有效弱化农户对农业生产经营性收入的依赖，从而才有可能实现增加农民收入、保护农民土地权益、促进农地流转等多重政策性目标的兼容。

第三，禀赋效应的差序化与经营对象的选择性流转，必然导致小规模、分散化经营格局的复制。如果农地产权流转仅仅局限于将农地作为生产要素，而不是作为财产性资本进行配置，那么农地流转一定会停留于"人情市场"。只有赋予农户以土地的财产性权利，通过土地与资本的结合、土地与企业家能力的结合，有经营能力的行为主体及其现代生产要素才有可能进入农业，农地流转集中与农业的规模经营才会成为可能，农民也才有可能因此而获得财产性收入。

促进财产性赋权、资本化运作以及保护农民土地权益，并改善农地产权配置效率，显然需要特殊的交易装置与之匹配。

(四) 交易装置问题：拓展科斯定理

应该说，赋予农民土地的财产权利并强化农户承包经营的产权强度，是一把"双刃剑"，一方面保护了农民的土地权益；另一方面也强化农民对农地的人格化财产特征并加剧了禀赋效应，导致农地流转的抑制与农地产权市场发育的缓慢。

就目前的农地流转来说，由于没有满足农地产权的特殊性要求，从而表现出下列特征：第一，产权主体与产权客体的不可分性，决定着农地的流转必然地表现为财产性资本的配置，如果不能满足这一要求，农地流转必然从契约化交易转变为以地缘、亲缘与人情为依托的关系型契约交易。本课题组于 2011—2012 年的全国问卷结果表明，在农户的土地转出中，流转给亲友邻居的农地占到了流转总面积的 74.77%；签订流转合约的比例仅为 47.34% （罗必良，2013）。第二，农户土地向生产大户和企业出租的土地只占流转总面积的 8.49%，但面临着严重的契约不稳定问题。尽管有关农地租约的效率问题一直存在争议①，但家庭承包经营条件下依附于土地承包权的经营权出租，却决定了这样一个基本的事实，即关于土地租赁合约的剩余控制权总是属于农户，而剩余索取权通常属于土地租用者。一方面，土地租用者可能会利用土地质量信息的不可观察性与不可考核性，而采用过度利用的掠夺性经营行为。为了降低这种风险，农户可能倾向于采用短期租赁合约，或者即使签订长期合约亦有可能利用其控制权而随时中断合约的实施。另一方面，由于合约的短期性以及预期的不足，土地租用者为了避免投资锁定与套牢，一般会尽量减少专用性投资、更多种植经营周期较短的农作物，从而加剧短期行为。如果说隐蔽信息与隐蔽行为难以观察，那么以种植方式表达的短期行为则是易于观察的，于是会形成农户土地出租的"柠檬市场"，即租约期限越短，租用者的行为将越发短期化，行为越短期化，租约期限将越短，由此导致土地租约市场消失。这或许是农地租赁市场难以发育的重要原因。必须注意的是，农户土

---

①　土地租约及其效率问题一直是主流经济学家讨论的话题。其中，关于定租制与分成制效率高低的争论尤为激烈 （文贯中，1989）。本文不打算在这里参与讨论。

地的出租主要表现为生产性要素的交易，没有满足农民作为人格化财产主体对土地经营的在位控制。

由此，改善人格化产权的交易效率，需要拓展出新的科斯定理即"科斯第四定理"：当存在交易成本时，如果不能通过产权调整来改善效率，那么选择恰当的产权交易装置进行匹配或许是恰当的。

庞巴维克（Bohm－Bawerk，1889）最早提出"迂回生产"概念，并由杨格（Young，1928）发展为报酬递增的重要解释机制。迂回生产是相对直接生产而言的，它是指为了生产某种最终产品，先生产某种中间产品（资本品或生产资料），然后通过使用中间产品再去生产最终产品时，生产效率会得到提高。与之相对应，也可以使用"迂回交易"概念，即为了进行 A 交易，先进行 B 交易，然后通过 B 交易来促进 A 交易，交易效率会改善。但是，"交易装置"（Transaction Configuration）的概念要比"迂回交易"的内容更为广泛，它包含三重含义：1. 通过 B 交易来改善 A 交易，即迂回交易；2. 由于 A 交易的交易成本过高，可以选择 B 交易进行替代，即替代交易①；3. A 交易难以独立运行，通过 B 交易的匹配，能够改善交易效率，即匹配交易。

产权的细分与交易空间的扩展是保障交易装置有效匹配的两个重要方面。

第一，产权的细分和交易方式的选择尤为重要。严格意义上讲，从农户土地承包权分离出的经营权，还可做进一步的产权细分。一方面，农地经营权并不是一个单一的权利，而是可以表达为对经营权的主体选择、权利范围以及享益权分配等各种权利（权利束）的进一步细化，于是经营权的细分及其交易就可以有不同的类型与形式；另一方面，农业生产环节与农事活动的多样性，同样可以有不同的产权交易及其主体进入，农业的分工活动安排也可以多种多样。最具制度潜力的是，经营权的细分有利于形成多样化的委托代理市场，农事活动的分工有利于发育外包服务市场，由此扩展产权交易装置的选择空间。

----

① 在科斯（Coase，1937）看来，企业与市场就是节省交易费用的相互替代的装置。张五常（Cheung，1983）进一步指出，企业并不是用非市场方式代替市场方式来组织劳动分工，而是用要素市场代替中间产品市场而节省交易费用的一种装置。

第二，交易效率与分工格局紧密相关：（1）如果土地的交易效率改进得比劳务交易效率快，分工通过土地市场在农场内发展，农场内的专业数增加，农场规模会增加并走向土地规模经营（经营主体转换为家庭农场、生产大户、土地合作社或农业企业）；（2）如果劳务的交易效率改进得比土地交易效率快，分工通过服务市场在农场之外发展，农场越来越专业化，农场外提供专业服务的种类增加，农场土地规模可以不变，但生产经营的内容减少，效率却上升。常识告知我们，随着农业社会化服务市场的发育，农业中的劳务交易效率无疑会高于土地经营权的交易效率，因此，农户能够以服务规模经营替代土地规模经营，通过分工能够获得外部规模经济性。以土地为中心构建农业生产的制度结构，恰恰是生产力水平低下的农耕社会的表征。

因此，对于人格化农地产权市场而言，新的交易装置必须能够满足下述要求：稳定农村土地承包关系，尊重农民土地的人格化财产特征，在此基础上能够盘活经营权，吸纳有能力的经营主体及其现代市场要素，并改善农业的规模经济性与分工经济性。

五　农地产权的交易装置及其匹配：一个案例

推进农地流转的首要政策目标是要改善农业经营的规模经济性。但必须特别强调，促进农业的规模经营有多种方式，土地规模经营只是其中的选择路径之一。从理论上来讲，农业的规模经营可以通过不同的要素采用不同的匹配来实现，而企图通过农地的流转来解决规模问题或许是一个约束相对较多并且是缓慢的过程。更重要的是，已有文献忽视了农地资源特性所包含的产权含义及其特殊的市场逻辑，同时也夸大了农地规模扩大所隐含的经济性。

应该说，中国农业经营方式创新的实践探索从未停滞，成功的案例亦多种多样。但必须意识到，普遍的制度需求既不是特殊背景下的典型经验，也不是具有成功偶然性的特例。基于这样的判断，我们认为符合上述人格化产权交易的内在逻辑，并具有普适性和可复制性特征的成功范例，才可能具有重要的示范意义与推广价值。站在这样的角度来说，崇州的创新性试验尤为值得关注。

（一）"崇州试验"：新型农业经营体系的探索

崇州市是隶属于四川省成都市的县级市，是农业大县，也是粮食主产区，同时更是农村劳动力的输出大县。2012年，全市常住人口67万，其中农村劳动力36.95万人，但外出劳动力高达73.40%。随着农村劳动力外出流动，"农业边缘化"愈加严重。农业发展不仅要面对"谁来种田"的现实问题，更要面对"种怎样的田"和"怎样种田"的深层难题。

为此，崇州市做出了多方面的探索。从鼓励生产大户的农地流转，到引进农业龙头企业租赁农地进行规模经营，均未取得预期效果。特别是2009年成都鹰马龙食品有限公司租赁桤泉镇3000余亩农地出现毁约退租之后，农户不愿收回被退的承包地，转而要求当地政府承担责任。为了突破困局，维护农业生产和农村发展的稳定，2010年起，崇州"被逼着"进行新的探索，将企业退租的3000余亩农地划为300—500亩不等的连片地块，动员和引进种田能手进行水稻生产经营，由此形成的"职业经理人"及其试验的成功，极大地鼓励了新的实践。

"崇州试验"的核心内容是：以土地集体所有为前提，以家庭承包为基础，以农户为核心主体，农业职业经理人、土地股份合作社、社会化服务组织等多元主体共同经营。重点是：1. 聘请懂技术、会经营的种田能手担任职业经理人，负责农户土地的生产经营管理；2. 引导农户以土地承包经营权入股，成立"土地股份合作社"；3. 引导适应规模化种植的专业化服务体系建立，并打造"一站式"的农业服务超市平台。随着职业经理人、合作社以及专业化服务体系等专业化、规模化与组织化运行机制的逐步完善，最终形成了"职业经理人 + 合作社 + 服务超市"的"农业共营制"模式。

（二）"农业共营制"模式的主要内容

1. 创新培育机制，建立农业职业经理人队伍

农业普遍面临的情景是，一方面留守农业的多为老人和妇女，难以保障生产所需的劳动强度与经营能力；另一方面农户对农业技术、农业机械、农产品销售等社会化服务的需求日益增加。由于农户与服务主体对接的交易成本较高，需要一个能够代表双方利益并能够协调双方行为的代

表，于是崇州市首先诱导了农业职业经理人这一中介群体的产生。显然，企业家能力的引入，在承担经营风险的同时，能够做出协调与"判断性决策"，从而形成经营活动的知识与劳动分工。

为了建立和规范农业职业经理人队伍，崇州市探索制定了一系列的培育与管理机制。一是开展培训。采取自愿报名与乡镇推荐相结合的方式，对符合选拔条件、有意愿从事农业经营的人员进行职业经理人培训。依托培训中心和实训基地，以交流学习、现场指导等方式，进行理论知识与实践操作等专业技能培训。二是加强规范。制定标准与规制，对符合农业职业经理评定标准的全市统一颁发《农业职业经理人资格证书》。持证经理人可在土地股份合作社、专业合作组织、农业企业、村级农技推广站等竞聘上岗，并享有相关扶持政策。三是强化管理。建立农业职业经理人才库、农业职业经理人考核机制，采取动态管理，实行准入及退出机制。四是扶持激励。制定对农业职业经理人在产业、科技、社保、金融等方面的扶持政策与激励机制，如享有水稻规模种植补贴、城镇职工养老保险补贴、持证信用贷款与贴息扶持等。

职业经理人的产生，有效解决了"谁来种田"和"科学种田"的问题，大大促进了良种选用、测土配方施肥、绿色防控、病虫害统防统治、农业机械与装备技术以及科技成果的推广和应用。与农户家庭经营相比，由职业经理人经营的大春水稻种植平均每亩增产10%（约110斤）以上，生产资料投入与机耕机收成本下降15%（约90元），如果考虑到农户生产的劳动力机会成本，下降幅度将达到40%以上）。目前，崇州市已培养农业职业经理人1410人，通过竞争上岗的有767人，初步建立起一支"有知识、懂技术、善经营、会管理"的竞争性的职业经理人队伍。

2. 尊重农民意愿，建立土地股份合作社

作为职业化的农业经营代理者，经理人的进入激励源于获取"企业家能力"回报。问题是，在崇州竞聘上岗经理人对农户的保底承诺是不低于农户自主经营的收入水平（大约在每亩500元左右）。因此，职业经理人要获得"合作剩余"，就必须实施规模经营以实现规模经济，由此组建土地股份合作社势在必行。

崇州市运用农村产权制度改革成果，按照农户入社自愿、退社自由、利益共享、风险共担原则，引导农户以土地承包经营权折资折股，组建土地股份合作社。作为合作社社员，农户直接参与理事会及监事会选举、农业生产计划安排、成本预算以及利益分配方案等决策过程，成为经营管理的实际决策者和控制者，并承担生产成本出资；理事会代表全体社员公开招聘农业职业经理人，同农业职业经理人签订经营合同，对产量指标、生产费用、奖赔规定等进行约定；农业职业经理人负责"怎样种田"，提出具体生产计划执行与预算方案、产量指标等，交由理事会组织的村民代表会议讨论，通过后按照方案执行。生产支出由农业职业经理人提出申请，理事长和监事长按照预算方案共同审签列支入账，农资和农机具的放置、申领、使用和处理，实行专人负责，及时公示，接受社员和监事会监督。

按照"大春抓粮、小春抓菜"的种植计划，合作社与职业经理人之间的委托代理关系主要采取除本分红的分配方式，即除去生产成本之后，剩余纯收入按 1 : 2 : 7 比例分配，即 10% 作为合作社的公积金、风险金和工作经费，20% 作为农业职业经理人的佣金，70% 用于农户的土地入股分红，形成了紧密型利益联结机制。截至目前，崇州市共组建土地股份合作社 361 个，入社土地面积 21.33 万亩，入社农户 9.46 万户，农业组织化程度达 56.48%。

必须强调的是，崇州构建的合作社并不同于通常所说的作为独立经营主体的合作社，而是作为一种交易装置出现的。其本质特征在于：（1）形成农地经营权的集中机制；（2）形成农户经营控制权由分散表达转换为集中表达；（3）降低农户与经理人的缔约成本；（4）监督和保障交易合约的有效实施。

3. 强化社会化服务，建立"一站式"服务超市

农业职业经理人执行合作社的经营计划，必然要采购众多的社会化服务。为降低服务外包成本，同时也有利于农业职业经理人专职于合作社的经营管理，由此又催生形成了"一站式"的农业社会化服务超市。

崇州坚持主体多元化、服务专业化、运行市场化的原则，按照"政府引导、公司主体，整合资源、市场运作，技物配套、一站服务"的发展思路，引导社会资金参与组建了综合性农业社会化服务公司，整合公益性农业服务资源和社会化农业服务资源，完善了公益性服务与经营性服务相结合、专项服务与综合服务相协调的新型农业社会化服务体系。分片区建立农业服务超市，搭建农业技术咨询、农业劳务、全程机械化、农资配

送、专业育秧（苗）、病虫统治、田间运输、粮食代烘代贮、粮食银行等"一站式"全程农业生产服务平台，所有服务项目、内容、标准、价格，均实现公开公示、明码标价，实现了适度规模经营对耕、种、管、收、卖等环节多样化服务需求与供给的对接。

显然，多个合作社"生产权"的细分与农事活动的外包，扩展了农业生产性专业服务的规模经济空间与分工经济范围。可见，"服务超市"与"土地股份合作社"一样，也是一种交易装置，能够有效提升服务交易的效率，具有异曲同工之妙。

目前，崇州市已分片建立农业服务超市 6 个，分别联结 22 个农机专业合作社或大户［共拥有大中型农机具 320 台（套），从业人员 662 人］、16 个植保专业服务组织［拥有植保机械 700 余台（套）］，6 个劳务合作社（从业人员 1000 多人），以及工厂化育秧中心 2 个、集中育秧基地 10 个，服务面积达 14.63 万余亩。

（三）"农业共营制"："崇州试验"的有效性

崇州试验的"农业共营制"，就目前的运行效果来说应该是成功的。以培育农业职业经理人队伍推进农业的专业化经营，以农户为主体自愿自主组建土地股份合作社推进农业的规模化经营，以强化社会化服务推进农业的组织化经营，实现了多元主体的"共建、共营、共享、多赢"。

1. 经营主体的"共建共营"

"农业共营制"的根本特点在于，坚持了农村土地集体所有权，坚持了农户的主体地位，稳定了家庭承包权，盘活了土地经营权，通过经营权的进一步细分与重新配置，并由此形成了土地股份合作社、职业经理人、社会化服务组织等多元主体共同构建和共同经营的新型农业经营组织体系。

从逻辑上来说，农业的家庭经营按照产权分离的程度可以做进一步的分类：（1）家庭承包与家庭经营；（2）家庭承包与部分经营权分离；（3）家庭承包与全部经营权分离。显然，第三种类型退化为家庭的土地财产权经营（类似于农户的土地出租），尽管依然具备广义的家庭经营的性质，但农户已经不再具备农业生产经营的功能。因此，崇州的"共建共营"显然是一种巧妙的组织制度安排：（1）破解了当前土地细碎、经营分散的难题，实现了土地的集中连片和规模化，有效解决了"种怎样的田"的问题。（2）土地经营的决策控制权依然掌握在农户手中，满足了农民的在位控制偏好，并且农户共同进行生产经营决策与监督执行，确保了耕地不撂荒，防范了土地流转过程中存在的非农化和非粮化问题。（3）通过经营权中营运与操作的进一步产权细分和业务外包，一方面俘获和生成了农业企业家能力，培育了职业经理人队伍；另一方面吸引了一大批外出青壮年返乡创业，培育新型职业农民队伍，从而促进了农业的分工与专业化，有效解决了"谁来种田"、"如何种田"以及科学种田的问题。

2. 合作收益的"共营共享"

土地的集中、现代生产力要素的聚集及其能者的共同经营，大大改善了农业的规模经济、分工经济与合作剩余，形成了"共营共享"的利益共同体与分享机制。（1）农户在承担生产成本之后能够获得占剩余纯收入70%的分红；（2）农业职业经理人享有超产部分20%的佣金、规模经营的政策性奖励以及城市社保；（3）土地股份合作社提取超产部分10%的公积金，享受相应的专项政策扶持，由此壮大集体经济；（4）农业社会化服务组织则通过承接农业生产性服务的外包来获得业务收入与服务规模经济。据统计，2012年，职业经理人每亩收益150元（不含政府补贴），平均年收入4.5万元；合作社公积金平均每亩提取75元左右；入社农户在收回生产成本后，每亩直接增收约525元（不含政府补贴）。

特别是广大农民，能够从对小规模分散经营的依附中解脱出来，务工劳动力由"短工"转变为"长工"，2012年和2013年全市新增外出农民工分别达到11.78%和12.98%。其意义在于：（1）除了外出务工、分享农业共营成果外，农户还可以获得从事家庭农场、参加专业服务或劳务组织等多种机会，实现多渠道的增收；（2）化解了农户的兼业化问题，促进了农民向职业农民与产业工人的专业化；（3）土地流转机制与农业分工机制的形成，有可能加快农业人口的流动，从而成为农村新型城镇化的积极支持力量。

3. 经营目标的"共营多赢"

从微观主体层面来说，"农业共营制"保证了参与主体相应的权益，调动了各方面的积极性。其中，农民走出小农经济并参与到社会化分工，且仍然是农业经营决策的真正主体；合作社通过经营计划与社员监督，规避了合作风险，提高了共同经营的稳定性与可持续性；职业经理人通过企业家经营与规模经营，实现了创业增收；社会化服务组织通过专业化与生产性服务外包，实现了农业从"土地规模经营"转型为"服务规模经营"。

从宏观政策方面来说，"农业共营制"使耕地资源得到了有效保护和合理利用，粮食生产和粮食安全得到有效保障，农民权益得到有效保障，农业生产力水平及可持续发展能力显著增强。因此，"农业共营制"兼顾了农户、专业组织、集体与国家等各方面的利益，实现了微观主体经营目标与国家宏观政策目标的"激励相容"与"多赢"局面。

（四）"崇州试验"的创新价值：三大交易装置

我国农村基本经营制度的核心目标是：第一，必须保障农产品有效供给，提高农业生产效率，确保粮食安全和食品安全；第二，必须保障农民的土地权益，促进农民增收，并调动农业经营者的生产积极性。为了保障制度目标，无论推进怎样的制度变革，无论社会实践涌现出怎样的创新与试验，均不能削弱甚至突破农村基本经营制度的制度底线：一是必须始终坚持农村土地农民集体所有制；二是必须始终稳定土地承包关系确保农户的土地承包权；三是必须始终坚持家庭经营的基础性地位；四是必须始终严格保护耕地、强化农地用途管制与保障粮食安全。

"崇州试验"及其所探索的"农业共营制"，切实维护了制度目标，保住了制度底线，并在此基础上坚持和落实了集体所有权、稳定和强化了农户承包权、放开和盘活了土地经营权、改善和贯彻了用途管制权，从而形成了"集体所有、家庭承包、多元经营、管住用途"的新型农业经营体系，具有广泛的普适性与可复制性。其创新价值与启迪意义在于其交易装置的形成及其匹配。

1. 产权交易装置：农民土地股份合作社

如上所述，崇州的合作社并不是独立的经营主体，而是形成土地的适度集中并达成土地经营与企业家经营合作的交易装置。其价值在于：

第一，这一装置规避了农地流转交易中的禀赋效应，一方面通过股份合作的方式保留了产权主体与产权客体的紧密联系，从而尊重了农民的人格化财产特性；另一方面通过保留农户的对职业经理人的甄别以及生产经营的最终决策权，从而满足了农户的在位控制诉求。

第二，这一装置既不是出于生产合作也不是出于产品销售的目的，而主要表达为一种形成农地经营权的集中机制；它既不涉及集体资产及其权益的分享也不谋求与社区经济组织的重叠，而仅仅是一种使相邻农户的土地形成一定的连片规模。关键在于，农户土地经营权的集中与规模化，主要是吸引农业职业经理人的竞争性进入，合作社由此成为农户经营权细分与企业家人力资本的交易平台，并进一步达成"企业家能力"与其经营服务规模的匹配。

2. 企业家能力交易装置：农业职业经理人市场

农户经营权的细分，形成了以提供"管理知识"为中间性产品（服务）的企业家主体，即农业职业经理人。农业企业家或职业经理人群体的产生与"代营"（经营外包），改善了农业的知识分工与决策经营效率，拓展了农户的经营决策能力。

第一，这一装置通过农业职业经理人市场的发育，有效降低了合作社寻找和甄别有经营能力的搜寻成本。

第二，这一装置所形成的集体谈判机制，能够大大降低经理人进入的谈判与缔约成本。

第三，土地规模所激励的职业经理人竞争性进入，能够有效降低农户及合作社对经理人的监督与考核成本。

第四，这一装置能够有效降低农户、合作社、经理人之间关于合作剩余享益分配的谈判成本，并促进各参与主体的激励相容。

3. 服务交易装置：农业生产性"服务超市"

农户生产权的细分，形成了以提供"专业生产"为中间性产品（服务）的生产性主体，即农业社会化专业服务组织。农业生产的专业化组织的产生与"代耕"（生产外包），促成了农业的技术分工与生产操作效率，拓展了农户的生产操作能力。

第一，通过"服务超市"交易装置，集合农业合作社及其经理人的服务需求与专业服务组织的服务供给，能够有效降低服务交易双方的搜寻成本。

第二，交易装置所形成的多个供需主体的聚合，能够有效改善服务价格的生成效率，降低谈判成本。

第三，稳定交易预期。一方面通过需求的集合，不仅化解了专业服务组织因"专用性投资"而被"要挟"的风险，并且能够提升扩大服务交易范围的规模经济性；另一方面通过供给的聚合，农户与合作社能够通过服务超市所形成的声誉机制获得优质服务，并分享服务主体的规模经济与分工经济所决定的低成本服务。

第四，改善迂回投资。由于专业服务组织能够获得机械装备等方面的融资与专项补贴，化解了农户的投资约束，并由此改善农业的迂回经济效果。

三大交易装置有效化解了人格化财产的交易约束，并且通过土地流转交易转换为农户土地经营权交易、企业家能力交易与农业生产性服务交易的匹配，大大拓展了农户获取"服务规模经济性"与分工经济性的空间，在一定程度上回答了"地怎么种"的现实难题。

不仅如此，三大交易装置所支撑的"农业共营制"还具有经营空间不断扩展与提升的可能性。第一，农民土地股份合作社，能够通过土地经营权的抵押与担保获得信贷资本，有效获得各自政策性的财政与金融支持①，提升"共营制"组织的投资能力；第二，农业职业经理人通过其企业家能力能够改善农业的标准化与品牌化经营水平，提升农业合作社的市场竞争能力；第三，农业生产性社会化服务组织通过迂回投资，提升农业的物资装备水平与科技应用能力，既有利于改善迂回经济效益，降低生产成本，又有利于提高农产品产量，改善农产品质量安全。

因此，崇州的"农业共营制"作为新形势下农业经营体系的重要创新，有效破解了家庭经营应用先进科技和生产手段的瓶颈，以及统一经营层次被弱化的问题，优化了农业资源配置，实现了现代物质技术装备、企业家能力等先进生产要素与经营方式的高效对接，提高了土地产出率、资源利用率、劳动生产率，促进了现代农业经营的集约化、专业化、组织化和社会化，增强了农业可持续发展能力。崇州所探索和实践的"农业共营制"，有可能是破解我国农业经营方式转型的重要突破口，昭示着中国

---

① 2014年中央"一号文件"进一步强调：允许财政项目资金直接投向符合条件的合作社，允许财政补助形成的资产转交合作社持有和管护。

农业经营体制机制创新的重要方向。

六　结论与讨论

（一）主要的结论

（1）产权强度决定着产权实施，是政府代理下的国家法律赋权、社会认同（或者社会规范）与产权主体行为能力的函数。三者分别表达了产权的合法性（法律赋权）、合理性（社会认同）与合意性（行为能力）。产权强度的提升对产权交易的意义并非是明确的。

（2）农户普遍存在的禀赋效应，是抑制农地流转的重要根源。不仅如此，农户禀赋效应还具有人格依赖性、生存依赖性、情感依赖性以及流转对象的依赖性。土地对于农民是一种不可替代的人格化财产，并由赋权的身份化（成员权）、确权的法律化（承包合同）、持有的长久化（长久承包权）而不断增强，农户在农地流转中的所表现出的"产权身份垄断"与"产权地理垄断"，进一步加剧了普遍存在的禀赋效应及其对农地流转的抑制。因此，农地流转并不是纯粹意义上的要素市场的交易，而是包含了地缘、亲缘、人情关系在内的特殊市场。

（3）科斯定理既没有关注到人格化财产的产权安排问题，也没有考虑到存在禀赋效应的产权交易问题。产权交易费用的高低，并不唯一地由产权安排决定。因此，保障农民对土地权益的诉求并获取交易收益，表达着特殊的市场逻辑，需要匹配特殊的交易装置。

（4）以土地为中心构建农业生产的制度结构，是生产力水平低下的农耕社会的表征。农地的流转，应该诱导农业生产性服务市场的发育，从而促进农业的规模经营从土地的规模经营转向服务的规模经营。其中，农地承包权与经营权的分离，特别是经营权的细分及其多样化，有利于扩展产权交易装置的选择空间。

（5）"崇州试验"及其所探索的"农业共营制"所具有的普适性与可复制性，表明以土地"集体所有、家庭承包、多元经营、管住用途"为主线的制度内核，将成为我国新型农业经营体系的基本架构。

（二）进一步的讨论

产权经济学认为，经济学应该关注的问题是由于使用稀缺资源而发生的利益冲突，必须用这样或那样的规则即产权来解决。交易的实质不是物品或服务的交换，而是一组权利的交易。市场分析的起点，不在于回答人和物的关系是什么，而是要回答隐含其背后的行为规则即产权安排是什么。因此，市场交易是交易主体的产权交易，其前提是交易主体必须对所交易的物品拥有明确的产权。

产权经济学区分了两个重要的概念，一是产权赋权；二是产权实施。明晰的赋权是重要的，但产权主体是否具有行使其产权的行为能力同样是重要的。产权的实施包括两个方面：一方面是产权主体对产权的实际处置；另一方面是对产权的转让与交易。由于产权在实施中的强度问题，使得同一产权在不同的实践环境、对于不同的行为主体，都可能存在实施上的差异。由此，市场运行依赖于以下两个关键因素。

一是明确而分立的产权。市场可以被认为是普遍化了的商品交换关系，而这种交换关系的维系必须要有相应的产权安排来保证交易的顺利进行。在市场交换的过程中，产权主体只有预期没有被抢劫而无处申诉的危险时，他才会积累财富并努力将财富最大化；当产权主体在把手中的货币或货物交给其他主体而不必担心对方不按合约办事时，或者在对方不履行合约而能够保证以一种低成本的方式挽回或减少损失的情况下，交易才会顺利进行。因此，只有在有明确的产权保护的情况下，交换才能顺利进行，价格（市场）机制才能发挥作用。由此，明晰的赋权意味着产权的保护、排他、尊重与契约精神。

正因为如此，农村土地制度的制度底线是必须维护农民的人格化财产，提升农民对土地的产权强度并保护农民的土地权益，在此前提下构建公开而有秩序的农地产权流转市场，并尊重农民自主参与流转的权利。

二是合乎要求的经济组织。"合乎要求"一方面是指改善产权的处置效率；另一方面是指降低产权的交易成本。本文对科斯定理的分析表明，对于已经确权颁证的农户承包经营权来说，重新调整产权来改善处置效率与交易效率的空间并不存在，因此，从产权调整转向经济组织构造是必然的选择。科斯（Coase，1937）指出，市场运行是要花费成本的，而市场与企业是两种可以相互替代的资源配置的手段。因此，降低产权的实施成本，依赖于有效的关于生产组织和交易组织的选择与匹配。可见，市场机制不仅包括价格机制、产权分立机制，还要有合乎要求的组织机制及其交易装置。

就农业经营体系来说，一方面，既要坚持家庭经营的基础性地位，又要化解农户经营的行为能力不足与规模不经济问题，因而农业生产经营方式的创新尤为重要；另一方面，既要赋予农民更多财产权利，又要规避农户土地的禀赋效应，因而农地产权交易方式的创新同样关键。正是基于这样的角度，"崇州试验"所包含的创新逻辑及其交易装置的匹配，就具有了更为重要的理论内涵与现实价值。

参考文献

1. Alchian, A. : Some Economics of Property Rights, Politico, 30：816 – 829, 1965.

2. Barzel, Y. : Economic Analysis of Property Rights, Cambridge：Cambridge University Press, 1989.

3. Baumol W. : Applied Fairness Theory and Rationing Policy, American Economic Review, 72：639 – 651, 1982.

4. Cheung S. : The Contractual Nature of the Firm, Journal of Law and Economics, 26 (1)：1 – 21, 1983.

5. Coase, R. : The Nature of the Firm, Economica, 4 (4)：386 – 405, 1937.

6. Daniel K. , Jack L. K. and R. H. Thaler：Experimental Tests of the Endowment Effect and the Coase Theorem, Journal of Political Economy, 98：1325 – 1348, 1990.

7. North, D. : Structure and Change in Economic History, W. W. Norton &Company Inc, 1981.

8. Rachlinski, J. J. and Jourden, F. : Remedies and the Psychology of Ownership, Vanderbilt Law Review, 1998 (51)：1541 – 1582.

9. Radin, M. J. : Property and Personhood, Stanford Law Review, 34：957 – 1015, 1982.

10. Scott, J. : The Moral Economy of the Peasant, Yale University press, 1976.

11. Thaler, R. H. : Toward a Positive Theory of Consumer Choice, Journal of Economic Behavior and Organization, 1：39 – 60, 1980.

12. Williamson, O. E. : The Economic Institutions of Capitalism, New York, The Free Press, 1985.

13. Young, A.: Increasing Returns and Economic Progress, The Economic Journal, 38: 527 – 542, 1928.

14. 费尔德:《科斯定理1—2—3》,《经济社会体制比较》,2002 年第 5 期。

15. 国务院发展研究中心农村部:《稳定和完善农村基本经营制度研究》,中国发展出版社 2013 年版。

16. 黄少安:《产权经济学导论》,山东人民出版社 1995 年版。

17. 罗必良:《新制度经济学》,山西经济出版社 2005 年版。

18 罗必良、何应龙、汪沙、尤娜丽:《土地承包经营权:农户退出意愿及其影响因素分析》,《中国农村经济》,2012 年第 6 期。

19. 罗必良:《产权强度、土地流转与农民权益保护》,经济科学出版社 2013 年版。

20. 洛克 (1690):《政府论》,北京出版社 2007 年版。

21. 庞巴维克 (1889):《资本实证论》,商务印书馆 1964 年版。

22. 斯密 (1759):《道德情操论》,中央编译出版社 2008 年版。

23. 文贯中:《发展经济学的新动向——农业租约与农户行为的研究》,载于《现代经济学前沿专题 (一)》,商务印书馆 1989 年版。

24. 谢琳、罗必良:《中国村落组织演进轨迹:由国家与社会视角》,《改革》,2010 年第 10 期。

25. 熊彼特 (1939):《经济周期循环理论:对利润、资本、信贷、利息以及经济周期的探究》,中国长安出版社 2009 年版。

26. 姚洋:《农地制度与农业绩效的实证研究》,《中国农村观察》,1998 年第 6 期。

27. 张军:《现代产权经济学》,上海三联书店 1991 年版。

28. 钟文晶、罗必良:《禀赋效应、产权强度与农地流转抑制》,《农业经济问题》,2013 年第 3 期。

29. 周其仁:《中国农村改革:国家与土地所有权关系的变化——一个经济体制变迁史的回顾》,《中国社会科学季刊》,1995 年第 6 期。

农村土地集体所有制的坚持与创新[*]

徐祥临

关于农村土地制度改革，习近平总书记要求"坚守底线，事可先行"。这里所谓的"底线"就是指农村土地归农民集体所有。在如何对待农村土地集体所有制这个问题上，多年来理论界和实际工作部门一直存在不同看法。笔者立足于多年的学术积累与农村调研的感受，谈一些粗浅认识。

一 农村土地集体所有制底线的形成与坚守的道理

毋庸讳言，一些学者和党政官员主张彻底放弃农村土地集体所有制，恢复农村土地私有制。笔者丝毫不怀疑持有这种观点的学者与官员的主观动机，即他们旨在发挥市场配置农村土地资源的决定性作用，甚至还有学者称，这是为农民争取平等进入市场的权利。让市场在资源配置中起决定作用，既是我们党主动吸收人类文明成果包括源于西方的市场经济理论成果的具体体现，也是我们党领导改革开放30多年取得的基本制度成果，对此大家没有分歧。然而，土地私有是我国农村土地资源高效配置的最佳制度安排吗？换言之，只有农村土地私有，市场才能在农村土地资源配置中起决定性作用吗？因为对这个问题的回答，在现阶段农村土地改革问题上，分成了"集体学派"与"私有学派"。本文的观点当然属于集体学派。

私有学派否定农村土地集体所有制，采用的理论逻辑是把它同计划经济捆绑在一起，尤其是抓住了产权不清体制弊端大加鞭挞。这颇能博得一些人的赞同。笔者承认，当年农村土地集体所有制确实对于计划经济体制

---

* 作者：徐祥临，中央党校经济学学部三农研究中心教授。

起到了支撑作用，有助纣为之嫌。但是，因此就把它归结为计划经济则是不符合历史逻辑和学理逻辑的。

土地归农民集体所有和计划经济作为国家制度，都是以毛泽东为核心的我党第一代领导集体建立起来的。但把二者混为一谈却是错误的。大量历史文献表明，我们党在农村发展集体经济（包括合作经济），从理论到实践，都大大早于计划经济，从新民主主义革命时期就开始了。毛泽东那一代人搞农村集体经济的初衷有两个：一是克服小农经济制度下生产力千百年难以发展的弊端，通过合作即资源重新配置形成新的生产力；二是克服农民分散单干必然出现的贫富两极分化弊端，走共同富裕道路。从科学研究的角度看，如果严格地设想计划经济因素，单纯看集体经济尤其是土地集体所有制的作用，能够在很大程度上满足制度设计的目标要求，比如，在分散单干的小农经济难以进行大规模进行农田水利建设，靠集体经济就做到了，极大地促进了农业生产发展；在解决农村内部贫富差距方面，集体经济的制度性效果也十分明显。当然，由于计划经济的干扰，集体经济制度没有完全达到预期效果也是史实。

笔者认为，正是由于土地归农民集体所有制已经显示了制度优势，所以在党的十一届三中全会后兴起的农村改革中，农民抛弃的仅仅是"吃大锅饭"的集体统一经营体制，而不是土地集体所有制。2012年春节期间，笔者组织中央党校、北京大学等高校研究生搞"百村千户"问卷调查，回收1052份问卷，在"您希望将来农村的土地制度是"选项中，90%以上的农户没有选择"按人平分，私有到户，然后像解放前那样自由买卖土地"，他们还是在现有集体土地农户承包框架内选择土地制度。所以，笔者支持习近平总书记坚守农村土地集体所有制底线的主张，不仅是基于共产党员的政治觉悟，作为从事专业研究的学者也认为他的看法是科学的，符合客观实际，代表了从事农耕劳作的广大农民群众的根本利益诉求。

如果私有学派不认同农村土地集体所有的制度优势，那么至少应该论证以下两个观点的科学性：一是小农经济时代的土地私有制具有优越性，能够实现资源高效配置，集体所有制取而代之是个历史性错误；二是近30年的农村土地集体所有制严重阻碍了农业生产发展和农民增收致富，由集体所有变成私有之后，能够像当年土地改革和大包干那样，马上见到促进农业和农村经济发展实际效果。笔者认为，私有学派的学者要论证这两个观点的正确性是不可能的。

二　小规模土地私有妨碍土地资源高效配置，值得警惕

我国农村土地归农民集体所有是宪法明文规定的。那么，这是否意味着集体学派的主张已经变成制度化的法律，就可以高枕无忧了呢？恰恰相反，事实上我国的农村土地集体所有制正在瓦解之中。

自三十多年前安徽小岗村的大包干经验在全国农村普遍推广后，形成了统分结合的双层经营体制。该制度有三个要件：一是土地归农民集体所有；二是集体土地由农户承包经营；三是集体统一为农户经营提供社会化服务。按照当初小岗村的经验，农户承包集体土地，条件是"交足国家的，留足集体的"，"剩下是自己的"。最高决策层及相关法律法规认可了小岗村经验的正当性。但众所周知，2005 年以前，"交足国家的，留足集体的"，实际上是对计划经济时期剥夺农民政策的延续。"交足国家的"是指农户上缴的"农业税"和"公粮"（即征购粮，已于 1993 年取消），被国家拿走了。"留足集体的"是指交给行政村的"三提"（公积金、公益金、管理费）和交给乡镇的"五统"（教育附加、计划生育费、民兵训练费、民政优抚费、民办交通费），而向农户发包土地的那个"集体"即原来的生产队，并没有得到农户上缴的承包款，更为严重的制度缺陷是，乡村两级以"集体"名义收缴了农户承包费之后，基本上没有用于为农户提供生产生活服务，而是用于本该国家财政负担的党政公共事务开支了。这样，"集体"作为一个组织，在"经济"上就成为"空壳"了，并没有得到实现。2006 年进行了农村税费改革，目的是减轻农民负担，这一政策出发点无疑是大得民心的，根据当时我国的社会经济发展水平，农户确实不应该再负担农业税和农村公共事务开支了。但在农村税费改革的政策设计中，存在一个重大缺陷，那就是中央政策代替集体经济组织进行经济决策，即把集体经济组织必需的经济积累也作为负担取消了，也就是农户承包集体土地，不必再向集体上缴任何费用了。在这种政策规定下，大多数没有工商企业的纯农业地区的集体经济组织就没有任何经济收入，不仅不具有为农户提供服务的经济实力，连土地归集体所有的经济实

现形式也被取消了。

从这个意义上说，土地归农民集体所有对应的"集体"确实存在产权不清晰的问题，即人民公社时期确定的"三级所有，队为基础"体制在大包干之后并没有得到认真的清理，具体到一块土地，到底是归几十户的生产队（现在称村民组）所有，还是归几百户的生产大队（现在称行政村）所有，抑或归几千户的人民公社（现在称乡镇）所有？

正是因为农村土地的集体产权不清晰，事实上的土地私有制就乘虚而入了。具体表现在以下两个方面：一是在土地承包关系长期不变的名义下，把具体的承包地块长期固定到具体农户，实行"增人不增地、减人不减地"的政策，并且承包地可以由承包户子孙继承、处置。二是2006年农村税费改革后，农户不仅不再向集体缴纳任何承包费用，承包地转让给其他人经营时租金全部归原承包户收取。这样，不论是在经济学意义上还是在法理学意义上，集体经济组织就丧失了土地所有者的基本权利——通过对财产的占有获取收益。这种政策固定下来，土地的集体所有就变成了事实上的承包户私有。广东省某区常务副区长前不久总结土地确权工作时就直言不讳地说："严格来说这是新一轮的土地改革，重新将土地私有化。"

集体学派反对以改革的名义搞农村集体土地私有化，并不是抱着计划经济时期盛行的"左"倾意识形态不放，而是因为这种事实上的土地私有阻碍了农业发展。具体表现为以下两点。

一是土地分割细碎问题长期解决不了，土地粗放经营甚至撂荒的状况越来越严重，土地资源配置效率低下。这是因为，几亿农民在比较效益驱动下，选择外出务工经商，无法兼顾到农田的精耕细作。这一现象并非中国特有，在实行土地私有制的日本早就出现了，以至于从20世纪70年代起，日本就有了带嘲讽味道的"游玩农业"、"周日农业"等说法，指责那些以非农产业收入为主、农业经营收入为辅的所谓"第二种兼业农户"对于农业生产经营的忽视。如果没有私有制对于扩大土地经营规模的制度性障碍，日本的农产品自给率还可以提高十个百分点左右。私有学派认为一旦土地私有，就可能通过土地流转实现农业的规模化生产，是出于对自由竞争的迷信，结果只能是重蹈日本覆辙。

二是以地租为媒介的土地流转让地主土地制度复活，严重阻碍现代农业的发展。前述土地分割细碎弊端早就被人们认识到了。决策层提倡"适度规模经营"至少有 30 年了。但受分工分业发展水平和集体土地承包方式等多种因素制约，普遍没有做到适度规模经营。近年来，随着农村劳动力转移到非农产业的数量越来越多，农村空心化问题越来越严重，土地流转的呼声越来越高，也有一些农业大户、家庭农场、农业企业、合作社开始从小农户手中租地进行规模化种植养殖。分析这种土地租赁关系不难发现，它同新中国成立前存在了上千年的农村土地租赁关系没有本质不同，都是土地所有者以收取地租为条件，把自家无力经营的土地出租给承租者。如果说有所不同，那就是，过去是占有土地多的"大户"向无地或少地的"小户"出租土地，而现在是占有土地的"小户"向无地的"大户"出租土地。但不无论是大户还是小户，只要是坐享地租收入，不承担任何土地经营过程中必然遇到的自然风险和市场风险，就是经济学和法学意义上的"地主"。在我们中国这类人多地少的国家，在确定地租额的谈判中，往往是地主一方占有优势，即地租水平比较高，剥削比较严重，对承租土地的农业生产者不利，对生产发展起阻碍作用。正因为如此，取消地租即把地主体制变成自耕农体制，不仅成为当年我党领导土地革命的口号，也成为战后日本、韩国和我国台湾省进行土地改革的口号，也就是说，他们搞资本主义，农村土地是私有的，但不允许地主存在，再进一步说，为了发展现代农业，取消地主制度，是东亚地区农村进行民主革命的共识。现在，我国在"土地流转"的名义下自觉或不自觉地让地主复活，出租土地的小农户收取 1000 元／（亩·年）的地租，对土地承租人造成了沉重的经济负担。这种地租水平，已经超过了当年国民党政府统治大陆时期倡导的地租不超过土地年收获量 37.5% 的水平。多年来，已经有大量事实表明，正是自然风险尤其是市场风险来临时沉重的地租负担，压垮了很多有志于现代农业的经营者。

三　我国农民新的伟大创造:靠市场机制确权把集体变成土地所有者、经营者、劳动者的利益共同体

既然土地集体所有变成私有化有不利于经济发展，就理应受到农民的

抵制；既然农村土地归农民集体所有具有制度优势，就理应受到农民的拥护。事实确实如此。

大家都知道，眼下一些地方在搞土地确权，据推动者说代表了广大农民的根本利益。但农民看不到七零八落的几亩土地永久归自己究竟能够带来什么利益。所以，政府花了很多钱去搞土地确权，却进展缓慢，激发不出当年农民搞大包干那样的热情。一些农村土地确权工作已经完成很长一段时间，仍然看不到任何经济发展的新迹象。

与土地确权的清冷形成鲜明对照的是，笔者近一年来在广东省清远市搞农村综合改革调研，了解到一些农村的农民自发改革案例，深受启发和鼓舞。这里仅举网络上容易搜索到改革基本情况的叶屋村一个例子。

叶屋村通过村民自治机制推动"土地改革"（注：村民就是这样说的），从2010年起，改变了多年来各家各户土地七零八落的状况，主要劳动力外出务工的农户只承包一块旱地，主要劳动力在家务农的农户可以承包一块水田和一块旱地，总之，各家各户都实现了适度规模经营，土地摆荒和粗放经营问题彻底解决，吸收40多名青壮年劳动力回村务农，所有农户单纯靠从事种植业和养殖业，最低人均收入已经也超过了15000元，比改革前多出3—4倍。

叶屋村进行土地改革的直接动因就是要由穷变富：村长叶时通作为养鱼专业户早已过上了小康生活，2008年他想到，如果各家各户分散的承包地集中连片，选好种养项目，收入都能与自己差不多。对于叶时通的想法大家都认同，但要做到集中连片经营，必须调整多年未变的土地承包关系，意见就五花八门了。最大的阻力是那些人均占有较多土地和较好土地的农户认为吃亏了。经过两年三十多次开会讨论，终究形成了都能接受的改革方案。这期间，多是和风细雨式的说服，急风暴雨般的争吵也不少。用农村土地改革的常用术语概括叶屋村的经验，也可谓是明确产权的过程。

首先，明确土地的所有者是集体，不是私人，集体有权调整土地。

其次，明确集体土地的成员权，只有生活在集体土地范围内的人拥有集体成员资格，娶进来的媳妇和新生的孩子获得土地承包权，嫁出去的闺女和过世的老人交回土地承包权。

再次，用地租调节各户土地的多少和肥瘦。每人无偿承包一亩水田和两亩旱地，其余要付地租，内部没有人愿意承包的土地由集体来统一向外出租。

最后，集体租金收入的使用公开透明，主要用于改善生产条件，也拿出一些奖励学生和孝敬老人。所有水田旱地都由集体修通机耕道，所有水田都由集体修建完善的排灌设施。

叶屋村通过土地改革，既整合了各户分割细碎的土地，又破解了集体经济空壳难题。该村经验给予我们的启示是：租金既实现了集体作为土地所有者的权利，又调节了土地资源在经营者之间的合理配置，反过来帮助了劳动者改善生产生活条件。在叶屋，古典市场经济理论描述的地主、资本家（土地经营者）、工人三者之间你多我少的利益对立关系不见了，代之以土地所有者、经营者与劳动者之间利益共同体关系。这是继安徽小岗村大包干之后中国农民基于土地集体所有制的又一伟大创造，代表了农村土地改革的正确方向。

山东省东平市以发展现代农业农村经济为目标，进行农村土地产权制度改革，取得了明显成效。从几个典型案例材料看，东平县进行的农村产权制度改革，是在坚持农村土地集体所有制基础上进行的，不仅扩大了农业经营规模，解决了有地无人种或种不好的问题，还程度不同的增加了集体收入，让农村集体经济组织有了为农户提供服务的经济实力。

四　总　结

农村土地制度问题，既是个深奥的理论问题，也是个重大而复杂的实践问题。我国农村土地集体所有制虽然初步显示了制度优势，但在很多方面还不完善，需要在解放思想、实事求是原则指导下进行理论与实践方面的深入探索。

明晰产权，民主管理，发展新型集体经济[*]

周应恒

一 我国集体经济发展的历程与意义

（一） 市场经济体制下的集体经济

在成熟的市场经济体制中，一般由政府主导提供公共服务，通过公共财政支持公共支出，所有经济主体平等的参与市场竞争，作为平等竞争的市场经济主体除了按章纳税和一般的社会责任外，并不负责提供公共服务和社会发展的责任。因此，需要承担农村经济社会发展和公共服务的集体经济并非必需。

（二） 我国集体经济的发展历程与意义

我国社会主义计划经济时期，作为公有制国家，确立了"三级所有、队为基础"的农村集体所有制，形成了土地等生产资料由公社、大队、生产队三级所有，生产以队为单位集中生产劳动，统一核算分配的农村集体经济体系。20世纪70年代末的农村改革以后，农村经济体制由原来集体所有制的集中经营、集中劳动、集中分配的管理体制，转变为以集体经营和家庭联产承包责任制分散经营相结合的"统分结合，双层经营"的农村经济体制。到20世纪90年代初，随着农村行政组织与集体经济组织的分离，特别是以乡镇企业的私有化产权改制浪潮为标志，原有的集体经济在多数地区被逐步弱化或虚置（农业部课题组，2006）。部分地区通过体制机制的创新，开始出现与之相应的村级股份合作社、村级股份有限公

---

* 作者：周应恒，南京农业大学经济管理学院教授。

司等多种形式。集体经济作为社会主义经济的重要组成部分，起着发展农业、富裕农民、稳定农村的作用。

（三）我国集体经济的特殊作用

我国处于经济、社会的转型期，由于以往城乡分割的影响，公共财政在相当长时期对于农村发展的支持缺位。不仅造成城乡发展的巨大鸿沟，也是农村收入分化的重要原因。

实践表明，在农村集体经济发展比较好的地区，集体经济补充了公共财政缺位，农村经济社会发展、农村公共服务的水平以及农民的收入相对均衡。尽管21世纪以来，随着经济社会的发展，国家日益重视解决"三农"问题，逐步加大了公共财政对农业农村发展的投入，积极推进我国农业现代化与农村发展，增加农民收入，取得了显著的成效。但是相比城市而言，我国广大农村公共支出缺口巨大，城乡公共服务差距还存在巨大的鸿沟，城乡一体化发展存在着困难和障碍。就社会公平而言，农村基本公共服务应和城市社区一样，由公共财政来负担；但实际上，农村公共服务由公共财政保障在短期内还难以实现，许多方面仍需依靠农村集体经济来承担。因此可以设想，集体经济作为中国特色的制度将存在于今后相当长的历史阶段，对于中国的农村发展，具有积极意义和特殊的必要性，应该推进发展。

根据我国的宪法和法律，我国农村土地等资源属于集体所有，发展集体经济有助于统筹城乡发展，为实现公共服务均等化提供条件。集体经济作为生产资料共同所有的一种公有制经济，往往起到收入再分配的作用，具有较强的救济、福利、保障的功能。发展集体经济也有助于形成农村社会自我管理的内生机制，大大提高了农民对于市场经济和民主管理的认识。

农村集体经济承担着农村社会事业建设、农民增收致富、扶持农村社会弱势群体等多项职能，在实现共同富裕和社会公平、发展农业农村经济、保障农民基本权益方面，发挥着重要作用。集体经济能够整合农村资源、协调城乡发展，具有经济和社会的双重价值，对于巩固农村执政基础、促进农村经济全面发展和农村社会稳定意义重大。

二 现阶段我国农村集体经济发展存在的问题

我国集体经济组织不仅发挥着壮大集体经济实力、确保集体资产保值增值的经济重任,还承担着保障农村基层组织正常运转、提供农村公共设施、建立和完善农村社会保障体系以及管理集体土地的政治和社会职责(张忠根、李华敏,2007)。集体经济组织承载着多种功能,既降低了作为市场经济参与主体的竞争力,也难以充分、有效提供公共服务。

我国集体经济有庞大的资本和资金来源,根据法律,我国农村集体资产主要包括:属于农村集体所有的耕地、荒地、山地、森林、林木和林地、草场、水面、滩涂等自然资源,农村的宅基地、自留地、自留山的产权,通过公共积累、投资投劳所兴办的集体企业资产和兴建的建筑物、构筑物以及购置的交通运输工具、机械、机电设备等财产,社区集体经济组织及其企业所拥有的现金、存款、有价证券等。就自然资源而言,目前全国96%的耕地、约70%的养殖水面、60%以上的林地和1/3以上的草原属农民集体所有。这为我国发展集体经济提供了巨大的空间。

但是现阶段,我国集体经济组织主要面临产权虚置、权益关系不明晰(政经一体)、收不抵支等问题。严重阻碍我国集体经济的发展壮大。

(一) 产权虚置

《土地管理法》第二条明确规定我国实行"土地社会主义公有制",《宪法》第十条和《土地管理法》第八条对此进行细化,即"城市市区的土地属于国家所有,农村和城市郊区的土地,除由法律规定属于国家所有的以外,属于农民集体所有"。因此,农村集体经济组织是集体土地所有者的主体、集体土地的管理者以及其他集体资产的所有者代表(韩俊,1998)。但法律对农村"集体"界定非常模糊,《民法通则》把"集体"界定为"农业集体经济组织"或"村委会",《土地管理法》、《农地承包法》以及《村民委员会自治法》界定为"村集体经济组织"、"村委会"或"村民小组"。产权主体多元含糊导致名义上人人都是所有者,而实际上人人都不是所有者,而作为"集体"代理者的县级政府、乡镇政府和村委会成了事实上的主体(闵桂红、饶江红,2013)。

（二）权益关系不明晰

由于相关法律没有明确集体经济组织的主体，这为作为"集体"代理者的政府、村委会甚至乡绅势力提供了侵蚀集体利益的机会。首先，《宪法》和《土地管理法》规定"国家为了公共利益的需要，可以依照法律规定对土地实行征收或者征用并给予补偿"。那么，实际操作过程中，作为集体经济组织成员的农民仅获取了补偿价值，而巨额的市场价值在代表"国家"的不同主体之间进行了分割。其次，由于农村当前普遍实行村党组织、自治组织和集体经济组织"一套人马"的管理模式，政经合一的管理体制下，权力寻租和决策短视行为时有发生，例如，村干部将对村民的利益分配作为获得选民支持的"砝码"，集体经济演变为村干部巩固自身权力的一种手段。最后，在城镇化不断推进的背景下，《农地承包经营权证》规定的以渠、路、沟、水塘或村庄为标志的产权边界，随着农村地区土地整理、公共设施与水利设施的建设而变得模糊，农村中"先占先有、谁占谁有、不占没有"的理念深入人心，这为乡绅势力侵蚀了集体经济利益提供了机会。

（三）收不抵支

我国集体经济发展已有相当的基础，在现有资源条件和政策支持下，部分地区集体资产存量不断提高，经济实力的壮大，有效补充了公共财政支农的不足。但是，当前农村集体经济发展正处于转型期，以经营土地和物业为主的租赁经济发展受到国家土地政策和相关成本上升的制约，集体经济增收困难，发展后劲不足（周润书、程守红，2013）。此外，随着农村居民生活水平的提高以及十八届三中全会关于建设"生态文明"的要求，集体经济组织还承担了辖区内公园、绿化、治安、消防、垃圾处理等越来越多的公共福利开支，加重了集体经济组织的负担。

（四）村企不分，资产配置效率低

传统集体经济由乡镇和行政村直接投资办厂，直接参与经营管理，村集体实质上变成了无限责任公司，经营风险大，收益不稳定；集体经济往往会介入竞争性领域，与私营经济、国有经济形成竞争。但在市场经济体制下，经营者能力是决定经济体盈利能力的关键因素，集体经济同时还承担着非市场的义务，因此在市场竞争中，往往居于劣势。由于资产产权不完整、市场不健全，集体经济组织资产配置效率相对较低。目前，我国村集体经济组织平均资产收益率仅为5%，远低于大部分行业平均利润率7%—8%的水平（关锐捷等，2011）。

三　构建我国农村集体经济新模式

　　针对传统集体经济发展存在的问题，应该提倡发展"新型集体经济"。近年来我国各地的创新实践，已经探索出新的集体经济发展模式：新型集体经济针对集体产权虚置、权益关系不明晰等现实问题，通过探索落实《村民自治法》以及农村产权制度改革，实现农村集体资产的"还权赋能"，通过确权颁证，维护广大农民作为集体组织成员的权利；通过市场机制促进产权流转，完善经营与管理，让农民真切感受到集体经济发展的实惠；通过信托投资，鼓励协调具有高资质、强实力的金融机构为集体经济组织"三资"提供管理服务，鼓励集体经济组织退出竞争性领域，发展壮大集体经济实力。

　　新型集体经济是在市场机制与制度创新的基础上，由"农民的联合"向"组织的联合"转变的集体经济。新型集体经济在制度安排上，多采取股份合作制的形式，从单纯的重视内部福利性分配，向有偿配股、固化分配关系、健全农村社会保障方向发展；从村委会拥有集体经济产权，向村自治组织拥有和管理产权过渡；从集体经济包揽农村"一揽子"公共服务，向明确集体经济提供公共服务发展；从介入竞争性领域、获取经营收益，向提供公共服务、物业服务等集体资产经营扩展。

　　新型集体经济实现了产权明晰、管理责任明确以及向非竞争性经营领域的过渡。从产权学派的角度看，产权具有激励功能、约束功能、资源配置功能和协调功能（孔有利、王荣，2004）。落实产权可以确定集体经济排他性的物权，实现有效的产权结构及产权保护。明确权益关系，可以防止集体经济的半私有化，实现集体经济真正由集体管理。退出竞争性领域，进入非竞争性领域，可以大大降低集体经济的竞争压力和运营风险，使集体经济获得稳定、可预期的收益。

四 发展新型集体经济的体制机制创新途径

（一）进行确权登记，明晰产权归属

发展新型集体经济组织，首先应该进行确权颁证，明晰农村集体产权归属。应该及时清理各类集体资产的数量，对农村集体土地所有权、房屋所有权、集体建设用地使用权、农村土地承包经营权和林权进行确权登记，把权利落实到集体或农户。对无法落实到户的集体资产，应该认定集体经济组织成员身份，明确权利与义务关系。在有条件的地区还可以推进集体股份合作制改革，量化资产，固化股权，完善股权设置和股权流转制度。例如：成都市在农村产权改革的实践中，共颁发 8 种类型的产权证书，明晰了产权的归属。

（二）落实村民自治，合理分配权益

集体经济组织成员认定和权益分配关系广大农民的切身利益，很可能被"集体"代理者的县、乡政府、村委会甚至乡绅势力利用，成为侵蚀集体利益的工具。应该充分发挥村民自治的作用，建立村民议事会或者具有相似功能的村民自治组织，把集体的事情交给集体自己解决，调动农民的民主意识与集体成员意识，国家承担从法律上对相关行为制定指导原则的责任，设置底线。重点打破"政经合一"的经营模式，强化民主管理和民主监督；完善财务管理制度，健全财务监督组织，提高村级集体经济组织的财务公开水平（徐增阳、杨翠萍，2010）。

（三）鼓励信托投资，退出竞争性领域

十八届三中全会明确提出市场在资源配置中发挥决定性作用。具有社会主义市场经济特色的集体经济组织应该搞好发展规划，明确资产经营、资源开发目标，提高集体经济收益的分配效率；退出竞争性较强的领域，鼓励协调具有高资质、强实力的金融机构为相关"三资"经营提供服务。新型集体经济主要投资对象应当为风险小、收益持久而稳定的领域，例如：资产租赁与物业服务、企业股份投资以及农业承包经营等，以入股、合作、租赁、承包等形式，与大户、技术能人、企业等合作，以实现多元

化、多层次、多形式经营。成都市郫县和温江区（"35＋8"模式）、江苏张家港市等在资产租赁与物业服务领域进行了有益尝试；常州梦兰村积极探索投资企业股份；金坛市金坛镇在农业参与型领域进行有益尝试。

集体经济组织在政府公共财政支农存在缺口的背景下，在农村经济发展和社会稳定上起到了巨大的作用。但是集体经济不是解决农村公共服务不足、促进农民增收和农村发展的万能工具，随着市场经济体制的完善，我们必须主要依靠公共财政的投入和支持，根本性地解决我国广大农村稳定、农民增收、农业可持续发展的问题。

参考文献

1. 杜国明：《农村集体经济组织立法探析》，《法学杂志》，2010 年第 5 期。

2. 方志权：《农村集体经济组织产权制度改革若干问题》，《中国农村经济》，2014 年第 7 期。

3. 关锐捷、黎阳、郑有贵：《新时期发展壮大农村集体经济组织的实践与探索》，《毛泽东邓小平理论研究》，2011 年第 5 期。

4. 韩俊：《关于农村集体经济与合作经济的若干理论与政策问题》，《中国农村经济》，1998 年第 12 期。

5. 孔有利、王荣：《农村集体经济组织产权结构分析》，《财经问题研究》，2004 年第 4 期。

6. 孔有利、刘华周：《农村社区股份经济合作社产权分析——以江苏省村级集体经济组织股份合作化为例》，《中国农学通报》，2010 年第 26 期，第 23 页。

7. 闵桂红、饶江红：《农地产权虚置难解决的障碍分析与政策路径选择》，《现代经济探讨》，2013 年第 11 期。

8. 农业部课题组：《推进农村集体经济组织产权制度改革》，《中国发展观察》，2006 年第 12 期。

9. 谭贵华：《农村集体经济组织的研究回顾与前瞻》，《重庆大学学报》（社会科学版），2013 年第 19 期，第 1 页。

10. 王德祥、张建忠：《我国农村集体经济组织形式发展趋势研究》，《西北农林科技大学学报》（社会科学版），2011 年第 11 期，第 1 页。

11. 魏宪朝、于学强：《发展我国农村集体经济组织的几点思考》，《当代世界与社会主义》，2008 年第 5 期。

12. 徐增阳、杨翠萍：《合并抑或分离：村委会和村集体经济组织的关系》，《当代世界与社会主义》，2010 年第 3 期。

13. 张忠根、李华敏：《村级集体经济的发展现状与思考》，《中国农村经济》，2007 年第 8 期。

14. 周润书、程守红：《功能视角下城镇化进程中农村集体经济收不抵支的思考》，《农业经济问题》，2013 年第 5 期。

农村集体经济有效实现形式：
理论、现状与创新[*]

王景新

在改革开放 36 年的历程中，农村集体经济饱受责难、一直没有说清楚。苏联、东欧原社会主义国家在大规模私有化进程中放弃了集体经济。中国自改革始，农村集体经济发展遇到了空前挑战、步履维艰，村组集体经济至今普遍贫困。这种现象给国内外许多研究者否定社会主义集体经济落下口实。西方经济学承认合作经济，否认集体经济，认为，"集体农业搞得并不好。中国的人民公社、苏联的集体农庄都受到批判"[①]。国内许多研究者把集体经济当成人民公社的"大锅饭"口诛笔伐；许多青年学者认为集体经济"产权不清"、"效率低下"，与市场经济天然相悖，反感甚至厌恶集体经济；相当多的地方领导认为农村集经济运行困难，无助于地区 GDP 增长，放弃农村集体经济发展。另有一部分人则夸大集体经济的作用，希望将其作为农业经济唯一组织形式，总认为"家庭承包责任制是临时性制度安排"，是"过渡形态"，"制度效率释放完毕了"，"走农业集体化道路是时候了"。"全面否认"和"夸大"集体经济作用的两种极端化思潮，把人们对农村集体经济的认识弄得更加混乱，确实需要重新认识和研究。

---

* 作者：王景新，浙江农林大学中国农民发展研究中心教授。本文是作者近 4 年来关于"村域集体经济"研究的总结。其中主持完成国家社会科学基金（应用经济学类）重点项目"我国农村集体经济发展的有效实现形式研究"（立项获准号 10AJY008），最终成果《村域集体经济：历史变迁与现实发展》已由中国社会科学出版社 2013 年 9 月出版。

① 约翰·伊特韦尔、默里·米尔盖特、彼得·纽曼编：《新帕尔格雷夫经济学大辞典》第 1 卷 A—D，经济科学出版社 1992 年版，第 519 页。

一　农村集体经济有效实现形式的层次结构

（一）集体经济长久存在是人类遵循适者生存法则自然选择的结果，而不是人们的行为偏好拟或意识形态的强制，与"主义"无关

集体经济是人类历史上第一个经济组织形式。恩格斯认为，"以群的联合力量和集体行动来弥补个体自卫能力的不足"[①]，是人类脱离动物状态以后学会的第一个本领。马克思指出，人类完全成形后，"血缘家族是第一个社会组织形式"[②]。按照"一个家族就是一个集团、一个公社、一个生产单位"[③]的观点，血缘家族也是人类第一个经济组织形式。

集体经济还是人类社会发展各阶段都离不开的一种经济组织形式。在史前社会，血缘家族原始共产制经济实现形式，循着"母系氏族公社→父系氏族公社→农村公社"的路径演进；在成文历史领域里，原始共产制经济残余自上古社会、中世纪至近现代从来没有消失过。中国商、周时期的"井田制"影响深远，因此近现代社会中的村社公有、宗族的公田祠产、家族及邻里间的伙有共耕和互助合作等集体经济组织形式一直被沿袭和传承。显然，"这种原始类型的合作生产或集体生产显然是单个人的力量太小的结果，而不是生产资料公有化的结果"。[④]

集体经济伴随着人类社会发展的各个历史阶段一路走来，必将继续伴随人类社会经济发展的未来进程。每一个时代，总有个体和家庭力量"办不了、办不好或者办起来不经济"的事情，有如"资源稀缺性"一样，与适应大自然和满足人类无止境的欲望相比较，个体和家庭的力量永远是弱小和不足的，因此，在科学技术高度发达、生产力空前提升的现代社会，"群体力量和集体行动"仍然不可缺少。只有善于合作、善于利用群体力量和有效组织集体行动者，才能最大限度地获得发展的自由。

---

① 恩格斯：《家庭私有制和国家的起源》，《马克思恩格斯选集》第 4 卷，人民出版社 1997 年版，第 29 页。

② 马克思：《摩尔根〈古代社会〉》一书摘要，人民出版社 1965 年版，第 20 页。

③ 白乐天、李凤飞：《世界通史》（上），光明日报出版社 2001 年版。

④ 马克思：《给维·伊·查苏利奇的复信草稿——初稿》，《马克思恩格斯全集》第 19 卷，人民出版社 1963 年版，第 434 页。

（二）　中国特色社会主义农村集体经济是土地等资源和其他共有资产①归部分劳动群众集体所有的公有制经济，实现形式随生产力发展而演变

我国社会主义农村集体经济起源于中共早期的互助合作制度探索和实践，形成于新中国初级农业合作社、高级合作社和人民公社运动，成熟于有"公社宪法"之称的人民公社"六十条"②颁布实施，创新于农村改革新时代。与上述历史阶段相对应，农村集体经济基本实现形式先后经历过互助组、农业合作社（初级社和高级社）、农村人民公社和"统分结合的双层经营体制"。这些基本实现形式总体上适应了不同历史阶段的生产力水平，都是有效实现形式。

中共早期的互助组在继承传统农业社会伙耕、伙种制度的基础上，自觉注入了社会主义因素（专栏1），实现形式是：土地及其他生产资料农户私有，自主经营，劳动力、畜役力、农具等在互助组内通过串工换工、人工换蓄役力等方式调节余缺，土地收益归农户。

专栏1　中共早期对社会主义农村集体经济的认识

中共早期已将互助合作运动与社会主义集体经济发展联系在一起了。土地革命时期，崔寅瑜在《一个模范的消费合作社》中写道："才溪区消费合作分社虽然还有这些缺点，但它已经能够'使群众了解集体经济的好处，……这种小生产者集体经济的发展，真是保证我们民主革命将来转变到社会主义革命的有力杠杆之一'。"③抗日战争时期，毛泽东在《组织起来》这篇著名讲话中说："在农民群众方面，几千年都是个体经济，一家一户就是一个生产单位，……克服这种状况的唯一办法，就是逐渐地集

①　本文中的集体资产包含固定资产和流动资产（资金）。

②　人民公社"六十条"是《农村人民公社工作条例》的简称。"六十条"初成于1961年3月中共中央广州工作会议通过的《农村人民公社工作条例（草案）》；修改于1961年6月中央北京工作会议通过的《农村人民公社工作条例（修正草案）》；成形于1962年9月中共八届十中全会通过的《农村人民公社工作条例修正草案》；"余响"是1978年12月十一届三中全会通过的《农村人民公社工作条例（试行草案）》。

③　《红色中华》第139期，1934年1月1日。

体化；而达到集体化的唯一道路，依据列宁所说，就是经过合作社。"①

　　新中国成立之初的互助组有两种基本实现形式。临时互助组是农户个体经济联合体，尚不具备集体经济完整形态；常年互助组在共同劳动的基础上实行某些分工、分业，且有少量公共财产，在集体成员中分配剩余，具备了集体经济的基本特征与内核，标志着我国农业集体经济制度萌芽。

　　"农业生产合作社是劳动人民的集体经济组织。""初级阶段的合作社属于半社会主义性质。在这个阶段，合作社已有一部分公有生产资料；对于社员交来统一使用的土地和别的生产资料，在一定的期间还保留社员的所有权，并且给社员的适当的报酬。""高级阶段的合作社属于完全的社会主义的性质，在这种合作社里，社员的土地和合作社所需要的别的生产资料，都已经公有化了。"②

　　农村人民公社"是社会主义的集体经济组织"，"是政社合一的组织，是我国社会主义社会在农村中的基层单位，又是我国社会主义政权在农村的基层单位"。这一表述自农村人民公社成立以来一直没有改变，但公社的实现形式则不断调整。"六十条"最后定格为"人民公社的组织可以是两级，即公社和生产队，也可以是三级，即公社、生产大队和生产队"，"人民公社的基本核算单位是生产队"③。

　　当今我国农村集体经济有两种基本类型：一是农村人民公社"三级所有"，土地等资源和其他共有资产分别属于乡（镇）、村、组三级农民集体所有的社区性集体经济；二是专业性经济，《宪法》规定，"农村中的生产、供销、信用、消费等各种形式的合作经济，是社会主义劳动群众集体所有制经济"。农村社区性集体经济组织承担着经济、社会双重职能，《农业法》规定，"农村集体经济组织应当在家庭承包经营的基础上，依法管理集体资产，为其成员提供生产、技术、信息等服务，组织合理开发、利用集体资源，壮大经济实力"；同时，必须继承农村人民公社以集

---

　　①　《毛泽东选集》第3卷，人民出版社1991年第2版，第931页。

　　②　《农业集体化重要文件汇编（1949—1957）》，中共中央党校出版社1981年版，第479—480页。

　　③　《农业集体化重要文件汇编（1958—1981）》，中共中央党校出版社1981年版，第628页。

体积累和收入为成员提供基本公共服务的传统。

（三）中国特色社会主义农村集体经济有效实现形式是集体经济组织内部的一组经济关系和制度安排

1. 所有权归属——"三级农民集体分享"

《土地管理法》规定："农民集体所有的土地依法属于村农民集体所有的，由村集体经济组织或者村民委员会经营、管理；已经分别属于村内两个以上农村集体经济组织的农民集体所有的，由村内各该农村集体经济组织或者村民小组经营、管理；已经属于乡（镇）农民集体所有的，由乡（镇）农村集体经济组织经营、管理。"集体土地以外的其他资源和资产也分别归"三级农民集体"经营管理。

2. 集体成员与生产资料结合（资源配置）方式——成员优先、市场调节

集体耕地资源采用"家庭承包方式"，公平优先，无差别占有和使用，有偿流转；非耕地及其他资源和共有资产采用"非家庭承包方式"，效率优先，兼顾成员权、市场调节，有差别占有和使用；宅基地一户一宅、无偿配置、长期使用；其他建设用地使用权用途管制；鼓励土地承包经营权、建设用地使用权流转和在公开市场上平等交易。

3. 基本经营制度——"统分结合的双层经营体制"

《宪法》明确规定"农村集体经济组织实行家庭承包经营为基础的、统分结合的双层经营体制"。"双层经营体制"不仅是我国农村基本经济制度，也是我国农村集体经济基本实现形式。

4. 基本实现形式之下的经营管理方式——"多元化、多层次、多形式"

一是经营主体的多元化，集体统一经营、家庭承包经营、合伙经营、专业合作、股份制与公司制并存。二是经营方式多层次，所有权与经营权合一的经营方式之下有统一经营、委托经营和入股经营等方式，所有权与经营权分离的经营方式之下有承包经营、租赁经营等方式。三是经营内容多样化：农业经济条件下，村组集体经济最普遍的经营内容是土地等资源发包、社区治理与公共服务；工业经济条件下，村组集体经济经营内容拓展到资源（土地等）入股、资产（厂房、设备、和其他）租赁，资金转

化金融资本，多见于城区、城郊和经济政治中心地域的经济强村。另外，"一事一议"筹资筹劳和财政奖补、帮扶机构及社会组织结对帮扶，是当前贫困村集体经济组织的收入来源之一。

5. 收入分配方式——集体经济规则和生产要素相结合

家庭承包方式的经营收益由"交够国家的、留足集体的、剩余是自己的"，在废止农业税及其附加以后转变为"全部都是自己"；非家庭承包方式的经营收益在缴纳税收和租金后"剩余是自己的"；集体经济组织统一经营收入提留公益金、公积金后，再按劳动贡献、成员资格等集体经济规则和生产要素①相结合的方式分配。

综上可知：中国特色社会主义农村集体经济，是土地等资源和其他共有资产分别归乡（镇）、村、组三级农民集体所有，成员优先、市场调节等多种手段配置资源，实行统分结合的双层经营体制和多元化经营管理方式，按集体经济规则和生产要素相结合的方式分配收入的公有制经济。

（四）中国特色社会主义农村集体经济发展具有特殊意义

农民集体共同创造、代际传承、辛勤积累下来的共有资源和资产，凝聚了几代农民的贡献，是集体成员的共同财富，也是未来农村发展和农民共同富裕的重要物质基础，将其国有化、私有化都是不公正的，需要集体统一经营管理。一家一户办不了、办不好或者办起来不经济的项目，也需要集体统一办理。

农村集体经济直接影响着农村社区生产、生活及基本公共服务的水平，农民发展生产、摆脱贫困、扶持弱势群体、互助合作、保护财产、弘扬村社民主、表达诉求等，都特别需要集体经济支撑。

农村集体经济还是中国特色社会主义的重要体现，是社会主义市场经济的微观基础，也是党的农村基层组织和国家的基层自治的经济基础。

但是，这并不意味着集体经济就是社会主义农村经济的唯一组织形式，农业、农村经济组织形式应该、也可以多元化、多样化。

---

① 包含劳动力、土地、资本、企业家才能。

二　农村集体经济有效实现形式的现状趋势

（一）"三级农民集体所有"的格局发生了变异

自我国"乡政村治"格局正式形成始[1]，农村集体所有制关系发生了变化：一是原分别属于人民公社、生产大队、生产队三级集体所有的土地等资源和其他共有资产，现在分别归属于乡（镇）、村、组三级农民集体所有；二是改革开放过程中，乡（镇）、村行政区划经历了一个持续撤并变更的过程，加上农业转移人口大量流动，原三级（尤其是乡级）农民集体的成员边界越来越模糊了，侥幸保有或者壮大起来的乡（镇）集体资源和资产，到底归哪些农民所共有，说不清楚了；三是乡（镇）、村、组三级集体经济传承和发展的路径与效果，区域差异明显。

——大部分乡（镇）集体资源和资产流失严重。政社分开时强调政权建设（"当前的首要任务是把政社分开，建立乡政府，同时按乡建立乡党委"）。忽视乡级集体经济组织重建。多数乡（镇）集体经济组织缺位，导致：原属于乡（镇）集体所有的土地等资源性资产，一部分散失了；一部分演化为国家所有；一部分由乡级财政代为经营管理，变成了基层政府"预算外"收入，远离了乡镇农民集体。原社办企业，有的衰落倒闭了，有的演变为乡镇企业，在经历"改制"或"重组"后，大部分演变为私有私营企业，退出了集体经济序列，少部分转化为乡（镇）集体拥有股份的法人企业。

——少部分乡（镇）集体经济有较好发展。社队企业发展较好的地区，撤销人民公社后，先后组建了乡（镇）集体"经济联社"、"资产经营公司"之类的集体经济组织，保障了乡级集体经济有效发展。在新一

---

[1]　1982 年，全国人民代表大会着手修改宪法，决定撤销人民公社、恢复和重建乡（镇）政府体制，同时规定"城市和农村按照居民居住地区设立的居民委员会和村民委员会是基层群众的自治性组织"。1983 年 10 月，中共中央、国务院发出《关于实行政社分开建立乡政府的通知》。1985 年春，全国 5.6 万个人民公社、镇，改建为 9.2 万多个乡（镇）人民政府，同时取消了原生产大队、生产小队，建立了 82 万多个村民委员会。1987 年 1 月通过、翌年 6 月 1 日试行《村民委员会组织法》，标志着农村基层"乡政村治"格局正式形成。引自王景新《农村改革与长江三角洲村域经济转型》，中国社会科学出版社 2009 年版，第 80 页。

轮深化改革中，乡（镇）、村两级农民集体经济大联盟，走上了集团化发展的道路（专栏2），引领着农村集体经济发展的新趋势。

　　——村组集体土地资源以及凝聚几代农民贡献的其他共有资产，较完整地传承下来。"乡政村治"格局下，村域资源配置、分配核算权利快速向村民委员会集中，村民小组职能弱化了；与此相关联，村集体经济比村民小组集体经济获得了更好的发展，大多数村民小组无集体经营活动，"当年经营收益"为零。但是，村民小组的土地等资源性资产完整地传承下来，成员边界相对清晰。这主要得益于农村改革过程中始终坚守了人民公社"六十条"锁定的基本核算单位，在行政村大规模撤并时，最终坚守了村民小组原有区划格局和土地边界。

专栏2　吴中区乡、村两级农村集体经济集团化发展

　　苏州市吴中区乡、村两级集体经济都比较发达。截至2010年年末，吴中区乡（镇）、村两级集体总资产达162.7亿元，其中村级集体总资产63.5亿元；两级集体经济总收入14.4亿元，其中村级收入7亿元，村均546万元，全区有23个村级稳定收入超千万元村，占全市总数的四分之一；全区农村各类合作社319家，实现乡（镇）级合作联社全覆盖，农民持股率达100%，年分红达2亿元，持股农户户均分红最高的村达2.6万元。

　　2011年5月21日，苏州市吴中区十大农民集团有限公司同时挂牌成立。这十大农民集团分别由吴中区长桥、郭巷、横泾、越溪、城南、木渎、甪直、胥口、临湖、光福十个镇（街道）的集体资产经营公司牵头，联合吴中区96个村（社区）股份合作社共同出资，累计注册资本10.6亿元，涉及股农8.5万户。十大农民集团直接对接市场，实行现代化企业经营，所得收益按出资比例分红。

　　——根据《江苏经济报》（2011.5.24）、《苏州日报》和中国经济网（2011.5.23）相关报道整理。

（二）"双层经营体制"转型发展为新型农业经营体系

　　农村改革36年来，我国着力推进"家庭经营要向采用先进科技和生产手段的方向转变；统一经营要向发展农户联合与合作，形成多元化、多层次、多形式经营服务体系的方向转变"①，新型农业经营体系逐步形成。

1. 家庭承包经营分化组合为两类经营主体

一是承包农户分化的三种规模或类型，即：使用家庭自有劳动力和耕作自己的承包土地为主的普通承包经营农户；土地转入有一定规模，以家庭自有劳动力为主的适度规模经营农户；土地转入规模较大，有一定数量长期雇工的经营大户和登记注册的家庭农场。按照中农办公开的数据，到2012年年底，我国农村承包集体耕地的农民家庭约2.3亿户，其中：约4440万户发生了流转出承包耕地的行为，占承包农户总数的19.32%，仍在耕地上从事农业生产经营的农民家庭约1.9亿户，经营耕地面积占农村家庭承包耕地总面积的92.5%；经营耕地面积在50亩以上的适度规模经营户199.8万户；家庭农场87.7万户，经营土地面积1.76亿亩，户均经营耕地200.2亩。家庭承包经营仍然是我国最大的农业生产经营主体、最主要的集体经济实现形式。二是承包农户组合的合作社、农业公司或产业化经营组织。到2012年年底，"全国已发展起农民专业合作社68.9万个，入社成员5300多万户；各类农业产业化经营组织30余万个，带动的农户约1.18亿户"②。在上述新经济体中，那些具有部分劳动群众共同所有性质、按集体经济规则分配剩余的属于新型集体经济组织。

2. 统一经营主体不断分化组合，规模扩大、实现形式转变、实力增强

第一，村级集体经济规模扩大。到2010年年末，农业部农村经济体制与经营管理司（经管总站）统计汇总的行政村61.56万个，比1985年"乡政村治"初建时期（94.06万个）减少了34.55%。行政数量减少必然带来村级集体经济规模扩大，本课题组在全国20个省的217村问卷调查结果是，到2010年年末，调查村平均，每村有：村民小组11个，户籍576户，户籍人口2215人；外来户54户，145人（相当于村域户籍人口的6.5%）；总劳动力1213人，其中外出劳动力数457人（占村域劳动力的37.68%）；耕地面积3531亩，其中归村集体所有的1418亩（占

---

① 《中共中央国务院关于加大统筹城乡发展力度，进一步夯实农业农村发展基础的若干意见》，2009年12月31日。

② 陈锡文：《加快构建新型农业经营体系刻不容缓》，光明网2013年11月21日。

40.16%）、归村小组集体所有的 2113 亩（占 59.84%），人均耕地 1.59 亩。问卷还显示，村级集体经济组织可以直接支配的土地尚有：村均"机动地" 72 亩，可经营的山地和林地面积 598 亩，"四荒地" 135 亩，可养殖水面 143 亩，可出租的建设用地面积 34 亩[1]。第二，村组集体经济组织并不健全。在 61.56 万个村、497.9 万个村民小组中，只有 24.91 万个村、72.7 万个村民小组有集体经济组织，59.5% 的村由村民委员会代行村集体经济组织的职能，85.4% 的村民小组没有集体经济组织[2]。第三，村、组集体经济的基本实现形式为"双层经营"，但全国仍有 2000 个村、组集体农业实行统一经营。从转型发展趋势看：一是集体产权制度改革和经营方式转型正在由发达地区向不发达地区延伸。二是村集体资产总量增加和结构不断改善。2010 年，全国村集体账面总资产中，流动资产 7904.4 亿元，占资产总额的 42.8%，比 2004 年（40%）提高了 2.8 个百分点，村均 133.3 万元；农业资产 233.5 亿元，占资产总额的 1.3%，村均 3.9 万元；长期资产 10342.9 亿元，占资产总额的 56.0%，比 2004 年（60%）下降了 4 个百分点，村均 174.4 万元[3]。三是村组集体经济经营方式总体上正在由经营管理集体资源为主，向经营管理土地、房地产和工商业企业为主转变。四是村组集体收入来源已经由村提留和农户承包费上交为主，转变为基层治理和公共服务（财政转移支付）收入，直接经营收入、投资经营和房产租赁收入等多种来源。

（三）家庭承包经营和村组集体统一经营"一强一弱"的局面，自改革以来一直没有从根本上扭转

无论东部沿海发达地区，还是西北荒漠化地区（如新疆）和西南民族自治地区（如广西），家庭承包经营能力普遍增强，在无严重自然灾害的情况下，农户凭借土地承包经营就能获得基本生活来源。但村集体统一经营收入薄弱的局面一直没有实质性改变。2010 年，全国无经营收益的

---

① 王景新：《村域集体经济：历史变迁与现实发展》，中国社会科学出版社 2013 年，第 225 页。

② 农业部农村经济体制与经营管理司、农村合作经济经营管理总站：《全国农村经营管理统计资料（2010）》内部资料，第 1 页。

③ 同上书，第 130 页。

村占53%。有经营收益的村中，5万元以下的占28.4%，5万—10万元的占7.9%，低于10万元的村合计占89.3%；同时有2.1%的村级集体经济组织当年经营收益超过100万元水平①。如果按照当前维持村级组织基本正常运转和村域社区基本公共服务的最低支出村均不少于10万元/年的标准衡量，我国目前至少有80%的村尚需依靠转移支付维持运转。

（四）著名经济强村集体经济发展的成功实践，昭示农村集体经济有效实现形式创新的未来方向

著名经济强村无一例外地选择了适合本地实际的主导产业，建立起现代产业体系，并且通过集体产权制度改革，理顺产业组织参与主体的利益。另外著名经济强村中，工业型村域经济占绝大多数，市场型村域经济次之，旅游型村域经济方兴未艾，现代化农业型村域经济相对较少。这证明：村集体经济发展水平与产业选择、治理模式及产业组织参与主体利益关系处理直接相关；"无农不稳、无工不富、无商不活"是引导村域产业转型与融合发展的凝练的战略概括。

著名经济强村集体产权制度安排及生产经营管理的三种模式。其一，集体所有，所有权和经营权不分离，由村集体经济组织统一组织生产和管理。然后，或者由总公司与分公司签订合同集体专业承包经营，或者实行职业经理负责制，由村企集团聘请职业经理人经营。无论采用哪种经营方式，其经营利润全部归村集体所有。其二，集体所有，集体办企业，所有权与经营权分离，村集体经济组织代表全体村民履行投资人权利和义务，村企集团独立经营。村企集团的经营利润或者按年度预算全部上缴村集体；或者将集体"三资"折股量化、确权到人，企业集团、村集体、村民和企业管理者和技术骨干按股份比例分红。其三，"村企一体化"经营。村集体经济组织和村企集团的产权关系没有严格边界，企业集团按公司制治理模式经营管理，村民以股本、劳动力投入等介入企业经营管理和分红；或者"村企分开"，村集体提供企业发展所需要的土地、劳动力及其他社区资源，村企集团独立经营管理。无论"村企一体"还是"村企

---

① 农业部农村经济体制与经营管理司、农村合作经济经营管理总站：《全国农村经营管理统计资料（2010）》，内部资料，第60—61页。

分开"，产权关系是否明晰，村级党政企"三位一体"组织管理结构、千丝万缕的利益关联及浓浓的乡情，把村集体利益、村民利益和村企集团利益牢牢拴在一起，村集体、村民无保留地为村企集团提供一切发展条件；村企集团则无条件地保障村庄建设、村级组织运转、村域社区公共服务的供给，兴衰荣辱"村企一体化"。

三　农村集体经济有效实现形式的改革创新

（一）总结农村集体经济发展的历史经验，重塑集体行动理念和规则

发展壮大农村集体经济，下列理念应该重申和强调：

——集体经济长久存在是人类遵循适者生存法则自然选择的结果，而不是人们的行为偏好拟或意识形态的强制，因此不要将集体经济牵进"主义"之争。集体经济本质上是合作经济，合作经济是集体经济的实现形式。资本主义国家的合作经济制度和社会主义国家的集体经济制度，都是人类智慧的结晶，应该兼容并蓄而不应该厚此薄彼。但要看到，社会主义集体经济承载了更多的社会职能：一方面，通过合作社实现土地私有制向集体所有制过渡，吸引农民参与社会主义建设，是经典马克思主义和当代中国的马克思主义的共同选择；另一方面，社会主义集体经济承载着成员福利、社会保障及社区基本公共服务职能，是社会主义共同富裕、公平发展的重要体现和鲜明特色。这一特色不应该成为资本主义否定或攻击社会主义集体经济的借口。

——中国特色社会主义农村集体经济基本实现形式是"双层经营体制"下的一套完整经营管理和利益分享机制：耕地资源"家庭承包"，成员按份共有、公有私营、收益归己（废止农业税后）；非耕地及其他共有资产"非家庭承包"，公有民营、集体索取剩余，成员共享。探索农村集体经济有效实现形式，重点是坚持集体所有、"三级分享"和"双层经营"等基本经营制度；不断改革完善集体资源、资产配置手段，转变经营管理方式，公平收入分配和激励机制，以适应不断发展的生产力，最终实现共同富裕的目标。

——必须重新认识和评价集体经济效率。四川都江堰、吐鲁番坎儿井、云南元阳梯田、人民公社时期大规模农田水利建设成果，都是依靠大

规模集体劳动取得的成果，无数劳动者为之付出了汗水或生命，不论后人赞赏其"功在当代、惠及子孙"，还是咒骂其"劳民伤财"，沉淀在这些成果中的巨大劳动积累至今仍在发挥巨大效益。历史告诉我们，那些只能依靠"群体力量"来完成的生产或工程，必须采取"集体行动"；评价集体经济的效率，不能单用投入产出比或者交易成本与收益比之类的办法。

——我国农业生产责任制度"三落四起"的历史充分证明：集体经济对生产责任制度有严重依赖，只要顺应这一趋势，把集体生产责任制度和个体承包责任制度有机结合起来，就能保证集体经济效率；家庭承包经营是社会主义农村集体经济的一个经营层次，而不是"变相私有化"；家庭承包经营责任制度是农业生产中最有效的责任制度。

——村级集体经济当前贫困及多极分化并非"双层经营体制缺陷"，而主要在于集体产权制度安排及集体经济组织经营管理能力差异。（1）农业自然资源及村域所处区位是村集体经济发展的重要条件但不是决定因素；地方政府是否重视、支持和有效监管，集体产权制度安排差异和集体经济组织经营管理能力差异，才是村级集体经济发展差异的决定性因素。只要产权制安排合理、集体经济组织有经营管理集体资源，就能获得保障村级组织运转及村域社区基本公共服务所需要的收入。（2）在农业经济条件下，村集体经济组织配置、经营和管理的主要是土地、水源和水利设施等绝对不动产资源，由于集体资源发包主要遵循公平优先、兼顾效率原则，集体产权制度安排及集体经济组织经营管理能力差异所导致的村集体经济发展差异并不明显；在工业经济条件下，村集体经济组织配置、经营和管理的资源拓展到厂房、机器设备等相对不动产以及数量可观的现金资本，集体经济经营范围及利润空间极大拓展，集体产权制度安排及集体经济组织经营管理能力差异所导致的村集体经济发展差异凸显。（3）政府干预贫困村集体经济发展不仅必要，而且可行。

——中国共产党近百年历史上，先后涌现了一大批对我国革命和建设产生过重大影响、带有鲜明时代标志的模范村、样板村和著名经济强村，这些村落的农民劳模和创业农民，把国家利益、集体利益看得高于一切，带领村民创造了震撼时代的业绩。建议采取适当方式，研究中国名村变迁以及老一辈创业农民带领农民发展壮大集体经济历史经验，宣传创业农民和农民劳模的伟大贡献，重塑劳动光荣和爱祖国、爱集体、爱劳动人民的风尚。

（二）以改革为动力，着力创新村域社区集体经济发展的有效实现形式

我国行政村大量减少，农村新社区急速增加。在这个过程中，社区管理组织基本建立起来了，但原村组集体经济产权制度改革并未跟上，严重影响合并村及新社区集体经济组织重建，社区治理和集体经济经营管理"两张皮"，有的社区治理甚至物业管理费都由地方财政承担。建议：高度重视合并村及新社区集体经济组织重建，引入发达地区村集体产权制度改革的经验，以合并前的村、组为单元，开展集体资源和共有财产的清资核产，确权到人；在此基础上，重建合并村及社区集体经济组织，探索有效实现形式。

按照"赋予农民更加充分而有保障的土地承包经营权"的思路着手构建"长久不变"的制度体系。建议：农村土地确权、登记、颁证工作试点过程中，要着手更换农民《土地承包合同》、《土地承包经营权证》，逐步确认农民土地承包经营权利"长久不变"的法律地位；尽快修订《土地管理法》、《农村土地承包法》、《物权法》等与农村土地制度有关的法律法规，同时清理和废止与"长久不变"相抵触的政策，保证党的政策和国家法律法规的一致性；着手调查和研究第二轮土地承包到期的后过渡办法，比如有无必要开展第三轮土地承包？如果需要第三轮土地承包，应采用哪些政策和办法；如果不需要第三轮承包，又采取什么方式过渡。

加快村集体产权制度改革，完善委托代理制度。通过集体"三资"股份制改造，理顺村级集体经济委托代理关系，化解初始委托人缺位和委托代理成本过高等问题。允许村集体经济组织依法拓展资源控制权。认真清理"四荒地"、林地、果园、草地、水面等集体资源，提升村级集体经济组织配置、经营和管理资源的能力。重建基层农经管理队伍，创新"三资"管理制度。"村财乡管"的体制机制因为剥夺了村民自治权利而受到质疑，需要在实践中进一步完善和创新。

扶持和鼓励村组集体经济组织加快转变和大力拓展经营管理方式。区域工业化和城镇化发展对村级集体经济发展影响重大，要进一步推进工业化发达区域的村级集体经济发展，盘活存量，开发集体可用的资源，引导村集体不动产经营方式升级，规范村集体资本运作，提升资金运营效率。加大支持工业化滞后地区工业化、城镇化发展的力度，为村集体经济转型发展拓展空间。应当允许贫困村集体经济组织，以土地等资源使用权置换方式，在中心城镇和经济开发区异地置业，开发房地产租赁市场，发展村级物业经济。鼓励村集体经济组织拓展农业社会化和社区公共服务，村级组织的基层治理职能和社区公共服务职能是县乡（镇）政府职能在农村的延伸，村级组织履行政府延伸职能的报酬理应由公共财政支出。补助收入是政府必须支付给村级组织的劳动或"经营"报酬，因此是村集体经营方式之一，政府支付应该制度化、规范化。

（三）启动农民创业创新计划，加强对贫困村集体经济发展的支持

建议国家启动农民创业、创新计划，将其当作为农村长远发展的重大战略决策。出台农民创业、创新相关支持政策，比如农民创业启动资金的金融支持，农民创业建设用地的土地支持，农民创办企业税收减免的政策支持等相关支持政策。动员高校及相关科研机构为农民创业、创新提供科学技术支持。

政府应该加强对贫困村集体经济发展的支持和干预，尤其是对干旱地区、沙漠化地区、民族自治区、陆路边境地区贫困村发展支持和干预。要瞄准对象，公平配置公共财政、帮扶部门及社会扶贫资源；要把干预式发展与挖掘自主式发展的潜能结合起来，"支持那些愿意发展的村庄优先发展"，激发农民参与集体行动的热情，形成村级集体经济发展的竞争局面。

参考文献

1. 恩格斯：《家庭私有制和国家的起源》，《马克思恩格斯选集》第 4 卷，人民出版社 1997 年版，第 1—175 页。

2. 马克思：《给维·伊·查苏利奇的复信草稿》，《马克思恩格斯全集》第 19 卷，人民出版社 1963 年版。

3. 《农业集体化重要文件汇编（1949—1957）》，中共中央党校出版社 1981 年版。

4.《农业集体化重要文件汇编（1958—1981）》，中共中央党校出版社 1981 年版。

5.《红色中华》，第 139 期，1934 年 1 月 1 日。

6. 毛泽东：《组织起来》，《毛泽东选集》第 3 卷，人民出版社 1991 年 6 月第 2 版。

7. 王景新：《村域集体经济：历史变迁与现实发展》，中国社会科学出版社 2013 年版。

第五部分　集体经济有效实现形式的地方个案

能人引领型土地股份合作社的崛起

——以山东省东平县安村土地股份合作的发展为例

赵德健

我国农村集体经济的发展经历了曲折的历史过程，传统集体经济的发展模式经过历史和实践的检验，为我们提供了丰富的经验和教训。当前农村集体经济的发展面临诸多困境和障碍，在新形势下探索集体经济的有效实现形式，具有深刻的实践意义和现实意义。集体经济的有效发展既需要靠自身的内生力量，也需要政府、社会等外部力量的支持，适时的外力支援可以促进村庄的快速发展。改革开放之后，随着城镇化进程的加快，村庄的精英逐渐向外流失，这一方面造成了村庄人力资源的缺乏，给乡村发展带来了困境；但另一方面，精英外出之后逐步形成的技术、人脉、管理经验等优势也可能成为促进村庄集体经济发展的重要潜在资本。

2009 年开始，山东省东平县积极探索集体经济的发展方向和发展路径，通过以土地产权改革为核心，以土地股份合作社为依托，促进了乡村集体经济和乡村社会的发展。在发展过程中，通过结合不同地方和村庄的实际情况，探索出了不同类型的土地股份合作方式，丰富了集体经济的实现形式。在彭集街道安村在这一发展背景下，通过引进乡村外出能人，积极发挥乡村能人的引导和带动作用，探索出一条能人引领型的土地股份合作模式，促进了村庄集体经济的发展。

一 村乱民穷：困境引发改革动力

安村隶属于山东省东平县彭集街道，位于彭集街道东北约 2 公里处，105 国道东侧，距离乡镇和县城均较近，交通便利。从村庄历史来看，明朝永乐年间（1403—1424），安姓在此建村，故以姓氏命名为安村。目前全村共有人口 343 户，1281 人，其中党员 36 人，承包地面积 1270 亩，人均承包地面积约 1 亩。长期以来，村民以务农为生，主要种植小麦、玉米、花生等农作物。2011 年之前，安村曾是当地出了名的差村、乱村、穷村。

（一）安村的"不安"

安村以"安"字命名，却因"乱"而出名。安村的乱从村里流行的两句顺口溜中可以形象地体现出来，"九党十八派、派派出妖怪"、"十大名人七大硬，还有六个不要命"，长期以来，村庄宗派矛盾突出，派系之间纠纷不断。安村村民主要有四大姓，其中安姓人口最多，有 400 多人，其次是程姓和张姓，均有 300 多人，张姓人口 200 多人，其余孙姓、刘姓等姓氏的人口均很少，最多不足 50 人。不同姓氏形成了不同的宗派和派系，而不同派系之间的矛盾和纠纷主要源自 1982 年分田到户时的分田不均。

据现年 72 岁的程金仓老人介绍，分田到户之前，村里不同姓氏之间的矛盾和纠纷很少，村民彼此之间没有派系之分，"1958 年的时候村里开始'吃大锅饭'，吃了一年多，因为都吃不饱，后来就散了，到了人民公社的时候，大家'大呼隆'，集体劳动，各拿工分，那时大家都一样穷，村民的关系也都好，都没啥矛盾"。到了 1982 年，安村开始进行分田到户，按照规定，村庄以小组为单位分配土地，每个小组在组内按人口平均分地。村民张存镇这样说道："不过那时咱安村的干部和小组长均都是安姓和程姓的，分田的时候，他们照顾本家的人，给自家人分好地，有的干脆多分一些。"由于分田到户不均，引发了其他姓氏村民的不满，给安村埋下了祸根，造成了不同姓氏村民之间的隔阂。由于对土地分配的不满，安村部分村民开始上访，从 20 世纪 90 年代开始村里的上访情况就比较突出，到县里、市里、省里甚至北京上访不断，开着车围堵中南海、省政府，是安村最为出名的地方。

（二）村集体的薄弱

由于村民之间宗族派系严重，村民之间缺乏凝聚力，导致村集体力量薄弱。这种薄弱一方面体现在村庄公共建设无人管，村庄的基础设施十分落后。村民张怀军这样说道："咱安村是远近出名的穷村，全村没有一处像样的路，一遇到阴天下雨，村里的学生都得举着自行车去上学。"2011年之前，安村全村一共21条路，条条都是坑坑洼洼，没有一条水泥路，还有12条是"死胡同"，垃圾堆堵得开不进车，插不进脚，大街小巷柴垛、瓦块堆积如山，就连村里唯一的一条大街两侧还种满了农作物。另外，村里的水利设施也十分缺乏，改革开放以后，村庄没有进行一次水利设施的修建，村民的庄稼只能"靠天吃饭"。虽然村民对村里基础设施的需求很高，但由于彼此之间的矛盾和隔阂，村里的公共建设都无法开展。

另一方面，安村村集体薄弱也体现在集体经济和干群关系上面。据村会计程传金介绍，截至2011年年底，安村是一个"空壳村"，村集体不仅无资产、没有收入，还欠着24万块钱的债，村办公室是危房，只剩下东倒西歪的四面墙，办公场所只有2张桌子和3把椅子。同时，村民和村干部之间矛盾较多，据村民介绍，一到逢年过节，村干部都关着手机，躲在亲戚家不敢出来；村民对村干部也很不信任，还出现了"谁上台整谁、谁下台谁整"的恶性循环。从2011年开始，安村经过3次村两委换届，但都没有选出村主任，这样安村连续9年都没有村主任。

（三）村民的贫穷

由于长期以来安村村民主要以种植小麦、玉米和花生为主，加上人均耕地面积少，农田水利基础设施的落后，村民的经济收入很低，只能维持基本的家庭生存。取消农业税之前，村里产出的粮食缴完"三提五统"之后基本所剩无几，而遇到灾害天气和年景不好的时候，地里的庄稼没有收成，村民的生活更加困难。从20世纪90年代开始，安村村民陆续到外面打工，但由于附近工业不发达，农民打工的出路也很少。2011年，安村外出打工的人数大概有160人，基本都是青壮年，村里的中老年人除了重庄稼，基本没有活干，平时大都在家赋闲。因此，村民除了外出打工和在家种地外，没有其他营生的手段。2010年，安村村民的人均收入不足4000元。"外村村民一听是安村来的人，不是躲着就是直摇头"，村民张怀军这样说道。

二　能人返乡：变革带来新契机

安村的"村乱民穷"虽然给村庄的发展带来了困境，但同时也为村庄的改变提供了动力。村民普遍希望政府或者其他外部力量能为村庄带来一些改变。2010 年县里开始推行的土地股份制改革为安村的改变提供了契机，为了促进当地集体经济的发展，东平县实施"能人回请"计划和递进培养工程，挑选在外经商、做生意的企业家、工厂主等经济能人返乡，以此来推进农村地区的改革。这就为安村经济能人孙庆元的返乡打下了基础。

（一）能人回村

从 2010 年开始，安村的经济和社会均产生了明显了变化，而这些改变和发展可以说源自外出能人孙庆元的返乡。孙庆元是安村人，1961 年出生，兄弟姐妹 6 人，排行老小。1979 年开始外出当兵，1984 年从济南武警部队复原，当时拿着 82 元的安家费留在济南，在军区一家五金厂学习车工，3 个月后他自己承包了这个五金厂，当年赚了 3.6 万元，这可以说是他事业上挖掘的"第一桶金"。随后他利用这些资金滚雪球式发展，先在济南与轻骑集团合作加工生产包装箱，后来返乡开办冰糕厂，之后又到山西做煤炭生意，最后辗转东北，先后在内蒙古赤峰市、吉林四平市开设化工厂，固定资产达到 5000 多万元，每年纯收入超过 200 万元，是远近闻名的富翁。从孙庆元的经历来看，他是一个典型的经济能人，多年的"摸爬滚打"使他积累了各种处事的经验，而开办企业的经历则让他充满了市场理念和管理经验，这些都为他后来经营村庄和引导产业发展打下了基础。

2010 年 10 月 28 号，彭集街道任命孙庆元为安村经济委员会主任，开始主持安村工作。2011 年村"两委"换届，东平县委推行"公推直选"，把"发展能力强"作为农村带头人的首要标准。街道党工委在走访调研的基础上，设立了安村村级事务调解委员会，在逐户推荐村"两委"班子候选人时，安村的党员和群众对在外经商的孙庆元的推荐比较集中。但孙庆元当时正在内蒙古和吉林经营两家化工厂，一年能挣四百多万元，对接手安村这个"烂摊子"有所顾虑。刚开始告诉他推荐结果时，他连商量的余地都没有，就直接回绝了。"说实话，当时我心里也很纠结，不愿意回来，回村的话就得把外面的两个厂子都舍了，我一年能赚 400 来万，回去的话，前半辈子创下的家业就要弃了；再说村里乱了这么多年，各种矛盾不断，我年纪也大了，不想蹚这个浑水。"

后来街道干部和安村的党员群众多次做他的工作，最后，他被大家的诚意感动，撂下经营多年的企业，说服家人，回村参与竞选。"街道的干部来来回回跑了好几趟，我想着人活着吧不能光顾着自己挣钱，小时候家里穷，老少爷们没少接济咱，现在村里需要我带领大伙儿过上好日子，我也不忍心不回来。再说了，我从小就在村里生活，村里乱得人家一提安村就摇头，又穷又乱，有的孩子连学都上不起，我在外面脸上也没光。自己好歹在外闯荡了 30 多年，当过兵、经过商、办过厂，也算有点小能耐，能回来为村里办点事也好。"孙庆元说道，"我当时把想法和家里人一说，他们死活都不同意，还找了亲戚战友来劝我。我这个人平时就有个倔脾气，认准的事八匹马也拉不回来，我就给他们说，咱光有钱有什么用，村里乱成这个样，买了车都开不进来，大伙儿连点盼头都没有，早就该收拾这个烂摊子了！"

2011 年 4 月 20 日，安村开展村委会选举，当时有 795 张选票，孙庆元获得了其中的 790 张，以高票当选为安村村委会主任，正式开始主持村里的工作，挑起了安村"当家人"的重担，安村这才结束了连续 9 年都没有村主任的窘境。2012 年 10 月，他又当选了村支部书记。

（二）清"三资"，立威信

在村主任任职大会上，孙庆元向村里的党员和群众承诺："苦干一千天，誓叫安村变新颜。"而如何让安村变新颜，首先就要找到影响村庄发展的症结所在。为此，在接手安村工作的头 5 天，孙庆元就着手开展了一项工作，召集村干部和村民开会、座谈。当时他和村"两委"成员、党员干部、村民代表一个事一个事地摸，一件事一件事地谈。通过一连几天的座谈和走访，和村民谈问题、话真情，找到了群众反映最强烈的热点和难点所在，那就是集体土地和资产乱圈乱占问题。而在走访过程中，笔者也了解到安村之所以不安，其中最大的问题就是土地问题，尤其是部分村干部和党员自身不清，强占土地问题严重，引起村民的极大不满，也成为引发村民纠纷和上访的主要原因。据村民反映："以前一个村干部，他家里有 3 口人，按理说应该分 3 亩地的，但他一下子占用了 28 亩的土地，还占了 5 片宅基地；还有以前的一个老书记，他家里有 3 口人，2 口人都是城里的户口，按说城里户口是不分地的，这样只用分 1 亩地就行的，但他家却占了 11 亩土地，这一占就占了 30 多年。1982 年分田到户的时候就分得不公平，村干部好多都多占了地，后来当有人家里有去世的或外嫁的时候，村干部就把那些地归到自己家里，老百姓看在眼里，记在心里，都非常不满。"

找到了问题的症结之后，紧接着就开始着手解决问题。在 2011 年 4 月 30 号，也就是换届后的第十天，村里便邀请彭集街道国土、农经、司法等部门参与，集中清理和规范非法圈占集体资产、资源的行为。在"清三资"的动员大会上，孙庆元表达了坚决的态度："集体的资产、资源是全体村民的，产生效益是用来给全村人办事的，决不能被个别人强占谋私。不论牵涉到谁，咱都一视同仁。凡是强占乱占的，不管是村干部还是小组长，都一律免职；不管是谁强占乱占的，限期 10 天把承包费全部缴齐补齐，否则，咱就通过法律手段，送到公安局和检察院解决。"对于那些乱圈乱占的人员，村领导班子顶着压力，分组分头去做村民工作，通过讲道理、讲政策、摆依据来说服占地的人交出土地，同时发动这些人的亲戚一同去做工作。

由于清理"三资"涉及土地和财产问题，再加上侵占土地的人都非村里的"等闲之辈"，因此受到了很大的阻力。"在清'三资'的过程中，个别人坐不住了，有托人说情的，有上门骂街的，有向我家里扔砖头的，连家里养的狗都让人药死了。"孙庆元这样说道，虽然面临重重困难，但是凭着自身的勇气和村民的支持，清理"三资"的工作不断向前推进。经过反复较量，最终乱圈乱占的人退缩了，村里用了 20 多天，完成了"三资"清理，收回了土地 243 亩、承包费 113 万 3 千 5 百元、荒片 89 处。村"两委"将收回的资产、资源重新发包，增加村集体收入 110 多万元，这样不仅还清了村里的债务，甩掉了发展的包袱，也为安村的进一步发展奠定了基础。同时在清理过程中，对有问题的 5 名村干部和 8 名村民组长，经过党员和群众评议，向街道党工委汇报，免除了他们的职务。

经过清理"三资"这件事，村民看到了新领导班子的做实事的魄力和能力，对村干部的态度开始由仇视、敌对变为拥护、支持，这就为安村进一步的发展打下了良好的群众基础。

（三）建设施：聚民心

清理"三资"主要解决村庄"乱"的问题，而如何解决村庄"穷"的问题也成为新领导班子的重要任务。"要致富，先修路"成为村干部和村民的普遍共识，听村民张怀军介绍："过去安村的交通情况是，21 条公路 12 条不通，条条都是坑坑洼洼，村里面作坊生产的粉皮都不好往外卖，村外想来投资的，一看咱这路，恨不得扭头就走。"恶劣的交通情况，成为影响村庄发展的一大障碍，虽然村民们普遍盼望着村里尽早修通道路，但由于一直以来村领导班子混乱，村集体负债累累，村民之间人心涣散，导致村庄的公共事务无人管、无人问，村子的道路也迟迟无法修通。

而针对修路困境，新上任的领导班子借助清"三资"带来的集体资产以及由此积攒起来的"人气"，开展了一项修通道路的"富通工程"。在修路的过程中，面临两大难题：一是修路要花费大量的钱，这些钱从哪里来；二是修路要扒掉占着街道的违章建筑，这就会遭到部分村民的反对。为了解决资金难题，孙庆元没有向上级伸手，而是瞒着家里，拿出了自己 130 多万的积蓄，垫资修路，同时村委就发动村里的党员和村民进行筹资，县公安局退休老干部安立柱与三名年轻的村民安茂嘉、王长青和王敏共筹资 60 多万元，这样一来，资金难题得到了解决。而对于第二个难题，修路要拆掉村民的 173 间房子、10 多个猪圈、20 多间厕所，村里拿不出一分钱的补偿，"都知道修路通街是好事，但是白拆谁家的房子谁都不愿意。为了通街，我们想了很多办法，一个胡同里有谁家不愿意拆，就动员其余户家都去做工作。碰到个别强硬蛮横的，我就亲自上门。"孙庆元带领几个村干部挨家挨户的做村民的思想工作，通过宣传修路的好处和意义，村民答应了修路的要求。

在修路过程中，孙庆元和村委的几个干部全天盯在工地上，吃住在村委里，而村民和村干部一道，清除道路上的柴垛、瓦块等障碍物，许多村民自愿给施工人员端茶倒水，修路工程持续 48 天，在 2011 年 5 月 30 日，安村"富通工程"竣工，对全村 16 纵 5 横贯穿 3 个自然村共计 21 条公路全面硬化，硬化路面面积 23700 平方米，涵盖了全村的大街小巷，在竣工当日村民们自发燃起了鞭炮，搭起了庆祝的戏台。道路的修通解决了安村行路难的问题，既改善了交通环境，又方便了村民们的生产生活。

道路修通之后，安村接下来对其他的基础设施进行了完善，铺设村庄下水道 14000 米，安装路灯 40 余盏，路灯常年利用，每天晚上照明 4 个小时，电费由村集体支付，村民不用分摊一分一文电费。此外，又筹资 40 余万元，在村庄道路的两旁种上了绿化树木，栽植苗木花卉 13700 余株，对村庄大街小巷进行了绿化和美化。基础设施的改善不仅方便了村民的生活，也为村庄接下来的产业引进和产业发展打下了基础。

三　能人创业：改革打下硬基础

一直以来，安村村民都以务农为生，主要种植小麦、玉米、花生等传统农作物，村民只能依靠种田解决温饱问题，却难以进一步发展，更不用说致富。如何带领村民致富成为新领导班子迫切需要解决的问题。对于村干部的作用，孙庆元达了一个形象的比喻："我觉得把村干部比作'带头人'不太合适，比作'引路人'其实更好，带头人可能自己先富了，但不一定带着老百姓一起致富，老百姓想过河，想从贫穷到对面的富裕，村干部主要是要搭桥，要当引路人，带领百姓一起致富。"而如何搭好"致富之桥"，在孙庆元看来最主要的就是要进行产业发展，通过引导和促进产业发展壮大村庄集体经济，并进而提高村民收入，改善村民福利。

从自然禀赋条件来看，安村的发展既不能靠山也不能靠水，没有煤矿、铁矿、山林等资源，发展的资源少、潜力小，既无区位优势，又无资源优势，更无集体积累，安村的干部和群众曾想改变村里贫困的面貌，但由于都见效甚微。孙庆元刚上任时，面对的是"一穷二白"、债台高筑的"烂摊子"，但是"穷则思变，变则通"，在外打拼多年、小有作为的他，认识到必须创新思路、找准路子，才能改变安村贫困落后的面貌。土地作为安村仅有的资源使他明白了"在土地上做文章"的必要性，而办过工厂和企业的他，深知市场经营和现代管理的重要性，为此他提出了"经营村庄"的理念，通过发展和经营产业来促进集体增收和农民增收，安村因此进入了产业发展阶段。通过外出调研与考察，征集村民意见，在孙庆元的带领下，安村相继发展了中药材、粉皮加工、生猪养殖和蔬菜大棚四大产业。

（一）指导产业引进：建立药材基地

1. 考察调研，引导产业方向

在确定了"经营村庄"和发展产业的思路之后，如何利用土地、发展什么产业、如何发展产业就成为孙庆元面临的主要问题。首先是在产业项目的选择上，在孙庆元看来，当时发展工业项目是不可能的，一是政策不允许农业用地发展工业项目，但即便允许，工业项目投资大，基础弱，没有信息，收益也太慢，而安村经济基础差，村民世代从事农业，因此发展农业产业项目更符合村庄和农民的意愿和需要。但是小麦、玉米、花生等传统农业的经济效益都很低，这就需要引进产值高的经济作物项目。

2011年5月初，孙庆元开始自费外出考察，用了9天的时间，考察了全国13个省102个村庄。"为了多跑几个地方，我经常一天只吃一顿饭。有天晚上，在甘肃的一个小山道上迷了路，花了五个小时，一直到深夜才找到地方住下。还有一次，我记得是在一片荒漠中，车里没有油，硬是从上午等到下午，才拦到一辆小三轮车，拉着我去二十里地外的加油站才加油。"通过各地的奔波调查，孙庆元找到了产业发展的路子，发现种植中药材的风险小，农民易于学习和接受，而且经济效益可观，好算账，一亩地能赚多少钱，老百姓一目了然。同时上网查看中药材种植信息和市场行情，发现中药材20世纪90年代以来的价格一直在攀升，再加上安村当地的空气、土壤、水质等也易于中药材生长，因此孙庆元决定在村庄发展中药材产业。

2. 开会算账转土地

发展中药材产业首先需要解决"地从哪里来"的问题，药材产业只有通过规模化种植和管理才能收到好的效益。安村人均土地不足一亩，一家一户分散经营，难以适应现代农业对于规模化和集约化经营的要求，因此就需要对土地进行流转。孙庆元在调研考察回来的第二天就召集村民召开大会，讨论土地流转问题。由于这是安村第一次进行大规模的土地流转，因此孙书记决定召开多次会议来进行讨论，前后共召开了三次会议。第一次会议到场了70多户农户，主要进行群众动员，会议时间较短，仅开了半个小时，重点说明了村里要引进产业，鼓励村民积极流转土地，第二次会议于第二天下午 1 点召开，这次会议持续时间较长，开了 2 个多小时，主要是通过算经济账，告诉农民土地流转的好处，这是针对土地流转召开的最重要的一次大会，在会上，孙庆元通过"算账"，详细介绍了为什么要进行土地流转，土地流转又能给村民带来多大好处。"咱们安村人均不到 1 亩地，从联产承包开始，大家凭着这'一亩八分地'种麦子，1 亩地的产量也就 700—1000 斤，这最多能挣个 1000 块，但是细算一下，种 1 亩地，一年浇水最少要 9 次，一次按 15 块钱，这就将近花 100 块钱；一亩地种子最起码要 40 块钱，再加上农药和化肥，这样下来光成本就得好几百块钱，这还不算种地投的工。现在出去打工，一天至少 80—100 块钱，干一星期就顶得上种地一年的收入，这样一算，咱们种地不单挣不了钱，还亏钱了。现在咱们把地流转给公司，一亩地光租金就 1000 块钱，大家不用种地就能拿到 1000 块钱，其余的时间还可以在药材基地上打工挣钱，这样一年下来，最少可以赚到六千多块，比种地可是强多了。"

通过"算账"和引导，村民们能直观地看到流转土地能给自己带来的好处，传统上每亩地每年种两茬粮食，种植成本高，依靠化肥增产，产量到了极限，质量难以保证，收益很低，如果遇到不好的年景，根本就没有收益。还有许多农户，年轻的农民外出务工，在家种地的多是老人和妇女，部分农户甚至无人种地，把地送给别人。这样通过给农民做思想工作，算经济账，当第三次开会讨论的时候，大多数村民均同意进行土地流转，和村集体签订了流转协议，流转出土地 648 亩，涉及农户 273 户。

3. 多方考察引企业

在积极引导农民进行土地流转的同时，孙庆元带领村级班子，发挥乡土人才消息灵通、门路宽、人脉广的优势，积极招商引资，通过多方考察项目，与山东麦瑞可公司达成协议，建设中药材基地。公司初次在安村考察时并未将项目定下来，孙庆元多次上门争取，并主动陪同公司要到其他村考察，考察期间孙庆元详细介绍了安村的优势条件、优惠政策等等。山东麦锐可公司负责人被孙庆元的诚意所打动，答应将项目落户安村。但是进行土地流转，农民都怕担风险，因此村集体通过与公司谈判，达成了协议，提前一年给农民预付 1000 块钱的租金，2011 年 6 月中旬，农民就拿到了第一笔租金，这样就使农民消除了建立中药材基地的疑虑。2011 年 7

月 5 日，占地 648 亩投资 60 万元的中药材种植基地建设完成，这也成为东平江北连片最大的中药材种植基地。

药材基地主要栽植丹参、牛膝、黄芪等价值较高的中药材。这些药材里，有的生产周期只有 3 个月，有的可能要 3 年，种植多样化使中药材基地抗风险能力提高，万一有种药材市场当年不好，也会有其他的药材带来收益。同时，每种药材的种植面积都在 50 亩以上，保证了批量收购和订单式生产模式的正常运营。药材基地实行一体化"种加销"模式，公司进行统一采购、统一管理、统一加工和统一销售，公司统一提供药材种子，同时对农民进行技术培训和指导，农户主要负责日常的生产和管理，药材成熟之后，由公司统一收购进行销售。

村集体为药材基地提供劳务、运输车辆、水电等配套服务，村委会抽出专人靠在基地上，负责组织村民做好中药材的前期种植、田间管理、药材收获三个阶段的日常护理工作，通过招募种植人员、联系运输车辆、协调水利服务等方式为基地搞好服务，村集体在最终收获后，从基地产出的药材中每公斤提取 0.1 元服务费。同时，通过复垦生产路、沟壑路坎，盘活了集体土地 82 亩，一并承包，村集体每年从药材基地收入 20 万元。

而为了充分保障到农民的利益，建立了收益递增机制，村集体与公司签订合同，随着小麦价格的上涨，土地的租金也随之提高，国家小麦收购价上涨 1 毛钱，每亩土地承包费也随之上涨 100 元。一方面，农民获得了稳定的租金收入；另一方面，由于药材种植属于劳动密集型产业，而且不能打农药，所以除草必须人工除草，这样许多农户就到基地上"上班"，成为产业农民和"新型职业农民"。据管理药材基地的安立清主任介绍，中药材平时可以解决 200 多个的劳动就业，在摘收等忙时，一天需要500—600 人在基地上工作，药材基地的工人辐射周边 20 多个村庄，而且在基地上打工的人以妇女和老人居多，一天工作 7 个小时，基本工资是一天 40 元，这样 1 年下来收入至少上万元。这样对于流转土地的农户而言，每年不仅可以拿到 1000 元的保底租金，而且可以优先到药材基地上打工，领取工资。

（二）引导产业提升：创立粉皮小区

"药材基地虽然使很多农民拿到了保底租金，一些人也在基地上打工，领到了工资，但说实话，农民的收益还是比较少，大多数利润还是企业拿的。咱安村有自己的传统优势产业——绿豆粉皮，虽然粉皮的质量好，但这么好的产品就是卖不出好价钱，我看着也是着急。"孙庆元这样说道。因此在药材基地建成之后，他就着手创办粉皮加工小区，发挥村庄特色产业的优势。

粉皮是安村的传统产业和主打产业，据传已有 500 多年的历史，手工制作的纯绿豆粉皮在东平也很有名气，在周边县市和济南的销路都比较好，甚至远销至青岛和北京，常年供不应求。虽然远近闻名，但一家一户的作坊式生产却存在很多弊端，例如规模小、晾晒难、产量低，这就使得粉皮加工的效益整体低、利润少，农民赚不到多少钱。为了摆脱这一困境，2012 年 6 月，安村由村集体牵头，开展土地整理，投资 52 万元，在 20 亩老宅基地上建设了一个可满足 20 个加工户生产需要的粉皮加工小区。为了吸引农户进驻加工小区，对于那些愿意加入的农户，村里免费提供场地，同时在生产的第一年，电费和水费也全免，这样刚开始吸引了 18 户农户免费进驻。

村民王元东就是首批入驻加工小区的 18 户农户之一，据王元东介绍，一直以来安村农民都主要是一家一户地生产粉皮，村庄的张姓农民和王姓农民有生产粉皮的传统，在进驻小区之前，他就在自己家院子里进行生产和加工，空间小，晾晒难，每天生产的产量很有限。进驻小区之后，由于能利用的场地大大扩大，解决了晾晒难的问题，产量也大幅度增加，以前他家里一天最多生产 2000 张粉皮。现在每天至少可以生产五六千张粉皮，多的时候每天能生产七八千张。

为了提高生产粉皮的质量，粉皮孙庆元带领农户到泰安、济南等地参观和学习，引进和使用外地先进的加工生产技术，对绿豆粉皮进行深加工。另外，虽然粉皮的产量增加了，但是价钱却比较低，生产的农户也获得不了多大的收益。为了能让粉皮卖上好价钱，进一步提高安村粉皮的知名度，孙庆元通过多方争取和协调，以村集体的名义成立了安大农牧有限公司，并注册了"安大"牌商标。公司对农户生产的粉皮进行统一配料、统一管理、统一包装和统一销售，以此来提高了安村粉皮的附加值。同时，针对不同的客户和市场，公司和生产农户优化产品的包装，增加产品的种类。目前，安村安大农牧有限公司已经推出了 3 大种类的绿豆粉皮。

在销售方面，采取订单式销售方式，农户生产的粉皮直供"乐义超市"和济南的肥矿集团出售。进驻粉皮小区的农户每加工一张粉皮，公司给农户两毛钱，目前，粉皮小区中的农户一年收入可以达到30多万元，而农户每生产一张粉皮，村集体从中抽取5分钱的管理费，自2012年6月建成以来，粉皮小区为村集体带来了近300万元的收入。

（三）带动产业集聚：建设养殖基地

"咱们中药材基地和粉皮小区虽说给村里和老百姓带来了不少好处，但也有一个很大的难题，那就是废料问题。药材基地每隔一段时间就会产生很多废弃的药材苗，这些药材苗不好处理，粉皮小区每天都会产生5—6吨的粉渣，这更不好处理。我就想，这些废料是不是可以当饲料来养殖，如果可以的话，不仅把废料废渣处理了，还能发展养殖产业创收。"带着这一想法，孙庆元专门请来了县农业局的技术人员，经过检验，发现药材的废料和绿豆粉渣可以用来养猪，是一种很好的饲料。为此，孙庆元开始着手建立养殖基地。

养殖基地的建设首先需要解决土地问题。开展"三资"清理以后，安村复垦了一些闲散土地，但是这些地比较分散，无法适应规模化养殖的需要。因此，村集体通过土地置换，清理旧村老宅基地22亩，拆除废弃房屋187间，集约置换出土地150亩，为养殖基地提供了场地。土地问题解决后，从2012年6月开始，孙庆元带领村干部辗转江苏、安徽、浙江等11个省市，考察生猪养殖基地。回村后，村里与县农工办联系，通过多方沟通和交流，引进了山东六合饲料和正邦集团两家公司，投资建设了养殖基地。

2012年7月，养殖场正式开始投入建设，于2013年5月建成投产，成为存栏1万头、年出栏3万头的现代化养殖基地。养殖基地按照目前国内最先进的标准建设，建设标准化猪舍13栋，建筑面积13650平方米，并配套建设了饲料间、消毒室、兽医室、办公室等附属设施。同时，养殖基地建设了3个大型沼气池，每年可处理粪便1.8万立方米，沼气用于猪舍取暖、照明和做燃料用，富余沼气向附近村民免费供应，为村民提供了生活用气，发酵后的沼渣经处理后可制成有机肥，为有机蔬菜种植提供了肥料，达到猪场废弃物的循环利用。

养殖基地总投资 3300 多万元，其中，孙庆元个人投资 1128 万元，两家公司共投资了 2000 余万元。村集体组织村民采取土地入股的方式，与企业签订合同，达成协议，企业负责提供猪苗、养殖饲料、管理和防疫技术指导以及成猪的回收工作，养殖场与山东正邦养殖有限公司签订养殖合同，由山东正邦公司提供仔猪、饲料、兽药、技术等，按照无公害畜产品生产操作规程进行生产，所生产生猪全部回销山东正邦集团。村集体负责组织村民做好生猪的代管代养工作，从出栏的每头猪提取 20 元服务费，一年下来，村集体每年可以获得 60 万元的管理服务费收入。

2013 年 5 月，在养殖基地建成投产即将交付正邦集团使用的前一天晚上，孙庆元想到村里的三个产业发展都进入了轨道，决定将养殖基地捐给村集体。起初，这一想法在家里遇到了极大阻力，"干了大半辈子，好不容易攒下这些家产，一下子全捐出去，你咋这么舍得啊？"孙庆元的家人对于捐养猪场一事一时难以接受。而在孙庆元的一再坚持下，6 月 21 日下午，安村举行捐赠仪式，孙庆元将投资 1100 多万元建成的养猪场，通过法律程序正式捐赠给村集体。对于捐赠一事，有的村民为孙庆元的做法表示赞赏和感动，也有村民说他是在作秀，在捞取政治资本。在孙庆元看来，"回村干的这两年，政府给了我那么多的荣誉，村里老少爷们对我也非常的尊重和拥护。2012 年，我入了党，2013 年，我还成了省人大代表。活了这大半辈子，这是我感觉过的最充实、最有成就感的两年。捐出去这些家产，换来集体每年几百万的收入，这个账值得很。"养猪场捐赠给村集体后，继续由正邦集团经营管理，每年向村集体缴纳 280 万元的租赁费。

（四）引领产业循环：发展蔬菜大棚

生猪养殖基地建成后，每天会产生很多废料，难以处理，"绿豆渣可以喂猪，那猪的粪便不就是最好的农家肥嘛"，这催生了孙庆元建设蔬菜大棚，发展循环经济的想法。但是发展蔬菜大棚，却面临一个很大的困难：安村以前发展过两次蔬菜大棚，一次是 1994 年，一次是 1997 年，但这两次发展蔬菜大棚都失败了，蔬菜成熟之后都卖不出去，许多村民都赔了钱，因此当孙庆元这次提出发展蔬菜大棚时，村民都无人响应。"以前搞过两次蔬菜大棚，都失败了。如果这次再搞不成，还得落老百姓的骂，好不容易干出的成绩也给埋没了。要我说，干脆咱就别治啦。"党员安立清当时也劝说不搞蔬菜大棚。

不过骨子倔强的孙庆元却下定了决心，一有空就去村民家里做工作。两次种大棚均以失败告终的经历，让安村的老百姓成了惊弓之鸟，也让孙庆元苦口婆心的劝说收效甚微。为了了解大棚蔬菜的发展情况，孙庆元决定到全国冬暖式蔬菜大棚的发祥地——寿光市三元朱村，前去请教蔬菜大棚之父——王乐义。可是第一次到达三元朱村时，孙庆元就吃了闭门羹，由于王乐义书记每天都很忙碌，对于安村这一名不见经传的小村庄，刚开始只能徘徊在门外。但是孙庆元没有退缩，在每个周五的晚上，他就从安村动身去三元朱村，周末再回村里主持工作，前前后后去了九次，终于用诚心打动了王乐义书记。2012 年 10 月 4 日，孙庆元带领安村党员和村民代表 38 人到三元朱村参观学习，当听了三元朱村蔬菜大棚的发展历程和当地村民致富的过程后，打消了安村村民发展蔬菜大棚的一些疑虑。回到村子后，孙庆元趁热打铁，2012 年 10 月 9 日，召开全村大棚种植动员大会，号召村民进行土地流转，不到两个小时的时间，建设蔬菜大棚的 300多亩地就全部流转完成。

土地流转完成后，安村与三元朱村正式签订合同，开始建设"乐义有机蔬菜基地"，基地由三元朱村规划建设，由村集体负责投资。为解决技术问题，2013 年 3 月，安村邀请王乐义书记到安村进行大棚蔬菜种植辅导培训，也就在那时，安村与三元朱村结为了友谊村。从 2012 年 10 月开始建设，至 2013 年 9 月蔬菜基地落成，接近一年的时间，安村共建设第六代蔬菜大棚 23 个，占地 327 亩，村集体投资 1600 万元，其中获得政府贴息贷款 350 万元。在现有的 23 个蔬菜大棚中，村集体承包了 15 个，其余的 8 个由安村村民承包。蔬菜基地主要种植反季的西红柿、黄瓜、辣椒等蔬菜，日常的技术指导由寿光派出专门的大棚技术指导员驻村进行指导帮助，村集体则聘用村庄的经济能人负责经营管理，生产的产品由"乐义超市"统一收购，贴牌销售。

程传站是安村第 1 小组的村民，家里一直以务农为生，2013 年 11 月他从村里承包了一个 4.7 亩大棚。由于以前有过承包大棚的经历，但当时经营失败，还赔了钱，因此刚开始他对承包村里的大棚有所顾虑。但村里提出的各种优惠条件使他放下了心里的负担，决定承包一个大棚试试。据程传站介绍，村里对于承包大棚的农户有许多优惠。"建设这样一个大棚总共需要投入 17 万元，但我当时只花了 9 万，剩下的 8 万都由村里来补；棚里主要种的黄瓜和豆角，当时的菜苗都是村里直接给的；还有家里的医疗保险和养老保险，俺们承包大棚的都不用缴费，都由村里出，而且养老保险村里一个人都给交 200。"在各种优惠和补贴的驱动下，程传站一家承包了一个大棚，据他介绍，一个大棚一期可生产 8 万斤黄瓜，平均一斤黄瓜可卖到 1.7 元，春节的时候一斤可以卖到 3 块多钱，这样一年下来，至少有 15 万元的收入。而程传站的一句话体现了蔬菜大棚带来的好处，"以前种地，到了冬天，天越冷越害怕把庄稼冻坏，现在天越冷，雪下得越大我就越高兴，记得去年零下 12 度，外面的雪下得厚厚的，里面的黄瓜一个劲儿地长，而且一到下雪天，菜的价格好，能卖出好价钱。"

四　能人建社：股份改革正式运行

中药材基地、粉皮小区、养殖基地和蔬菜基地这四大产业的不断发展壮大，安村土地的产出效益也不断提升，村民的收入也有了很大提升，为了让农民更好地共享土地收益和产业发展成果的成果，2013 年 3 月，在孙庆元的带领下，安村村委会决定成立土地股份合作社，由村集体牵头，农民带地入股，注册成立了"安大土地股份合作社"。安村土地股份合作社的成立，主要经历了开会动员、讨论建制和正式成立三个阶段。

（一）筹备动员

2013 年 2 月 21 日，农历正月十二，安村召开村民代表大会，讨论筹建土地股份合作社，当天参加大会的人员共有 54 人，其中村"两委"成员 5 人，党员 17 人，村民代表 32 人。在这次会议上，孙庆元重点向村民介绍了成立土地股份合作社的好处，并说明了合作社的利润分配情况，"在 1000 元保底的基础上，合作社有了利润之后给社员 30%，70% 给合作社发表产业"。紧接着 2013 年 2 月 23 日，农历正月十四，孙庆元组织村里召开了一次茶话会，除了上次开会时的 54 人外，还邀请了在外面工作的机关干部，在外做生意的经济能人、经理和老板等，共有 62 人参加了这次会议。在这次茶话会上，村里的经济能人，出主意、想办法、为安村下一步的发展献计献策。长期外出打工的经济能人程金路表示："20 世纪 70 年代老百姓都吃不饱，小麦亩产 400 斤，改革开放后，老百姓有了土地，但在这一亩八分地上只能解决温饱问题，实际问题还没解决，这 30 年里，头 10 年发展迅速，大家都能吃饱饭，过上了好日子，后 20 年却没怎么发展，大部分人都还没有致富。现在急需解决经济问题和怎么富的问题，只种粮咱们无法致富，要把粮食的依赖性转到经济致富上来，所以要放下手中的几亩地，去劳务、去做生意、加入合作社到基地上打工赚钱。"茶话会上，村里的经济能人表达了对安村成立土地股份合作社的看法，从自己的经历出发给村民诉说发展土地股份合作社的意义。

茶话会后，安村村委会开始动员村民加入土地股份合作社。由于土地股份合作社是新生事物，普通农户基本都不熟悉、不了解，担心合作社会失败，因此有很多顾虑。为此安村设立了土地股份合作社筹备小组，积极做好宣传引导工作，利用春节期间村民都在家中，发动村干部、党员和村庄有威望的人挨家挨户进行宣传和动员，筹备小组通过印发明白纸，讲政策、谈前景、比效益，让村民逐步认识到土地股份合作的好处。

（二）建章立制

在宣传和动员村民加入土地股份合作社的同时，孙庆元和几个村干部开始着手讨论制定合作社的规章和制度。在合作社的命名上，沿用"安大"的传统，讨论决定命名"安大土地股份合作社"。接下来是讨论和决定合作社的章程，2013 年 3 月初，孙庆元和县农工办的白主任、李主任、县农业局的井主任、镇常务副镇长以及安村村会计程传金、村民程瑞光，共 7 人在村委办公室讨论合作社的章程。在根据县里统一规定的合作社的章程的基础上，结合安村的土地、经济和产业发展情况，对合作社的章程一条条进行了讨论。经过几个人的讨论，安大土地股份合作社明确了建社目的、经营范围、股权设置、社员资格、组织机构、财务管理与收益分配等内容。在股权设置上，合作社设置了两种类型：集体股和个人股。集体股由村集体的固定资产、货币资金、土地和其他资产折价后形成，分配的盈余由村集体分配，其中土地用来解决人口增减问题。个人股由社员以土地承包经营权入股（每亩为 1 股），以股权分配盈余，社员持股分红。在组织机构，合作社建立了社员（代表）大会、董事会和监事会等"三会"

组织。在财务管理制度方面，合作社对资金的运行、使用、结算和固定资产的购置、使用、处置都作了明确规定，所有账目由镇农财代理中心与合作社共同管理，账目定期公开，阳光操作。在分配制度方面，合作社建立"保底收益＋年底分红"的分配模式，每亩土地每年保底收入 1000 元，年终收益提取 30% 作为风险基金，其余 70% 收益按照社员土地股份进行分配。

（三）建立合作社

2013 年 3 月 22 日，安村召开"安大土地股份合作社"设立大会，合作社由孙庆元、程传金、张怀军、程瑞光、代恩花 5 户发起，600 多名村民参加了这次大会。表 1 显示了安村土地股份合作 5 位发起人的基本情况，可以看出，合作社的 5 位发起人主要是以村干部和村庄经济能人为主。

表 1　　　　　　　　　安大土地股份合作社发起人概况

编号	姓名	性别	年龄（岁）	承包土地面积（亩）	职业
1	孙庆元	男	53	5.12	村书记
2	代恩花	女	42	3.25	村计生主任
3	张怀军	男	58	0.80	经济能人
4	程传金	男	52	3.25	村会计
5	程瑞光	男	51	4.07	经济能人

在土地股份合作社的成立大会上孙庆元介绍合作社成立的意义，逐条介绍和解释合作社的章程，通过集体讨论，会议通过了合作社的章程、细则，以无记名形式选举产生了合作社理事会成员，其中，孙庆元担任理事长，程传金和代恩花担任合作社的理事，张怀军担任合作社的执行理事，同时，这次会议审议并表决通过了合作社的财务管理制度。在这次会议上，部分村民对合作社的成立表达了自己的看法和疑问，村民普遍反映的问题是"为什么要成立土地股份合作社，成立合作社和不成立有什么区别，"村民安业廷表达了自己的疑问，"一旦合作社不赚钱怎么办，保底的 1000 块钱怎么保障"。孙庆元对村民的问题一一进行了解答。

2013 年 3 月 24 日，安村召开理事会成员大会，吸纳程保忠、孙传同等 291 户农户加入土地股份合作社。3 月 28 日，经过全体理事会成员分户进行表决，合作社选举出程家申、程传鹏、刘月会等 16 位合作社社员代表。截至目前，安村全村 343 户农户，目前入股的农户有 320 户，入股农户的比率达到了 93%；全村 1270 亩土地，入股的土地有 1041 亩，入股土地的面积达到了 82%。

（四）规范运行

安村建立的"安大土地股份合作社"立足于药材种植、有机蔬菜种植、生猪养殖、粉皮加工四大产业，将村民由一家一户的分散经营全部纳入合作社统一进行管理。采取四个"统一"：一是统一销售农产品，所有农产品全部经由合作社销往市场；二是统一产品品牌，注册了"安大"牌商标，实行贴标生产；三是统一技术标准，合作社统一制定了生产技术标准，实行标准化生产；四是统一培训，定期组织村民学习农业知识、技术规程，聘请专家集中授课，统一培训。随着土地股份合作社的发展，引导农民以土地入股开发农业，是推进农民向产业工人转变的有效途径。通过鼓励和支持村民以土地入股的形式，使村民承包土地向专业大户、家庭农场、产业基地、龙头企业和农民合作社集中，发展农业规模经营，让土地经营生金，收益分成，同时依托产业打工增收，使村民实现了由农民向产业工人的转变。

五　多元共赢：合作经营显成效

（一）村集体力量得以壮大

安村以前是个乱村、穷村，村里以前不但是"零"收入，而且还负债 24 万多元，村干部工资常年发不下来。土地股份合作社成立后，村集体依托合作社产业项目，提供场地、劳务、运输、供销、管理等服务，提取收入，每年可实现集体收入 400 万元以上，从"空壳村"变成了经济强村。集体经济增加的同时，还提升了集体的威望。以往，村庄面对村民改善生产生活面貌的需求有心无力，村级议事议而不决，孙庆元这样说道："治村还要治穷根。村里一分钱没有，办个啥事都得向老百姓伸手，集体还能有什么威信？"创办合作社后，依靠百万级的集体收入，安村整修了全部 21 条街道，安装了路灯和自来水管道，同时对村庄进行了绿化，这些基础设施的建设改变了村民的生产和生活条件，增加了村民对村集体的认同感，提高了村民的凝聚力。"以前村里说搞什么集体项目，大家基本上就没人回应，现如今要是说建设施，搞项目，村里人的热情都很高，有钱的出钱，没钱的出力，积极性都很高。"村民凝聚力的提升进一步增加了村集体的威信，使村庄事务的开展更加方便和顺利。

（二）村民收入得以提高

土地股份合作社成立前，农民收入主要靠外出打工，土地收入仅占很少一部分，却投入了过多精力。把土地入股到合作社后，由合作统一经营管理，农民不付种地成本，不担市场风险和自然风险，收入方式实现了多元化，可以说是"旱涝保收"，把土地存进了保险箱，收入大大增加：一是土地入股收入。入股农户可获得每亩 1000 元的土地股金。二是工资性收入。入股农民到合作社打工，获得工资性收入。社员通过在地里打工，去年打工总收入达到 170 多万元，仅此一项，安村人均就增收 1500 元。三是分红收入。入股农户每年可通过合作社盈余分红，获得一定的收益。四是经营性收入。部分具有一定经营能力的入股农户，还可以采取自主经营的方式在土地股份合作社的统一管理下进行经营，获得收入。王庆福是安村第 3 小组的村民，从 2005 年开始他就一直在外面打工，2013 年当他得知村里成立了土地股份合作社之后，他放弃了继续打工的想法，决定加入到村里的土地股份合作社，打算承包村里的一个蔬菜大棚。2013 年 10 月，王庆福和妻子承包了一个 2.6 亩的大棚，大棚主要种植黄瓜和西红柿，多年没务农的他又重拾农具，开始做起农活。据王庆福介绍，有时凌晨三四点就要起来干活、浇水、剪枝，"大棚里有灯，也暖和，随时可以来干活。"王庆福说。王庆福和妻子每天可挣 10 个"工分"，可以获得 100 元的收入。2.6 亩大棚一年产出黄瓜超过 10 万斤，产值超过 10 万元的部分，王庆福还可以分得 30%。一年下来，王庆福夫妻将有 10 万元左右的收入。

（三）村民就业得以保障

依托产业基础建立的土地股份合作社解决了村民的就业问题，尤其是解决了 50 岁以上中老年人和村庄妇女的就业问题。根据管理基地的安立清主任介绍，村里的中药材基地平均每天有 60 多人工作，蔬菜大棚一天有 50 多人打工，粉皮小区平均每天有 80 人上班，这样，合作社依托的产业基地每天可以解决近 200 人的就业问题，不仅使安村本村的村民有了就地打工的出路，而且使附近的村民也增加了就业的渠道。在产业发展前，52 岁的村民安桂花每年除了几个月忙着种地之外，其他时间大多一直赋闲在家，产业基地建立后，2011 年和 2012 年她先是在中药材基地打工，后来因为药材基地的人越来越多，活相对较少，为了赚更多的工资，2012 年下半年她开始去集体承包的蔬菜大棚里打工，"以前俺们妇女就是想干活，出去了也没人要，现在村里的项目多，不光是有活干，还能挑着选。"安大土地股份合作社的成立，推进了土地的规模经营，促进了由传统低效农业向现代高效农业发展模式的转变。而农业经营管理方式的转变，就把传统农民从土地上解放出来逐步转变为新型农民，这也为下一步农村社区化、城镇化打下了坚实的基础。

（四）村庄公益事业得以发展

集体收入增加后，安村没有陷入收益如何分配的纠纷中，而将集体收入用于集体成员福利的增加和保障的提高方面。村集体投资 20 万元，承担合作医疗中村民个人承担部分，同时承担全村的自来水费，村民用水不用花钱。在社会救济方面，对退休村干部、老党员和困难户发放生活补贴；有在读大学生的贫困家庭，村集体给予奖励并负担学费。每年春节期间，村干部走访困难户、孤寡老人、军人家属，同时对有子女考上大学的家庭每户给予 2000 元资金奖励，高考成绩上一本线的学生，村集体一次性奖励 5000 元；上二本线的一次性奖励 3000 元，上专科线的一次性奖励 1000 元，攻读硕士、博士学位的，上学期间的所有学费由村集体承担。此外，村庄利用集体收入，建成了村级文化大院，定期开展文体娱乐活动，丰富村民业余文化生活。村民收入的增加和公益事业的发展，改善了乡村风气，使村民之间的关系和谐起来。村民安业才这样说道："以前村里的婆媳矛盾很大，常有吵架甚至打架的现象，那时候婆婆媳妇都没有事儿干，天天都在家，再加上家家都穷，总免不了有冲突。现在儿媳每天一早就给婆婆一些买菜钱，然后就出门上班去了，婆婆就到文化大院里活动，等儿媳下班回家，婆婆都把饭菜做好，婆媳间的关系也和谐了。"

六　结论与思考

安村土地股份合作的发展过程一方面反映了本村发展的特殊性；但另一方面也在一定程度上体现了目前农村集体经济发展的普遍性。当前农村集体经济的改革和发展是一个纷繁复杂的系统工程，这个工程的有效开展，需要发挥不同主体的作用，安村的实践则鲜明地体现了乡土能人在村庄集体经济发展过程中的引领作用，这种引领作用既体现出乡土能人作为"引路人"为村庄集体经济的改革和变革中提供切实可行的方向，也反映了乡土能人作为"带路人"，通过发挥自身经济能人所拥有的技术、经验和管理优势，带动村庄的产业发展和集体经济的持续发展。

（一）集体经济的有效实现需要内外动力的有机结合

从集体经济发展的动力机制来看，它主要包括两个方面，一方面是政府、市场和社会等外部力量的推动；另一方面是村庄内部资源、要素等内生动力的作用。安村能人引领型集体经济的发展方式体现了内在动力和外部动力的有机结合。在内部动力方面，乡土能人作为乡村的内在资源，具有很强的乡土意识和家乡情结，作为一种人力资源，乡土能人可以发挥自身的优势，引导村庄产业的发展方向，促进村庄集体经济的持续发展；在外部动力方面，乡土能人的成长具有典型的外生特征，其自身的发展和政府政策、市场信息、社会资源等外部的力量息息相关。而通过将外出的乡土能人引入村庄，可以实现内在人力资源和外部扶持资源的有机结合，而这一结合可以为集体经济的有效实现奠定良好的基础。在经济方面，乡土能人通过对先进技术的消化吸收和二次创新，可以促进农村经济社会的发展。在政治方面，农村能人的经济发展功能和政治代理功能的分离可以有效利用市场激励和弥补市场失灵，从而实现农村集体经济发展的经济功能和社会服务功能的剥离。

（二）乡土能人能为集体经济有效实现创造条件

从安村的发展过程中，集体经济缺少或者弱小，对村庄的治理和村民福利的增长形成了严重制约，造成了村庄的"村乱民穷"，因此村庄集体经济的发展具有很强的必要性。而集体经济能否有效实现和发展，需要有一定的基础和条件，安村的实践表明，具有企业家精神的乡土能人能够为集体经济的有效发展奠定基础和提供条件，它体现了一种能人引领型的产业发展模式，这种模式是通过能人带动，发展壮大农村集体经济，提高农民收入的重要实现形式。

一方面，乡土能人具有实现集体合作的能力。首先，鉴于乡村能人在经济、人力、社会资源方面的优势，以及具有一定的战略性眼光和资源整合能力，相对于留守在农业生产经营领域的普通农户具有较高的综合素质，具备通过提升农民组织化水平实现农业生产经营规模效益的能力。其次，乡土能人拥有较强的致富能力，拥有敏锐的观察能力、分析能力，能够敏锐的观察到潜在的商机并且制定出成功的策略。这种能力对于经营村集体企业或者遇有农村资源转让时有利于维护本村的利益。再次，乡土能人拥有丰富的社会资源，在多年的经商中积累了丰富的社会资源和人脉关系。这些私人的社会资源和人脉关系容易迁移成农村社会的公共资源和人脉，有利于本村的发展。最后，有些乡土能人以其财富直接为村人造福，为了获取政治资本，赢取政治威望而选择用自己的财富直接造福村民，为村民修建公路、打井、通自来水等民生工程，这种主观上为自己赢取政治威望的做法，在客观上方便了村民，也带动了农村经济的发展。

另一方面，乡土能人具有实现集体合作的意愿。乡村能人希望通过合作突破有限农业资源对产业发展的束缚和限制。我国小规模家庭经营模式的最大弊端在于生产资源的分散性。而乡土能人担当起农民合作组织的发起人，能够打破有限的土地、劳动力、资本等农业资源的束缚与限制，满足市场需求，这能为乡土能人的发展提供广阔的空间。同时，乡村能人能够在合作组织经营中实现个人发展。乡村能人通过对组织的经营管理，提高组织内成员的收入水平，一方面可以提高其在群众中的威信；另一方面能够使其获得个人自我价值实现的心理满足。在农村集体经济的运作中，乡村能人为组织提供集体利益的同时也在一定程度上符合他们的个人利益。这些个人利益中很重要的一方面是寻求认同感和满足感，乡村社会对权利、权威的敬仰给乡土能人带来个人和家族的认同感和满足感，这种认同感和满足感同样能增进效用。

（三）案例的局限性

能人引领型的发展模式虽然对于促进集体经济和整个村庄的发展具有积极作用，但这种模式也具有一定的局限性。

1. 能人引领型集体经济有赖于具有奉献精神的企业家

安村土地股份合作的发展过程鲜明地体现了乡土能人的引领作用。作为一名企业家，孙庆元凭借自身的资金、管理、人脉等优势，在推动村庄四大产业的发展方面发挥了积极的引导和带领作用。作为经济能人的同时，孙庆元可以说也是一名"政治红人"，他无偿捐资和捐产业的举动，说明了他是一名具有奉献精神的企业家。企业家精神的嵌入与安村的发展体现了符合其村情的集体经济实现的途径，通过引入富有企业家精神的领袖，实现企业家精神与土地股份合作机制的融合，借此获得显著的村庄发展成效。但是富有企业家精神的乡土能人是稀缺人才，不是所有村庄都能如此配备，这反映了能人引领型发展模式的局限性。

2. 能人引领型模式中的制度化空间还有待提升

乡土能人引领的背景下，主要依靠能人的个人能力和品质，突出个人的意志和权威，发展的制度化水平可能较低，容易出现因领导人改变而改变的困境，发展缺乏稳定性和连续性，这会限制村庄集体经济的持续发展，因此必须考虑对能人引领进行制度化的规范。孙庆元在给安村带来经济发展的同时，自己也树立了令人信服的权威，其人格魅力也在村民心中留下了深刻的印象。虽然孙庆元上任以来，制定和实施了一些制度机制，但很大程度上，当前安村的经济和政治运作还是基于一种"卡里斯玛型"的领袖权威之中，其发展成效能否永续还有待时间和实践来检验，如果相应的制度化程序和内容无法规范和实施，村庄集体经济和产业的持续发展可能面临问题。

3. 能人主政后的民主自治难题

乡村经济能人在村庄集体经济的发展方面，往往可以发展积极的、有效的促进作用，但经济能人上台执政后能否有效治理村庄仍存在疑问。

"能人治村"模式的成功很大程度上是靠能人自身的素质和资源，但是，如果村民力量不够强大，能人也可能蜕变为村民反对的"村霸"，这反映出"能人治村"的缺陷。先富能人在经济上的成功并不意味着他们一定具有足够的政治素养，能人在初始阶段往往能够做到自律，赢得大家的支持，但能人治理模式存在着不断强化自我权威的趋势，随着权力逐渐稳固，部分能人自私自利的一面可能就会逐步显现，倾向于专权和扩权，而忽视了公开性、透明性以及决策的公正性。这样，"能人治村"下的村庄可能会缺乏发展村级民主所必需的制度空间和实践经验，缺乏民主土壤的村民自治就可能会沦为权威性自治而不是群众性自治，从而使村民自治陷入困境，这也是能人引领型发展模式的局限性。

资源整合型土地股份合作社的崛起

——基于山东省东平县后口头村炬祥土地股份合作社的个案调查

赵德健

集体经济的功能在于为村庄提供公共产品、兴办公益事业、支持农民福利。但是在传统农区，大部分村庄缺乏集体收入来源，无力满足农民需求和村庄建设需要，而依靠"一事一议"又面临集体行动的困境。村庄集体收入空壳，造成治理资源的缺乏和治理能力的不足，影响了村庄的发展和农民的生活。东平县委书记赵德建同志更加深刻地认识到："必须改变集体收入薄弱的困境，这关系到党在农村的执政基础，所以我们决定发展土地股份合作社，希望在农民增收的同时，也使集体经济有所突破。"目前，东平县已发展土地股份合作社45家，入社农户6880户，入股土地36863亩。其中，后口头村成立了全县也是泰安市第一个土地股份合作社。

后口头村位于东平县接山镇政府驻地东南3公里处，地处大汶河北岸，隶属于接山镇鄣城管区。据《赵氏族谱》载，明天顺年间（1457—1464），赵姓自直隶河间府桑园迁此建村，名东邵村，后因汶河决口，该村位于决口处之阳，故名后口头①。目前，全村共有285户，1149人，其中党员31人，村"两委"成员7人。后口村姓氏以赵姓为主，多达900多人，占到村庄人口的八成，其次为吕姓，有100人左右，剩下的是个别异姓人家。村庄耕地面积为1349亩，河滩地300多亩，建设用地占地265

---

① 村庄来源介绍载于《东平村庄志》。

亩。2012 年，后口头村成立炬祥土地股份合作社，合作社作为新型农业经营主体和专业经济组织，成功集中了土地经营权，充分整合集体和农户土地，高效运营村庄资源，发展现代农业，在提高农民收入的同时，为集体收入注入持续不断的源头活水。

一　由强到弱：集体整合能力的变迁

新中国成立以来，农村的发展呈现出明显的阶段性特征，不同阶段，由于土地产权和村庄整合功能的不同，集体经济也表现出不同特点。土地改革建立了土地个体所有制，农户自主经营。经历合作化运动后，土地由个体所有变为集体所有，农民失去了土地的全部权利，集体整合土地资源的能力逐渐增强。人民公社时期，农民进一步被通过各级组织整合进一个严密的社会控制体系中。实行家庭联产承包责任制后，在土地集体所有的基础上，农民获得了土地承包经营权，集体的权威被消解，集体整合农民的功能被极大弱化。

（一）从互助组到人民公社：集体的整合进路

新中国政权建立后，1950 年 4 月，东平县成立了土地改革委员会，经过一年多轰轰烈烈的紧张工作，1951 年 12 月，土地改革结束，颁发了土地证。后口头村在土改前就以自耕农为主，在此次土地改革中，全村没有人划为地主，只有两户富农。此时，土地属于个体所有，个体使用，农民掌握了一整套完整的土地产权。

1. 互助组：集体的萌芽

东平县在 1949 年的生产救灾工作中，就试办了一批农副业结合的互助组。1951 年完成土地改革后，遵照中共中央《关于农业互助合作的决议（草案）》，东平县继续发展互助组。后口头村有临时组和季节组这两种小型组，没有常年组。临时租和季节组是小型的，成员不固定，多在农忙时换工互助。村民赵大爷回忆当时其家被划为中农，有 12 亩地、1 头耕牛，与邻居和亲戚 10 多户农户组成互助组，在农忙时换工合作，互相帮忙，由于他家有耕牛这一重要的生产资料，他的父亲还被选为互助组组长。在赵大爷看来，互助组在财产权利上与私有并无不同，只是有一个组长安排，我家借你家的人，你家借我家的牛，从组织整合功能角度看，互助组只是一个比较松散的组织。

2. 初级社：传统集体经济的雏形

初级社在后口头村成立于 1954 年，现任村党支部副书记赵端回忆，"初级社一成立的时候，全村农户都加入了合作社，唯有一户没有加入，为什么他没有加入呢，是因为他家有一个人是麻风病人。"在初级社内部以土地入股、统一经营为特点，劳动和土地按五比五的比例分配，社员劳动记分。初级社意味着传统集体经济的萌芽，集体作为一个组织出现了，国家赋予了集体对土地财产的实际经营和管理权限。田地集中，统一规划，统一种植，农业生产按专业分工，统一安排，粮食集中，统一年终分配，集体初步具备了整合资源的能力

3. 高级社：传统集体经济的形成

1956 年年底，后口头村按照要求顺利转为高级合作社。高级合作社的特点是包括土地在内的主要生产资料都归集体所有，取消了土地的分红。在后口头村，不存在合作社范围变化的问题，从初级社到高级社以至后来的人民公社，自然和村域的范围始终没有变化。高级社意味着传统集体经济的正式形成，农民失去了对土地等生产资料的所有权、使用权、收益权和处置权，生产资料连同农民本身都被整合到国家利益在农村的代表——合作社。

4. 人民公社：国家的严密控制

1958 年 9 月 8 日，县委根据中共中央《关于农村建立人民公社的决议》，将全县的高级农业生产合作社合并成 10 处人民公社，同年 12 月并为 8 处。1962 年 2 月，落实了公社、大队、生产队三级所有，队为基础的体制，全县共建生产大队 408 个，基本核算单位的生产队 3171 个。人民公社体制建立后，后口头村作为一个大队，下辖 8 个生产队。人民公社建立起了严密的党组织和行政组织，将全体社员通过各级组织整合进自上而下的社会控制体系中，通过指令性计划安排，统购统销政策将一切经济资源加以控制，农民失去了经济自由和财产权利。虽然人民公社制度为国家工业化做出了贡献，但由于对农业经营效率和农民权益的损害，注定其不能持续。

（二）分田到户：集体成员的崛起与集体整合功能的弱化

传统集体经济的僵化和弊端促使农村改革拉开了序幕。改革的趋势是不断放松对农民个人的控制，扩大农民的自主权利，增强农民与土地和劳动产品的联系。1981年，后口头村实行了联产计酬到劳，以调动农民劳动的积极性。现任村支部副书记赵端、村会计吕树冉回忆："联产计酬就是种上麦子后，给你定任务800斤，打了900斤的话，800斤上交集体，由集体统一分配，多打的这100斤就归你个人。但当时的操作也没完全按照规定来，麦子打完后农户都拿到自己家了，差不多算是分田到户了。"这显示了集体监督功能的弱化，也表明农民并不满足于联产计酬下的统一分配，希望进一步直接得到土地的使用权和产品的收益权。

改革的脚步继续得到国家的认可和推动。1982年年底，东平县委响应国家政策，提出"大包干责任制，利益最直接，责任最明确，方法最简便，群众最欢迎，它保证了农民在生产、经营上的自主权，克服了分配上的平均主义，比联产到劳具有更大的灵活性和适应性，具有强大的生命力[①]"。农民的意愿，国家的认可，地方政府的推动，三种力量汇合在一起，分田到户的时代来临了。

1983年，后口头村在全村如期开展了土地承包。由于"三级所有、队为基础"的既有产权结构，分田相应是在原生产队即生产小组范围内各分各的地。当时后口村分为8个生产队，共有1070人，规定按人口每人分地数量为1亩2分7厘，还留下一部分机动地。另外大汶河河堤有荒滩300亩，本村人称为"家东"地块，也将使用权承包给农户。1984年，县里颁发了《土地承包使用证》，成为农户土地承包权属凭证，也是上交农业税和三提五统的依据。此时，农户终于获得了土地的使用权，"单干后，自己家的地自己说了算，打的粮食都是自己的，这时候的生活才算是好了"。从资源整合的角度看，分田到户后，集体成员——农民的收益提高，不再坚持统一经营、集体劳动、统一分配的形式，农户得到了土地的承包经营权，恢复了家庭经营的功能，农户替代生产队成为农业生产和经

---

① 《中共东平县委关于解放思想落实任务努力开创我县农业发展新局面的报告》，1982年12月9日。

济活动的决策主体。而集体组织的整合能力弱化，尽管东平县强调"无论采取哪种形式，都要坚持统一计划，统一使用大中型农机局和水利设施，统一耕种等几个统一。也就是说，凡是农民想办而又无法去办的事情，集体都要积极办好，为农民服务好。"但是，在分田到户后，集体的"统"的功能不断地在削弱。

（三）土地调整：满足农民的要求

最初成功分田后，后口头村又进行了多次土地调整。由于人口数量增减，1987年，后口头村就第一次调整了土地，这次调整有两个值得重视的特点。其一是分田单位不同，1983年是在生产队即村民小组一级分田，村民小组体现了"土地集体所有"这一所有权意义。1987年这次调整是在全村范围内调剂土地余缺，也就是说现在土地发包的权力在行政村即原来的生产大队一级，村民小组的作用已经不大了，行政村成为真正的集体组织。其二是这次是采取"口粮田+承包地"的两田制。口粮田按家庭人口平均分配，人人有份，口粮田只需要承担农业税，其他收入归农民，注重的是公平。另一部分地是责任田，这部分土地用来招标，能者经营，除了承担农业税外，还需缴纳承包费，承包费主要是负责提留、乡统筹费。比如"赵家老林"地块上有40亩耕地，由赵保育承包，每亩每年60元，一年向集体上交2400元；另有80亩地由一户村民以每年40元的价格拍得，集体一年得到3200元。此时，承包费成为后口头这类传统农区村庄集体收入的主要来源，用现任接山镇鄣城管区徐书记的话说："当时采用两田制的方式集体好过日子，总有点收入好办事。"

1993年再一次进行土地调整，每个人只有9分9厘的面积。承包费的价格有所上涨，比如"小淳子"地块有75亩，共有35户，承包费是每年120元/亩，"大沟北"地块上的面积是123亩，由54户承包，每年收取100元承包费。目前为止的两次土地调整间隔大约是五年。

1999年土地二轮承包时，后口头村并没有进行大的调整，基本就是顺延，原因是当时接山镇有很多村都发展蔬菜大棚，土地上的投资较大，不便于调整土地，从稳定地权和鼓励土地投资的角度出发，乡镇也不主张统一调整土地，各村视农民意愿由村里安排。农村税费改革后，2008年后口头村又进行了一次调整土地，每户大约有1亩地，是目前为止最后一次调地了。

（四）村庄乱象：集体整合功能的丢失

随着时间的推移，后口头村演变成为一个"难点村"、"乱村"，甚至引起了群众持续上访。

1. 干群矛盾多发

后口头村的土地调整，既是对农民的要求和压力的回应，也是引发矛盾的导火索。两田制的推行，本意是为了解决集体收入缺乏、和税费征收难的问题，后来则成了争议的焦点。自 1993 年以来，由于人口的变化，农民继续不断提出调整的要求，但村庄的机动地都已承保给个人，并收取了承包费，这是集体收入的主要来源，村庄不愿意再按照人口调配土地。农民却不依不饶，"有的人靠关系，家里有几十亩地，我的孩子都这么大了，到现在也没有地，以后吃什么？同是一个村的人，就应该有一份地。"双方扯皮不下，矛盾越来越僵化，承包费、村庄收入、开支越来越容易引发干群矛盾。

2. 基础设施薄弱

由于集体收入的薄弱，后口头村的基础设施也长期得不到改善。村内的道路狭窄泥泞，多为断头路。村庄规划得不到有力执行，农民建房很少按照规划的宅基地位置和面积，乱圈、乱占现象日益突出，而且相互攀比，你家多占 1 分，我就要多占 2 分，宅基地争议没少引发口角吵架，村委会也缺乏足够的威信息争止纷。这种情况愈演愈烈，一些原本还算宽阔的村内主街巷道被院落挤得越来越窄，很多小巷甚至连一米多宽的三轮车都难以自由行进。后口头村以粮食种植为主，粮食收获后没有地方和工具储藏、晾晒、烘干，村民只能在路上就地晾晒，现任村书记赵同厂回忆："我一个嫂子骑着自行车走在路上，一不小心被晒麦子围着的石头绊倒，摔断了腿，住了好长时间的医院。"村民和干部无奈的叹息："穷村是非多。"

3. 村级负债严重

多年来，历届村两委班子因农业税费负担等各种原因负债高达几十万元。上一届村班子在 2005 年尝试兴办一家楼板厂，希望成为贡献集体收入的村级企业。可惜由于缺少经验、技术、能力，这一楼板厂经营失败，村级债务雪上加霜。到 2007 年，后口头村清查账目，村级累计负债 128.6 万元，以至于村委会办公楼都被拆了，资产用于还账。

4. 低保人口虚假

后口头村的混乱从低保上也能够反映出来，2007 年以前，村里竟然有 100 多户低保户，实际上这中间有很多都不符合低保标准，这在村民间引发了更大的不满和对立。"人家住着大房子，开着车，吃着低保，我们生活这么困难也报不上。"这样的抱怨在后口头村到处可见。从 2002 年起，有部分村民开始不断上访，后口头村成了让政府头疼的"乱窝子"和全县上访重点村。

二　重建班子:集体整合的民意基础

面对后口村的乱象，政府自然不能坐视不理。治乱先要治穷，强村先要强班子，实际上就是希将村两委作为集体的代言，承担起对村庄资源的整合。从 2007 年起，随着重建村级班子，"第一书记"驻村帮扶，改善基础设施，后口头村逐渐走上了由"乱"到"治"的正轨，村容村貌得到显著改善，集体收入有序增长。新的两委班子为后来土地股份合作社的成立准备了组织基础和带头力量，成为整合资源的行动者。治理水平的提高使村集体的整合行动得到了农民的民意支持，这都为土地股份合作社的成立和发展奠定了良好的基础。

(一) 新书记的上任与新班子的组建

自人民公社解体后，后口头村经历了几任班子，村支书和村主任都换过 2 人。村委会竞选在本村是 1989 年开始的，一度竞争激烈甚至矛盾重重。2007 年 12 月 8 日，赵同厂当选现任村支部书记，并得到了接山镇的大力支持。现任接山镇副书记宋衍东说:"村党支部书记其实是可以任命的，但是赵同厂是村里党员选出来的。当然镇上也找到他做了工作，镇上很支持他，因为这个人有能力，是致富能手，我们鼓励能人当村干部，这样他家里没有什么负担，能够专心做好村里的工作。赵同厂人很热心，在村里有一定威望，是个热心肠，村民们服他，他来当书记这个村还是有希望的。"

随后的村委会选举上，赵同厂又当选为村委会主任，书记主任一肩挑。村民赵保发的说法颇能代表大部分后口头百姓的意见："同厂书记应该是能干起来，因为他是有钱、有门路，现在不都是这个样子吗？你先富了才能带着大家富，你有门路才能给村里带来好处。说句实在话，村里着急用钱时，同厂书记都能先垫上，其他人没这个能力。"

赵同厂是个什么样的人，为什么镇上要动员他来担任后口头村领导人，并得到了上上下下的一致好评呢？这里有必要介绍一下。赵同厂生于1949年，早年在村里务农，种过西瓜，是远近闻名的西瓜种植能手，后来又做过修补轮胎的生意，积攒了一定的财富。得益于大汶河日夜不停流淌，东平县河砂资源非常丰富。20世纪90年代末，大大小小的采砂船开始游弋在河上开采这一回报丰厚的自然资源。赵同厂于1997年前后加入了采砂大军的行列，几年下来，收益非常可观。矗立在后口头村村口、漆着粉红色外墙的二层小楼是其财富的直接证明。此时，赵同厂的生意正是如火如荼，尚无参与村庄事务的打算。

随着开采量增大，河道中的河砂资源日见匮乏，同时严重威胁着防洪工程安全，汛期安全度汛不能保障。2005年5月份，东平县成立了河道采砂管理局，划定了河砂禁采区，并采取先全线停采、后全面整治的办法规范管理河砂开采[①]。受此影响，赵同厂停止了河砂生意，转而购买了一台挖掘机和两台铲车从事工程承包建设工作。当选为村领导人后，赵同厂将铲车和挖掘机给了自己的大儿子，开始专心参与村庄公共事务的管理。

接下来是组建村庄领导班子。党支部副书记由赵端担任，他曾经担任过村委会主任，1991年落选，现在回忆起来颇有微词："当初他们用手段把我选下来，结果村子越来越乱，我也懒得操心了，做了几年平头老百姓。现在同厂书记上来了，我做副书记再好好干几年。"支部委员还有赵荣国，他是新当选的；赵恒建，从1993年就担任支部委员，这二人也兼任村委委员。村委委员还有会计吕树冉，他1991年成为村里的出纳，2000年开始担任会计，剩下两名村委委员是赵恒多及妇女主任徐瑞芬（见表1）。目前的后口头村有4个村民小组，包括徐瑞芬在内的四名妇女

---

① 《东平县河砂综合整治取得突破性进展》，http://www.mwr.gov.cn/slzx/gzjc/200602/t20060210_ 112947. html。

担任了村民小组组长，之所以都是女性担任小组长，是因为接山镇鼓励计生协会组长兼任村民小组组长，同时也由于现在村里的青壮年由于外出务工，留在村里的年轻人确实太少了，本届村两委委员的平均年龄已经超过了 55 岁。

表1　　　　　　　　　　　　后口头村村两委人员名单

姓名	党支部职务	村委会职务	任职时间
赵同厂	书记	主任	2008—
赵　端	副书记	副主任	1989—1991，2008—
吕树冉		会计、委员	1991—
赵恒建	委员	委员	1993—
赵荣国	委员	委员	2008—
赵恒多		委员	1993—
徐瑞芬		妇女主任、委员	2001—

至此，以赵同厂为书记的新一届两委班子已经搭建起来了，他们成为村庄的领导阶层，位于村庄权力架构的顶尖地位。同时，他们在后续的改善村庄治理中起到了重要作用，是带头加入土地股份合作社的积极分子，是履行集体整合功能的行动者和代言人。

(二) 改善基础设施的努力

1. 实施"创街工程"

新任领导班子就位后，赵同厂书记开始谋划改变村庄面貌。首先需要的是办公场地，在赵书记的带头下，村两委干部凑了 1 万多元的办公经费，租了两间屋子作为临时办公室，购买了冬天用于取暖的煤，从家里搬来桌椅、茶杯，大家凑在一起研究村庄工作。赵同厂书记认为最重要的是民生工程，要让群众受惠，先做村民最需要的事情，那就是解决"出行难"的问题，整治村庄主要道路，赵书记称之为"创街工程"。这项工程必须得到群众拥护，随后，村里召开了七八次村民大会，征求群众意见，反复向群众说明，做通思想工作，拿出了完善的"创街工程"行动方案，规划了五条村庄主要街道。

接下来几个月的时间里，赵书记带人说服占据街道的农户拆掉其多占的房屋。赵同厂首先带头无偿拆掉了自己兄弟的几间屋子，会计吕树冉也主动拆掉一间房屋，提起这件事，吕会计笑着说："我是村干部，书记这件事做得对，这是为了大家方便，我也只好带头了。"有了村干部的带头牺牲，其他村民的阻力就减少了，在拆除其他村民的屋子时，村干部亲自动手帮助村民拆墙、砌墙，做了很多力气活，吃了不少苦头，最后拆掉位于规划道路上的超标多占的房屋 186 间，疏通村内全长 3000 多米的 9 纵 3 横 12 条道路。当时，村干部参与拆房、修路等劳动，每人一天的工钱只有 5 元，共花费了 90000 多元工钱，打通街道投入原材料资金等 5 万多元，这些投资一部分是靠集体发包收入，一部分是书记个人先期垫付投进去的。

2. 修建办公新楼

第二年，也就是 2009 年，赵同厂书记准备建设新的村委会办公楼，这笔投资更为庞大，高达 50 万元。通过对到期机动地的继续发包，村里已经尽力筹集了 20 万元，还差 30 万元。而村民收入水平有限，对村干部还不完全信任，村民认为村集体为村民搞建设是天经地义的，不应该由他们出钱，这样的话，向农民集资的道路就走不通了。困难摆在面前，工程又必须做下去，赵同厂书记此时发挥了过人的能量。他联系到附近的施工队，提出先施工，工程结束后付款。实际上，这样的结算方式在工程承包领域并不鲜见，在激烈的市场竞争环境下，施工方为了顺利拿到工程，在评估客户的信誉和偿债能力以及考虑人际关系的情况下，还是愿意接受的，尤其是施工队就是后口头村附近的，为了维持以后的长期合作关系，为了方便在这块地盘上活动，施工队经过考虑后答应了赵书记的要求。仅一年的时间，占地 900 平方米的新办公楼就落成了，办公楼内的桌椅设施则由村干部自己捐献置办出来。算上疏通村庄干道，一年多时间里后口头村累计投资超过 60 万元。村貌有了很大改观的同时，村庄集体债务又增加了，但并没有再次引发村民的强烈不满。因为村集体的一系列建设使本村农民切切实实得到了实惠，也使村民看到了本届村领导班子的能力，增强了村民的信心和良好预期。

3. 硬化村庄道路

2012 年，为了进一步改善村容村貌，方便群众生产生活，后口头村决定全面硬化村庄道路，又需要一笔不菲的投入，这一问题也被赵书记巧妙化解了。他找到了河道管理部门商谈，希望再采一些河砂用于修路，幸好对方没让赵书记失望，表示愿意支持后口头村的建设。硬化道路施工面临的障碍就这样清除了，经过一段时间的紧张建设，村庄道路全面完成硬化。这项工程道路总面积是 7991.6 平方米，每平方成本 61 万元，总共需要 487487.6 元，扣除 11 元的砂石成本后，每平方需要 50 元，实际工程款需要 399580 元。

4. 借力第一书记

2012 年 2 月，后口头村迎来了上级选派的"第一书记"——泰安市城管执法局泰山分局业务科科长李伟。在李伟的协调下，市执法局为村里安装了 40 余盏路灯，沙口村基本解决了夜间街道照明问题。同时，他还争取企业出资 20 万元，用于支持村庄基础设施建设和资助贫困家庭学生，这暂时缓解了后口头村的集体支出压力。

（三）喜忧参半的土地流转

近年来，后口头村的土地流转正在如火如荼地进行。但土地流转对后口头村带来了喜忧参半的结果，也是促使村庄走上土地股份合作社的一个诱因。

土地流转之所以大规模发生，主要由于务农的收益太低，农户种植规模太小。后口头村的 1349 亩耕地分布在 21 个地块上，分田到户时一共有 4 等土地平均分配，平均每人 1 亩地左右，一户不过 3—6 亩地，分成好几块，这样的超小规模经营仅能满足温饱，根本无法致富。村会计吕树冉算了一笔账："一亩地一季小麦要麦种 50 元，化肥一袋底肥 150 元，追加一次 150 元，共 300 元，农药 20 元，机耕机播 80 元，机收为 70 元，灌溉一次 15 元，三次 45 元，算下来成本是 565 元，每亩产量按最高 1000 斤算的话，1 斤小麦去年的保护价是 1.12 元，收入 1120 元，净利润不过 555 元。再加上一季玉米一亩地一年收入 1000 多元，这还没算人工费用。外出打工的话，有点手艺的男劳动力一天要 150—200 元，差一点的也有 100 多，女的都能挣 100 多。"所以村里能出去打工的大部分都出去了，只剩下老人、孩子和身体不方便的人。

到 2011 年，全村 1349 亩地已经流转出 1000 亩，超过了 70%。但

2012 年秋发生的大户逃跑事件让赵同厂书记大吃一惊。有两名外地客商原先在村里租了接近 400 亩地，种植地瓜、菠菜、土豆等经济作物。秋收后，当年这类作物价格大跌，算算还不够付土地租金的钱，这两个大户索性菜也不要，直接逃跑了。赵同厂这时考虑："单纯的土地出租，大户跑了怎么办，能不能不用这些外来大户，我自己搞呢？"赵同厂开始谋划如何代替外来大户流转农民土地经营权，使村集体更深度地与农民合作，在"边角经济"整合集体路权、闲散地块的基础上，更进一步的整合村庄耕地大田。

三　"边角经济"：新型集体经济的初步整合

上级的扶持，能人的努力，虽然能够起到整合资源、整合农民的作用，但这是不可持续的，更重要的是找到集体收入的源头活水，挖掘村庄的内生力量，不断发展集体经济。发展集体经济首先需要整合集体资源，加以有效运营，作为一个经济薄弱村，后口头村从最容易整合的村庄道路两侧、农户房前屋后的边边角角空地入手。

（一）挖掘集体收入第一桶金

村庄基础设施花费的资金让赵同厂对集体收入产生了前所未有的渴求。应付的账款时刻提醒着他村级财务的捉襟见肘，正如他现在感叹的："后口头村从发展边角经济，到成立土地股份合作社，都是被逼出来的做法，被没有集体收入这一困境逼出来的，做了那么多事，修路、盖办公室，要给人家工程款啊，所以不能光靠政府拨款，必须得靠不断增加集体收入。"一个偶然的机会打开了赵同厂的思路，使后口头村集体收入得到了第一桶金。

2008 年，"创街工程"完成后，走在新修的村路上，赵同厂很担心村民还会和以前一样，把柴草和牲畜粪便之类的堆积到路上。看到路边和村民房前屋后很少有栽树的，他觉得这些地段空闲着太可惜了，即使绿化一下也好。一天，赵同厂的两台挖掘机在另外一个村施工干活，这个村有种植苗木的传统。当年，国槐树苗很便宜，种植树苗的这个村甚至都不想要了，准备处理掉。这对赵同厂来说是个好消息，他就以一元钱一棵的价格，拉回后口头村 2000 棵国槐树小苗子。看着村干部从车上卸树苗子，有村民在一边说："栽不起来的。这些年村民自己栽棵树都被人拔了，不要说是村集体栽的。"赵同厂也同意这位村民的说法，如果把这批树苗说成是集体所有的，那么肯定会有一部分人抱有不占白不占的心理，偷偷把树砍回家，而村集体也没足够的精力来维护与管理这些树苗，更没办法监督和惩罚可能不守规矩的这部分人。

经过再三考虑，并且和村干部们讨论后，赵同厂拟定了如下措施并通知村民：只要在自家房前屋后，挖一个坑，栽上一棵树苗，村里给 5 元钱；管护一年，每棵再给 2 元钱。就这样，2000 棵树苗栽下来，并且绝大部分成活。两年后，2000 棵国槐当作大树苗，以每棵 60 元的价格卖了出去，共收入 12 万元。卖完后，赵同厂通知大家，国槐卖的钱，村集体和村民七三分成。不少村民分到二三百元钱，最多的一户分得 325 元，钱虽然不多，但同样，农民基本没有投入，只是相当于装点了下自家房前屋后，给树浇浇水、拔拔草而已，如同自己种花，这几百块钱和白给的一样。赵同厂心里更高兴，村里不仅没费多少劲就实现了绿化目的，而且 2000 棵槐树苗，让村集体增收 6 万多元钱。

这次合作起到了极好的双赢效果，一是村里投入少、风险小、效益高。村里只出少量的资金，不用调地、不用举债，只利用了边角旮旯、房前屋后、道路两侧等闲置分散的土地，就能参与经营，获得收入。二是既增加集体收入，又增加群众收入，群众管理看护不需要占用专门时间，茶余饭后就能完成，在轻松之中就增加了收入。三是解决了脏乱差问题，美化了村庄，改善了群众的生活环境。东平县把这种整合利用边角土地，种植苗木花卉，集体和群众合作经营的模式称为"边角经济"①。

这种"集体＋农户"形式的"边角经济"初步整合了集体公共范围内的路权、空闲地使用权，但是它的整合能力有限，不能集中连片开展，为集体创造的收入相对有限。

（二）经营大户放大"边角经济"整合规模

国槐树苗卖后，后口头村的干部希望进一步扩大规模，提高种植树苗

---

① 《"小边角"解决"大难题"》，《用脚步丈量民情》，中共中央党校出版社 2014 年版，第 44 页。

的档次，以进一步增加集体收入，但是面临的问题是一缺乏资金，二缺乏市场信息，三缺乏技术指导，由此他们想到寻找经营大户合作。好在后口头村所在的接山镇一直就具有苗木花卉种植传统，号称"中国苗圃之乡"，镇内具有数量颇多的经营大户，苗木专业合作社。赵同厂书记和后口头村找到了东平县广茂苗木花卉合作社理事长于其洪，经过洽谈，双方同意合作。于其洪说："我也考察了几个村，发现后口头这个村里的班子非常团结，非常有战斗力，这几年发展变化巨大，群众的素质都不错。"

2012 年第一次合作，于其洪向后口头村提供了黄金柳树苗 3500 株，在村内道路两侧空闲地上栽种，由群众进行管护，集体、大户、农民三方签订合作协议，持股比例为 4∶5∶1，三年后销售。第二次合作，于其洪继续提供树苗，后口头村又拿出 4200 多米的生产路，在路两侧栽植速生垂柳大苗 4197 棵、五角枫幼苗 5200 多棵，榆叶梅 3600 多棵，收益依然按照 4∶5∶1 的比例分成。

参与"边角经济"，管理领护树苗的村民吕秀珍说："我管理这棵柳树，这一年当中能挣 7 块来钱，这个五角枫能挣 3 块来钱，加上这个榆叶梅块把钱，这三十多棵柳树，再加上十几多棵五角枫，再加上十几多棵榆叶梅，一年最低是 300 块钱能挂住。平时管理也不麻烦，这个都是趁空隙期间，地里没活了，我们就管理这个，不占整工夫，这样多得些收入吧。"树苗种植上后，赵同厂书记走在生产路上，高兴地展望："别看这些边边角角不起眼的东西，我们每走一步，就是一百几十块钱的收入，单是我们村这四千多米的路，两三年以后就是几十万块钱的收入，有了这些收入，我们村里群众每年要办几件实事，把村里外债还清。"

2014 年即是树苗成材的年份，开春时，后口头村先卖了 78 棵柳树，每棵 110 元，剩下的预计到年底卖。5 月份，村支部副书记赵端就早早地将道路两侧的柳树清点、测量了一遍，除去卖掉的 78 棵树，还存活 3222 棵，其中树苗直径 7 厘米及以上的有 2570 棵，直径 4—6 厘米的有 652 棵，赵端对树苗的管理质量表示比较满意。

（三）向整合承包土地迈进

引进经营大户后，形成了"集体 + 大户 + 农户"的三方合作局面，这就是后口头村的升级版"边角经济"，这种模式降低了大户的土地租金和用工费用，降低了生产成本。但是，其中内涵的逻辑是更为丰富的，这实际上是以村集体所属生产路、街道排水渠两侧、房前屋后等闲置土地入股，大户以苗木、技术入股，村民以劳务入股，苗木出售后，三方按比例分成，就是一种比较简单原始的股份合作形式，也是土地股份合作社形成的雏形。东平县委书记赵德建清醒地认识到："不可否认的是，边角面积小，增收空间有限，不可能使村集体经济发生根本性的变化，但这种股份合作的模式，是一种有益的探索，既然可以在边角旮旯上实用，那么也完全可以在大田土地上实行。建立土地股份合作社，实行土地股份合作，把土地作资本来经营，充分发挥市场在资源配置中的基础性作用。这样，既能克服一家一户分散经营的局限性，提高土地的规模效益，又能开辟新的增收路子，大幅度增加群众和村集体收入。"①

赵德建书记的思考直指问题的本质。边角经济这种按要素入股，按股份分享红利的形式，一旦和农民的土地承包经营权结合，就是土地股份合作社，那将充分盘活农村最宝贵的资源土地，点土成金。目前，后口头村成功整合了集体的路边、壕沟、边角资源，接着整合了经营大户的资金、实物、技术、信息，下一步就是整合农民的土地承包经营权了。

四 土地股份合作社：新型集体经济的有效整合

后口头村的边角经济被树为全县的典型，孕育了土地股份合作社的萌芽。村庄治理绩效的显著改善，为村集体赢得了农民的拥护。当东平县引导基础成熟的村庄发展土地股份合作社时，后口头村又一次走在了前列。

（一）动议

1. 县里的发起

土地股份合作社近年来在国内发展比较迅速，东平县委、县政府在2009年下半年就有意向推动。2012年年初，县里组织农口部门、乡镇去浙江参观学习，恰好有一堂课是三农专家卢水生的讲座。卢水生原先在苏

---

① "小边角"解决"大难题"，载于《用脚步丈量民情》，中共中央党校出版社，2014年1月第1版，45页。

州市委农村办公室工作，参与了苏州农村综合改革的全过程，他在讲座中介绍了苏州近年推动的土地股份合作社、专业合作社、社区股份合作社三类合作社的发展历程。这与东平县的发展思路不谋而合。

学习归来后，东平县干部分析了自己的特点。农工办瞿军主任介绍："为什么选择土地股份合作社？我们考虑这么几个因素：一是东平是一个农业大县，最合适的发展路径就是围绕土地做文章，寻找突破口，给土地要效益。二是农业产业发展怎么体现，现代农业要求规模经营，这就必然要求土地流转，但是单纯的采取出租土地的方式，农民只能得到租金收入，不能分享现代农业收益。三是东平县已经有专业合作社1200多家，专业合作社当然有它的好处，但毕竟没涉及产权，我们认为产权改革是农村改革的核心。而土地股份合作社是一种产权制度的完善和创新。四是考虑土地股份合作社有利于发展集体经济。"当然，瞿主任最后不忘强调："边角经济是一个起点。"

2. 乡镇的选择

随后，2012年5月份，东平县又专门组织相关部门和乡村干部前往苏州参观。县里开始推动土地股份合作社的发展，最初每个乡镇挑选5个村做试点，县、乡、村三级一起探讨如何启动，如何制定章程、方案等。接山镇副书记宋衍东解释挑选后口头村的原因："后口头村基础好，有一个好的班子，班子威望高，其次是这个村有土地流转基础，再就是它有合作的苗木大户，也就是搞边角经济时的大户于其洪。"

3. 村庄的意愿

后口头村也积极响应，乐于参与其中，因为赵同厂书记也早就想继续扩大村里的树苗种植规模。一方面再继续增加集体收入，另一方面整合农民的土地承包经营权，以防止再次出现大户逃跑的现象，同时，能够为农民提供可靠的务工收入。赵同厂书记再次找到于其洪，将准备成立土地股份合作社的消息告诉他，希望继续和他合作，扩大生产规模，两人一拍即合。

（二）筹备

1. 积极宣传

赵同厂书记认识到与"边角经济"的零散化、小型化不同，成立土地股份合作社，实际上是整合农民的土地承包经营权，实现集中连片，集约发展，只有农民自愿入股，才能达到规模，才能整体上提高土地的收益，吸引大户前来投资。所以，接下来工作的重点是向农民讲清土地股份合作社的意义、好处，征得农民同意，鼓励农民加入。

在镇党委、政府的指导下，后口头村成立以赵同厂为组长的合作社筹备工作组，成员就是村党支部干部。赵同厂首先召开村两委班子会议，在班子内取得了共识，两委干部表示愿意带头加入土地股份合作社。随后又召开了全体党员、干部、村民代表会议，讲清土地股份合作社相比单纯土地出租的好处，希望群众积极入社。在筹备期间，村干部挨家挨户进行宣传动员，赵同厂书记更是利用一切机会，在村里逢人便讲上几句土地股份合作社。

2. 重新配置集体资源

除了动员农户加入土地股份合作社外，集体也要有一定的资源入社，才能扩大集体收入。后口头村还有 350 亩的河滩地，这属于四荒地中的"荒滩"，原先以 300 元每亩每年的价格承包给 15 户农户。如果将这些土地纳入土地股份合作社，通过种植苗木，那么集体的收入就会大大增加。2012 年度东平县又在全县大力开展"三资清理"工作，希望以此规范村级财务管理，盘活集体资源，增加集体收入。于是，村里就找到了这 15 户农户，苦口婆心地劝说，愿意将承包费退回，希望将这些河滩地再次拿回由集体入股合作社。经过反复的协商，350 亩河滩地终于顺利地收回。

3. 找到股东

农户的土地入股也经历了一个协商的过程。在村干部的带头下，初步有 17 户农户愿意加入土地股份合作社，但是这些土地分散在不同地块，这显然无法实现土地股份合作社规模经营的初衷。"一家一户的小地块，就是定 600 块钱的租金，我也不愿意搞，但是你整理到集中成片，我可以把保底租金提到 1000 元。"大户于其洪这样告诉赵同厂书记，村办公楼后的地块位置不错，可以用于大规模种植树苗。

4. 经营权置换和转租

为了实现土地股份合作社的规模经营，后口头村采取的办法是土地置换和转租。办公楼后共是 202 亩地，涉及 85 户群众，有不少农户还是有顾虑，不想加入土地股份合作社，于是愿意入股的 17 户农户开始了其他农户置换和转租的过程。以副书记赵端为代表，他同时采取了转租和互换的方式用 25 亩地的土地经营权入股。"我跟他们说，这些地你们种着也没意思，你不如租给我，保底租金我一分不少的给你，我就拿个分红钱，还有一户人家确实想种地，我那儿有块地不种了，我说你拿去种吧，你这里的地支持一下村里，成立合作社，这样他也同意了。"经过细致的工作和耐心的磨合，17 户群众和 202 亩地终于到位了。

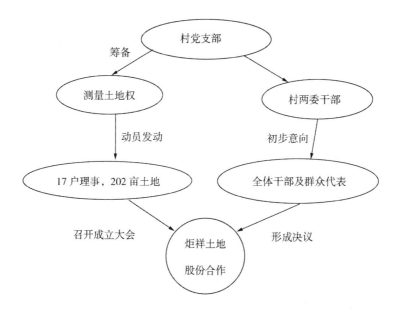

图 1　后口头村炬祥土地股份合作社成立过程

（三）成立

1. 股权设置

土地股份合作社的条件具备后，就要有一个成立的会议，商讨和制定合作社章程，2012 年 10 月 26 日，召开了炬祥土地股份合作社成立大会。会上确定股东是 17 户入股农户，以户为单位。合作社以入社承包经营权的面积来认定股份，农户土地 1 亩地为 1 股，集体的 350 亩河滩地由于土地质量稍差，每 2 亩为 1 股。入股期限为 2012 年 10 月 26 日至 2029 年 9 月 30 日，共 17 年，即土地二轮承包的到期日。合作社对持股者签发股权证书，股权证书作为股份持有者的股份证明和分红依据。股权可以继承，经合作社同意可以转让、抵押，入股协议期内可以退股，但不能影响土地股份合作社的规模经营，退股需在另一块地块置换相同面积。

2. 组织机构

章程规定合作社的最高权力机构为股东大会，股东大会每年至少召开一次，必须有 2/3 以上的代表出席方可举行，经半数以上到会代表同意方为有效。股东大会行使以下职权：通过和修改章程，选举或罢免理事会、监事会成员；听取理事会、监事会工作报告；审议和批准合作社年度经营计划、财务年度预算、盈利分红等重大决策。

理事会是股东代表大会的常设机构，经过选举，赵端被选举为理事长，副理事长是赵荣国、赵恒多，成员为赵芳红、赵峰、赵保财、吕淑兰。理事会在股东大会闭会期间行使下列职能：执行股东大会决议；聘任、解聘本合作社的专职、兼职工作人员；负责日常管理，经营；实施股东大会批准的各类方案等。监事会执行监事是村会计吕树冉，监事包括赵恒水、赵恒建、张化秀、赵荣孝，其中赵恒水还协助组织农民到生产基地上务工。监事会是合作社的监督机构，负责对财务、重大决策、日常工作事务的监督，监事会人员不得由理事会和财务人员兼任。

3. 收益分配

为了保证"旱涝保收"，在经营效益不佳的时候也能满足股东的分红需求，合作社按照会计年度，每年从收益中提取 30% 作为风险金，70% 按照土地入股数量进行分红。

表 2　　　　　炬祥土地股份合作社理事会、监事会成员

理事会	姓名	职务	股份（股）	备注
赵端	赵端	理事长	25	村党支部副书记、村委会副主任
	赵荣国	副理事长	20	党支部委员、村委会委员
	赵恒多	副理事长	22	村委会委员
	赵芳红	理事	12	妻子为妇女主任
	赵峰	理事	12	妻子为四组组长
	赵保财	理事	10	
	吕淑兰	理事	3	

理事会	姓名	职务	股份（股）	备注
监事会	吕树冉	执行监事	22	村委会会计
	赵恒水	监事	5	民兵
	赵恒建	监事	15	党支部委员、村委会委员
	张化秀	监事	2	妻子为二组组长
	赵荣孝	监事	14	妻子为三组组长

4. 党支部建在合作社

由于合作社的负责人大部分是干部、党员，在接山镇的指导下，炬祥土地股份合作社成立了党支部，由赵同厂书记担任合作社党支部书记。同时，镇党委成立了后口头村党总支，负责管理村党支部和合作社党支部，希望以此降低土地股份合作社的风险，监督管理合作社的运营，保证合作社的稳定性，并将基层党组织建设夯实。

（四）注册

成立合作社并试运营后，为了将其成功打造为专业的新型农业经营主体，成为独立的法人，从长远上提高合作社自身的发展能力，后口头村前往县工商局注册。但是，土地股份合作社作为一种新生事物，县工商局有种种顾虑不敢轻易给予注册，给出的原因是土地股份合作者属于合作经济组织的性质，且土地为集体所有，无法量化确认成员出资的股份额度。但是，如果不经过工商注册，合作社就难以具备企业法人的法律地位和经济功能，无法和其他经济主体一样平等地参与市场竞争，签订合同、申请商标、办理贷款都将遇到难题。甚至，无法获得法人地位的合作社，建立的股东大会、理事会、监事会等组织都将是空谈。

东平县工商局并没有就此停止工作，表示会向上级请示，报告层层往上打到了省里。大户于其洪这时又承担了关键的作用，他在省工商局有认识的熟人。经过反复沟通协调后，省工商局下达了指导意见，这时，土地股份合作社终于成功注册。成员入股出资额的计算方式为：每亩土地承包经营权预期收益 X 面积 X 入股期限，计算后，炬祥土地股份合作社的出资总额为 260 万元。以村支书赵同厂的出资额为例，自有土地与租赁农户土地共 21 亩，每年土地经营权预期收益为 30000 元，入股期限 17 年，总计 51 万元。

为规范运营，炬祥土地股份合作社在工商注册登记后，顺利拿到了《机构代码证》、《税务登记证》、《苗木花卉种子生产证》、《苗木花卉种子经营证》等证件，在县农村信用社开设了专门银行账户，实现了合法规范经营。

（五）经营

成立土地股份合作社后，集中了农户和集体的土地经营权，搭建了完善的治理架构，明确了成员的产权股份合作关系，下一步是将合作社的土地经营起来，以实现土地升值，从而增强入社农户的信心，更重要的是要为集体创造持续不断的收入。炬祥土地股份合作社将土地用于两种长期经营的产业，一是继续与大户于其洪合股经营，种植花卉、苗木。二是内股外租，将土地整体租赁给农业公司，用于种植中药材。

1. 合股经营

合股经营涉及土地股份合作社的两个地块，一块是村办公楼后农户所有的 202 亩土地，一块是河滩地 100 亩。合作社以这部分土地出资与大户于其洪合作，于其洪提供种苗，并向农户提前支付保底租金 1000 元/（亩·年），集体河滩地的地租在销售后再支付，种苗长成销售后的收益与合作社按照 5:5 分配。合作社将其所得的这部分收益再提取 30% 的风险公益金后，再拿出 70% 按股份分红。

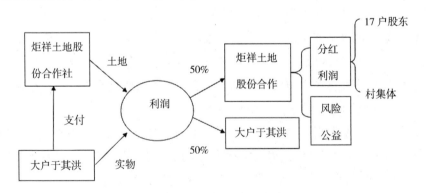

图 2　炬祥土地股份合作社与大户合股经营模式

合股经营模式下，双方聘请了许村的徐延海担任专业会计，他每个月处理一次账目。聘请前寨村徐庆信负责出纳、技术指导、组织生产管理、为打工农民记工，每月固定工资 2000 元，他也亲自参加劳动，但他劳动时没有额外的工钱，就是取得每月 2000 元的报酬。"我是领头干活的啊，自己不干怎么能叫得动其他人呢？"徐庆信出生于 1956 年，原先在接山镇工作，后来去县科委，主要承担指导大棚发展的工作，现在已从工作岗位上内退下来，2013 年 6 月来合作社工作，他的职责类似于职业经理人。徐庆信坦言对于苗木技术方面的问题也不是很精通，所以每月还要聘请专门的技术人员过来指导生产，每次付费 50 元。

经营产品主要是苗木，共种植核桃苗 96000 棵，碧桃苗 21000 棵，五角枫 7800 棵，垂柳 5170 棵，法桐 5200 棵，国槐 14400 棵，合欢 952 棵，栾树 520 棵，白玉兰 2055 棵，木瓜 2540 棵，樱花 2200 棵。

生产成本方面，徐庆信提供了一组数字：地租保底租金 1000 元/（亩·年），202 亩共 20.2 万元，河滩荒地则在销售后支付地租，用工接近 10 万元，化肥 50 袋二胺共 7900 元，30 袋尿素共 2250 元，由于批量购买，每袋化肥比农户单独购买便宜 5 元钱，农药 4900 元，水电费 1 万元，苗木 16 万元合计成本大约是 48.705 万元。另外扣除种苗投入成本，到秋天所有树苗成熟后销售可得 50 万左右的利润，合作社和大户分别得到 25 万元，合作社扣除风险公益金后每股大约分配 700 元，集体将得到 3.5 万元，而集体的 100 亩地地租又将得到 8 万元，合计 11.5 万元。

2. 内部外租

内股外租是将汶河河滩地 200 亩，加上汇河河滩地 50 亩，共 250 亩，整体租赁给山东泰汶到底药材有限公司，每亩地租 800 元，租金收入总计 20 万元。后口头村集体还要负责基础设施投入和维护，主要是滴管设备，这里的投入借助于国家中低产田改造项目，共铺设 1500 米设备，每米 30 元成本，初期投入花费 45000 元，建好后，一亩地向公司收取 50 元服务费，这样每年获得服务费 12500 元。

五　整合绩效：个体与集体的双赢

（一）农民收入稳定提高

成立土地股份合作社后，农民获得了"租金收入 + 分红收入 + 务工收入"的多元收入。

一是稳定获得土地租金。农民自己耕种土地，一年小麦、玉米两季纯收入最多 1000 元，加入土地股份合作社后，每亩保底租金就有 1000 元，确保不低于农户自种的收入。

二是联系经营获得分红收入。以往单纯的土地出租方式，农民与企业、大户没有结成紧密的利益联结机制。采取土地入股后，农户可以共享现代农业经营成功，分配到土地增值收益。2013 年是土地股份合作社成立的第一年，按照树苗生长规律，并不是最适宜销售的时间，为了增强农民信心，稳定入股农户预期，合作社还是销售了一部分树苗，每股发放了 300 元分红收入，确保了农民利益，用赵同厂书记的话说："土地股份合作社每股最低不少于年利息 2 分钱的红利。"今年秋后，树苗达到最佳销售期，每亩分红将更多。

三是务工收入，成立土地股份合作社后，村庄发展起自己的产业，群众足不出村就能参与打工获得工资收入。村民赵保发说："在农业基地上打工，每天工资 30 元，比起出去打工确实不多，但是像我们这种上了年纪的人，不能走远，出去打工人家也不要岁数大的，像妇女的话更走不出去了，要照顾家里，这样看比过去种地好多了，我去年在村里给大户打工一共挣了七八千元，比过去自己种地是好多了。"农民的身份既是农业工人，又是股东。"农民入社变为股东后，变给老板打工为给自己打工，土地经营的效益直接影响分红，干活时出工不出力的现象没有了，入社农民的责任心明显增强了。"于其洪这样说道。

（二）集体经济持续发展

依托土地股份合作，后口头村的集体收入得到了持续发展，从一个"负债村"、"薄弱村"变成了集体收入强村，具备了建设生活家园、发展公益事业、服务村民百姓的财力基础，增强了治理能力。

一是增加了集体收入。成立土地股份合作社后，集体的各种资源得到充分利用，集体经济找到了源头活水。土地股份合作社中的 350 亩集体河滩地得到高效运营，合股经营的 100 亩河滩地得到了土地租金 + 利润分红，利用路边壕沟种植的树苗不需投入就能得到分红，采取内股外租形式的 200 亩河滩地可以得到"土地租金 + 管理服务分红"。

　　二是加强了基础设施建设和公益事业建设。集体收入增加后，后口头村没有陷入收益如何分配的纠纷中，而是坚持村民的合理需要必须满足，公共的事务民主决策，集体的收入用于集体成员，大力投入家园建设，村容村貌变的整洁美丽，基础设施建设功能完善，村庄环境更加安全生态。后口头村先后打通了3000多米的村庄主干道，建设了占地900平方米的办公楼和小广场，对全村道路硬化，安装路灯、垃圾池、垃圾箱。三组组长说："我现在回到我娘家都看不过去了，跟咱们村没法比，你看看咱们村的环境这两年变化多大，我娘家那个村还是老样子破破烂烂，我都跟他们说，你到我们后口头去看一看，学一学，看看我们是怎么干的。"更主要的是，发展"边角经济"，农民在自家房前种树，自然而然提改善了村庄环境。"村里原先破破烂烂，街不像街，路不像路。堆的又是草又是柴火，现在'边角经济'搞起来后，就是这些树叶子，村民也会很快扫干净的。"赵同厂说，"有的村集体没多少钱，一年却要花四五万元雇人扫街道。每户村民把自家庭院四周扫干净了，这个钱完全可以省下来，用到更需要的村庄建设上，就是栽在庭院四周的树旱了，村干部不用说，村民也会主动去浇，谁家的树长得不好，他们会感觉不好意思。"

　　三是提升了集体威望。以往，村庄面对村民改善生产生活面貌的需求有心无力，村级议事议而不决，群众对集体不够信任，甚至产生对抗、冲突的现象，用赵同厂书记的话："老百姓是要吃饭的，是要指望村集体的，难道让集体伸手给老百姓要钱吗？"现在村庄面貌得到根本改变，村庄的凝聚力空前强大。

（三）村庄干群关系日益和谐

　　土地股份合作社促进了集体和个人的双增收，由于入社成员增收得益于合作社，合作社的运转过程中村两委干部发挥了很大作用，所以群众与干部的关系更加融洽。第一，村干部带头引领，成立土地股份合作社，帮助村民流转了闲置的土地。过去土地流转形式单一，流转价格低，农民的土地不容易流转出去取得收益，由集体来牵头，与农户、大户等成立合作社，促进了农户土地的流转和优化配置，使农民不仅能安心务工，还能得到土地入股分红收入，农民真切地感受到村两委带头致富的热心与干劲。

第二，村干部组织协调，鼓励农民参与合作社经营。后口头村村干部积极协调农户到中药材、种苗基地上务工，帮助农民提高了个人收入，村庄干部更多的扮演服务角色，从根本上避免了一些干群矛盾的发生。第三，保障农民权益，把党支部建在合作社上。发挥党支部带领合作社发展的"桥头堡"作用，确保土地股份合作社在阳光下规范运行，由村集体为农民提供保护，集体用心，合作社尽心，农民放心。受益于土地股份合作社的成功运转，村两委班子得到了农民衷心的拥护，成为农民发展的坚强后盾，干部与群众的关系更加紧密，更加凝聚，更加和谐，村庄领导班子更加稳固，收到了"强村固基"的巨大成效。

（四）村级治理水平明显提升

土地股份合作不仅实现了村民个人与集体经济收入的增加，而且搭建了村级各组织协同运转的完善架构，将村民吸纳到民主参与、彼此合作之中，形成了良好的村庄治理局面。

一是村级组织互相分工。土地股份合作社"挣钱"，作为经济组织，不断增强自己的盈利能力。党支部"管钱"，领导职能得到充分发挥，监督集体财产的使用，审批村委会提交的财政预算，保证集体的钱用在刀刃上。村委会"花钱"，按照村民意愿提供公共服务和基础设施。

二是个人与集体共同治理，监督到位。土地股份合作社依法成立股东大会、理事会、监事会，健全了法人治理结构，村民与大户、村干部都在合作社中担任职务，村会计和合作社大户会计共同负责财务，个人、集体、大户、企业的不同地位得到保障。

三是个人与集体共同抵御风险。建立公积金、风险金预存制度，每年从收益中按比例提取，累积壮大后可以有效熨平市场波动，保证个人和集体利益的持续性。

四是村民实现参与合作。先前村民分散在自家小块土地上，自我经营，现在被组织了起来，在合作社里彼此合作，打工参与工作，监督参与管理，开会参与决策，分红参与分配，村民可以坐在一起共同讨论村庄的公共事务，合作社成为公共精神培育的温室。

六　结论与思考

后口头村炬祥土地股份合作社发展的同时，也是新型集体经济兴起的过程。新型集体经济是在农业、农村现代化的背景下，通过进一步明晰产权，建立专业的农村经济组织，实现对农村资源、市场要素、农民利益的有效整合，形成了农民、集体、市场之间的良性互动关系。

（一）新型集体经济有效实现的条件

1. 整合农地经营权是新型集体经济有效实现的基础

新型集体经济与传统集体经济的内在区别是产权的归属主体不同，产权的清晰程度不同，产权的流转能力不同。在目前工业化、信息化、城镇化、农业现代化同步发展的背景下，农地产权实现了"三权分离"。"所有权依然坚持归于集体，承包权属于农户，主要体现为给原承包农户带来财产收益，实现土地承包经营权的财产价值，经营权则通过在更大范围之内流动，提高有限资源的配置效率，并由此推动培养出新型经营主体和多元化的土地经营方式。"① 三权分离、经营权流动为新型集体经济的有效实现形式创造了基础条件。后口头村组建土地股份合作社中，集体以河滩地入股，通过合股经营和内股外租的方式取得地租和分红，这属于出让"四荒"经营权，将其流转给新型经营主体专业运作，体现了凭借集体所有权获取创造经济价值和获取经济收益的权利，为集体经济引来了持续不断的源泉活水。

2. 整合市场要素是新型集体经济有效实现的途径

新型集体经济只能在市场经济的时代才能有效实现。在计划经济时期，国家通过运用统购统销、工农产品剪刀差的方式，配合集体所有、统一经营的制度，获得了大量农业剩余，窒息了农村经济活力。党的十八届三中全会提出，推进城乡要素平等交换。土地股份合作社在市场经济条件下，可以与其他经济实体联合，引进外来技术和资本，向农业、农村注入

---

① 张红宇：《我国农业生产关系——从"两权分离"到"三权分离"》，《人民日报》，2014年1月14日。

现代工商资本和组织形式，全面整合市场要素。通过后口头村的案例可以看出，如果采取原有方式，将"四荒"经营权分散发包给数量较多的小农户，那么依然是从事传统农业，没有规模效益，没有土地增值，没有资本技术投入，集体也只能得到寥寥无几的收入，而通过与现代市场要素结合，立竿见影地取得了持续的可观收入，壮大了集体经济。

3. 建立经济组织是新型集体经济有效实现的保障

专业的经济组织是经营村庄资产，创造集体财富，提高经济效益的依托。许多农业村庄尚缺少实体的集体经济组织，由村委会承担了集体资产的管理和经营。村庄经营集体资产的方法落后、手段单一、精力有限、水平落后，难以实现集体资产的保值增值，集体资源得不到有效配置，造成了集体收入的空壳。后口头村以集体土地入股，农民以承包地入股，土地股份合作社作为经济组织，将土地租赁给专业公司，与大户合作，都是发挥了独立的经济功能。集体作为股东，其各种集体资源被充分的盘活起来、流动起来，将资源资产化，在流动中实现资产的最优配置，在优化配置中实现资产的不断增值。同时，集体与个人都在同一经济组织中构建了"强集体、强个人"的良好关系。强集体不是强制与强势，而是指集体有收入，为民服务有能力，强个人是指个人权利被尊重，民主参与被鼓励，是二者的和谐共处。个人与集体按股分配，互不打扰，避免了利益纠纷，农户按承包土地入股，取得个人的股金、分红和劳务收入，产权主体清晰，产权收益明确，产权保障有力，利益分配有法可循。个人与集体平等合作，各负其责，共同开发资源，共同抵御风险，分工参与活动，共同取得各自的要素分配。

（二）案例的局限性

后口头村炬祥土地股份合作社虽然起到了整合资源和组织农民的作用，提高了农民和村集体的收入，解决了村级收入"空壳化"的问题，但在实践中也具有一定的局限性。

一是村社不分的问题。从实践中看，炬祥土地股份合作社的成立、运作、发展过程中，村干部起到了主导和推动作用，例如，合作社的重要职位都是由村支两委干部交叉兼任，在工商部门注册时只登记了六名股东姓名。村干部主导的好处是可以借助其经营领导能力解决成立初期遇到的一系列问题，增强股东的凝聚力，利于管理在田地上打工的农民。但其隐含的缺陷是村社不分，不利于保护农户的参与权利、管理权利，可能使股东大会、董事会、监事会的组织架构流于形式和不能产生实际效用。合作社作为一种正式的经济合作组织，需要有规范的组织形式和健全的管理制度保障其运行。因此，必须落实"三会制度"，增强合作社内部民主决策和民主管理力度，做到真正的"村社分开"。

二是风险收益的问题。采取股份合作的形式，成立土地股份合作社，精髓就是"风险共担、利益共赢"。但是由于合作社处于成立初期，为了增强入社股东的信心，以及出于保护农民土地权利的考虑，合作社采取的是"保底租金+利润分红"的方式，且保底租金定在一个较高的水平上。这虽然有利于提高农民收入，但是对土地股份合作社的经营构成了极大的成本压力，尤其是与大户合股经营的苗木产业，正处于发展初期，投资需求较大，也需要积累资金用于壮大规模，保底租金过高不利于产业的长远发展，且没有真正体现"风险共担、利益共享"的原则。而采取内股外租形式的200亩集体河滩地，虽然获得了稳定的租金收入，但没有与公司建立利益共享机制，总之，土地股份合作社始终面临着风险与收益的衡量和抉择。

三是管理激励的问题。任何经济组织都面临激励和管理效率问题，农业的监督和激励更为突出。土地入股到土地股份合作社后，农村土地经营主体更为复杂化，土地股份合作社聘请了专门的管理人员，再雇佣一定数量的农民从事农业生产各环节的农活，能否使管理人员尽心尽力监督指挥务工农民，能否使管理人员和务工农民像种自己的地一样对待合作社的土地，能否使管理人员的管理能力和人力资本得到经济利益的体现，就关系到合作社的效益和持续发展。目前合作社给管理人员支付的是固定工资，还没有健全激励制度。

后 记

　　集体经济是我国社会主义基本经济制度的重要组成部分，也是实现农业产业发展、农民共同富裕的重要途径。党的十八届三中全会也特别强调要"发展壮大集体经济"。然而我国集体经济在实践发展中经历了诸多曲折，面临着诸多困境，并制约着学界的理论研究，部分学者甚至对农村集体经济发展持悲观态度。

　　近两年，地处鲁西南的山东省东平县通过发展土地股份合作社，在经济落后的纯农业地区开创出一条集体经济发展的新路，为集体经济发展提供了新领域、新模式，并取得一定的实践成果。正是基于这一实践，华中师范大学中国农村研究院于 2014 年 9 月在山东省东平县举办了此次"土地股份合作与集体经济有效实现形式高端论坛"。

　　本论文集收录了与会专家盖国强、李周、徐小青、徐祥临、徐勇、黄祖辉、罗必良、周应恒、朱有志、程同顺、王景新、邓大才、董江爱、陈盛伟、王蔚、赵宇霞、卢水生等学者的高质量参会论文。同时，论文集还录有山东省东平县土地股份合作的两篇调查个案。我们希望借助理论研讨与实践个案结合的形式，立体展现土地股份合作这一新型集体经济有效实现形式。

　　当前学界对集体经济的研究往往容易陷入意识形态的争论。我们作为集体经济研究的后来者，仅能为学界挖掘和提供一些实践的新案例，以此让更多的学界同仁了解集体经济在农村的新发展、新动向。我们希望借此提供一个共同讨论的平台，凝聚学界对集体经济的研究热情，并以学界共同的智慧为集体经济发展提供新的理论支撑，为国家政策完善与地方改革实践提供更多的智慧支持。

编者

2014 年 10 月 25 日